KB251375

해바라기
언론의
용비어천가

해바라기 언론의 용비어천가

| 김 영 재 제2언론평론집

한국학술정보㈜

* 해바라기

   중앙아메리카가 원산지인 국화과의 1년 초로서 특히 양지바른 곳에서 잘 자란다. 높이 2m 내외로 자라고 굳은 털이 있다. 잎은 어긋나고 잎자루가 길며 심장상 난형이고 가장자리에 톱니바퀴가 있다. 꽃은 8~9월에 피고, 잎줄기가 가지 끝에 1개씩 달려서 옆으로 처진다. 꽃은 황색이며 지름이 8~60Cm 이다. 열매는 2개의 능선이 있는 도람형이고 길이 1Cm 내외이며, 회색 바탕에 검은 줄이 있다. 해바라기는 중국 이름인 '向日葵'를 번역한 것이며, 해를 따라 도는 것으로 오인한 데서 붙여진 이름이다. 이로 인해 권력을 쫓아가는 무리를 '해바라기'라고도 한다. 영어로는 *sunflower* 라고 하는데, 이는 속명 헬리안투스(*Helianthus*)를 번역한 말이다.

* 言論

   매스커뮤니케이션의 한 유형으로 언론사가 세상에서 일어나는 여러 가지 사건이나 현상 등에 관한 보도·논평·해설 등을 목적으로 그에 관한 뉴스와 정보 등을 취재하고, 때로는 그에 의견을 첨가해 기사나 프로그램 따위로 작성하여 대중들에게 정기적으로 제공해 주는 활동을 말한다.

* 龍飛御天歌

   조선조 世宗27年(1445) 權踶, 鄭麟趾, 安止 등이 訓民正音 창제 후 그 반포에 앞서 조선왕조의 창업과 덕행을 찬미한 전125장의 대서사시다. 제1~2장은 서장이며, 제3~109장에서는 太祖 李成桂와 그 가계를 칭송하고, 제110~124장과 125장에서는 후세의 왕들을 위한 훈사를 담고 있다. 용비어천가의 껍데기만 보면 최고지도자에 대한 기회주의적인 지식인들의 아부성 어용찬가로 볼 수 있다. 그러나 勿忘章에서는 △백성들의 고통을 잊지 말 것 △아부하는 간신들을 멀리할 것 △백성들의 언로를 막지 말 것 △바른말하는 신하를 중시할 것 등 왕이 지녀야 할 덕목을 강조한다. 용비어천가를 '어용찬가'로 매도하는 현대 지식인들의 주장이 당위성을 지니려면 최고 권력자에게 이러한 훈사를 할 수 있어야 한다. 그래야만 용비어천가의 명예를 더럽히지 않게 된다.

머리말

이 책은 웰빙언론·환경언론을 조망하는 나의 두 번째 언론평론집이다. 언론 비평이라 하여 '주례사 비평'을 기대했던 독자들은 실망이 클 것이다. 이 책은 현재 시중에 유통되는 이른바 "평론집"이라는 타이틀이 붙은 책과는 그 성격을 달리한다. 한국의 평론집은 대부분 '주례사 비평' 모음집이다. 주례사 비평이란 시시비비에 대해 엄정하고 공정한 잣대로 평하여야 할 비평가로서의 양심보다는 비평대상자와의 연줄에 의해 마치 결혼식 주례사와 같은 덕담 위주의 비평을 하는 것을 말한다. 한마디로 아부와 아첨으로 일관하는 글이 비평과 평론을 위장하고 있는 것이다.

천하대도의 진리를 공정하게 서술

무릇 비평이란 잘난 점과 옳은 점만 부각시키기보다는 못난 점과 그른 점을 파헤쳐 문제의 본질을 개혁하는 데 기여하는 것을 목적으로 해야 한다. 따라서 옳은 것은 옳다고 말하고 그른 것은 그르다고 말하는 것이 비평의 첫걸음이다. 비평은 낯간지러운 찬사나 마구잡이식 '조지기'가 아니다. 비평은 냉철한 가슴에서 독자의 눈으로 겸허하게 읽고, 진지하게 성찰하며, 정의로운 진실을 말하는 공적인 행위이다. 그러기에 여기에는 사(私)나 사(邪)가 끼어들 틈이 없다. 비평이 기여해야 할 가치가 '발전'과 '진보'에 둔다면 이 책은 언론의 비판적 보기를 시도하고 있다. 아울러 그 대안을 실질적으로 제시하는 명실상부한 평론서이라 할 수 있다.

나는 이 책의 주제를 언론자유와 언론개혁에 두었으며, 그 실천적 방법으로는 새 신문의 창간운동을 들었다. 나는 또 이를 풀어 가는 핵심적 키워드로는 언론의 개혁과 공정성에 두었다. 이 책은 왜곡된 언론관이 지배하고 있는 가운데 자유롭고 정의로운 언론을 모색하는 '언론 설계서'이다. 이 책은 이와 같은 관점에서 나의 언론관을 서술하고 있다. 따라서 언론에 대해 어느 누구보다 공정한 기준으로 '언론 바로보기'를 하고 있다고 할 것이다.

한국의 지식인 사회에서는 나와 다른 상대편을 받아들일 줄 모른다. 자기와 다른 의견은 무조건 배척한다. 오로지 자기가 아는 것에만 관심을 기울이고, 모르는 것은 아예 무시해버린다. 그것은 이를 엄중히 비판해야 할 우리의 비평문화가 '주례사 비평'에 중독되어 있기 때문에 무엇이 진실이고 양심인지를 구분할 수 없어서 비롯된 소이이다. 소금이어야 할 비평은 없고 알량한 지식과 글재주가 정론을 위장하며, 당당히 비평이라 소리치고 있다. 이는 사이비 지식인들이 패거리를 지어 끼리끼리의 눈맞춤을 통해 독자를 기만하고 있는 것과 다를 바 없다. 그러는 가운데 심보마저 '천상천하 유아독존'이라는 함정에 빠져 마침내 '우물 안의 개구리'로 전락하게 된다. 한국언론이 저지르는 지적 오만과 편견 또한 여기서 비롯된다.

한국언론의 이러한 모순을 개탄하고 시정을 유도해야 할 언론평론서마저 이처럼 숲이라는 전체의 틀에서 언론을 논하는 것이 아니라, 나무라는 극히 좁은 현미경을 통해 언론을 비판하고 있다. 지식인이 자기가 아는 기준으로만 남을 비판하다 보니 편협하고 왜곡된 글들이 버젓이 '언론평론'이라는 미명하에 활개치고 있다. 이 책은 그와 같은 독선을 지양한다. 오로지 아는 것을 안다고 하고, 모르는 것을 모른다고 하는 정직함에서 언론을 비평하고자 한다.

발가벗긴 한국언론의 실체를 폭로

이 책은 4부로 구성되어 있다. 제1부와 제2부는 언론평론을 엮었다. 제1부 '중앙지의 초상화'에서는 한국언론이 지닌 권·재·언 유착 등의 문제점과 개혁방안, 그리고 언론개혁의 본질적인 목적, 당위성 등을 살펴보고 있다. 제2부 '지방지의 자화상'에서는 대구 경북지역 언론을 중심으로 그 실태를 분석, 비판하고 구체적인 발전안과 민주언론의 건설 방안 등을 천착했다.

제3부와 제4부는 언론보도분석비평집이다. 제3부 '서울언론의 납함'에서는 한국언론이 진실과 사실을 어떻게 왜곡하고, 또 왜 조작하는지 그 숨은 속셈과 저의를 엿볼 수 있게 구성하였다. 제4부 'TK언론의 합창'에서는 서울만 보고 있는 지방언론의 사대주의적 보도 내용과 무지하기 짝이 없는 보도 실태를 실증적으로 분석, 비판한 글을 모았다.

이 책은 그동안 틈틈이 쓴 언론에 관한 시론과 비평 모음집이다. 그래서 때로는 시대감정의 괴리에서 오는 논리의 어색함과 내용의 중복이 다소 있을 수도 있다. 그러나 이 책에서 적시하고 있는 우리 언론의 문제점은 예나 지금이나 조금도 변하지 않고 여전하다. 나는 정말이지 한국언론이 개과천선하여 내가 쓴 글들이 유통기한이 지나, 기꺼이 용도 폐기될 수 있기를 바란다. 하지만 현실은 그렇지 못해 유감이라 아니 할 수 없다.

민주언론 창출을 진지하게 고민할 때

이제 논리적인 체계를 가다듬어 또 한 권의 언론평론집을 펴냄에 있어 나는 새삼 언론인의 자리가 그립다. 그것은 내 인생의 향수가 아직도 그곳에 잔잔히 남아 있기 때문이다. 나는 언론의 변두리에서 일천한 언론인 생활을 한 지방의 무명언론인에 불과하다. 그것도 '언론은 민주주의를 위한 공익적인 제도'라는 언론철학을 지닌 재야언론인이다. 나는 민주언론의 창출을 위해 20여 년 가까이 나 홀로 고민하고 투쟁해 왔다. 독자들은 이 책을 통해 그러한 나의 사고의 편린을 엿볼 수 있을 것이다.

나는 이 책이 묵묵히 언론인의 자리를 지키면서 한국언론의 모순을 온몸으로 막아내 국민의 알권리를 위해 투쟁하고 있는 참언론인을 격려하고, 독자들이 언론개혁의 당위성과 필요성에 공감하여 '민주언론 쟁취'라는 가치관을 창출하는 데 일조한다면 더 바랄게 없겠다. 또한 언론인들과 예비언론인들은 모름지기 이 책을 통해 언론이란 무엇인가를 다시 한 번 되새겨 보는 자성의 계기가 되기를 간절히 바란다.

　나는 이 책을 세상에 내 놓으면서 마치 내 속살을 보인 듯 부끄럽다. 그러나 양심적인 언론인으로서의 언론활동을 성실하게 해왔다는 또 하나의 궤적임을 감안하면 그 나름대로 의미가 있다고 본다. 특히 매일 출근하다시피 한 국립경북대학교 중앙도서관(http://kudos.knu.ac.kr)에 큰 신세를 졌다. 나는 이 자리를 빌려 나의 지식센터·지식발전소로 삼았던 것에 대해 깊은 감사를 드린다.

　모쪼록 이 책이 독자 여러분들로 하여금 '바른 언론'을 이해하는 데 도움 되길 바란다. 나는 이 책이 언론민주화운동에 관심이 있는 독자와 함께하는 매개가 되었으면 한다. 책을 펴내 준 출판사에 심심한 감사를 드린다.

단기 4336년 12월

김영재 씀.

차 례

제1부 중앙지의 초상화

노무현 대통령과 언론개혁

노무현 정부는 출범 이후 '언론과의 전쟁'은 의욕적으로 펼치고 있으나, 정작 해야 할 '언론개혁'은 한 치의 앞으로도 나가지 못하고 있다. 그 원인을 정치적인 관점에서 살펴본다.

노무현 씨가 제16대 대통령에 취임함으로써 '참여정부'가 출범한 지도 8개월이 지났다. 국민들은 노무현 정부의 출범과 더불어 언론개혁을 잔뜩 기대했었다. 노무현 씨는 그동안 기회 있을 때마다 언론개혁을 역설해왔으며, 또 언론개혁의 필요성을 강조해온 정치인이었다. 더군다나 지난 2001년 김대중 정부의 언론사 세무조사 당시 민주당 대권후보 가운데서는 유일하게 '언론과의 전쟁불사'를 언급해왔던 만큼 언론개혁에 대한 그의 소신은 확고할 것이라는 것이 국민들의 기대치였다.

언론개혁 기대 외면 원칙론만 강조

그러나 노무현 대통령은 언론개혁에 대해 "현행 법률에 규정된 범위 내에서 신문고시 등 제반사항을 엄격히 준수하고, 정부는 정부의 길을 언론은 언론의 길을 가면 된다"고 하여 역대 전임정권과 다를 바 없는 원론적인 개혁을 표방하고 있다. 그러면서 SK와 현대그룹의 비자금 문제를 비롯하여 북핵문제, NEIS와 사교육비 폭등, 잇단 노동자들의 생존권 투쟁, 강남 아파트 투기와 행정수도 이전 등에 따른 경제난, 대통령 측근비리 특검과 재신임 국민투표, 주한미군 재배치 등등 현안 대두될 때마다 "정부는 잘하고 있는데 언론이 잘못 보도해서 왜곡되고 있다"고 주장하고 있다.

이는 후보 시절의 언론관에서 한 걸음도 앞으로 나가지 못하고 있는 것이다. 노무현 대통령이 언론개혁·정치개혁은 외면하고 사사건건 "언론 탓"과 "야당 탓"으로 돌리는 자세는 대통령으로서는 스스로 무능함을 드러내는 것이다. 물론 노무현 대통령의 희한한 논리에는 수구적인 원내 제1당, 즉 한나라당의 발목잡기가 있음을 간과해서는 안된다. 그럼에도 대통령의 변명은 정당성을 지니기 어려우며, 나아가 지겹다 못해 신물 날 지경이다.

자연인과 공인, 후보와 대통령 등 사람은 자신이 처한 신분에 따라 사물을 보는 세계관과 역사관을 달리해야 한다. 물론 기본적인 인생관은 한 인간의 삶을 규정하는 철학적인 신념이자 잣대이므로 쉽게 바뀔 수야 없겠지만, 자신이 정책을 결정해야 하는 신분에 이르면 그 시각은 결정하지 않아도 될 때의 시각과는 당연히 달라져야 하는 법이다. 정치인이 후보일 적에는 권력을 쟁취하기 위해 정당한 '페어플레이' 범위 내에서 수단과 방법을 가리지 않고 권력을 쟁취하고자 하는 행위가 정당성을 지닐 수 있다. 부분적인 미시적 시각을 지녀도 크게 문제가 되지 않는다. 그러나 권력을 쟁취하여 쟁점에 오른 후에는 전체의 안목에서 보는 거시적인 시각을 지녀야 한다. 국가의 정책을 어느 한 면에서만 보고 결정하는 것은 위험하기 때문이다.

그런 의미에서 노무현 대통령의 언론관은 아직도 후보 시절의 범주에 머물고 있어 언론정책이 한 걸음도 앞으로 나가지 못하고 있다. 아니 오히려 사사건건 언론과 부딪히며 대통령은 언론 탓을, 언론은 대통령 탓을 하면서 서로 책임 떠넘기기로 일관하고 있다. 국민들은 과연 우리가 뽑은 대통령인지 의심하고 있으며, 대통령은 "못해 먹겠다"는 막말까지 쏟아내는 실정에 이르렀다.

설상가상으로 또 하나 지적하지 않을 수 없는 것은 노무현 대통령의 언론관이 '개구리' 형태를 닮았다는 점이다. 개구리는 개구리 자신도 어디로 뛸지 모른다. 노무현 대통령은 자신에게 불리한 문제점만 대두되면 모든 책임을 언론 탓으로 돌리고 국민들의 눈과 귀를 언론과의 싸움으로 변질시켜 본질을 왜곡하려 든다. 그런 그가 최근에는 자신이 그토록 증오하는 수구·반동세력의 원조라던 '<조선·중앙·동아일보(조중동)>'의 편집국장과 만나 "언론과의 관계가 불편한 것으로 돼 있어 국민들에게 불안감을 주고 있다"며, "대통령부터 언론과의 관계를 개선시켜 국민에게 비전과 희망을 주는 쪽으로 해가겠다"고 하여 언론과의 유착을 기도하는 등 갈짓자 언론관을 드러냈다.

노무현 대통령의 언론관을 이해하기 위해서는 그의 정치적 성장배경을 이해할 필요가 있다. 그는 정치인 가운데는 전무후무하게 '언론과의 전쟁'을 마다 않은 독특한 전략으로 일관해 왔다. 이로 인해 때로는 비참하게 패배해 자신의 기득권을 송두리째 빼앗기기도 했지만, 결국에는 '대통령'이라는 국가권력의 최정상에까지 오름으로써 '승리'를 쟁취했다. 대통령은 두말할 나위 없이 권력의 최정상이다. 그런데도 문제가 제기될 때마다 '언론 탓'을 둘러대며, 언론이 아직도 약자인 자신을 짓밟는다고 호소한다.

이는 그가 정신적으로 '공'과 '사'를 구분하지 못하는 것 아니냐는 의혹을 불러일으키기에 충분하다. 대통령이 <조중동>이라는 '언론권력'보다 약자라는 인식은 무책임하기 그지없는 사고다. 대통령은 국가를 경영하는 책임자이다. 대통령의 선택과 결정 하나하나에 따라 국가와 국민의 운명이 결정된다. 그만큼 대통령의 직책과 직무는 막중하다. 그런 대통령이 일개 신문사에 불과한 사기업을 대통령보다 더 높게 인식한다면 국가의 정책을 <조중동>의 눈치를 보고 결정한다는 논리가 된다. <조중동>의 사주가 '태상왕'으로 군림하며, 수렴청정한다는 얘기다. 대통령이 이 모양이라면 원천적으로 그는 대통령으로서의 자질에 앞서 대통령할 자격이 없는 사람이며, 국민에게 재신임을 묻기 이전에 차라리 스스로 대통령직에서 물러나 사임하는 것이 국민을 위해서나, 나라를 위해서나, 자신을 위해서도 바람직하다.

대통령의 '갈짓자' 언론관에 개혁 실종

나라가 바로 서고, 이 민족의 역사가 올바르게 전진하려면 노무현 정권은 취임하자마자 가장 먼저 할 일은 언론개혁이었다. 그런데도 그가 정작 한 일은 자신을 대통령으로 만들어준 민주당을 둘로 쪼개 자신을 추종하는 일부 패거리들로 하여금 새 정당을 창당하는 '정치놀음'이었다. 여기에 덧붙여 자신의 '코드'에 맞춘 일부 청와대 참모진의 경우는 세상을 운영할 경륜도 자질도 부족할 뿐 아니라 도덕성마저 결여돼 부정부패와 비리혐의에서 자유롭지 못한 실정이다.

노무현 정부의 이러한 행보에 대해 권력으로부터 소외된 <조중동>은 스스로 언론개혁의 대상임에도 적반하장으로 참여정부와 대립의 각을 세우고 있다. 그것은 <조중동>과 노무현 정부의 코드가 맞지 않기 때문이지, <조중동>이 결코 비판정신을 회복해서가 아니다. <조중동>의 노무현 정부 비판은 자사의 이익옹호 때문이지, 결코 국민을 위해서가 아니다. 이는 본말이 전도된 것이다. <조중동>은 누가 뭐래도 이 땅에서는 최소한 '해바라기적인 수구언론'이다. <조중동>의 본질적 속성은 태양이 가리키는 궤적에 따라 기득권에 봉사하고, 그 대가로 특혜와 이익을 보장받아 살아가고 있는 언론이다.

현재 권력과 <조중동>이 불협화음을 내고 삐걱거리는 것은, 노무현 정권은 언론을 보다 확실한 '내조자'로 길들이기 위한 속셈으로, 언론은 권력을 보다 확실한 '동반자'로 만들기 위해 치열한 탐색전을 전개하고 있는 과정에서 기인한 것이다.

따라서 노무현 정권과 수구언론이 서로의 교감을 위한 궁합만 맞춘다면 언제든지 한 몸이 될 만반의 준비가 완료되어 있다. 그것은 서로의 추구목적이 같기 때문이다. 이런 언로구조는 개혁되고 타도되어야 한다. 해바라기 언론이 쏟아내는 목소리가 '정론'일 것이라고 기대하는 것은 순진한 발상이다. 그것은 필연코 '용비어천가'일 따름이다. 기득권을 감시하고 비판하여야 할 언론이 그 사명을 망각하고 오히려 그들을 위해 용비어천가를 불러대 사실과 진실을 왜곡한다면 그 폐해는 고스란히 국민의 몫으로 다가온다. 언론개혁을 미룰 수 없는 과제라는 이유를 여기서도 찾을 수 있다.

불행한 것은 현실에서 언론개혁의 싹이 요원하다는 것이다. 오늘날 우리 사회에서 언론개혁은 '신문공동배달제의 시행'과 '지방언론의 육성 및 지원'으로 모아지고 있는 듯하다. 이는 언론개혁의 본질이 아니다. 그동안 언론계와 학계, 시민운동단체 등에서 '언론기업의 투명성 확보와 편집권 독립' 등의 제도적인 언론개혁을 끊임없이 주장해왔다.

보다 구체적으로는 △언론자본에 대한 소유규제 및 주식의 분산 △언론산업의 재벌·족벌지배 구조 타파 △신문기업의 소유와 경영 분리 △편집권의 독립성 확보 및 사주와 경영진의 일방적 지배금지 △신문보급의 투명화 담보 △정상적인 임금지불 △광고강매금지 △계도지 예산의 폐지 △각종 공사 입찰 등에 언론매체를 이용한 불공정하고 부당한 행위금지 △편집규약 제정 △노사공동의 편집위원회 구성을 통한 편집권 공유 △허위·과장·왜곡보도 등에 대한 반론권 부여 △유료 발행 부수의 공개 및 정확한 재무자료 공개 등을 언론개혁 과제로 여기고 지속적으로 개혁을 요구해왔다.

본질 외면한 '지방언론 살리기' 논의

한편 노무현 정권의 언론개혁 중 가시적인 성과로 논의되고 있는 '지방언론 살리기' 또한 본질과는 전혀 다른 모습으로 회자되고 있어 우려하지 않을 수 없다. 지방언론 살리기의 요체는 언론시장에서 자금력을 앞세운 중앙지, 특히 <조중동>의 무차별 공략으로 지방지가 빈사 일보 직전이므로 '공적 자금'을 투입해서라도 지방지를 살려야 한다는 것이다.

정부가 직접 나서는 정책을 실행하기 위해서는 먼저 간과할 수 없는 것이 있다. 그것은 자본주의 체제를 지향하는 언론시장에 정부가 인위적으로 개입하는 것이 옳은가 하는 것이다. 물론 보다 큰 '민주주의'라는 이익을 위해선 정부가 개입할 권리와 명분을 지닐 수 있다. 하지만 현재의 지방언론 시스템에서는 그 명분이 없다.

지방지가 정부의 지원을 요구하기 위해서는 무엇보다도 상품으로서의 가치와 경쟁력 있는 제품을 만들고 난 후의 얘기다. 오늘날 지방지가 언론시장에서 점차 도태되고 있는 것은 <조중동>의 무차별적 공세가 그 일차적인 원인이 아니라 지방지 자체가 언론시장에서 경쟁력을 지니지 못한 것이 보다 근본적인 이유다. 지방언론 살리기 논의의 초점은 여기에 맞춰야 한다. 그런데도 정작 이 문제는 논의되지 않고 '돈타령'으로 일관하고 있다.

사기업이 시장에서 실패한 책임을 정부가 떠맡을 이유는 하등 없다. 국민들의 피땀인 '공적 자금'을 밑 빠진 독에 쏟아 붓는 것은 지방언론의 육성이 아니라 '권력남용'이며, 혈세의 탕진이다. 또 정부가 언론을 직접 지원하는 것은 언론의 자유를 근본적으로 침탈할 개연성이 매우 농후한 위험성을 지니고 있다. 현실적으로 이 또한 간과할 수 없는 요소다.

DJ정부의 실패를 반면교사로 삼아야

개혁이란 원래 썩고 불합리한 법이나 제도, 관행, 의식 따위를 가죽을 벗겨낼 정도로 혹독하고, 매몰차게 도려내 살이 돋도록 하는 것을 말한다. 개혁에는 뼈를 깎는 아픔을 동반하기 마련이다. 그래서 개혁은 창업보다 더 어렵다고 한다. 노무현 정권은 하루빨리 언론개혁에 착수해야 한다. 시일을 끌면 수구언론의 반격을 초래한다. 여야에 의한 수평적 정권교체로 집권한 김대중 정부가 취임 초기 '자율개혁' 타령을 하다가 실기하여 언론개혁을 무산시켰던 것을 반면교사로 삼아야 한다.

우리 사회에서 언론개혁이 왜 필요한지는 새삼 강조할 필요는 없다. 하나만 예를 들면 한국언론이 우리 국익보다는 미국의 이익옹호에 더 혈안이 되어 있는 언론시스템을 어떻게 해야 할 것인가 하는 점이다. 또 한국언론이 이 땅과 이 나라와 이 민중을 위해 존재하는 것이 아니라, '친서방 사대주의'와 사주의 사익[社益·私益]을 위해 존재하는 현실을 개탄하지 않을 수 없다. 더구나 언론인마저 공익보다는 사주와 사익을 지키는 '홍위병'으로 전락한지 오래이며, 이들의 이와 같은 언론활동을 보수나 반공 또는 우익 이데올로기로 위장하고 정당화하는 것을 비판하지 않을 수 없다.

한국언론이 순기능보다는 부정적 모순의 집합체인 역기능이 더 많다면, 그것은 하나의 논리비약이며 지나치게 단편적인 관찰이라 할 수도 있다. 한국언론이 전혀 쓸모없는 '모순 덩어리'로만 작용하고 있는 것만 아니다. 비록 언론개혁에 반발하고 있기는 하나 <조중동>은 그 나름대로의 의미도 있고, 가치를 창출하기도 한다. 이를 전적으로 인정함에도 불구하고 전반적으로 한국언론은 상업적 기회주의로부터 개혁되어야 한다. 이를 부정하는 언론에게는 수용자들의 강력한 '몽둥이'가 약이다.

≡ 2003. 12. 31.

노무현 당선자의 언론관

언론개혁을 공개적으로 지지했던 노무현 씨가 제16대 대통령에 당선됨으로써 언론개혁에 대한 국민들의 기대치는 잔뜩 높았다. 그러나 현실에서는 대통령이 편협한 언론관에서 벗어나지 못해 오히려 언론개혁을 저해하고 있다. 이에 그 문제점을 통렬히 비판한다.

제16대 대통령 선거는 '미디어 선거'라는 새로운 정치제도를 등장시켰다. 대통령으로 당선된 노무현 후보는 인터넷과 TV방송, 광고 등 영상매체에서 한나라당 이회창 후보에 비해 압도적인 우위를 보였다. 그 주축은 영상미디어와 인터넷의 주소비자인 20~30대의 젊은 세대층이었다. 이에 비해 이회창 후보는 40~50대 이상이 주된 독자인 <조중동>을 비롯한 인쇄매체에서 우위를 보였다.

감성적인 선거전략으로 KO승 거둬

이번 선거는 또 영상매체와 인쇄매체의 대리전 성격을 지니고 있었다. 정부의 영향력이 상대적으로 강할 수밖에 없는 방송은 노 후보를 지원했고, 이 후보는 <조중동>의 전폭적인 지지를 받았다. 그 결과에서 방송미디어 등 공영매체가 판정승을 거둠에 따라 이번 선거는 매체의 영향력에서 영상미디어가 사영매체인 인쇄미디어를 누른 최초의 선거였다고 할 수 있다. 이에 일각에서는 미국 등 선진국에서처럼 인쇄미디어의 영향력이 급속히 퇴조하는 조짐이 아닌가 하는 전망을 내놓기도 한다.

2002대선미디어공정선거국민연대와 언론개혁시민연대가 인터넷 포털사이트 다음

커뮤니케이션과 여론조사전문기관인 (주)엔아이코리아에 의뢰해 지난 12월 9일부터 11일까지 27,811명의 네티즌을 대상으로 여론조사를 실시한 결과에 따르면 신문·잡지에서는 이회창 후보의 지지층(30.5%)이, TV토론에서는 권영길 후보의 지지층(42.0%)이, 인터넷 사이트에서는 노무현 후보 지지층(11.9%)이 후보 결정에 가장 큰 영향력을 미친 매체라고 답해 지지후보별 선호매체가 뚜렷하게 다른 것으로 나타났다.

특히 인터넷은 미디어의 지형도 변화에 크게 영향을 미친 것으로 평가되고 있다. <조중동> 등이 국정원의 도청 시비, 북한 핵 파문, 행정수도 이전 등 이들이 주요 의제로 설정한 쟁점들은 유권자의 지지성향에 별 영향을 미치지 못한 반면 네티즌들이 주도한 여중생 촛불시위 등에는 신문들이 뒤늦게 따라가는 경향을 보였다. 이는 인터넷과 휴대폰 등 모바일 커뮤니케이션 매체를 통한 온라인 선거운동을 가장 활발히 한 노무현 후보측의 당선에 절대적인 영향력을 발휘한 것으로 분석되고 있다.

여론조사 등에 나타난 유권자의 성향을 보면 유력 신문들의 영향력이 현저히 줄어든 것에는 인터넷의 확산과 대안언론의 등장, 언론개혁 논의에 따른 신문의 신뢰도 실추, 영상세대의 증가 등이 크게 한몫한 것으로 풀이된다. 인터넷신문의 대표격인 <오마이뉴스>, <프레시안> 등에는 연일 하루 페이지뷰 1,000만 회를 돌파할 정도로 각광을 받았다. 이러한 현상에 대해 언론학자들은 "인터넷의 확산과 대안언론의 등장에 따라 이제는 수용자들도 미디어가 전하는 메시지를 일방적으로 받아들이는 것이 아니라 선택적·비판적으로 받아들이는 경향이 나타나고 있다"고 설명했다.

인쇄미디어는 아직도 한국언론시장에서 절대적인 언론권력으로 군림하고 있다는 데 이견을 보이는 사람은 없다. 특히 <조중동>은 '선출되지 않은 권력'으로서 국민들에게 아무런 책임도 지지 않은 채 '제왕적 매스미디어'로 황제처럼 군림하며, 족벌세습을 통해 국민의 알권리를 담보로 사익 채우기에 여념이 없다. 우리 사회의 민주화를 위해서는 이러한 언론파시즘 체제의 해체라는 언론개혁 목소리가 권력 교체기 때마다 제기되고 있다.

노무현 당선자의 언론관을 주목하는 것은 그가 언론개혁에 대해 비교적 균형감각을 갖춘 대중정치인으로써 그동안 족벌·제도언론에 대해 꾸준히 언론개혁을 촉구해 왔기 때문이다. 이제 국가 최고통수권자로 선출된 만큼 그의 언론관은 언론개혁의 바로미터가 될 현실적 가능성도 있다. 이 글에서 노무현 대통령 당선자의 언론관을 되살려보는 것은 온 국민의 숙원인 언론개혁을 견인해내기 위해서이다.

한국언론사상 권력에 의한 최초의 공개적인 언론개혁은 김대중 정부가 지난 2001년 1월~8월 연간에 실시한 언론사 세무조사가 유일하다고 할 수 있다. 그러나 그것은 엄밀한 의미에서 언론개혁이라 할 수 없다. 다만 매 5년마다 정기적으로 실시하게 되어 있는 법인 세무조사를 실시했을 뿐이며, 우리 사회의 공정한 경제질서 확립을 위해 제정한 공정거래법을 특권과 특혜로 군림하고 있던 신문시장에 적용했던 행정적 조치였다는 것이 보다 정확한 표현일 것이다. 언론개혁이란 정기간행물법을 개정하여 소유지분 제한 등을 통해 공익성을 제고하고, 방송법을 개정해 방송 공영화를 추진하는 것을 말한다.

사실 노무현 당선자는 언론에 대해 눈치를 살필 수밖에 없는 대중정치인임에도 불구하고 언론에 대한 자신만의 떳떳한 언론관을 지녔으므로 해서 오늘에까지 이르렀다고 할 수 있다. 그가 민주당 대통령후보로 선출될 수 있는 까닭도 따지고 보면 '노무현식 언론플레이'가 그 밑바탕이 됐다. 그러면 노 당선자의 언론관부터 살펴보자.

족벌·수구언론을 '조폭 언론'으로 규정

2001년 2월 7일 당시 노무현 해양수산부장관은 "언론과의 전쟁도 불사해야 한다"며 김대중 대통령이 추진하고 있는 언론개혁에 대해 민주당 대선주자 가운데 유일하게 공개적으로 대통령을 거들고 나섰다. 이틀 뒤에는 한 인터넷신문과의 인터뷰에서는 "언론이 사회의 보편적 공론을 형성하지 않고, 자기 마음에 안 드는 사람들에게 몰매를 내리치고 있기 때문에 '조폭적 언론'이란 말에 공감한다"고 함으로써 언론에 대한 자신의 언론관을 본격적으로 드러내기 시작했다.

노 장관은 족벌언론과의 싸워야 하는 이유에 대해 2월 12일 <MBC라디오>와의 인터뷰에서 "족벌언론은 수구적 이익과 자기 회사 이익에 맞지 않으면 공격을 하며, 자신들의 이익을 보호하기 위해 왜곡된 공격을 하고 있기 때문"이라고 밝힌 바 있다. 다음날인 2월 13일 <경향신문>과 인터뷰에서는 "(수구언론의 기준은) 과거 부당한 정권과 결탁해 특권을 누린 언론권력을 말한다. 이 중 몇몇 언론은 세상이 바뀌었는데도 특권을 유지하며 권력을 좌지우지하려 들고 있다”고 제도언론을 비판한 데 이어 4월 29일 <MBC라디오>와 인터뷰에서도 “정치인의 정도는 언론의 힘이 막강하다 하더라도 굽실거려서는 안 된다. 부당한 것은 부당하다고 항의할 줄 알아야 한다. 그다음에 언론은 진실과 객관적 사실을 써야 한다”며 언론에 무조건 꼬리만 내리는 정치인들을 비판했다.

6월 23일 청와대에서 열린 민주당 고문회의에서는 “언론개혁은 제2의 6월항쟁이다. 수구언론은 개혁의 저지세력이고, 반통일 세력이다. 그동안 언론만 견제 없이 최후의 치외법권지대로 남아 있었다. 세무조사가 부정한 과거의 정언유착을 청산하는 계기가 될 것이다”라며 김대중 정부의 언론개혁조치를 고무했다. 6월 25일 민주당 확대간부회의에서는 다시 “언론은 최후의 독재권력으로 남아 있다. 세무조사에 대한 야당의 공세나 일부 언론의 편향·왜곡보도는 민주주의와 개혁을 거부하고 특권세력으로 특권적 지위를 계속 누리려는 수구세력의 본심을 그대로 드러낸 것이다”라고 발언하여 수구언론을 맹공했다.

노무현 민주당 상임고문은 6월 28일 전국언론노동조합 초청연설에서도 “편향적 시각을 가진 한두 개 매체가 압도적 독점을 바탕으로 역사의 진전을 가로막고 있다. 사회의 보편적 인식에 맞게 균형을 찾아야 한다”며 “언론은 항상 권력의 반대에 있어야 한다. 권력은 남용될 소지가 많기 때문이다. 언론은 항상 시민사회의 편에서 있어야 하고, 권력과 맞설 때 여러 가지 특권이 부여된다. 그 특권은 시민 위에 군림하는 것이 아니라 권력으로부터 제약을 받지 말아야 한다. ‘언론의 자유’와 ‘언론사주의 자유’는 구분돼야 한다. 언론의 자유는 ‘기자의 자유’다”라는 자신의 언론관을 밝혔다.

노 고문은 또 7월 12일 <MBC라디오>와 인터뷰에서 “언론이 단순한 사유재산이 아니고, 국가의 공공적 재산이라고 한다면 (언론사) 소유지분을 제한하는 제도개혁이 있어야 한다고 생각한다. 기자들에게 언론자유를 돌려주기 위해서는 인사권 독립까지 가야 하며, 그래야 기자들이 자유롭게 취재하고 보도하는 언론자유가 꽃필 수 있다”고 하여 그의 언론자유론을 천명했다.

민주당 국민경선에 출마한 노무현 후보의 홈페이지에 게시된 한 시사주간지와의 인터뷰에서는 "수구언론은 자성할 집단이 아니다. 국민들 앞에 엄청난 범법행위가 노출됐으면서도 세무조사 자체를 이처럼 공격하는 집단에 무슨 자성을 기대할 수 있나. 처벌 수위도 그렇다. 범죄단체를 결성한 사람들에게 가중처벌을 하지 않는가. 그건 그 집단이 이 사회에 끼치는 피해가 크기 때문이다"라고 하여 언론에 대해 부정적인 시각을 드러냈다.

이에 앞서 2000년 4월 <한겨레21>과 가진 인터뷰에서도 "(언론의 제도적 개혁방안은) 구체적인 얘기를 하면 파장이 일기 때문에 조심스럽긴 하지만 대중매체의 지배구조, 기사가 실리는 메커니즘에 근본적인 문제가 있으며 편파성이 있다. 이런 것을 시정해 서민들이 대중매체에 자기들의 주장을 좀 더 당당하게 실을 수 있는 여건을, 쉽게 말하면 <한겨레신문> 같은 매체가 좀 더 힘을 쓰면 되는 것이다"라고 하여 자신의 언론관을 피력했다.

조선일보와 정면대결 불사 적대감 표출

노무현 당선자는 특히 <조선일보>에 대한 비판의식을 공·사석에서 숨기지 않았다. 지난 91년 <주간조선>에 「노무현 의원, 그는 상당한 재산가인가」라는 기사가 게재되면서 <조선일보>와 악연을 맺었다. 그는 이 기사에 대해 "터무니없는 모함으로 가득 찬 기사"라며 명예훼손 손해배상 소송을 제기, 2,000만 원 배상 판결을 받아냈다.

그러자 <조선일보>는 2001년 1월 1일자 신년 여론조사에서 여권 주자 중 당시 노 장관을 제외하고 한나라당 이회창 총재와 가상대결 여론조사를 실시했다. 노 장관은 이를 "<조선일보>가 얼마나 나를 싫어하는지 극명하게 보여주는 사례"라고 지적했다.

김대중 정부의 언론사 세무조사가 본격화된 지난해 6월 28일 발행된 <민주당보>와 인터뷰에서는 "<조선일보>는 사실을 조작하고 왜곡하기 때문에 이미 신문도 아니고, 언론도 아니다. <조선일보>는 수구세력의 선봉이며, (한나라당) 이회창 총재의 기관지이다. <조선일보>는 일제시대엔 친일하고, 군사독재시대에는 그들과 결탁해 서민들의 정당한 권리를 억압하는 대신 특권과 특혜를 누리고 치부했다. 또한 <조

선일보>는 정치권력을 조종하기 위해 선거 때마다 개입했고, 나는 <조선일보>에 일방적으로 당하기만 했다"고 <조선일보>와의 전의를 불태웠다.

노무현 상임고문은 7월 1일 민주당 출입기자 간담회에서도 "<조선일보>는 '이회창 대통령 만들기' 구상을 갖고 있는 게 분명하다. 이회창 총재는 (언론사의) 명백한 탈세행위를 두둔하면서 <조선일보> 사주보다도 더 펄펄 뛴다. 상주보다도 문상객이 더 서럽게 우는 것인지, 아니면 이 총재가 진짜 상주인지 알 수 없다. 혹시 이 총재는 <조선일보>의 변호사인가. <조선일보>가 이회창 총재의 기관지가 아니고서야 어찌 이런 관계가 성립될 수 있겠는가. '<조선일보>는 이회창 총재의 기관지'라는 발언은 평소 우리 당원들 사이에서 늘 주고받던 이야기를 당보 인터뷰에서 내가 대표로 밝힌 것이다"라고 일갈했다.

다음날인 7월 2일, <한겨레신문>과의 인터뷰에서도 "나를 아끼는 많은 사람들이 <조선일보>와 싸우지 말라고 권유해 고민스러웠다. 그러나 내가 생각을 고쳐먹고 매일 <조선일보사> 앞에 꽃을 바친다고 해서 <조선일보>가 나를 잘 봐주겠느냐. 차라리 내가 분명한 입장을 밝혀 놓아야 나중에 <조선일보>가 나를 공격해도 그 공정성을 의심받게 할 수 있다"고 한 데 이어 8월 1일 민주당 수원 국정홍보대회 연설을 통해 "<조선일보>는 몰락할 것이다. <조선일보>는 친일 반민족 신문이며 민주세력을 탄압한 반민주적 신문이고 세무조사도 받지 않겠다고 버티는 비리특권 신문이다"라며 반발했다.

11월 18일 다시 <한겨레신문>과의 인터뷰에서는 "<조선일보>의 불공정 왜곡보도가 계속될 경우 <조선일보> 불매운동이라는 최후의 수단을 전개할 것이다. 나는 <조선일보>의 장사거리가 되지 않겠다. 나는 <조선일보>의 편파와 왜곡 보도로 많은 피해를 본 피해자의 한 사람이다. <조선일보>의 특권과 공격에 짓밟혀 고통받는 사람들에 대한 인간적 도리 차원에서도 <조선일보> 인터뷰에는 응할 수 없다. <조선일보>의 영향력이 과거와 달리 균열을 보이고 있는데도 여전히 그 힘을 두려워하는 것은 낡은 사고다"라며 <조선일보>의 취재거부를 선언했다.

뿐만 아니라 노 고문은 지난해 말 한 기자간담회에서 <조선일보> 기자에게 "앞으로 이런 자리에 참석하지 말아줬으면 좋겠다"며 거듭 <조선일보>의 일상적 취재 및 보도를 거부하기도 했다. <조선일보>가 올해 초 민주당 대선후보 경선에 앞서 경선후보 7명의 현안별 견해를 소개하는 인터뷰 기사를 연재할 때도 당시 노 후보가 거절하는 바람에 6명의 주자만 기사화됐다. 이에 대해 그는 "<조선일보>가 반민주적 특권집단이라는 본질을 아는 상태에서 <조선일보>의 권위와 신뢰를 높여주는 어떠한 인터뷰에도 응할 수 없었다"고 설명했다.

2002년 4월 4일 <시사저널>과의 인터뷰에서는 정치인이 특정신문의 취재에 응하지 않겠다고 한 것은 편협한 생각이 아니냐는 질문에 대해 "<조선일보>는 언론이 아니라 저격수다. 내가 <조선일보>에 가서 불을 지르거나 테러를 하는 것도 아니고 적법하게 '응징'하겠다는 것인데 무엇이 편협하단 말인가"라고 반문했다. 4월 16일 경기 지역 민주당대의원 간담회에선 "내가 가만히 있어도 <조선일보>는 나를 자꾸 해코지를 한다. 허위사실을 시꺼멓게 1면 톱으로 올려 나를 공격하고, 나를 나쁜 사람인 것처럼 만든다"고 말해 뿌리 깊은 적대의식을 보여줬다.

<조선일보>에 대해 왜곡·조작보도를 이유로 취재거부를 하고 있는 노 후보의 이러한 언론관은 언론의 자유를 훼손할 우려가 있는 중대한 문제다. 정치인이 특정신문의 보도내용에 대해 불만이나 이견 표현은 할 수 있다. 또 시정방법에 대해서도 언론중재위원회 제소 등 다양하고 합법적인 방안이 있을 뿐 아니라 그 시정방안이 미흡하다면 언론개혁을 통해 제도적으로 확대하면 된다. 물론 그 언론이 공정한 보도를 했나 안했나 한 것은 별도로 따질 문제다.

두말할 나위 없이 정치과정에서의 감시와 비판은 국민의 알권리를 실현하는 언론의 고유기능 중의 하나이다. 정치인은 공인이다. 정치과정 또한 공적인 것이다. 공적인 행위와 대상에 대해 언론의 자유는 당연히 접근할 권리와 알릴 권리를 지닌다. 그런데도 정치인이 자기의 마음에 들지 않는다고 언론의 취재를 거부하면 이는 언론의 존재 이유 자체를 부정하는 것과 다를 바 없다. 그렇다면 결국 정치인의 입맛에 맞는 언론만 존재하게 된다는 것이다. 언론이 객관적 보도를 할 수 있는 여건을 마련해 주는 것 또한 정치지도자가 해야 할 가장 큰일 중의 하나이다.

"메이저신문 국유화와 동아일보 폐간"

노무현 당선자의 언론관에 대해 언론학계와 언론계 일부에서는 '럭비공'과 같다며 '불안하다'는 우려를 보이고 있다. 그는 올 4월 초 민주당 당내경선 후보시절 "주요 메이저신문의 국유화와 <동아일보> 폐간" 발언으로 물의를 빚었다. 아무리 술좌석에서 사적으로 한 말이지만 집권여당의 대통령 후보가 되겠다는 정치인의 발언치고는 너무 "경솔했다", "경박했다"는 평가와 함께 '취중진담'이라고 당시 노무현 후보의 솔직한 언론관이 아니었겠느냐는 지적이 동시에 나오고 있다.

사연은 이렇다. 2002년 4월 4일 민주당 인천 경선을 앞두고 이인제 후보측은 2001년 8월 1일 서울 여의도 한 음식점에서 신문·방송기자 5명과 함께 저녁식사를 하면서 "노 후보는 '강력한 개혁을 이루기 위해선 언론이 한 방향으로 나가야 한다. 내가 집권해 대통령이 되면 주요 메이저신문들을 국유화 하겠다'고 발언했다. 그 자리에 참석했던 기자들이 사유재산인 신문기업을 어떻게 국유화 하겠느냐고 그 방안을 묻자 노 후보는 '한국은행의 국채 발행 등을 통해 매입하면 된다'는 요지의 답변을 했다"고 폭로했다.

이인제 후보측은 또 "노 후보가 언론사주들의 주식보유 제한의 필요성을 거론하면서 '과거 나는 <동아일보>를 참 좋아했다. 그러나 요즘 논조가 맘에 들지 않는다. 내가 대통령이 되면 <동아일보> 김병관 명예회장의 퇴진을 요구하고, 거부하면 폐간 시키겠다'는 말을 했다"고 주장했다.

이인제 후보측의 이러한 폭로가 알려지자 노무현 후보는 즉각 4일 오전 대구 지역 유세 도중 기자들에게 "내가 아무리 술이 취했기로서니 내 머릿속에 있는 언론문제와 관련된 논의구조로 볼 때 터무니없는 얘기"라고 전면 부인했다. 그러나 이후 노 후보는 이 문제와 관련, 잦은 말 바꾸기를 거듭함으로써 후보의 자질과 도덕성을 의심하게 하는 구설수에 오르게 됐다.

애초 '터무니없다'는 반응을 보였던 노 후보는 이날 밤 11시에 시작된 <MBC-TV>「100분 토론」에서는 "어느 정도 상식에 맞으면 몰라도 상식에 안 맞으면 누가 들었다고 해도 이상하다고 판단하는 게 정상이다. 밥 먹고 술 먹는 자리에서 한 애기를 주워 들어와 가지고 따지면 어떻게 하나”라고 발언해 그런 얘기가 있을 수도 있었다는 뉘앙스를 풍겼다.

5일 밤 9시 30분에 시작된 <경인방송(iTV)> 후보 토론회에서는 “인간의 기억은 한계가 있다. 내가 100% 확신하지 못하고 술 먹고 어쩌면 말했을 수도 있어 (적극적인 해명을) 망설이고 있는데, 나는 그런 사고 구조를 갖고 있지 않아 기억을 더듬고 있다”며 또다시 한발 뒤로 물러섰다.

노 후보는 6일 오후 인천 경선에서 후보 연설을 하면서 “나는 그런 생각을 해본 일이 없다. 어느 언론사도 대통령이 폐간할 수 없다”고 말해 다시 전면 부인했다.

그러나 7일 「최근 언론관련 현안에 대한 입장」이라는 보도자료를 통해선 다시 “어느 기자가 ‘<동아일보>는 돈이 없기 때문에 수백억 원의 세금추징을 당하면 문 닫는 것 아니냐’고 해서 나는 ‘돈 없으면 문 닫는 거지. 신문사라고 별수 있나. 그런데 <동아>는 참 아까운 신문이다. 기자들이 인수하는 것도 한 방법이다’고 말했다. 이에 한 기자가 ‘기자들은 돈이 없는데 어떻게 주식을 인수할 수 있겠나’라고 물었고, 나는 ‘재벌한테는 돈을 잘도 빌려주던데 기자들에게도 한은 특융 같은 것을 할 수 있지 않을까’라고 말한 기억이 있다”고 정리했다. 즉 자신은 ‘강제 폐간’을 언급한 것이 아니라 ‘세금추징액을 낼 돈이 없어 문을 닫는 상황’을 말했다는 것이다.

「국가비전 10대 원칙」이라는 노무현 후보의 공약집에 따르면 그의 공식적인 언론관은 ‘언론과 권력은 분리해야 하고, 상호 독립해서 견제해야 한다’는 것이다. 이러한 언론관은 특정신문에 대한 국유화 및 폐간 발언으로 <조중동>에 의해 시장경제 원리와 자유민주주의를 천명한 헌법정신을 전면 부정하는 ‘진시황의 분서갱유에 버금가는 폭언’이라고 지탄받았다.

<조선일보>는 「‘노무현 언론발언’ 사실여부 밝혀야」(4월 5일자), 「노무현씨의 말 말 말바꿈」(8일자), 「“‘조선’에 ‘폐간’ 얘기했을 수는…”?」(9일자), 「정치인의 몫’ ‘신문의 몫’」(10일자) 등의 사설을 통해 대통령이 되겠다는 사람이 머릿속에 권력의 자의로 국유화와 폐간 등으로 언론의 자유를 억압하려는 생각으로 가득차 있는 것을 정제되지도 않은 무책임한 발을 함부로 쏟아내는 노 후보의 자질을 의심하지 않을 수 없다고 개탄했다.

<중앙일보>도 「“집권하면 메이저신문 국유화”」(5일자), 「노무현 후보의 말 바꾸기」(8일자) 등의 사설에서 국유화와 폐간발언은 대통령 후보 경선에 나온 사람의 발언으로는 도저히 믿어지지 않는 반민주적이고 군사독재 이상의 언론폭력이라고 규정한 다음, 장(場)에 따라 계속되는 말 바꾸기는 선거전략일지 모르지만 국민에게 믿음과 희망을 주는 새 시대의 새 정치인의 모습과는 거리가 멀다고 비판했다.

<동아일보>는 「노후보 언론관 무엇인가」(5일자), 「‘자유민주 원리’ 깨자는 것인가」(6일자), 「노무현 후보, 정말 왜 이러는가」(8일자), 「노무현후보 도덕성 문제있다」(9일자) 등의 사설을 통해 민간 신문의 국유화와 폐간운운은 자유민주주의와 시장경제의 기본을 거부하는 것으로 실현 여부와 관계없이 그런 발상을 갖고 있는 것만으로도 그 도덕성을 의심하지 않을 수 없는데 잦은 말 바꾸기는 그의 신뢰마저 의문을 갖게 한다고 비난했다.

<조중동>의 이러한 융단포격에 대해 노무현 후보는 6일 인천 경선에서 “언론의 국유화나 폐간은 어떤 대통령도 못하는데 이런 이치에 맞지 않은 일을 갖고 이렇게 모략할 수 있는가. <조선>·<동아>가 나에게 언론사 소유지분 제한 주장을 포기하라고 강요했지만 나는 결코 굽히지 않았다. 그래서 모략당하고 있는 것이다”라고 발언해 대의원들의 압도적인 지지를 이끌어 냈다. 그는 “결코 언론에 비굴하게 굴복하는 정치인이 되지 않겠다”고 말하고 “<조선>·<동아>는 즉각 민주당 경선에서 손을 뗄 것”을 강력히 요구했다.

민주당 경선에 <조선>·<동아>가 개입하고 있다는 노무현 후보의 충격적인 주장은 몇 시간도 지나지 않아 취소·번복되었다. 경선이 끝난 뒤 <조선>·<동아일보> 측이 “우리가 언제 포기압력을 넣었느냐”고 항의하자, 노 후보측은 “보도경향을 보고 그런 것이다. <조선일보>는 지분제한 관련 압력을 가하거나 질문한 적이 없다. <조선일보>에 미안하다”고 사과하고, “<동아일보> 측으로부터는 압력으로 느껴질 만한 행위가 수차례 있었다”고 해명했다.

민주당 경선에서 <조선>·<동아>는 손을 떼라는 노 후보의 주장은 사회환경 감시라는 언론 고유의 기능을 전면적으로 부정하는 언론관이다. 이에 대해 노 후보는 ‘허위사실에 근거한 과장보도를 하지 말라’는 뜻이었다고 해명했다. 자신에게 불리하거나 기분이 나쁘다고 허위 과장보도라 비난하는 것은 지극히 비민주적인 행태이다. 불리한 과거 행적·발언이 나올 때마다 "생각이 바뀌었다", "그런 말한 적이 없다"며 논쟁자체를 회피하거나 객관적인 사실을 추적하는 언론보도를 '가해자와 피해자'의 논란으로 바꾸는 것은 온당한 대응이 아니다.

대통령에 당선되자 '노'비어천가로 표변

그동안 <조중동> 등 한국언론에 투영된 노무현 씨의 이미지는 대체로 "급진주의자", "과격파", "좌파 성향", "경박하다", "교활하다", "이중인격자", "럭비공과 같다", "불안하다" 등등 부정적 이미지가 덧씌워져 있었다. 이를테면 선거운동 마감 1시간 30여 분을 앞두고 국민통합21 정몽준 대표가 노무현 후보와의 단일화 공조 파기를 선언하자 <조선일보>는 19일자에서 "배신과 변절 정치 번복해선 안 돼"라는 정 대표의 말을 인용해 제목으로 뽑고 "경박한 노 후보 필연적인 결과"라는 한나라당의 반응을 주요 기사로 처리했다. 「정몽준, 노무현 버렸다」는 사설에서는 후보단일화를 했던 정몽준 씨도 '노 후보는 곤란하다'고 판단한 뜻을 슬기롭게 읽어야 한다고 하여 노골적인 '이회창 대통령 만들기'를 주문했다.

누가 되었건 간에 대선 후 무조건 야당지를 천명할 것이라고 했던 <중앙일보>는 제목처리에서는 비교적 가치중립적으로 임했으나 「노-정의 심야 결별선언」이라는 사설에서는 새로운 정치개혁을 이루겠다는 젊은 정치인이 국민과의 맺은 약속을 파기하는 데 대한 실망과 분노를 금할 수 없어 결별선언이 나오게 된 것이라고 하여 파경의 원인을 노 후보에게 돌렸다.

"노 대통령된 것처럼 행동 포퓰리즘적 행태 드러내"라는 제목으로 뽑은 <동아일보>는 「대선막판 최대변수 / 노 실언에 정측 즉흥적 결정 / 투표임박 충격…수습도 안돼 / 노-정 단일화 결국 물거품」이라고 한 다음 결국 '불안한 동거'가 파경에 이르렀다고 보도했다. 「잘못된 만남, 경박한 결별」이라는 제하의 사설은 서로의 정책과 이념이 달라도 정략적 목적을 위해서라면 아무렇지도 않게 합쳤다 이해가 틀어지면 언제 그랬냐는 듯이 갈라서는 것이었다고 하여 단일화를 비판했다.

　＜조중동＞의 필사적인 저지 기도에도 불구하고 그가 대통령에 당선되자 이번에는 언제 그랬냐는 듯이 일제히 ‘노’ 비어천가를 불러대고 있다. ＜조선일보＞는 노무현 당선자를 소개하는 기사는 「보스정치 거부…네번의 선거 패배딛고 대권잡아」라는 표제 아래 「상고졸업후 한때 막노동…75년 사시 합격 / 81년엔 민주화운동 관련된 ‘부림사건’ 변호 / 노동법률상담소 차리는 등 재야운동 나서」, 「88년 정계입문…5공 청문회서 ‘스타’로 / 3당 합당 참여 안하고 14〜16대 총선서 낙선 / 97년 국민회의 합류해 김대통령 당선 도와」라고 하여 호의적인 인상기를 부제로 처리하고 있다.

　＜중앙일보＞의 「노 당선자 일대기」는 「도전 또 도전하는 ‘오뚝이 승부사’」라는 표제 아래 「가난 때문 상고진학·대학은 포기 / 막노동하며 공부해 사시합격」, 「운동권 변론하다 ‘투사’로 변신 / 5공 청문회 스타 부상계기」, 「총선·시장선거 등 네차례 패배 / 이인제·정몽준 넘어 대권 잡아」라는 부제를 달고 있다. ＜동아일보＞의 당선자 인생역정 소개기사는 「“대세보다 대의”…소신정치 외길」이라는 표제 아래 「빈농의 막내…독학으로 사시합격 / 30대 중반 현실에 눈떠 민주화 투신 / YS−DJ에 반기…가시밭길 걷기도」라고 하여 긍정적으로 그리고 있다.

　어느 기사 한 줄에서도 그가 국가보안법 철폐를 주장했었다. 주한미군 철수를 주장하다가 말을 바꿨다. 대한민국의 건국역사관에 대해 급진 좌파적인 시각을 지니고 있다. 통일 이후의 체제 문제 등에 대해 이념의 편향성을 지니고 있다는 등으로 그동안 일관되게 부정적으로 매도했던 언사는 단 한마디도 없었다. ＜조중동＞의 이러한 표변은 역설적이게도 언론개혁이 왜 필요한지를 극명히 보여준다.

국민적인 언론개혁 반드시 관철해야

　전국언론노동조합은 지난달 20일 논평을 내고 “언론의 개혁 없는 정치·사회 개혁은 구두선에 불과하다”고 전제한 뒤 “차기 정부가 △정기간행물법 개정을 통한 언론 소유와 경영의 분리 및 편집권 독립 △미국식 디지털 지상파 전송방식 철회 △방송통신위원회 설치 등의 언론개혁 과제를 수행해나갈 때 모든 협조를 아끼지 않을 것”이라며 노무현 대통령 당선자에게 언론개혁에 힘써줄 것을 당부했다.

한국기자협회를 비롯한 평소 언론개혁을 지지하는 언론사와 시민단체 등에서도 △신문사 소유와 경영의 분리, 편집권 독립 보장, 여론의 독과점 규제 등을 위한 정기간행물법 개정 △방송위원회 독립성 보장과 방송의 공영성 강화 △시청자의 참여 확대를 보장하는 방송법 개정 △신문시장 정상화 및 공정한 여론 형성을 위한 신문고시제 강화 △국민참여 정치의 실현과 미디어선거의 정착을 위한 선거법 개정 △국민의 알권리 보장을 위한 정보공개법개정 △언론 피해자가 신속하고도 효율적인 구제를 받을 수 있는 제도적 장치 마련 등을 언론개혁과제로 주문했다.

보수 성향의 언론사들이나 자유주의 성향이 강한 전문가 그룹에서는 노 당선자의 언론관에 대해 무척 우려를 표명하고 있다. 그것은 노 당선자가 지난해 초 해양수산부장관 시절 언론사 세무조사와 관련해 '언론과의 전쟁' 필요성을 언급하는가 하면, 올 4월 민주당 경선 당시 기자들과의 술자리에서 '메이저신문의 국유화와 <동아일보>의 폐간' 가능성을 언급했다는 주장이 제기돼 구설수에 오르기도 하는 등 언론개혁에 대해 뚜렷한 소신을 지니고 있기 때문이다. 이에 앞으로 그의 언론정책이 어떻게 구체화될지에 촉각을 곤두세우고 있는 것이다.

노무현 당선자는 언론의 공익적 기능을 감안해 신문사 소유지분 제한에 대해 찬성하는 입장을 보여 왔으며, 여론 독과점을 막기 위한 시장 점유율 규제에 대해서도 긍정적인 견해를 내비쳤다. 그는 지난 11월 1일 <MBC-TV> 「미디어비평」과의 대담에서 "공공성을 생명으로 하는 언론이 소유와 경영이 분리돼 있지 않고 사주가 기사 내용에까지 간섭하는 것은 심각한 문제"라며 편집권 독립의 필요성을 지적했다.

선거를 사흘 앞두고 마지막으로 열린 12월 16일의 제3차 사회·문화 분야 「TV합동토론」에서도 "언론자유가 보호돼야 하나 특권일 수 없고, 언론사도 기업인 이상 세무조사를 받아야 한다"고 주장하는 한편 "언론이 우리 당에 유리하냐, 아니냐에 따라 비호하는 것은 옳지 않다. 언론은 언론의 길을 정치는 정치의 길을 가면 된다. 언론과 정치가 서로 덕 볼 생각을 버려야 한다. 언론이나 정치가 각각 정도(正道)만 가면 아무런 문제가 안된다"라는 원칙론을 재확인하기도 했다.

그럼에도 불구하고 노무현 당선자는 20일 오전 내외신 합동기자회견에서 취재진에 미리 배포한 '대국민 연설문'을 낭독하던 중 "정치·행정·경제·언론·법조 등 사회시스템을 개혁하는 것이 국가경쟁력의 핵심이고, 차기 정부의 시대적 소명이다"라는 부분은 읽지 않고 건너뛰었다. 또한 그의 대선 150개 공약 중 언론관련은 단 1개에 불과해 그 뒷 배경에 대해 추측을 자아내게 하고 있다.

「언론산업 선진화」라는 제목의 이 공약은 "편집의 자유와 독립 및 경영투명성 강화 등을 위해 언론 관련 법제를 정비하겠다"는 내용을 기조로 하고, 신문고시 강화, 신문공동배달제 실시 지원, 언론피해에 대한 구제제도 강화 등을 세부 내용으로 하고 있다. 노 당선자가 공약에서 말한 언론관련 법제의 정비는 '정기간행물법' 개정인 것으로 받아들여지고 있다.

민주당도 지난달 말 공약을 발표하면서 '신문고시 강화'만 채택했을 뿐 소유지분 제한과 독과점 규제 등은 "사회적 합의가 필요한 사안"이라는 점을 들어 제외했다. 민주당 공약 선별과정에서 나타났듯이 정기간행물법 제정에 대해서는 반대여론이 적지 않고 한나라당에서도 거세게 반대하고 있어 소유지분 제한이나 시장점유율 규제 등을 도입하는 것은 쉽지 않을 것으로 전망된다. 또한 노 당선자의 언론정책을 담당하는 인사들 중에는 정부가 정기간행물법 개정을 주도할 필요가 없지 않느냐는 주장을 하는 사람들도 있어 구체적인 내용은 좀 더 지켜봐야 할 것으로 보인다. 다만 여러 차례 그가 밝혔듯이 신문고시 강화나 세무조사 정례화 등을 통한 시장질서 정상화와 신문경영 투명화는 가시적인 성과를 보일 수 있을 것으로 예상된다.

방송 분야의 경우 방송과 통신의 융합 추세에 따른 방송통신위원회 설립 필요성에 대해 민주당은 방송통신구조개편위원회를 설치해 이를 논의하겠다고 밝혔다. 노 당선자는 <KBS2>와 <MBC> 민영화 주장과 관련해 "이 문제를 결정하는 데 가장 중요한 공공성과 공정성이며, 이 두 가지 관점에서 지금 민영방송보다 훨씬 떨어진다면 민영화해야 하나 그렇지 않다면 민영화를 서두를 일은 아니다"라고 유보적인 입장을 나타냈다. 이와 함께 민주당은 방송위원장 인사청문회 도입 및 위원 추천방식 개선, 디지털 전환사업 지원 등을 약속했다.

조선일보 인정 충동적 언론관 폐기마땅

대통령 노무현에게 주어진 첫 과제는 무엇보다도 언론개혁이라 할 수 있다. 그는 취임과 동시에 언론개혁에 착수해야 한다. 이 시기에 언론개혁을 일궈내지 못하면 언론개혁은 또 물 건너간다. IMF국가부도로 대한민국 헌정사상 최초로 야당이 집권한 김대중 정부가 출범과 동시에 언론개혁에 착수했어야 했으나 소위 'Whiskey & Cash'라 하여 대통령 비서관이 양주를 사들고 언론사를 찾아다니며 논조와 보도방향 등에 대해 협조를 구하고, 대신 언론사의 민원사항을 들어줬던 '권·언 동거관계'를 반면교사로 삼아야 한다. 노 정부가 이를 답습하면 언론개혁은 또 '공염불'이 된다. 노 당선자는 언론권력의 시녀노릇을 하는 기존 정치인들에 의존해서가 아니라 온 국민의 힘으로 언론개혁을 일궈내야 한다. 그 시기는 취임과 동시이어야 한다. 거듭 말하거니와 매사에 무슨 일이건 간에 때가 있으며, 이때를 상실하면 언론개혁은 불가능하다.

언론정책은 민주주의의 근간인 여론을 생산하고 유통시키는 것을 본업으로 하는 언론기업에 대해 직접적인 기준을 제시하는 등 절대적인 영향을 미친다. 따라서 일각에서는 정책을 생산하는 최고 책임자가 된 노무현 대통령 당선자가 특히 언론과 관련하여 면밀하고도 사려 깊지 못한 충동적인 발언과 행동에 대해 진중할 필요가 있다고 충고한다. 그것은 그가 자연인 노무현이 아니라 대통령 노무현이기 때문이다. 자연인의 실언은 그 폐해가 개인에게 국한되지만 대통령의 무모한 말 한마디는 나라의 운명과 국민의 안녕을 좌우할 수 있다. 노무현 당선자는 이제 개인이 아니라 국가의 운명과 국민의 생명을 책임질 대통령에 취임할 공인이다.

노 당선자는 특정언론에 대한 개인적인 호·불호의 감정은 버려야 한다. 특히 <조선일보>에 대한 노 당선자의 언론관에 대해 <조선일보> 입장에서 보면 지극히 배타적이고 왜곡된 언론관이라 할 수 있다. <조선일보>가 수구·반동적이라는 데는 필자도 기꺼이 동의한다. 그러나 그것은 어디까지나 <조선일보>의 자유이다. 세상에는 <조선일보>를 지지하는 수구반동세력도 엄연히 존재한다. <조선일보>는 그들의 이익을 옹호하고 대변하는 신문이다. 노 당선자는 이를 인정하여야 한다. 그래야만 진실한 언론개혁을 일궈낼 수 있다.

　노 당선자의 언론개혁은 우선 언론시장에서는 법률에 보장된 세무조사를 공정하고 투명하게 실시하고 그 결과를 만천하에 공개해야 한다. 독과점과 불공정경쟁을 차단하기 위해 공정거래법을 공평하게 언론에 적용해야 하며, 왜곡된 신문시장의 질서를 바로잡기 위해 신문고시를 바르게 집행하여야 한다. 나아가 여야와 국민적 의견을 모아 정기간행물법의 개정을 통해 기회주의적 상업언론에 편집권 독립과 공영성을 담보하여야 하며, 방송법의 개정을 통해 시청률 지상주의·상업주의로 치닫는 사영·민영방송의 공영화를 달성하여 방송을 권력의 품에서 국민의 품으로 돌려야 한다. 그 첫걸음은 언론사의 소유구조개편이다.

≡ 2002. 12. 22.

대통령 후보의 언론공약 비교

디지털방송 전송방식을 둘러싼 주요 정당의 제16대 대선 정책공약 비교분석을 통해 국민과 함께하려는 진짜 견력은 누구인지를 조감해 본다.

21세기 첫 대통령을 뽑는 제16대 대통령 선거도 어느덧 중간점을 돌고 있다. 이제 약 보름 후면 21세기 첫 대통령이 선출된다. 이번에 선출되는 대통령은 민족사적으로도 남북의 평화통일과 세계 속의 한국건설이라는 과제를 지닌 중요한 의미를 담고 있다. 이번 선거에 국민들의 관심이 매우 높은 까닭이 여기에 있다.

그러나 선거과정을 보면 과연 후보자들이 국민들의 여망을 담아낼 수 있을지 의문이 들 정도로 실망스럽기 그지없다. 과거에 비해 뇌물살포 등 직접적인 유권자 매수는 현저히 줄어들었으나, 적극적인 정책대결보다는 고질적인 흑색선전과 비방성 인신공격, 폭로 한탕주의, 망국적인 지역감정 자극발언이 여전한 등 과열 혼탁선거로 치달아 국민들의 올바른 후보선택을 가로막고 있다.

그래서는 안된다. 선거는 공약선거·정책선거가 중심이 되어야 한다. 각 대선 후보들이 진정으로 국민을 섬기는 대통령이 되겠다고 나섰다면 지금부터라도 터무니없는 공약과 과장된 이미지선거 전략을 폐기하고, 각 부문에서의 다양한 국민들의 목소리에 답해야 한다. 후보들은 이번 대선에서 불법과 타락으로 얼룩진 '20세기 한국형 선거운동 방식'을 과감히 버려야 한다. 다양한 정책 차이를 부각시켜 국민들의 선택과 심판을 겸허하게 수용하는 깨끗한 선거판이 되도록 노력하길 희망한다.

특히 미디어 공약은 국가의 여론형성 기능을 담당하는 언론정책의 기본방향이라는 의미에서 각별한 의미를 지닌다. 그런데도 각 정당은 미디어 공약·정책에 대해 지나치게 소극적으로 소홀히 하고 있다. 선거라는 민감한 시기에 '언론을 건드려봐야 욕만 먹는다'는 인식 아래 '놔두는 게 상책'이라고 한발 물러서고 있는듯하다.

제16대 대통령 선거에 출마한 각 후보자의 언론공약·정책은 대개 표면적인 수준에 그치고 있다. 미디어 공약의 부실화는 역대 정권들이 언론에 힘을 빌리려고만 해왔지, 언론을 상대로 제대로 한번 싸움해 본적이 없어 예민한 사항을 피해가려는 속셈이 그 주요 원인이다.

언론관련 정책은 국민들의 생활과 삶의 질에 직접적인 지대한 영향을 미치고 있으므로 각 정당에서나 후보자들이 결코 두루뭉술하여 넘어갈 성질이 아니다. 예컨대 디지털TV관련 정책의 경우 어떤 방식을 선택하느냐에 따라 국민들이 추가로 50조 원을 더 부담하느냐 마느냐 할 뿐 아니라, 21세기 국가의 영상산업발전과 국민들의 생활 또한 근본적으로 달라지게 한다. 따라서 정치권에서 '언론을 자유롭게 해야지 공약·정책이 왜 필요한가'라는 사고는 위험하기 그지없는 발상이다.

언론개혁은 나라발전에 중대한 시대적 과제로 지적되고 있다. 따라서 각 후보들은 소신 있게 언론개혁에 대한 명확한 자기입장을 천명해야 한다. 각 후보들의 진실된 답변만이 전 언론인은 물론 유권자들의 지지를 얻을 수 있을 것이다. 언론전문지 <미디어오늘>이 제16대 대통령 선거에 후보를 배출한 각 정당의 미디어 관련 공약·정책을 비교 검증한 보도를 보면 다음과 같다.

본지가 전국언론노조와 언론 관련 시민단체들이 그동안 제시해 온 언론개혁 과제를 중심으로 모두 15개항에 대한 각 당의 언론정책을 비교·검증한 결과 민주노동당이 진보정당의 위상에 걸맞게 가장 뚜렷하게 개혁적인 자세를 보이고 있었고, 그다음으로 민주당과 한나라당이 뒤를 잇고 있는 것으로 나타났다(표 참조).

민주노동당은 이번 언론정책 수립과정에 처음부터 전국언론노조와 시민단체의 주장을 그대로 수용하는 태도를 보여 개혁성을 높였다. 다만 △위성방송·케이블TV의 균형발전 문제 △지역언론 육성 △인터넷언론 활성화 방안은 이번 언론공약에서 제외됐다. 그러나 인터넷언론 활성화 방안은 권영길 후보가 지난 10월 4일 <오마이뉴스> 인터뷰, 11월 13일 인터넷신문협회 초청토론회에서 "인터넷언론의 정규 언론화"를 이미 언급한 바 있다.

　개혁성과 관련해 한나라당은 4개 개혁과제에 대해 부정적인 입장을 갖고 있어 가장 낮은 개혁성향을 보였다. 반면 민주당은 개혁과제 전반에 대해서는 동의하면서도 이번에 언론정책을 발표하지 않는 단점을 노정했다.

〈표 1〉 각 당 대선후보 미디어 공약·정책 비교

구　분	한나라당	민주당	국민통합21	민주노동당
신문고시 소유지분 제한	폐지 반대	처벌규정 강화 사회적 합의 필요	유지 반대	강화 지분제한 입법화
세무조사 정례화	법규정대로 시행	정례화 명시	법규정대로 시행	법규정대로 시행
정보통신부 폐지 방송통신위 설립	방송 통신인터넷 융합에 따른 법률제도 정비	방송통신구조개 편위 구성 통해 방송통신위 설립	반대	찬성
방송시장 개방 외국인 지분 참여	시장개방 논의 제고	반대	경영 편집 자율성 해치지 않는 범위에서 허용	반대
KBS2 MBC 민영화	독립성 자율성 공정성 제고 위해 개선방안 마련	반대·공영성 강화	찬성	반대·공영성 강화
방송광고공사 폐지 미디어랩 신설	방송광고 경쟁체제 도입		광고공사 궁극적으로 폐지	광고공사폐지 민영미디어랩 신설은 신중검토
연합뉴스사법 제정	기간 뉴스통신사 육성	찬성		찬성

* 자료: 한국기자협회, <기자협회보>, 제1166호, 2002년 11월 20일자, 1면.

　한나라당은 △D-TV 문제 △민영방송 소유지분 제한 △신문사 소유지분 제한 △신문고시 강화 등에서 모두 반대입장을 보였고, 미디어교육 공교육화 부분은 필요성 인정 이외에 별도의 입장을 갖고 있지 않았다. 방송통신위원회 설치의 경우 한나라당은 법제 정비가 필요하다는 의견을 보이면서도 방송위원회의 위상 강화를 별도의 정책으로 내놓았다.
　또 한나라당은 정간법 개정 문제는 큰 틀에서 긍정을 보이다가 세부 내용면에서는 입장 차이를 명확히 했다. 한나라당의 주창으로 방송계 전반에 파문을 일으켰던 'KBS-2TV·MBC 민영화'는 이번 대선 공약에서 철회했다. 이 밖에 한나라당은 지난 12일 △국정홍보처 폐지 △신문부수공사(ABC)·시청률조사제도 정착 △언론중재위 역할 강화·법절차 간소화 등을 언론 관련 공약으로 내놓은 바 있다.

민주당은 별도의 언론 공약을 내놓지는 않았으나 당 선대위 정책선거 특별본부에 문의한 결과 15개 항목 가운데 '민영방송 소유지분 제한'을 제외하고는 개혁과제 전반에 대해 찬성한다는 의견을 갖고 있었다. 민주당은 이 가운데 신문사 소유지분 제한과 미디어교육의 공교육화 부분에 대해서는 원칙에 동의하면서도 '신중한 접근', '논의 필요' 등의 단서조항을 달았다(이영환·신미희·이호석, 「대선후보 미디어공약 '뜨거운 감자'」, 미디어오늘, 제370호, 2002년 11월 27일자, 7면).

다소 길지만 전문을 인용했다. 전국언론노동조합을 비롯한 언론학계, 언론시민운동단체 등은 그동안 언론개혁 9대 과제 등을 제시하고, 줄기차게 이를 요구했다. 역대 정권과 언론은 깊고도 질긴 권·언 유착관계를 형성, 국민들의 알권리를 매개로 서로의 이권만 챙기는 데 급급해 왔다. 이제 이를 청산하고 탈피할 때가 되었다. 전국언론노조가 2002년 12월 2일 발표한 「대선 후보들은 언론개혁에 대한 입장을 밝혀라」는 성명 가운데 각 후보들에게 언론개혁을 위한 과제를 제시하면서 명확히 입장을 밝힐 것을 촉구한 언론개혁 9대 과제는 다음과 같다.

첫째, 미디어 정책을 놓고 이원화된 정보통신부(이하 정통부)와 방송위원회의 기능을 통합재편하기 위해 정통부를 폐지하고 방송통신위원회를 설립해야 한다.

둘째, 방송의 공영성을 수호하고 권력과 자본의 방송장악 저지를 위한 법과 제도를 마련해야 한다.

셋째, 21세기 미디어산업에 대한 시장개방 압력은 우리 민족의 문화주권 수호와 직결된 사안인 만큼 방송산업을 보호하고 건전하게 육성하는 정책을 마련해야 한다.

넷째, 시청자주권을 확립하고 수십 조 원의 혈세 낭비를 막기 위해 지상파 디지털방송의 전송방식(기술표준)을 현재 정통부가 결정한 미국식에서 유럽식으로 변경해야 한다.

다섯째, 언론족벌의 여론 독과점을 하루빨리 해소하기 위해 언론개혁의 핵심인 '정기간행물법'개정이 반드시 이뤄져야 한다.

여섯째, 10여 년의 지방자치를 현실적으로 완성하기 위해 지역신문의 진흥과 정상화에 필요한 법과 제도를 마련해야 한다.

일곱째, 신문판매시장의 왜곡과 혼탁을 해소하기 위한 신문공동배달제 등 적극적인 신문시장 정상화 방안을 마련해야 한다.

여덟째, 연합뉴스의 국가기간뉴스통신사로서의 위상정립을 위한 연합뉴스사법을 하루빨리 제정해야 한다.

아홉째, 언론수용자인 독자와 시청자의 권리 보장과 미디어교육 제도화를 위한 방안을 마련해야 한다.

언론을 국민에게 돌려야 하는 것은 우리 시대의 과제다. 언론의 원래 주인은 국민이다. 언론을 국민에게 되돌려 주는 것은 민주화의 첩경이다. 언론이 국민에게 있지 않는 한 우리 사회의 민주화는 없다. 언론의 국민화가 전제되지 않는 우리 사회의 민주화는 언어의 유희일 뿐이다.

역대 정권 가운데 YS정부와 더불어 무능하기가 '도토리 키 재기'라는 평을 듣던 김대중 정권이 곧 물러나고, 새 정권이 들어서기 직전이다. 새 정권은 아마도 3당 후보 가운데 한 사람이 집권할 것이다. 새 정부의 첫 과제는 침체한 경제 살리기도, 부패한 정치개혁도 아니다. 바로 언론개혁이다. 언론개혁의 핵심은 권·재·언 유착으로 기득권에 편입된 언론을 해체하고, 이를 국민에게로 되돌리는 것이다.

3당의 미디어 관련 공약·정책은 그와 같은 작업을 수행하는 기본적 지표이다. 그런 의미에서 3당의 언론공약·정책을 비교해 보면 대체로 한나라당은 보수적이고, 새천년민주당은 중도이며, 민주노동당은 진보적이라 할 수 있다. 여기서 우리는 누구를 선택할지 분명한 기준은 섰다고 할 수 있다.

예컨대 디지털TV정책의 경우 한나라당 이회창 후보를 선택하여 추가로 50조 원을 더 부담할 것인가, 아니면 민주당 노무현 후보를 선택하여 재벌과 관료·그리고 국민들 사이에서 기회주의적으로 눈치나 보며 저울질을 당할 것인가, 아니면 민노당 권영길 후보를 선택하여 미국식 방식을 버리고 재벌의 선전꾼 노릇을 하는 정보통신부를 해체하여 전체 국민의 이익을 옹호할 것인가 하는 것이다.

그 대답은 자명하다. 그러나 21세를 여는 대한민국의 정치현실에서 선택의 과제는 아직도 늘 이율배반적이라는 데 슬픔이 있다. 기호순대로의 당선이 유력한 것이 그것이다. 한 열흘 남짓 지나면 우리가 선택한 결과가 현실로 드러난다. 과연 우리의 선택이 어떠했는지 사뭇 기다려진다.

≡ 2002. 12. 7.

정치언론과 언론정치인

언론인이 자긍심을 지닐 때 언론부패를 예방할 수 있다. 이 글은 언론계에 위장취업한 정치브로커로 인해 언론이 어떻게 왜곡되어 가는지를 증언한다.

한때 우리 사회에서 군인들이 정치권력의 주류를 형성하던 때가 있었다. 군사정권 시절이 그러했다. 오늘날은 군인들에 의한 무신정권시대가 가고, 언론인들이 군인들을 대신해 정치권력의 주류를 형성하고 있어 눈길을 끈다.

<미디어오늘>이 최근 보도한 바에 따르면 제16대 대통령선거의 3대 캠프에서 활동하고 있는 언론인 출신 정치인은 모두 78명인 것으로 나타났다. 이 중 한나라당이 37명으로 가장 많고, 민주당 28명, 국민통합21은 13명이었다. 각 사별로 보면 <KBS>와 <한국일보>가 각각 11명씩이고, <동아일보>는 10명, <중앙일보>와 <한겨레>가 각각 6명씩이었으며, <MBC> 4명 등이었다.

언론출신 정치인의 전성시대 도래

언론인도 사람이므로 전직하는 것을 무조건 나무랄 수는 없다. 그러나 언론인이 정치인으로 전직하는 것은 그다지 바람직스럽지 않다. 특히 언론 현직에서 곧바로 정치인으로 전직하는 것은 "언론에 위장 취업한 정치인"이라고 해도 실례가 아닐 듯하다. 위장취업한 언론인은 언론을 자신들의 사사로운 정치적 목적달성을 위해 언론을 이용한다.

'정치의 계절'인 대선 때나 총선 때가 되면 언론계에 숨어 있던 정치인들이 우후죽순 나타난다. 이번 대선에서도 예외가 아니다. 3당 대선 캠프에서 활약하고 있는 언론인들의 면면을 보면 한국언론이 왜 파행적인지도 알 수 있다.

정치인들은 현대사회가 미디어 사회인만큼 미디어정치시대의 가장 큰 영향력을 지닌 언론인을 자신의 정치세력으로 하고자 하는 '유혹'과 '욕망'에서 자유롭지 않을 것이다. 그것을 일방적으로 탓할 바는 못 된다. 권력의 쟁취를 목표로 하고 있는 정치인의 입장에선 그것이 불법적이지만 않다면 얼마든지 강구할 수 있는 노릇이다. 문제는 결국 언론인 자신이 중심을 잡아야 한다는 것이다.

위장취업한 정치인 언론계 떠나야

우리 사회가 민주화되기 이전인 군사독재정권 시절에는 언론인 출신의 정치인은 몇몇에 불과했다. 권력의 도덕성이 취약했던 독재정권이 언론을 회유하기 위해 몇몇 언론인을 정부의 관리로 채용하거나 관제정치인으로 편입시킨 게 고작이었다. 독재정권의 입막음용 '당근'으로 활용되었던 것이다.

그러나 문민정부에 들면서 언론인 출신 정치인은 대대적인 직업정치인으로 변질되기 시작했다. 이제 언론계는 군인집단을 대신해서 가장 큰 정치인을 배출하는 집단으로 등장했다. 이는 언론을 크게 왜곡시키는 폐해로 드러난다. 여기서 발생하는 피해는 고스란히 독자의 몫이다. 언론계에 위장취업해 있는 정치언론인은 하루빨리 언론계를 떠나야 한다.

≡ 2002. 11. 22.

언론개혁론

우리 사회의 영원한 화두인 언론개혁에 대한 당위성과 방법론을 조감하고, 언론개혁론에 대한 이론의 체계화를 시도한다.

1 언제 해야 하는가

대한민국 역대 정권 가운데 가장 무능했던 김영삼 정권의 국가부도로 IMF 경제 신탁통치가 시행된 지도 1년이 다가온다. IMF는 우리 정치구조에도 영향을 미쳐 대한민국 헌정사상 최초로 여야에 의한 수평적 정권교체를 일궈냈다. 김대중 정권은 60년대 이후 한국 사회의 역사를 굴절·후퇴시켰던 수구적 집단인 자유민주연합의 김종필 세력과 내각책임제를 공통분모로 하여 집권했다. 이는 김영삼 정권이 변형적인 군부독재정권의 후계자였던 것처럼 정권교체의 의미를 퇴색시키는 요소로서 김대중 정부의 태생적 한계라 아니 할 수 없다.

김대중 정부의 출범은 헌정사상 남다른 의미를 지닌다. 그것은 국민들이 국가부도의 뒷수습을 여당보다는 보수적인 야당에게 의뢰했기 때문이다. 여야에 의한 정권교체의 의미는 한마디로 개혁에 있다. 50여 년 동안 썩고 부패한 부정부패와 사치향락 등 우리 사회의 비리를 도려내 깨끗하고 맑은 사회를 건설해 달라는 뜻이다. 그 대상은 두말할 나위 없이 IMF를 불러들인 세력이어야 한다. 개혁이란 합법적인 절차를 통해 묵은 체제를 고쳐 새 체제로 바꾸는 것을 말한다.

　IMF는 무능한 정치권력과 행정관료, 부패한 독점재벌과 제도언론이 빚어낸 합작품이었다. 외국언론이 한국경제의 침몰위기를 잇따라 경고하자 한국언론은 오히려 "우리 경제가 튼튼한데 웬 호들갑이냐"는 정부의 발표를 여과 없이 보도해 외환위기의 위급성을 경고하는 외신들을 비난하고 나섰다. 그러다가 IMF가 터지자 그동안의 보도태도를 돌변하여 일제히 김영삼 정부의 무능을 비난하고, IMF를 적으로 간주하여 외제물품을 배격하고 국산품을 애용해야 한다는 국수주의적이고 맹목적인 징고이즘 보도로 일관했다.

　이처럼 무지하면서도 오만하고 독선적인 한국언론은 IMF의 주범 가운데 하나이다. 그런데도 언론은 겸허한 자기반성과 개혁은커녕 여전히 외형적인 양적 성장일변도의 확대경영을 추구하고 있다. 이 같이 기형적인 성장을 추구한 결과 언론은 계급적으로 중산층 이데올로기에 매몰되었으며, 언론산업은 기득권화되었고, 일부언론인은 특권의식을 떨쳐버리지 못하고 오만과 편견에 사로잡히게 되었다. 민주주의의 원칙인 다양성은 파기되었고, 소수의 독과점적 언론세력은 언론에 집중된 과다한 힘을 행사하게 되었으며, 언론노동자들 조차 생존을 빙자한 자사 이기주의에 매몰되게 되었다.

　스스로가 거대한 권력기구화된 언론은 심각하게 정치지향적으로 왜곡되었으며, 기득권에 대한 보도에서 보듯이 강자에겐 온갖 아양을 떨고, 약자의 인권은 무참하게 짓밟는다. 언론은 그와 같은 반언론적인 자신의 힘에 도취된 나머지 스스로 '밤의 대통령'이라 일컫기에 이르렀다. 제도언론은 노골적인 편향성으로 집권세력과 기득권을 대변할 '대통령 만들기' 공작에 광분하며, 공익적이어야 할 지면을 사익의 확대재생산에 악용함과 동시에 역사의 재평가를 주장하며, 역사마저 왜곡하려 들고 있다.

　기득권의 수호라는 지독한 편견과 특권의식에 사로잡혀 있는 언론권력은 마침내 국민들이 직접 선출한 정치권력의 퇴출을 공공연히 시도하기에 이르렀다. 오늘날 우리 사회는 '국민들에게 직접 선출된 정치권력'과 '선출되지 않은 권력'인 '재벌'과 '언론'이 지배하고 있다. 국민에 의해 직접 선출된 권력은 국민을 대표하며 국민에 대해 책임과 의무를 지니지만, 선출되지 않은 권력은 대표성도 없을뿐더러 아무런 책임과 의무도 지지 않는다. 한국사회의 실질적 권력인 재벌과 언론은 국가나 국민의 이익보다는 사주나 기업의 이익을 위해 봉사한다.

민주화라는 시대적 흐름과 함께 권력의 약화로 생긴 힘의 공백을 재벌과 언론이 메우면서 언론은 무소불위의 권력을 휘두르고 있다. 언론은 그 힘을 국민을 위해, 민주화를 위해 사용할 줄 아는 분별력과 자제력을 제대로 갖추지 못했고, 우리 사회 역시 그런 언론에 대해 적절한 통제나 견제장치를 갖지 못하고 있다. 따라서 국민을 대표하고 국민에 책임을 지는, 그리고 공익추구의 임무를 부여받은 선출된 권력은 마땅히 국민을 대표하지 않고 국민에 책임을 지지 않는 선출되지 않는 권력을 공익의 차원에서 규제할 수 있고 규제해야 한다.

② 그 실상은 어떠한가

언론산업에서 자본은 언론의 본질을 규정짓는 가장 큰 요소가 된다. 언론산업에서 소유구조는 매체의 성격과 기능을 규정하는 핵심요소로 작용한다. 한국의 언론산업은 중앙지와 지방지에서 독특한 구조를 보이고 있다. 중앙지는 자본의 구성이 대개 재벌언론이거나 언론재벌, 공영언론, 종교자본이 언론을 독점적·배타적으로 소유하고 있다. 지방지는 지방의 부동산 지주나 유력인사·유지가 장악한 토호언론이거나 특히 중소 주택건설업자들이 주축을 이룬 토착자본에 의한 독점언론이다.

이들은 하나같이 건강한 언론자본이 아니라는 특징을 지니고 있다. 따라서 언론개혁은 무엇보다도 자본의 문제에서부터 해결의 실마리를 찾아야 한다. 재벌언론이 지닌 문제점은 특정재벌이 언론을 사회적 공기나 기구로 바라보기보다는 자신들의 경제적 이익이나 사회적 권위를 누리거나, 나아가 자신들의 비리나 축재를 축소·왜곡·은폐시키기 위한 목적으로 활용한다. 이는 언론의 가장 큰 원칙인 '공공성 추구'와 '공정성 확보'라는 원칙에 위배될 뿐 아니라 언론을 사기업화하거나 개별이익 추구 수단으로 치부하여 언론이 지니고 있는 국민의 알권리를 직접적으로 저해하는 것이다.

언론재벌이란 언론사의 힘과 권력을 통하여 자본을 축적하고 마침내 재벌화된 언론을 말한다. 우리 사회에서 언론재벌은 대개 족벌언론이라는 특징을 지니고 있다. 언론재벌의 해악 또한 재벌언론에 비해 결코 적지 않다. 특히 언론사가 특정 집안에 의해 소유·경영되고 있으며, 그것이 계속 대물림하게 되어 언론사의 위상이 공적 기구로 자리잡지 못하고 사적 도구로 전락한다. 그것도 특정 집안의 이윤추구적 목적에 의해 유지·계승된다.

언론개혁에서 또 하나 빼놓을 수 없는 것은 소위 '공영언론'에 대한 문제이다. 공영언론이란 문자 그대로 공공단체나 국가가 소유주인 언론을 말한다. 이들 공영언론은 실제에 있어서는 대개 국영언론·관영언론으로 기능한다. 민주주의 국가에서 국가가 언론사를 직접 경영하는 것은 바람직하지 않다. 권력이 언론을 직영하는 것은 권력에 대한 견제와 비판이라는 언론의 기본적 사명과 기능을 부정하게 된다. 관영언론의 폐해는 국민으로부터 부여받은 지면과 전파를 일방적으로 '권력의 나팔수', '정권의 선전대'로 사용함으로써 마침내 언론이 '정부의 선전원'으로 전락하는 점이다.

대부분 기독교계 언론자본이 주류를 이루고 있는 종교자본이 지배한 언론 또한 개혁의 대상이 되어야 한다. 본질적으로 보수성을 지닌 종교가 언론을 장악함으로써 언론의 진보성을 억제한다. 이는 언론의 본질적 사명을 해치는 것으로써 언론의 알릴 권리를 가로막는 저해요인이 된다. 이에 더하여 언론수용자들에게 종교의 가치와는 전혀 다른 이중적인 가치관의 정당화를 전파하게 된다. 예컨대 어느 종교언론그룹을 보면 교회에서는 '하나님의 도덕과 순결'을 강론하면서도, 언론을 통해서는 '여성의 성 상품화와 도시의 쓰레기문화'를 무분별하게 쏟아내며 돈벌이를 추구하고 있다.

지방의 토착언론·토호언론에 비하면 이는 점잖은 편이라 하겠다. 언론을 언론으로 여기기보다는 무슨 이권 챙기기 위한 수단이나 방패막이 정도로 생각하는 지방언론 경영주와, 언론인의 사명이 무엇인지조차 모르는 언론인들이 장악한 지방언론에서 언론의 사명과 기능을 찾는다는 것은 처음부터 무리이다. 일부 지방언론은 사이비언론의 차원을 넘어서 언론모리배·언론정상배·언론행상배가 장악한 '언론쓰레기'라 해도 과언이 아닐 정도다. 지방사회에서 이들의 관·재·언 유착은 공생관계를 넘어 악질적인 언론범죄 구성단계에까지 이르렀다.

③ 무엇을 할 것인가

<한겨레신문>이 창간 10주년(1998. 5. 15.)을 맞아 전국언론노동조합연맹, 한국기자협회, 한국방송프로듀서연합회와 공동으로 만 20세 이상 국민 500명, 언론학자 72명, 언론인 344명을 대상으로 여론 조사한 바에 의하면 국민들의 86.7%, 언론인 94.2%, 언론학자의 98.6%가 언론개혁이 시급하다고 응답했다.

그런데도 김대중 정부는 언론개혁에 대해 적극적으로 나서려 하지 않고 방관자적 입장을 취하고 있다. 이는 정권교체의 의미를 퇴색케 하는 것이며, 국민들이 김대중 정부에 거는 기대를 무산시키는 조치이다. 김 대통령은 <한겨레신문>과의 특별인터뷰에서도 "언론개혁은 좋지만 권력이 개입해서 하는 언론개혁은 쇠뿔을 고치려다 소 잡는 격이 될 수 있다. 왜 정부가 언론개혁 안하느냐는 불만이 있지만 적어도 지금 단계에서 할 일은 아니다. 언론이 자체적으로 노력해야 한다"며 원론적인 자율개혁을 촉구했다.

〈표 2〉 언론개혁정책위원회의 언론개혁 10대 과제

개혁과제	현 행	대 안
1. 공보처의 폐지		
2. 방송위원회의 위상과 구성 및 공영방송사의 사장선임 방식 개선	1. 방송위원회: 방송법 제12조(대통령이 임명한 9인의 위원으로 구성, 이 중 3인은 국회의장, 3인은 대법원장이 추천) 2. 방송사 이사: △방송공사법 제6조(방송위의 추천으로 대통령이 임면) △방송진법 제6조(방송위원장이 추천) 3. 방송사 사장: 방송공사법 제15조(이사회의 제청으로 대통령이 임면)	1. 방송위: 국회가 원내교섭단체 합의에 의한 규정에 의해 추천인단을 구성, 국회가 인사청문회 등의 검증절차를 거쳐 위원 선정 2. 방송사 이사: 방송사 이사회가 임면 3. 방송사 사장: △KBS, EBS(이사회에서 복수로 추천하고, 방송위가 그중 1명을 제청, 대통령이 임면) △MBC(이사회에서 복수로 추천, 방송위가 그중 1명을 임면)

개혁과제	현 행	대 안
3. 재벌의 언론사 소유 제한 및 언론기업의 소유집중과 시장과점 해소	1. 정간법 제3조제3항(대기업 또는 계열기업이 일간신문이나 통신법인의 주식 또는 지분을 2분의 1이상 취득할 수 없다고 규정) 2. 언론기업 소유집중에 대한 제한 없음	1. 정간법에 대기업 또는 계열기업의 주식소유를 원천적으로 금지 2. △정간법에 일반일간신문 또는 통신의 주식 또는 지분을 100분의 20 미만으로 △방송법에 방송 및 뉴미디어 소유지분을 100분의 6 미만으로 제한하는 조항을 신설
4. 언론사 편집, 편성권 독립의 제도적 보장	1. 정간법 제6조제2항(발행인은 종사자의 편집 및 제작활동을 보호해야 한다) 2. 방송법 제3조(편성의 자유는 보장된다)	정간법과 방송법에 편집권 독립을 위한 구체적 조항을 신설하고, 경영인과 언론인 사이에 각 사별 편집규약을 체결토록 규정
5. 방송광고공사의 영업 독점 해소 및 공익자금 배분과 운영 혁파	방송공사법: △제2조(공사는 법인으로 한다) △동 제4조(자본금은 4천억 원으로 전액을 정부가 출자한다)	각 방송사별 노조와 PD연합회 협의안을 수용키로 함
6. 연합통신, 서울신문 등 공적 소유매체의 독립성 보장	1. 연합통신(민간주식회사로서 명목상 KBS, MBC가 대주주) 2. 서울신문(주식회사로 재경원이 대주주)	1. 소유구조: △연합통신(공영적 성격을 기조로 한 민영통신사로 위상 재정립) △서울신문(공기업 중심의 민영화) 2. 연합통신법 제정
7. 국가보안법과 '특수자료 취급지침' 개정 및 폐지		
8. 언론수용자의 권리 보장 및 미디어 소양교육 실시	시청자위원회: 방송법 제30조(방송국의 장은 각계의 시청자를 대표할 수 있는 자 중 대통령이 정하는 단체 또는 기관의 추천을 받아 시청자위원회의 위원을 위촉한다)	1. 방송법 총칙 제5조에 시청자 참여보장 조항 신설 2. 시청자위원회: 방송국의 장은 2분의 1은 대통령이 정하는 단체 또는 기관의 추천을 받아, 2분의 1은 방송제작종사자 대표의 추천을 받아 시청자위원회 위원을 위촉
9. 군사독재시절 해직된 언론인들의 명예회복		1980년 해직언론인의 배상 등에 관한 특별조치법 시행
10. 국민주 방송 설립 및 방송 보장		국민주 방송 설립 및 VHS인 <채널 2>의 사용 허가

* 자료: 미디어오늘, 1997년 8월 20일자.

권력은 언론개혁의 필요성에 대해 공감하면서도 직접적으로 추진할 의사가 없는 것 같다. 스스로의 "자율개혁"만 주문하고 있다. 이는 지극히 정치적인 언어다. 개혁의 대상인 언론에게 개혁을 주문하면 개혁이 될 리 없음은 상식이다. 사정이 이러한데도 국민으로부터 권력을 위임받은 정부는 국민을 대신해 언론개혁을 추진할 생각은 않고 '자율타령'만 늘어놓고 있다. 이는 정권의 직무유기라 아니 할 수 없다.

원론적으로 언론개혁은 자율적 방법이 바람직하나 현실적으로는 실현성이 없으므로 타율적일 수밖에 없다. 권력이 개입하여 언론개혁을 이룩해 내기란 여간 조심스러운 작업이 아님은 틀림없다. 박정희 정권 이래 과거의 역대 정권들은 언론을 장악하여 권력의 시녀로 활용해 왔기 때문에 권력의 개입이 매우 조심스러운 것이 우리 역사의 교훈이다.

권력이 언론을 개혁하려 들면 언론은 언론통제로 몰며 저항할 것이다. 기득권을 지키려는 자신들의 저의는 숨긴 채 언론개혁에 대한 저항을 언론자유 수호를 위한 '성전'이라도 되는 양 여론의 동정을 구할 것이다. 더구나 현대사회는 미디어정치 시대라는 말도 있듯이 권력을 유지하고 존속하기 위해서는 언론의 절대적인 도움이 필수적이다. 말하자면 언론의 도움 없이는 효율적인 정책수행은 불가능하다. 따라서 정권은 언론과 원만한 관계를 유지하려고 하기 때문에 가능한 한 언론의 비위를 거스르려 하지 않는다. 그러니 기득권에 반하는 언론개혁을 시도하기는 더욱더 어렵다.

언론개혁도 언론의 도움을 받아야 효율적으로 수행할 수 있는 데 언론이 자신들의 기득권에 반하는 개혁에 협조할 리 없다. 이에 정권은 언론개혁을 아예 시도조차 하지 않거나 시도해도 실패하기 쉽다. 하지만 언론개혁을 포기할 수 없다. 언론개혁 없이는 사회개혁 없고, 사회개혁 없이는 우리 사회의 민주화가 없기 때문이다.

그렇다면 개혁의 방향은 분명해진다. 언론개혁은 언론의 비대하고 남용되는 힘을 견제할 수 있는 구조와 제도를 만들어 내되, 언론을 장악하여 정권의 시녀로 활용하려는 목적에서가 아니라 언론에 자율성과 책임을 주어 권력을 비롯하여 힘 있는 사회세력을 감시하고 비판하며, 진실과 정의를 추구하는 것을 장려하려는 목적에서 하면 된다. 이러한 개혁은 서둘러야 한다. 개혁은 속성상 빠르면 빠를수록 좋다. 시간이 흐르면 기득권의 반발로 본질이 호도되기 마련이다.

④ 어떻게 할 것인가

한국에서의 '언론의 자유'는 '언론사의 자유'로 해석되고 있다. 언론의 자유는 온 국민의 기본권으로써 국민을 위한, 국민에 의한, 국민의 자유여야 한다. 그러나 현실은 모든 자유를 가장 자유롭게 할 언론의 자유가 언론사주를 위한, 언론기업의 자유로 변질되어 운용되고 있다.

언론개혁의 주체는 신문사, 신문 그리고 신문인의 개혁으로 생각해 볼 수 있다. 신문사의 개혁은 현재 재벌과 족벌·종교자본에 의해 지배되고 있는 한국언론의 자본구조를 타파하는 것부터 시작되어야 한다. 언론자본을 소수의 특정자본이 독점함으로써 공기적인 언론이 사익의 극대화 도구로 전락하게 된다. 언론사주가 언론과 언론인에 대한 생사여탈권을 쥐고 있는 한 설사 언론개혁이 되더라도 신문사는 언론사주의 놀음에서 벗어날 수가 없다.

언론이 소수의 기득권을 대변하고 자본의 논리에 따른 지나친 상업주의에 매몰되지 않도록 언론사의 주식지분을 제한하고, 편집권 독립을 강화하는 등 제도적인 개혁이 뒤따라야 한다. 국민을 위해서나 언론을 위해서나 사주문제와 소유구조는 반드시 개혁되어야 하는 이유가 여기에 있다. 이는 언론개혁의 본질이라 해도 과언이 아니다.

언론개혁을 통해 편집권의 독립을 이뤄야 한다. 그것은 말로만의 독립이 아니라 제도적인 독립을 통해 언론은 언론인에게 되돌려져야 한다. 언론은 언론인의 양심에 따라 제작되고 운영되어야 한다. 그러기 위해서는 사주나 광고주, 내부 검열로부터 해방되어야 한다. 편집권이 사주의 전횡에 따라 춤추고, 광고주의 압력에 흔들리고, 언론 내부의 제작 메커니즘에 의해 난도질당할 때 '양심적인 정론'은 설자리를 잃게 된다. 그것은 사이비 여론이 언론을 지배하는 결과를 가져온다. 이 위장여론이 사회에 미치는 악폐는 이루 말할 수 없다.

신문시장 질서의 확립도 빼놓을 수 없는 과제다. 본질적으로 신문산업은 그다지 수지맞는 사업이 아니다. 그런데도 언론은 조간하면 조간하고, 증면하면 증면하고, 일요일자 내면 일요일자 내고, 지방분공장 설치하면 너도나도 리스자금이라도 끌어와 지방분공장 설치하는 철딱서니 없는 과당경쟁에 몰입하고 있다. 고비용·저품질·불공정·허세·권재언 유착 등 한국적인 언론현실의 거품을 빼야 한다. 재벌의 빅딜처럼 시설·판매 등을 공동으로 이용하는 방안을 강구해야 한다. 언론이 거품경영에서 해방되어야만 참된 편집권의 독립을 확보할 수 있다.

이를 위해 발행부수공사제도(ABC)의 조속한 제도화가 시급하다. 현재 ABC는 일부 언론사의 참여의지 미비로 흐지부지한 상태를 면하지 못하고 있다. 하루 300만 부씩 신문이 발행과 동시에 포장지도 뜯지 않고 폐지공장으로 직행하는 것은 '한국만의 언론현상'이다. 세상에 이런 자원 낭비가 또 어디 있을까. ABC가 제도적으로 뿌리내리면 합리적인 광고료의 산정, 구독자층의 계층화 등을 통해 획일적인 신문시장이 다양성을 띠게 된다. 이는 긍정적으로 언로의 다양화라는 긍정적인 방향으로 작용할 수 있다.

공동판매제도의 도입 등도 미룰 수 없는 과제다. 신문의 과당경쟁은 '신문전쟁'이라 일컬을 정도로, '살인'마저 서슴지 않는 위험수위에 다다랐다. 신문의 공판제 도입을 통해 신문기업의 채산성을 강화하고, 판매종사자들의 처우개선을 단행함은 물론 '마이너신문'의 원활한 보급통로를 확보함으로써 언로의 확대에 기여하여야 한다. 신문의 독과점과 시장지배력을 적절히 규제·통제함으로써 대안언론의 육성을 정책적으로 꾀하는 것은 정부가 해야 할 언론개혁 과제의 하나이다.

신문의 개혁은 획일적인 성격의 탈피가 가장 시급하다. 현재 우리 언론은 모두 중앙지이며 정론지, 불편부당한 중립지를 자처한다. 21세기의 정보화 사회에서는 보수지도 있어야 하고 중도지·진보지도 있어야 한다. 고급지가 필요한 반면 중급지·대중지도 공존하여야 한다. 큰 신문사도 필요하고 작은 신문사·전문지도 필요하다. 전국지를 표방하는 신문이 있음에 대해 특정지방의 이익을 대변하는 지방지·지역지의 존재도 절실한 것이다. 그것은 이들 언론이 쏟아내는 다기 다양한 스팩트럼의 여론 때문이다.

언론피해 구제 제도의 활성화와 언론매체 상호 간의 비평기능의 다양화도 빼놓을 수 없다. 언론으로부터 입은 피해를 구제하는 언론중재제도가 있으나 제도적으로 미흡하다. 사실이건 사실이 아니건 언론에 한번 보도되고 나면 원상회복하기란 불가능하다. 설령 중재제도 등을 통해 법적으로는 명예가 회복된다손 치더라도 언론의 '배타적인 권위주의'에 의해 피해자의 인권은 제대로 보호받지 못하고 묵살되기 일쑤이다. 그러므로 이를 강화할 필요성은 정당하다.

신문과 방송간, 신문과 신문간, 방송과 방송간 상호 매체에 대한 비평기능을 되살려야 한다. 언론매체 간의 상호비평 기능은 언론을 감시하는 일차적인 제도이다. 현재의 언론사 간 '침묵카르텔'은 어떤 식으로든 깨트려야 한다. 어느 족벌·재벌·종교언론이 자신의 이익을 위해 봉사할 때, 매체 간의 상호비판기능이 작동하면 언론이 독주할 수 없음은 자명하다. 우리 언론은 출발점에서 돌아와 이를 새롭게 시작하여야 한다. 이는 언론개혁이 자율에 의해 가장 쉽게 이루어질 방법의 키워드인지도 모른다.

언론산업이 인재사업임을 감안하면 사람에 대한 문제도 소홀히 할 수 없다. 사람에 대한 개혁에 앞서 곡학아세했던 일부 정치언론인 집단의 숙정도 개혁정기의 보전과 신장을 위해 빼놓을 수 없다. 이 땅의 언론세력의 주류는 친일 어용언론인으로부터 자유당언론인 → 유신언론 → 5공언론 → YS장학생 → DJ모범생 등 정치언론인들이 장악해 왔다. 이들이 펼쳐내는 현란한 처세술과 언론활동은 카멜레온을 비웃을 정도이다.

개혁의 걸림돌인 부역언론인을 청산하여야만 개혁의 도덕성을 확보할 수 있고, 그 바탕 위에서 비로소 진실한 개혁을 일궈낼 수 있다. 부역언론인들이 언론의 주류를 장악하고 개혁을 부르짖고 있는 한 개혁은 구호에 그칠 뿐이다. 프랑스는 식민치하의 나치정권에 부역했던 지식인 가운데 언론인을 가장 많이 숙청했다. 이것이 시사하는 바는 무엇인가. 프랑스는 부역언론인들의 숙정을 통해 '프랑스정신'이라는 국민적 도덕성을 확보할 수 있었고, 이를 바탕으로 인간의 자유가 만개한 '민주프랑스'를 건설할 수 있었던 것이다.

기자의 질적 향상도 기해야 한다. 똑같은 사진을 별도로 찍은 양한다든지, 기사의 앞뒤 문맥만 바꿔 자사 기자가 취재한 것처럼 둔갑시키는 등의 언론관행은 시급히 청산해야 할 과제다. 'IMF보도'에서 보듯이 구체적이지 못하고 포괄적인 기사작성에 매달리고 있는 것은 언론인이 전문화되어 있지 못하기 때문이다. 전문기자제·대기자제의 실시를 통해 언론인의 질적 향상을 꾀하고 기자윤리·사명감·직업의식을 고취함으로써 언론의 자율성과 독립을 증진시켜야 한다. <뉴욕타임즈>는 영업력의 확대에서가 아니라 뉴스에 대한 투자를 확대함으로써 신문의 위기를 탈출했다. 우리 언론도 여기에서 언론발전을 위한 교훈을 찾아야 한다.

5 왜 언론개혁인가

언론은 하나의 사기업임이 분명하다. 그러나 그것은 형식상 그러할 뿐이다. 언론기업의 내용은 공익성이 강조되는 기업제도이다. 언론의 기업성에서 상업주의의 논리가 기생한다. 이는 본말이 전도된 언론기업관이라 아니 할 수 없다. 언론은 민주주의의 제4부로서 사회적 책임과 의무가 따르는 공기적 성격의 기업이다. 즉 공익적 사기업이라 할 수 있다. 그러므로 언론은 그에 따르는 책임과 의무를 민주주의의 정착이라는 정치·사회적 목적과 함께 공유해야 한다. 언론개혁을 강제하는 까닭이 여기에 있다.

언론개혁의 최대 과제는 새 매체의 창간이다. 기존언론을 개혁해 이와 같은 언론 민주화를 일궈내기란 결코 말처럼 그렇게 쉽게 될 일이 아니다. 현실적으로 가장 손쉬운 것은 개혁을 거부하거나, 수구적이고 퇴영적인 언론은 그대로 두고, 차라리 진보적이고 개혁적인 민주언론의 창간을 통해 시장경쟁에서 이를 몰아내는 것이다. 이를 통해 자연스럽게 반개혁적인 언론의 퇴출을 이룰 수 있다. 그와 같은 몫은 마땅히 이 시대를 살아가는 용기 있고 양심적인 참언론인의 것이다.

≡ 1998. 11. 30.

본말이 전도된 언론의 구조조정

언론사의 인원 감축정책과 언론의 질 향상 문제에 대한 본질을 밝히고 있다. 언론기업이 인재양성에 투자해야 할 당위성을 외국의 사례 등을 중심으로 천착한다.

IMF라는 미증유의 '국가부도' 그림자가 본격적으로 우리 사회에 드리우고 있다. 국민소득 1만 불을 자랑하며 선진국 경제모임인 OECD에 가입한 지 1년 만에 온 국민들은 '주식회사 대한민국'이 파산상태에 이른 쓴맛을 보고 있다. 이른바 '구조조정'이라는 이름 아래 단행되고 있는 명예퇴직이 그것이다. 노동자들의 목을 죄는 '살인한파'는 언론계라고 예외가 아니다.

'IMF'란 도대체 무엇인가. 그것은 경제의 자본주의화이며 동시에 경영의 효율화를 뜻한다. 우리가 지키고 가꿔왔던 한국적 자본주의는 자본주의가 아니었다. 권력과 독점재벌의 불륜 동거로 태어난 한국적 자본주의는 자본주의의 기형적인 사생아였다. IMF는 기형적인 한국적 자본주의의 모순이 빚어낸 '대란'이다. '주식회사 한국'을 인수한 IMF는 제대로 된 미국의 상업주의적 자본론을 들고 와 경영하려 든다. 여기에서 가장 먼저 용도폐기 되는 것이 노동자들이다. 하루아침에 수십 년 동안 근무해 왔던 직장에서 쫓겨나 거리로 내몰리고 있다.

이는 본말이 전도된 구조조정이라 아니 할 수 없다. 영국은 IMF에 의해 강제로 '영국병'을 수술 받는 '대환란' 속에서도 노동자를 해고하지는 않았다. 독일 또한 통일 이후 극심한 경제불황을 겪으면서도 노동자들을 고스란히 안고 갔다. 그들은 조업단축과 근무시간 축소, 임금감축 등을 통해 해고 없이 고통을 분담하며 위기를 극복해 갔다. 이에 비해 우리는 너무나 손쉽게 '나만 살자'는 해고의 칼날을 휘두르고 있다. 뭔가 잘못돼도 크게 잘못됐다.

'경술국치'에 이어 제2의 '정축국치'를 불러들인 장본인은 노동자가 아니다. 그 원흉은 권력과 재벌, 관료 그리고 언론이다. 무책임하고 무능하며 무지하기 짝이 없는 정치권력과 행정관료, 오만하고 탐욕스러우며 부패한 재벌의 정경유착과 권·재·언 동거를 통해 이 사회의 지배 이데올로기를 확대재생산하고 있는 언론이 그것이다. 우리 사회의 핵심 중추가 저질러 놓은 저성장·저투자·저주가, 고실업·고환율·고물가의 'IMF대란'에 애꿎은 노동자들이 희생되고 있는 것이다.

고비용·저효율 시스템 개혁은 외면

언론산업에서의 구조조정은 축소경영이냐 확대경영이냐가 그 본질적 문제이다. 한국언론은 그동안 확대경영을 지향해 왔다. 그리하여 유수한 언론은 대개 언론재벌이거나 재벌언론이 되었다. 그것은 결국 이윤의 극대화를 통한 상업적 팽창과 끊임없는 자본의 확대재생산을 뜻한다.

일반적으로 신문은 가격탄력성과 대체성이 비교적 큰 상품이어서 다매체가 각축하는 시장경쟁에서 성장 가능성이 낮은 산업으로 얘기되고 있다. 이렇게 불리한 상황에서 신문기업이 상업적인 확대경영을 위해서는 필연적으로 신문의 본질적 이념인 언론이데올로기를 담보할 수밖에 없다. 그것은 지면의 연성화·보수화·정보화로 나타난다. 신문기업은 지면의 오락화를 매개로 독자를 광고주에게 팔고, 수익을 창출한다. 신문기업의 수입을 중앙지는 대체로 70% 이상, 지방지는 90% 이상을 광고에 의존한다. 자본주의 사회의 신문은 광고주로부터 결코 자유롭지 못하다. 그 광고주가 누구인가. 재벌이다.

뿐만 아니라 한국의 신문기업은 그 자체가 곧 무소불위의 권력집단이다. 국민의 알권리를 담보로 권력에 기생하며 연명해 오던 언론이 권력과 일체가 되어 국민들을 소극적으로 기만하는 데 그치는 것이 아니라, 오히려 국민 위에 군림하면서 적극적으로 국민을 억압하고 탄압하는 기관으로 일관해 오다가, 오늘날은 권력 그 자체가 되어 이데올로기의 조작을 통해 국민들을 지배하고 있는 형국이다.

끊임없는 자본의 확대재생산만을 추구해 온 결과 한국언론은 그 스스로 자신의 몸을 가눌 수 없는 공룡이 되었다. 공룡이 생존하기 위해서는 더 많은 먹이를 필요로 했듯이 언론기업 또한 그 조직을 유지, 관리하기 위해서는 필연적으로 상업적인 확대경영으로 치달을 수밖에 없었다. 언론기업의 증면 경쟁과 중복적인 보급망 확대 등은 IMF를 맞아 유통비용과 금융비용의 급등을 가져와 수익성 저하라는 난관에 부딪혔다.

신문기업의 매출액은 전반적으로 크게 늘고 있음에도 CTS 전산화, 고속 윤전기 도입, 분공장 설치와 같은 설비투자, 뉴미디어 사업진출 등 사업 다각화, 인건비 및 인쇄용지와 제작비 상승 등과 같은 대규모 비용증가 요인이 발생하여 매출액 성장률과는 반대로 수익률은 지속적으로 떨어졌다. 신문 1부를 팔면 매달 평균 211원씩 적자가 나고, 수익의 70% 이상을 광고에 의존하는 고비용·저효율의 구조개선이 IMF시대의 한국신문산업이 해결해야 할 당면 과제였다.

그런데도 이러한 본질적인 구조개혁은 외면하고 언론노동자 내몰기에만 몰두하고 있다. 물론 언론인으로서의 사명감을 저버리고 무사안일과 특권의식, 권위주의에 젖어 국민 위에 군림하는 부패하고 무능한 사이비언론인은 마땅히 척결되어야 한다. 그러나 IMF를 빙자한 언론학살은 그게 아니다. 입도선매씩 무조건적 대학살이 자행될 따름이다.

정리해고 칼날 비판정신 말살겨냥

감원만이 능사가 아니다. 명퇴라는 이름으로 자행되고 있는 언론계의 불명예 강제퇴직이 불황을 이겨내는 효율적인 전략인가 하면 그렇지 못하다. 우리나라 신문기업의 인건비는 총비용의 20~25% 수준인데 이는 OECD 가입국의 평균 비중 30%와 비교하여 결코 불량한 수준이 아니다. 일본의 경우 80만 부의 유료 발행부수를 가진 신문기업의 비용은 26.3%가 인건비이며, 40만 부 이상일 경우에는 35.1%가

인건비이다. 따라서 인건비 절감으로부터 경영합리화를 달성하려는 한국언론의 태도는 인재산업이라 할 수 있는 언론기업이 취해야 할 태도가 아니다.

이는 결국 상업적 무한경쟁의 경영실패 책임을 언론노동자들에게 전가하려는 기만적인 술책에 불과하다. 여기에는 또 언론노동의 자율성을 위축시켜 비판성·창의성·진취성을 발휘하지 못하게 만들고, 기업경영의 위기의식을 강조하여 언론인들의 노동통제를 강화하려는 음모가 도사리고 있다.

언론기업의 무리한 인건비 절감책은 신문지면의 질적 저하로 나타난다. 언론의 생명이라 할 비판정신이 결여된 신문을 언론이라 할 수 없다. 신문기업이 일시적인 재정적 어려움을 이유로 종사자의 신분을 위협하면 누가 나서 집권세력을 비판하는 의무를 다할 수 있겠는가. 불황이고, 정치적 위기가 심화되어 사회가 위기국면에 빠질수록 인재를 보유한 언론기업은 흔들리지 않고 사회적 영향력을 확보할 수 있으며 더불어 경쟁력도 유지된다.

미국의 신문은 불황기에 오히려 인력과 뉴스 개발에 집중 투자를 한다. 이를테면 <뉴욕타임즈>가 극심했던 불황기에 인력과 뉴스 개발에 집중 투자, '섹션편집'을 창출해 냄으로써 창사 이래 최대의 경영위기를 넘긴 것은 유명하다. 이뿐만 아니라 실증적인 연구에서도 신문품질이 우수하면 발행부수는 어느 정도 보장된다는 것이 입증된다.

품질 혁신의 선두에는 일선 언론노동자들이 우수해야 한다. 매체산업이 인재산업이라는 점을 감안하면 사람을 어떻게 뽑고 어떻게 키우느냐에 따라 신문의 품질이 좌우된다. 사람을 키우지 않는 언론기업은 부실한 제품을 만들 수밖에 없고 결국 시장에서 밀려나기 마련이다. 불황일수록 인재양성에 주력해야 하는 이유가 여기에 있다.

총체적 경영실패 노동자에 전가

6·25 이래 최대의 국난이라는 IMF를 맞아 신문기업은 언론을 둘러싼 고수입·고비용이라는 거품부터 빼야 한다. 손쉽게 언론노동자를 쫓아내 인건비를 절감, 경영합리화를 달성하려는 것은 신문기업의 총체적인 경영부실 책임을 노동자에게 일방적으

로 전가하는 것과 다를 바 없다. 이와 같은 자세로는 IMF난국을 극복할 수 없다. 왜냐하면 IMF는 과거와 같은 정경유착, 권·재·언 유착 체제가 아니기 때문이다.

언론은 사람사업이다. 커뮤니케이션이 인간의 가슴과 가슴이 만나 그 마음을 주고받는 의사소통이라는 점을 감안하면 인간의 역할은 더욱 커진다. 언론산업은 사람만이 희망인 산업이다. 언론이 경영난의 책임을 노동자에게만 전가하는 것은 언론과 인간을 동시에 포기하는 것과 다를 바 없을 뿐 아니라 스스로 책임 있는 언론이기를 거부하는 것이다.

이러한 낡은 구각에 사로잡힌 언론에서 21세기가 요구하는 인간화·민주화·지방화를 기대하는 것은 엄청난 착각이자 환상이다. 21세기의 패러다임은 자유롭고 창의적인 언론을 요구한다. 그것은 곧 인간에 의한, 인간을 위한, 인간의 언론을 말한다. 용기 있고 양심적인 언론인이라면 바야흐로 새로운 대안을 진지하게 모색할 시점이다.

≡ 1998. 5. 1. 제108주년 노동절.

언론재벌과 재벌언론의 신문전쟁

한국의 신문시장을 독과점적으로 지배하고 있는 기회주의적 상업언론이 마침내 살인마저 마다 않는 언론폭력으로 다가왔다. 국민의 알권리를 담보로 한 제도언론의 이 같은 무한경쟁의 피해자는 두말할 나위 없이 언론의 소비자인 국민들이라는 사실을 증언한다.

언론의 과당경쟁이 마침내 '살인'에까지 이르렀다. 언론재벌과 재벌언론은 바야흐로 죽고 죽이는 '전쟁'의 상태에 돌입했다. 지난 7월 15일 새벽 3시 25분께 경기도 고양시 덕양구 성사동 리스상가의 <조선일보> 성사지국에서 <중앙일보> 남원당지국 관리소장 이달영 씨와 총무 김국일 씨가 흉기를 휘둘러 <조선일보> 지국 총무 김종환 씨가 숨지고, 지국장 조대성 씨가 중상을 입은 사고가 발생했다. 이들 두 신문사 지국원들은 하루 전인 14일에도 리스상가 내 한 업소의 신문 보급권 문제로 싸움을 벌여 <조선일보> 지국원의 안경이 깨지고, <중앙일보> 지국원이 다치는 등 두세 차례 다툼을 했던 것으로 알려지고 있다.

경찰에 따르면 <중앙일보> 이달영 소장과 김국일 총무는 이날 새벽 <조선일보> 지국을 찾아가 전날 있었던 몸싸움으로 <중앙일보> 지국원이 부상을 입은 데 대해 사과할 것을 요구했으나 <조선일보> 김종환 총무 등이 이를 거부하자, 미리 가지고 간 흉기로 김 총무의 가슴 등을 찌른 뒤 달아났다가 자수했다.

이 사건에 앞서 96년 5월 25일 부산시 해운대구 신시가지에서 판촉활동을 벌이던 <중앙일보>와 <국제신문> 판촉팀 간에 쇠파이프 등을 동원한 난투극이 벌어져 <중앙일보> 측 판촉사원 황길태, 김성우 씨 등이 구속된 사건이 발생했다. 당시 경찰

조서에 따르면 <중앙일보> 부산지역 판촉팀 가운데 일부는 대구 및 해운대 지역의 폭력배들도 구성돼 있는 것으로 밝혀져 충격을 주기도 했다.

천박한 상업주의가 낳은 비극

일부 신문이 신도시에서 위성 안테나, 에어콘형 선풍기, 벽시계 등 고가의 사은품을 제공하면서까지 부수확장을 전개하던 과정에서 비롯된 이 사건을 계기로 신문판매 경쟁을 둘러싼 갈등구조가 공개적으로 드러났다. 사건 발생 후 <조선일보>·<동아일보>·<한국일보> 등 언론재벌은 연합세력을 형성, 사건의 당사자인 재벌언론 <중앙일보> 죽이기에 나섰다.

우리는 여기서 언론독점자본이 만천하에 드러난 자신의 치부는 개혁하지 않고, 그 치부마저 사익의 극대화를 위해 상업적으로 이용하고자 하는 기회주의적 속성을 적나라하게 볼 수 있었다. 즉 <조선일보>는 사건의 당사자여서 그렇다손 치더라도 <동아일보>와 <한국일보>가 사건에 끼어든 점이다. 이들 신문은 재벌언론의 문제점 해소 때문이 아니라 오로지 자사 이기주의적인 발상, 다시 말해 조간화 이후 <중앙일보>의 공격적인 경영에 대해 위기감을 느끼고 이를 견제하려는 뜻에서 나선 것이다. 그들의 기회주의적인 속셈은 후일 '신문전쟁'이 본격화되자 이에 대처하는 과정에서 그 본색을 드러낸다.

아무튼 언론독점자본, 즉 언론재벌군은 막강한 자본을 앞세워 신문시장을 독점하려는 재벌언론의 속성을 강도 높게 비판하면서 재벌의 언론소유에 따른 본질적인 문제점들을 집중적으로 게재했다. 이어 언론재벌은 연합하여 <중앙일보>의 모기업인 삼성그룹의 비리를 폭로하는 기사로 맹공했다. 그 결과 신문전쟁은 신문판매질서를 새롭게 구축하는 문제는 외면한 채 신문끼리의 갈등, 신문과 특정재벌과의 싸움으로 변질되어 갔다.

본말이 전도된 '전쟁'으로 변질

사건이 발생하자 '바른언론을 위한 시민연합'은 즉시 서울 종로구 본부 사무실에서 신문의 불공정판매행위를 막기 위한 '강제구독피해신고센터'를 발족시키고, 이어 「살인적인 신문보급 경쟁을 중지하라」는 성명을 발표했다. 시민연합은 성명서에서 "재벌신문사들이 조간으로 전환하면서 과열되기 시작한 신문확장 경쟁은 전쟁을 방불케 할 만큼 거칠고 결사적이어서 보급대상인 시민들이 공포와 불안에 떠는 폭력으로 등장한 지 오래"라고 지적하고, "신문강제투입이나 경품을 앞세운 신문보급 과당경쟁을 즉각 중단하고 이번 사건에 대해 국민 앞에 사죄하라"고 촉구했다.

7월 18일 한국신문협회 판매협의회는 프레스센터에서 긴급이사회를 열고 이번 사건에 대한 책임을 물어 중앙일보사를 제명했다. 회원사들은 신문판매의 무질서한 과당경쟁을 방지하기 위해 △독자 확장을 위해 어떠한 경품도 일체 제공하지 아니하며 △구독의사가 없는 신문을 강제로 투입하지 아니 하고 △구독료 무료기간은 1개월로 한정한다는 등의 3개항을 자율 결의했다.

이수성 국무총리는 국회 본회의에서 신문사의 과당판매 근절대책 질문에 대해 "언론사 간 과당경쟁을 막기 위해 정부는 각 신문사에 자제를 요구하는 조치와 함께 별도로 적절히 규제해 나갈 것"이라고 밝히고 "공정거래법에 위반되는 불공정이 발견되면 즉시 처벌할 방침"이라고 답변했다.

7월 22일 김인호 공정거래위원회위원장은 국회 행정위 답변에서 "신문협회에서 자율규제가 되지 않는 부분은 정부가 강제적으로라도 규제해 나갈 방침"이라고 언명했다. 7월 24일 열린 공정거래위원회와 신문협회 회장단 간담회에서는 신문부수의 확장과정에서 과당경쟁을 방지하기 위해 신문협회 스스로 '자율경쟁 규약'을 만들어 시행하고, 추후에 공정위가 별도로 '신문업에 있어서의 불공정거래행위의 유형 및 기준고시(신문고시)'를 제정해서 시행해 나가기로 합의했다.

이에 따라 신문협회는 8월 말까지 △무가지 개념과 유가지에 대한 비율 △경품한도 △신문강제투입의 자제 등을 구체적으로 명시한 '자율경쟁규약안'을 만들어 공청회 개최와 공정위의 승인을 받아 오는 10월께부터 본격적으로 시행하기로 결정했다.

한국소비자연맹 등 8개 소비자단체의 협의체인 소비자보호단체협의회는 신문강제구독 강요사례를 고발하는 '원하지 않은 신문신고센터'를 설치하고, 7월 24일부터 운영하기로 했다.

여론 눈치 보던 재벌언론 반격

<조선일보>·<동아일보>·<한국일보>로 구성된 언론독점자본 계열의 언론재벌 연합군이 삼성항공의 군사기밀 유출과 이건희 삼성그룹회장 관련 기사 등으로 연일 직격탄을 퍼붓자 7월 24일 <중앙일보>와 삼성그룹은 수세적 자세에서 탈피, 공세로 전환했다. 삼성그룹은 이들 신문에 대해 광고집행을 줄이는 등 경제적 통제를 강화하는 동시에 법정투쟁이라는 전술도 가미했다. <중앙일보>는 <조선일보>와 <동아일보>의 뿌리 깊은 아킬레스건인 일제하의 친일언론 문제에 대해 특별취재반을 구성하는 등 전면적인 '전쟁'을 준비했다.

7월 26일 이필곤 삼성물산 대표 등 삼성그룹 10개 계열사 사장들은 <조선일보> 송희영 경제과학부장의 칼럼 「삼성공화국」(7월 24일자, 5면)에 대해 정정보도를 해 달라고 언론중재위원회에 중재를 신청했다. 또한 삼성물산은 <조선일보>의 7월 20일자 「삼성 중소기업 고유업종 무차별 침범」이라 기사에 대해, 삼성생명은 <조선일보> 21일자 9면 「삼성생명 부당약관 물의」라는 기사에 대해, 삼성데이타시스템은 <조선일보> 18일자 2면 기자수첩 「삼성의 미행」이라는 기사에 대해, 중앙개발은 <한국일보> 22일자 「용인 에버랜드 안전시설 물의」라는 기사에 대해 사실과 다르다며 <조선일보>와 <한국일보>를 상대로 각각 언론중재위에 중재를 신청했다.

<중앙일보>도 「중앙일보, 다른 신문 가판 싹쓸이 말썽」이라는 <조선일보>의 기사(19일자, 39면)에 대해 정정보도를 요구하는 한편 반론문 게재도 함께 요구했다. 삼성과 <중앙일보>는 <한국일보> 기사 4건과 <동아일보> 기사에 대해서도 언론중재위에 정정보도를 신청했고, 이와 관련 7월 30일 삼성그룹은 최고 의사결정기구인 8인 운영위원회를 열고 "법적 소송도 불사할 방침"이라고 밝혔다.

<중앙일보>와 삼성은 언론중재위원회에 43건의 정정보도 신청을 내는 동시에 10건에 대해서는 반론보도 청구소송을 법원에 제기했다. 8월 20일 언론중재위는 <조선일보> 7월 21일자 31면 「중앙일보 타지 훼손 일쑤」 등의 기사에 대해 "<조선일보>는 이 결정이 확정된 후 최초로 발행되는 <조선일보> 사회 1면에 상자기사로 반론보도문을 게재하라"고 직권중재 결정을 내림으로써 <중앙일보>의 손을 들어 줬다.

언론재벌과 재벌언론의 이전투구식 신문전쟁은 8월에 들면서 삼성그룹의 광고통제가 위력을 발휘, <동아일보>와 <한국일보>가 물러선 가운데, <조선일보>와 <중앙일보>의 맞대결 구도로 공방이 이어졌다. 그러나 8월 25일 최종현 선경그룹회장의 주선으로 이건희 삼성그룹회장과 방우영 조선일보회장이 서울 워커힐호텔에서 만나 소모적인 논쟁 종식에 합의하고, 다음날 홍석현 중앙일보사장이 방상훈 조선일보사장을 만나 유감의 뜻을 표함으로써 신문전쟁은 신문판매시장 질서의 확립이라는 국민적 염원을 망각한 채 싱겁게 막을 내렸다.

결국 이번 사건은 기존 독자를 서로 차지하기 위해 심한 알력을 겪어오다 살인으로 번졌으며, 이 같은 비극은 신문업계의 그릇된 경쟁하에서 충분히 예견된 것이었다. 신문의 품질을 담보하기보다는 물량공세로 많은 독자를 확보하기만 하면 된다는 천박한 상업주의적 발상을 버리지 않는 한, 이러한 사건은 언제라도 다시 일어날 수 있다. 이 사건은 <중앙일보> 측의 무리한 신문부수확장이 원인이었고, <중앙일보> 측에 손해배상 책임이 있다는 판결이 내려졌다.

서울지법 민사합의 41부의 재판장인 나종태 부장판사는 1997년 12월 4일 "<중앙일보> 측은 원고들에게 1억 6,000만 원을 지급하라"고 판결했다. 재판부는 판결문에서 "이 사건은 지국 고유업무인 부수확장 과정에서 유발된 과당경쟁이 살인사건을 일으킨 직접적인 원인이 된 만큼 업무수행과정 중 사고로 봐야 한다"고 판시했다.

신문판매시장 질서확립 시급

언론재벌과 재벌언론이라는 구조적 한계를 노출시킨 이 와중에서 시민단체와 국회·언론단체 등은 언론재벌과 재벌언론의 언론시장 장악을 위한 무한경쟁을 일제히 비판하면서 새로운 신문판매질서를 정립하기 위한 대안을 모색했다. 시민단체들은 신문의 강제투입 등에 항의, 시민단체감시단을 구성하고 신문강제구독신고센터의 개설, ABC의 조기정착, 신문공동판매제도 도입 등 신문사의 횡포를 막기 위한 개선방안 마련에 적극 나섰다.

공정거래위원회는 신문판매문제를 신문업계의 자율에 맡기겠다는 당초의 방침을 바꿔 12월 24일 △경품류 제공 금지 △신문발행업자가 신문판매업자에게 제공하는 무가지 한도 규제 △신문 강제투입 금지 등을 골자로 한 '신문업에 있어서의 특수 불공정행위 유형 및 기준 지정고시(신문고시)'를 위원회 의결을 거쳐 최종 확정했다.

이 고시에 따르면 신문발행업자(본사)가 신문판매업자(지사·지국·보급소)에 제공할 수 있는 무가지 한도는 지사·지국·보급소의 유가부수를 기준으로 20%까지 허용하며, 본사가 지사나 지국, 보급소에 무가지를 제공하면서 판매목표량을 늘리도록 강요하는 행위는 '우월적 지위 남용행위'로 규정돼 처벌받게 된다. 또한 타 업종 중에서 허용되는 적정 범위 내의 경품제공도 원칙적으로 금지됐다.

국민과 신문보급노동자가 피해자

언론재벌과 재벌언론의 이번 전쟁에서 최대의 피해자는 국민들이었으며, 직접적인 피해자는 보급노동자들이었다. <조선일보>·<중앙일보>·<동아일보>로 대표되는 '빅3'는 우리나라 신문시장의 70% 이상을 과점하고 있다. 이는 우리의 언로가 언론재벌·재벌언론이라는 시스템에 의해 독점되고 있다는 것을 의미한다. 온 국민의 알 권리가 몇몇 소수의 언론에 의해 독과점되고 있다는 것은 곧 국민의 여론이 이들의 상업주의적인 속성에 따라 심각하게 왜곡될 수도 있음을 뜻한다. 이는 우리 사회의 발전이라는 측면을 가로막는 매우 위험한 요소라 아니 할 수 없다.

또한 신문보급노동자들은 이번 사태에서 보듯이 '목숨'마저 내놓고 일을 해야 하는 처지로 몰리고 있다. 언론재벌과 재벌언론은 이번 기회에 보급노동자에 대한 열악한 처우개선을 해야 한다. ABC의 정착과 신문공동판매제의 도입 등 제도적인 개혁을 통해 보급노동자들의 저임을 착취해 왔던 신문판매 정책의 기조를 반성해야 하는 것이다. 그런데도 언론재벌과 재벌언론은 신문판매시장에서의 우월적인 독점적 지위를 악용, 이를 외면했다. 이는 그들이 스스로 만든 '자율규약'과 공정위의 '신문고시'를 한낱 '휴지조각'으로 만들고, 나아가 스스로 언론개혁의 '대상'으로 전락했다고 아니 할 수 없다.

≡ 1996. 12. 31.

권력·검찰·언론과 유언비어

유언비어와 권력 및 언론과의 관계를 조명한다. 권력의 촉수로서 언론과 검찰이 어떻게 기능하고 작용하지를 파헤쳐 이들이 민주화의 걸림돌로 작용하고 있는 현실을 날카롭게 질타한다.

우리 사회의 상류층, 특히 권력층에서부터 저잣거리에까지 거짓말이 난무하고 있다. 그에 따른 유언비어가 언론을 대신하고 있다. 한때 우리 사회에는 '유비통신'과 '카더라방송'이 지배하던 시대가 있었다. 저 암울했던 유신독재의 망령이 어느 날 갑자기 권력의 총구에 의해 사라지고, 정치·사회가 안개 속을 헤매고 있을 때였다. 지금부터 약 20여 년 전인 소위 "서울의 봄"을 말하는 것이다. 그 당시 숨은 권력이었던 전두환 일당의 군부세력은 철저히 베일에 가려져 있었고, '그림자 정치'를 통해 나라를 실질적으로 지배하고 있었다.

정치군부의 국가통치는 언론의 정기능보다는 '유언비어'를 통해 제도적으로 시행되고 조작되었다. 유언비어란 근거가 없는 말이 널리 퍼진 소문을 말한다. 유언비어는 커뮤니케이션의 회로가 자유롭지 못하고, 또 일방적 커뮤니케이션만이 존재하는 사회에서 생겨난다. 정보와 현실 사이에 갭이 있을 때에는 사람들의 마음이 불안해져 현실을 어떻게든 해석하기 위해 갖가지 정보를 만들어 내게 된다. 이때 만들어진 정보는 완전한 허위인 것도 있고, 정확한 경우도 있으며, 어느 일면만이 강조되는 것도 있다. 유언비어는 전쟁이나 재해·공황, 그리고 사회적으로 혼란한 때에 유포되므로 정확한 정보가 충분하게 전달되기만 하면 발생할 여지가 없다. 유언비어는 언론의 정기능이 멈춘 가운데 정보에 목말라 하는 민중들이 그 틈새를 파고들어 일으키는 자연발생적인 언론제도라 할 수 있다.

유언비어가 지배하는 언론현실

권력을 감시하고 비판해야 할 언론의 사명이 오히려 반대로 권력의 감시와 비판 아래 놓일 때 유언비어는 생성되고 유포된다. '악화'가 '양화'를 구축하듯 유언비어가 언론을 지배한다. '문민정부'에 이어 '국민의 정부'에 이른 오늘날 언론의 자유가 숨죽이고 있고, 언론의 기능이 정지되어 있다고 하면 이는 견강부회한 언론관이라 아니 할 수 없다.

21세기를 코앞에 둔 이 시점에서 국민들이 느끼는 '정보의 진실'이 언론의 정기능보다는 유비통신·카더라방송에 의존하고 있다면 과연 김대중 정부의 정체성은 무엇일까. 김영삼 전 대통령의 말처럼 '민간정부를 가장한 독재정권'일까. 그렇다면 여야에 의한 정권교체라는 민주주의적인 이념의 건강성은 어디서 찾아야 하는 것인가.

최근 문제가 되고 있는 무슨 무슨 문건정치를 보자. 현 정부 들어서만 해도 지난 99년 <조선·중앙·동아일보> 등 유력지의 반여연대 저지를 위한 「언론대책문건」을 비롯하여 올 2월 <시사저널>이 폭로한 여권의 「언론장악문건」, 4월 <말>지가 보도한 구 여권의 「15대 대선(1997년) 언론대책문건」 및 <조선일보>가 지난달 보도한 「새정부 언론정책 추진 계획」 및 여권의 김정일 답방 후 통일헌법 개헌 의도를 폭로한 「향후 정치일정 문건」 등 밑도 끝도 없다.

출처와 작성자가 불분명한 이들 문건이 정치권에 다량 유포되면서 대체로 '폭로 → 여야 공방 → 고소 고발'의 수순으로 발전했다가 정국 상황의 변화와 함께 슬그머니 소멸되곤 한다. 이 과정에서 언론이 전하는 '진실'은 '진실'로 기능하지 못한다. 국민들은 오히려 유비통신·카더라방송이 전하는 '소문'을 '소문'으로만 듣지 않고 있다. 실체도 없는 '진실'은 가뜩이나 첨예하게 대립하고 있는 여야의 정쟁을 더욱 격렬히 부채질하고, 국민들의 정치불신만을 심화시킨 채 사실의 규명은 '영구미제'로 남겨두고 사라진다.

이 같은 문제점은 언론문건파문에서도 예외가 아니다. 문건은 누가 작성했는가. 왜 보고서를 만들었나. 누구에게 보고했는가. 어떤 용도로 사용됐는가. 실제 집행되지는 않았는가 등등의 무수한 의문점에서 검찰이 밝혀낸 진실이라곤 고작 "<중앙일보>를 휴직중인 문일현 기자가 평소 개인의 소신을 문건으로 작성 → 국민회의 이종찬 부총재에게 보냈고, 이 부총재는 이 문건에 대해 보도 듣도 못했으므로 문건은 더 이상 작동되지 않았으며 → 이 부총재의 방을 무시로 드나들던 <평화방송(PBS)> 이도준 기자는 이 문건을 훔쳐 한나라당 정형근 의원에게 건넸고 → 정 의원은 공작정치의 대가답게 실체를 알아보기도 전에 무책임하게 폭로정치에 활용했다"는 것이 투명한 실체의 전부라는 것이다.

이 시점에서 이 '진실'을 '진실'로 받아들이는 국민은 얼마나 될까? 대한민국에서 내로라하는 장관·재벌 등의 안방마님이 등장하는 고급옷로비사건에서도 마찬가지다. 검찰이 검찰을 수사하고, 현 검찰이 전 검찰을 수사하며, 현 국정원이 전 국정원을 내사한다. 한 가지 사건을 두고 국가권력이 1년도 채 안 되는 사이에 다섯 차례나 조사를 벌였다. 처음에는 경찰의 사직동 팀이 내사를 했고, 검찰이 수사를 한 데 이어 국회까지 나서 국정조사와 청문회 등을 통해 그 '진실'을 국민들에게 밝혔다. 그런데도 의혹이 풀리지 않아 다시 특별검사가 나섰고, 이젠 또다시 검찰이 나서고 있다. 이는 진실을 위한 '희대의 코미디'라 할 수 있다.

'소문'이 '진실'로 둔갑하는 사회

국민들이 '진실'을 '진실'로 받아들이지 않는 데는 무엇보다도 공권력의 상징인 검찰에 대한 불신과 공익의 상징인 언론에 대한 불신 때문이다. 먼저 검찰을 보자. 검찰은 스스로 수사하고 조사하여 매듭지은 10여 년 전의 김대중 사건을 들춰내 '진실 가리기'에 나섰다. 그때 그 사건이 잘못됐다는 것이다. 물론 김대중 대통령의 명예는 10년 전이나 오늘이나 한결같이 동일하게 같은 무게로 존중되고 보호되어야 한다. 그렇다면 10년 전에는 구인장을 발부하고 국가보안법상의 불고지죄와 외환관리법위반죄를 적용해 불구속 기소했던 검찰이 새삼스럽게 이것이 잘못되었다고 양심선언을 하는 것은 무엇 때문인가. 검찰이 표방하는 재수사 명분이 '명분'을 얻고자 한다면 만약 김대중 씨가 대통령에 당선되지 않았더라도 오늘처럼 이 사건을 되살려내 바로잡기에 나섰을까 하는 점이다.

국가공권력의 표상인 검찰이 바람 부는 대로 나부껴서는 안된다. 검찰은 정치권력의 공안촉수가 아니라 국민들의 안녕과 인권을 지키는 보루이어야 한다. 국민에게 봉사하기 위해 검찰권의 행사는 공정하고 투명해야 하며, 국민이 납득할 수 있을 만큼 합리적이어야 한다. 검찰의 법집행 의지나 법논리가 집권층의 정권안보를 지키는 정치논리로 전락할 때 국민의 도덕성과 민주주의는 나락으로 떨어지기 마련이다.

따라서 검찰은 권위주의 정권을 지탱하던 검찰권이 권위주의 타성에 젖어 있다는 국민들의 매서운 비판부터 겸허히 수용해야 한다. 검찰은 과거의 타성에 젖은 조직을 헐고 민주주의의 가치실현에 걸맞은 새로운 조직으로 거듭나야 할 때이다. 법과 정의의 실현은 결국 법집행기관에게 주어진 몫이다. 권력으로부터의 어떠한 간섭과 압력이 있다 하더라도 검찰은 '국민의 검찰'이라는 법집행기관으로서의 항심을 잃지 않고 의연할 때, 국민들은 검찰이 발표하는 '진실'을 '진실'로 믿게 된다.

언론의 정기능 회복도 시급

국민들이 '진실'을 '진실'로 받아들이지 않는 또 다른 이유 중의 하나는 언젠가는 그 '소문'이 '진실'로 둔갑하기 때문이기도 하다. 그와 같은 현상의 근저에는 언론이 사실추적의 보도기능을 스스로 헌납하고 포기한 직무유기가 있다. 언론이 사실추적의 심층보도·기획취재 기능을 강화하면 기회비용의 확대로 인해 당장은 신문경영에 부담이 될지도 모른다. 신문기업의 안정적 성장추구라는 장기적인 측면에서 보면 비단 그렇지만도 않다. 이는 오히려 신문의 질적 향상과 경쟁력 강화에 따른 독자의 증가를 가져와 신문기업의 발전을 추동할 것이다.

상업적 기회주의에 젖은 한국언론이 이를 외면하고 당국이 배포하는 보도자료만 받아 적는 앵무새언론·복사기언론·중계방송언론으로 일관하는 것은 독자를 우롱하는 짓이라 아니 할 수 없다. 더구나 21세기 신문산업은 독자들이 급속히 종이신문에서 온라인 전자신문으로 옮겨가고 있는 추세다. 신문은 점차 디지털화를 치닫고 있으며 일방적인 커뮤니케이션시대는 종언을 고하고 있다. 미래의 신문산업은 독자와 함께 만들고 숨 쉬는 쌍방향 정보커뮤니케이션의 신문이 될 것이라 한다. 언론은 생존을 담보하기 위해서라도 더 이상의 구태의연함은 벗어 던져야 한다.

곡언(曲言)과 곡론(曲論), 곡학(曲學)과 곡법(曲法)이 우리 사회를 지배하고 있다. 특히 지성인·상류층 사회가 더욱 그러하다. 그들을 둘러싼 유언비어는 세월의 흐름과 함께 대부분은 사실로 밝혀진다. 대통령의 부인이 남대문시장 패션을 입는다는 사실이 비록 진실이라 할지라도 그것이 결코 국익에 도움이 되는 것은 아니다. 퍼스트레이디에 걸맞은 옷을 입는 것이 오히려 국익을 생각하는 자세이다. 실정이 이러한데도 이를 쉬쉬하고 숨기기에 급급할 때 유언비어가 싹트게 되고, 이로 인해 언론의 기능은 마비되어 정치불신, 검찰불신이 언론불신으로 이어지고, 나아가 사회불신으로 이어질 때 국민통합이란 있을 수 없게 된다.

권력 또한 유언비어가 권력으로부터 민심을 떠나게 하는 요인임을 자각하여야 한다. 언론의 자유가 만개해 있다는 '국민의 정부' 아래서, '민주대통령·인권대통령'을 자임하는 김대중 정권하에서도 독재정권에나 있을 법한 유언비어가 여전히 유령처럼 우리 사회에 떠돌고 있다는 것은 개탄하지 않을 수 없다. 한국언론은 언론의 기능확대에 스스로 나서야 한다. 진실을 추적하는 언론의 정기능이 살아 있다면 유언비어는 저절로 사라지게 마련이다. 사회의 안녕과 질서를 위해서라도 언론은 진실보도의 기능을 포기하지 않아야 한다. 그것만이 언론에게 주어진 '국민의 눈과 귀'라는 언론의 사명을 다하는 길이다.

≡ 2001. 8. 10.

조선일보론

최장집 사건을 통해 본 <조선일보>의 실체와 개혁론이다. 시민사회단체가 왜 안티조선운동을 전개하고 있는지, <조선일보> 개혁의 의미가 무엇인지 등을 이론적으로 살펴본다.

20세기 말. 한국사회는 독과점 사회다. 극소수의 재벌이 전 국부의 70% 이상을 과점하고, 극소수의 몇몇 기득권 세력이 권력을 독점하고 있다. 언론 또한 예외가 아니다. 소위 '빅3'라는 <조선>·<중앙>·<동아일보>가 우리나라 언론시장의 70% 이상을 장악하고 있으며, 나머지 30여 %의 시장을 두고 지방지와 일부 중앙일간지가 마켓 싸움을 하고 있다.

무릇 정치건, 경제건 독과점은 바람직하지 않다. 권력은 분점되어야만 소수의 엘리트에 의한 독재가 불가능하며, 경제 또한 집중화가 방지되어야만 국민에 바탕을 둔 자주적인 경제를 이룰 수 있다. 경제검찰이라는 공정거래위원회를 두는 까닭이 여기에 있다. 특히 언론의 독과점은 민주주의의 본질인 언로의 다양성을 저해한다는 점에서도 매우 경계해야 할 요소다.

한국사회의 또 다른 특징은 획일화된 사회라는 점이다. 획일화된 사회의 구조는 언론의 독과점과 무관하지 않다. 우리 사회는 보수적이다 못해 수구적이며, 아직도 냉전논리에 사로잡혀 일제시대의 시대착오적인 반공을 맹신하고 있는 극우주의 사회이다. 그것은 국민들의 사고와 정신을 담아내는 그릇인 언론이 그러하기 때문이다.

국민들의 이 같은 기형적인 사고와 가치관은 통일의 시대를 열어가야 할 21세기의 패러다임에는 맞지 않다. 더구나 정권교체로 언론개혁이란 화두가 절실한 시점이기도 하다. 이 글에서는 <월간 말>을 비롯하여 <월간 인물과사상>, <한겨레21>, <시사저널>, <미디어오늘> 등에 보도된 기사를 중심으로 한국사회에서 <조선일보>가 지닌 저널리즘적인 의미를 살펴보고자 한다.

정치군부 시녀노릇 제1지로 성장

<조선일보>는 국내 언론시장을 장악한 제1지이다. 국민의 알권리를 독재정권에 저당 잡히고, 그 반대급부로 성장의 특혜를 누려오던 한국언론은 대체로 <동아>·<조선>과 <중앙>·<한국>, 그리고 지방언론이 균형을 이뤄 시장을 지배해 왔다. 그러나 80년의 '서울의 봄'을 계기로 <조선일보>가 전두환 장군의 정치군부를 새 시대 '개혁주도 세력'으로 옹립함으로써 단숨에 국내언론을 선도하는 위치에 오르게 된다.

권력에 의한 언론시장의 독과점과 특혜 속에 <조선일보>는 타 언론사의 경쟁을 뿌리치고 경제규모의 확대에 따라 부동의 언론재벌로 성장했다. 특히 전두환·노태우에 이어 김영삼마저 대통령 만들기에 성공함으로써 <조선일보>는 스스로 "밤의 대통령"이라 일컬을 정도로 한국사회를 실질적으로 지배하는 언론권력이 되었다. 이에 비해 <동아일보>는 제2인자 자리마저 재벌언론 <중앙일보>에 밀려 현재 한국언론은 언론재벌 <조선일보>와 재벌언론 <중앙일보>가 양분하고 있다.

언론재벌과 재벌언론에 의한 언론시장의 지배구도는 지방지에도 그대로 이어진다. 지방언론 시장은 5공의 제도언론과 6·29 이후 지주·자본가·토호에 의해 창·복간된 지방판 재벌언론이 장악하고 있다. 따라서 <조선일보>의 언론행위는 곧장 지방언론의 반면교사로 쓰이고 있을 정도로 그 영향력은 심대하다. 여기에 <조선일보>를 분석, 비판하여야 하는 이유가 또 하나 있다. 그러므로 이 글에서 말하는 <조선일보>는 비단 <조선일보>에 국한된 문제만은 아니다. 그것은 <조선일보>, 나아가 한국언론 전반의 문제이다.

수구 본질 '편집화장술'로 독자들 기만

<조선일보>뿐 아니라 한국언론은 고유한 색깔이나 논조를 공식적으로 드러내지 않는다. 한결같이 '불편부당'을 표방한다. 그러나 실제로는 지극히 수구적이면서도 형식적으로는 엄정한 '객관성'을 내세운다. 그것은 두말할 나위 없이 언론의 장삿속 때문이다. 한국언론에는 언론이 전하고자 하는 내용이 없다. 알맹이가 빠진 정보를 독자들에게 팔기 위해서는 그럴듯하게 포장해야 한다. 그렇기 때문에 실제에는 별 내용도 아닌 것이 포장만 요란하다. 정보를 세련된 편집으로 가공하여 독자들에게 손쉽게 다가가겠다는 <조선일보>의 상술을 나무랄 일만은 아니다. 문제는 본말이 전도되었다는 것이다. 언론의 실제적 내용이라 할 진실은 지면에서 사라지고, 본질 외적인 화장에만 열을 올린다는 것은 독자를 우롱하는 것을 지나 독자를 기만하는 짓이라 아니 할 수 없다.

자칭 발행부수가 200만 부가 넘는다는 1등신문 <조선일보>의 본질 감추기는 교활하다. 얼핏 보면 대부분의 독자들은 <조선일보>에 대해 문제점을 인식하지 못한다. 그것은 보통 때의 <조선일보>가 어느 신문 못지않게 '비판'이 가득하기 때문이다. 가령 진보적인 인사가 칼럼에 등장하여 '개혁'을 외치는가 하면, 문화면에서는 결코 어느 신문에 비해 뒤지지 않게 보수성을 논박한다. <조선일보>의 본질은 시종일관 권력을 추종하는 정치면과 재벌의 입장만을 대변하는 경제면 그리고 민족·민주세력을 적대시하는 반민중적인 사회면에 있다. 이처럼 <조선일보>는 자신들의 이데올로기를 외부의 '진보'와 '개혁'으로 위장함으로써 독자들을 호도하는 데 능란하다.

<조선일보>가 가지고 있는 이러한 정치적 색채를 모르는 채 하고 민족·민주운동세력과 진보·자유주의 성향의 지식인들, 일부 문화계 인사 등이 자신들을 극악하게 매도했던 <조선일보> 지면에 기를 쓰고 오르내리려는 것은 <조선일보>에 대한 무지 때문이다. <조선일보>는 그들을 전면에 내세움으로써 이번에는 진보를 파는 상업주의를 구현하려고 든다. 그들의 유명세와 도덕성을 빌려 이른바 '물타기'를 통해 자신들의 극우적 색채를 흐리게 하고, 수구적인 기득권을 보호하는 한편, 진보를 팔아 '신문장사'를 도모하는 것이다.

극우반공 이데올로기에서 해방돼야

<조선일보>는 극우 이데올로기에서 해방되어야 한다. <조선일보>의 극우 이데올로기는 일제시대의 매카시적인 반공주의를 기반으로 한다. 이는 남북이 갈라진 우리의 진정한 평화통일을 가로막는 매우 위험한 발상으로서 <조선일보> 자신이나 한국 사회 어느 쪽에도 도움이 안된다. <조선일보>는 남북문제만 나오면 대한민국 최고의 신문이라는 위상에 걸맞지 않게 날뛴다. <조선일보>의 광분은 대북정보를 담당하는 국가정보원조차 자제를 요청할 정도다. <조선일보>의 숨은 흥분 뒤에는 위기를 조장함으로써 신문을 많이 팔려는 상업성이 있다. <조선일보>는 국가안보마저 그들의 '돈벌이'에 활용해 왔다.

민주언론운동시민연합 신문모니터분과는 <말>지에 기고한 글에서 "독재정권은 국가안보를 내세워 정권을 유지했고, 보수언론 역시 국가안보를 상업적으로 이용했으며 그 과정에서 마녀사냥도 서슴지 않았다"고 지적했다. 민언련은 그런 언론 중에서도 가장 대표적인 언론으로 <조선일보>를 들고, <조선일보>의 안보상업주의는 "북한관련 보도는 오보를 해도 괜찮다"는 오만함에서 비롯된 것으로 보인다고 비판했다. 민언련은 <조선일보>는 마치 이 나라의 사상검증을 책임진 '전사'처럼 수 없이 현실을 왜곡·과장해 왔고, 이러한 태도는 '체제도 수호하고 신문도 팔자'는 발상 때문이라고 주장했다.

민언련이 제기한 <조선일보>의 안보상업주의는 △집단적 광신주의를 부추겨 세계적 웃음거리로 만든 금강산 댐·평화의 댐 관련보도(1986년 10월 31일자)를 비롯하여 △멀쩡히 살아 있는 김일성을 죽었다고 하여 세계적인 오보를 낸 김일성 사망설 보도(1986년 11월 16일~19일자) △선제기습론을 제기하며 전쟁위기를 부추긴 서울 불바다 관련보도(1994년 3월) △"조문 용의 없나"를 "조문 주장"으로 확대 해석해 매카시 광풍을 일으킨 김일성사망·조문논쟁 관련보도(1994년 7월 9일 이후) △'주사파 뒤에 사노맹·사로청·김정일이 있다'는 박홍 당시 서강대 총장의 주사파 발언 관련보도(1994년 7월 19일 이후) △역시 세계적 오보를 낸 김정일 본처 성혜림의 서방망명설 관련보도(1996년 2월 13일 이후) △"비극이 다가온다"고 전쟁위기를 경고한 황장엽 전 북한노동당 국제담당 비서의 망명 관련보도(1997년 4월) △이석현 국회의원의 '남조선' 명함파동 관련보도(1997년 8월) △이회창이 하면 인권옹호고, 김대중이 하면 용공발언이라는 '양심수 사면' 및 '전향제 폐지' 관련보도(1997년 12월/1998년 7월) 등을 들었다(민주언론운동시민연합 신문모니터분과, 「조선일보의 '국가안보 상업주의' 곡필과 오보 10선」, 말, 1998년 8월호, 128~135쪽).

북한을 이용한 <조선일보>의 안보상업주의는 상업적 극우반동이라 하겠다. 대다수의 극우반동은 이념을 주장하는 데 그치는 것에 비해 <조선일보>는 반동적 메시지로 돈 버는 데 혈안이다. 그러므로 <조선일보>의 대북보도 프레임은 주로 일과적이다. '위기과장' 그리고 '허무한 결말'로 끝맺는다. <조선일보>의 안보상업주의는 무리한 의제 만들기로 연결되고, 결과적으로 국가안보를 침해하고 있다.

요컨대 94년 3월 남북특사교환 실무접촉서 북측단장이 '서울 불바다'론을 언급하자 전국이 혼란에 휩싸였을 때 <조선일보>는 6월 10일자 사설에서 "유사시 행동요령을 입안해 반상회를 통해 배포하라"고 주장했다. 전쟁이 코앞에 다가왔는데 정부는 뭐하고 있느냐는 질타였다. <조선일보>의 주 독자층이 밀집된 강남지역은 '사재기 열풍'이 빚어졌고, 대북 화해정책은 후퇴되었으며, <조선일보>는 전 국민을 상대로 신나게 신문을 팔아먹었던 것이다(미디어 오늘, 1998년 10월 21일자).

정론직필 앞세우며 왜곡보도 일삼아

한국언론에는 또 왜곡보도와 편파보도라는 오명이 늘 따라 다닌다. 언론의 왜곡·편파보도는 사실을 왜곡하고 곧 역사를 왜곡한다. 왜곡·편파보도는 정보조작을 통해 국민의 합리적이고 이성적인 판단을 가로막는다는 점에서 매우 위험하다. 왜곡·편파보도 속에서 인권유린은 은폐되거나 정당화된다. 겉으로는 정론직필과 불편부당을 내세우고도 실제로는 왜곡·편파보도를 일삼는 한국언론. 그 대열의 선봉에는 항상 <조선일보>가 있었다(민주언론운동시민연합 신문모니터분과, 「조선일보 편집국에 기자윤리는 있는가」, 말, 1998년 9월호, 136~143쪽).

민언련은 <조선일보>가 자신들의 이데올로기와 대치되는 현상이나 인물에 대해서는 주관적 잣대를 들이대고 주저 없이 매도해 왔다고 주장했다. 민언련은 그 증거로 △"노동자들도 인간답게 살고 싶다"고 노동해방을 선언한 전태일분신사건(1970년 11월)을 유일하게 보도 안한 것이 <조선일보>였다고 규탄했다. 민언련은 이어 △"성을 혁명의 도구화로 활용했다"는 검찰발표를 그대로 제목으로 사용함으로써 권인숙씨의 인권을 유린한 부천서성고문사건 관련보도(1986년 7월) △좌경·용공·급진·과격의 적대적 태도로 일관한 전교조결성 관련보도(1989년 5월) △진상규명보다는 마녀사냥으로 일관한 강기훈씨유서대필의혹조장 관련보도(1991년 5월) △불법성과 폭력성에만 초점을 맞춘 철도·지하철파업 관련보도(1994년 6월) △경찰에게 강경 진압을 촉구한 한총련의 연세대점거사건 관련보도(1996년 8월) △굶어죽는 아프리카 난민은 도와줄 수 있어도 북한동포를 도와서는 안 된다는 북한 식량지원 관련보도(1997년 3월~5월) 등을 들었다(민언련 신문분과, 「앞의 글」, 136~143쪽).

초고속 성장의 키워드는 "유착언론"

한국언론의 곡필은 권력에 대해서는 온갖 미사여구를 동원해 찬양과 아부로 일관한다. 그 이면에는 국민의 알권리를 담보로 한 권력과의 '흥정'이 있다. 언론은 권력의 시녀노릇을 한 대가로 특혜라는 성장의 과실을 챙긴다. <조선일보>는 박정희 전 대통령의 3선 개헌을 앞두고는 「'영광의 후퇴'보다 '전진의 십자가'를 / "나를 버리고 국가를 위해 한 번 더"」(1969년 10월 16일자)라는 낯 뜨거운 제목으로 아부했다. 나아가 박정희의 영구집권을 위해 국회해산·대학휴교·언론검열 등 민주주의의 기본적 원칙을 유린하면서 선포한 유신개헌에 대해서는 '가장 적절하고 가장 알맞은 조치'(1972년 10월 18일자 사설), 국민적 항쟁의 조짐이 보이자 이를 억누르려고 선포한 비상계엄령을 '구국의 영단'(1972년 12월 28일자 사설)이라고 아첨했다.

독재정권에 대한 아부와 굴종은 80년에 이르면 절정에 달한다. 언론과 권력은 남의 눈치를 보며 동거하는 것이 아니라 숫제 내놓고 살림을 차린 것이다. <조선일보>의 '전두환 신화 세우기'는 80년 8월 23일자에 실린 「인간 전두환」에서 극치를 이룬다. 광주학살의 원흉을 "육사의 혼이 키워낸 지도자"라고 치켜세우는 한편, 83

년 5월에는 한 달에서 사흘을 뺀 22일간이나 전두환 사진을 1면에 게재하는 세계언론사상 유례가 없는 진기록을 세우기도 한다.

5공에 몸을 준 대가로 <조선일보>는 이 기간 동안 놀라운 성장을 거듭한다. 80년대비 매출액이 428%, 79년 대비 87년 자산총액이 927% 늘어났다. <조선일보> 사주는 <중앙일보>의 당시 전문경영인 홍진기를 제외하면 개인소득세 고액납부자 100위 안에 든 유일한 언론인이었다. 폭압의 80년대에 <조선일보>가 이렇게 초성장을 이룰 수 있었던 요인은 무엇이었을까.

우선 제5공화국의 언론정책이 그런 환경을 조성했다. 언론에 대한 수요가 증가하고 있음에도 불구하고 언론인 해직과 언론통폐합 등의 폭력적인 구조조정으로 공급이 한정됨으로써 소수의 언론사가 자연스럽게 시장을 독점할 수 있었다. <조선일보>는 80년의 언론파동에서 상대적으로 해직기자가 적었던 관계로 양질의 인력이 축적되어 이것이 편집과 취재의 우위로 이어졌다. 또한 80년대의 경제 활성화로 인한 광고시장의 성장과 조간신문 선호현상도 <조선일보>의 우위를 설명하는 요인으로 분석되고 있다. 한편에선 뛰어난 경영능력과 앞서가는 정보력, 편집에서의 기술적 우위 등 <조선일보>의 내재적 주체역량이 성장의 배경으로 작용했다는 점도 지적된다.

여기서 간과할 수 없는 것은 <조선일보>가 5공의 통치논리에 한 점 어긋남 없이 순응한 것은 권언유착이라고 밖에 달리 설명할 길이 없다. 물론 당시에 <조선일보>만 협조했던 것은 아니었다. 5공에 부역한 언론인이 유독 많았던 <경향신문>은 관영언론 <서울신문>보다 더 친정부적인 논조를 보이기도 했다. 그러나 초법적 기구로 만든 입법회의에 당시 <조선일보> 사장 방우영이 참여했던 점이나 5공 출범부터 언론정책의 기조를 형성했던 허문도, 이후 정부여당의 요직을 두루 차지한 김윤환과 김용태, 80년부터 85년까지 편집국장을 지내고 바로 민정당 전국구 국회의원으로 변신한 최병렬 등 5공의 핵심부에서 일했던 인물들이 전부 <조선일보> 출신이라는 사실은 권언유착의 실상을 그대로 드러낸다.

<조선일보>가 쿠데타를 합리화하고 전두환을 찬양하며 호헌을 지지했던 것은 단순히 억압구조에서 살아남기 위한 것이 아니라 당시의 통치이데올로기에 적극 공감하여 협조했기 때문이라는 분석이 설득력을 얻고 있다. 언론은 마땅히 자신의 정치적 입장

을 가질 수 있다. 그러나 탈법적인 권력을 비호하고 불법적인 행태를 합리화한 것이 '합리적인 개혁을 포함하는 광의의 보수'로 치장될 수 없다. 그런 겉 다르고 속 다른 치장으로 더 이상 독자를 현혹해서는 안된다. 21세기를 앞둔 문명사회에서 한 권력자에게 '현대판 용비어천가'를 지어 바친 대가로 얻은 일등신문의 명성은 결코 자랑거리가 아니다(정지환, 「조선일보 개혁의 논리와 대안」, 말, 1998년 10월호, 124~131쪽).

'친일' 가리기 위해 '극우반공' 위장

일제시대에 창간된 <조선일보>와 <동아일보>는 한국 사회에서 자칭 '민족언론' 운운한다. 하지만 그 실상을 한꺼풀 벗기면 그 허상이 얼마나 초라한지 알 수 있다. 한국의 민족언론이란 그 실상은 일제시대에는 친일을, 독재시절에는 친독재를, 미국 지배시대에는 친미사대주의를 이 땅의 민중들에게 설파하고, 자신은 부나방처럼 힘과 부를 좇는다. 물론 여기에는 알맞을 만큼의, 칼을 쥔 자의, 힘센 자의 노여움을 사지 않을 만큼의 비판을 곁들인다. 이를 근거로 '민주'를 상업적 기회주의로 팔아먹고 있다. 이는 교활한 위선이다.

<조선일보>가 유달리 민족·민주·민중세력에게 대해 콤플렉스를 갖고 극우반공 이데올로기에 집착하고 있는 근본적인 원인은 친일 콤플렉스 때문이다. <조선일보>는 친일경제단체인 대정실업친목회(大正實業親睦會)에 의해 창간됐다. 친일어용단체의 기관지로 출범한 <조선일보>는 1930년대 잠시 민족주의자들의 손을 거쳐 그후 상업주의를 신봉으로 받든 방응모(方應謨)에 인수돼 족벌 가업신문이 됐다.

1945년 해방이 되면서 합의된 민족적 대의는 친일파 청산, 토지개혁, 자주통일 등이었다. 그것은 당시 우리 민족 구성원이라면 누구도 부인할 수 없는 대명제였다. 그런 상황에서 친일파들은 친일행각을 은폐하기 위해 반공에 앞장설 수밖에 없었다. 반공은 그들의 친일행위를 가리기 위한 외피였다. 특히 <조선일보> 등 일제시대 말기에 친일에 앞장섰던 언론들이 그런 역할을 주도했다. 결국 <조선일보>의 반공 콤플렉스의 뿌리는 친일 콤플렉스였다.

6·25를 거치면서 분단상태가 고착되자 <조선일보>는 반공을 내건 독재정권에 적

극 협력했다. 친일파를 앞세워 정권을 장악한 뒤 독재정치를 하다 국민저항에 밀려난 이승만과 장기집권을 시도하다 측근에 의해 살해된 일본 육사 출신의 박정희에 대한 역사적 재평가를 주도했던 <조선일보>는 광주민중항쟁을 '무정부 상태의 폭동사태'로, 광주시민을 '폭도'로 매도한 반면, 그들을 학살하고 권좌에 오른 전두환을 '구국의 영도자'로 찬양했다. 그것이 <조선일보>가 말하는 보수와 반공의 본질이다.

　<조선일보>의 '반공'은 '진짜 반공'을 헤치는 '매우 위험한 반공'이다. 남북이 갈라진 우리는 21세기를 맞아 반드시 평화통일을 달성해야 한다. 그러기 위해서는 온 국민의 참다운 '반공정신'이 전제되어야 한다. 국민 개개인의 인권이 존중되고, 자유롭고 정의로우며, 평화로운 정치적인 제도는 민주주의밖에 없다. 그 민주주의를 지키고 가꾸기 위해서는 반드시 반공이 필요하다. 막가파식 <조선일보>의 맹목적인 반공은 이를 뿌리째 부정한다. 그것은 반공을 빙자한 광적인 파시즘이자 폭력일 따름이다. 그 획일적이고 단세포적인 이데올로기는 우리 사회에서 시급히 배격되고 청산되어야 한다.

메카시 칼춤으로 '정권 길들이기' 겨냥

　파시즘적 광기를 띤 <조선일보>의 칼춤은 언제 어디서 어떻게 시작될지 아무도 모른다. 다만 새 정권 출범 직후엔 국민들의 개혁요구가 거세므로 숨죽이고 있다. 그러다가 일정시점이 지나 개혁의 반대세력이 점차 목소리를 높일 때 우리 사회에서 가장 예민한 이념 분야에서 공세는 시작된다는 게 일반적인 평가이다(박찬수 외, 「마녀사냥, 조선일보의 칼춤」, 한겨레21, 1998년 11월 5일자, 40∼55쪽).

　최근 최장집 위원장에게 가해진 <월간조선>의 이념공세는 흡사 5년 전, 김영삼 정권 초기를 연상케 한다. 지난 93년 8월 <월간조선>은 「한완상 통일원장관의 문제 논문·문제발언」이라는 기사에서 한 당시 부총리의 대북관이 의심스럽다고 공격했다. 이어 94년 6월호에서는 김정남 청와대 교문사회수석의 이념을 겨냥하는 기사를 실었다. 이로 인해 개혁적이며 진보적인 정책을 추진하던 이들은 현직에서 물러났다. 그것이 지향하는 최종 목표는 '정권 길들이기'였다.

<월간조선>은 이러한 정치적 의도를 강력히 부인한다. <월간조선>은 최 위원장에 대한 이념공세를 공인에 대한 '검증'이라 부르고 있다. 물론 공직에 있는 인사에 대한 언론의 검증은 필요하다. 하지만 문제는 <월간조선>이 상정하는 '국가정체성'이나 '이념'이 지극히 자의적이라는 데 있다. 한국현대사에 대한 평가가 <조선일보>와 다르다고 해서 이를 '국가정체성에 반하는 것'으로 볼 수 없다.

한국정치학회는 지난 98년 10월 23일 최장집 교수의 논문 문제를 다룬 <월간조선> 11월호의 보도와 관련해 성명을 내고 "학자의 연구를 이데올로기적 잣대에 의해 왜곡·매도하는 것은 학자의 인권과 명예, 그리고 학문의 자유에 대한 침해"라고 비판했다. 정치학회는 이어 언론의 자유는 '왜곡의 자유'나 '오보의 자유'가 아니라고 지적하고 메카시적 마녀사냥을 중단할 것과 문제의 기사에 대한 적절한 정정 및 사과를 촉구했다.

리영희 한양대 명예교수는 "<월간조선>의 불순한 의도는 의견이 다른 상대를 사상적으로 공격함으로써 자신들의 기득권과 정당성을 유지하려는 것"이라며, "군사독재 정권에 빌붙어 극단적으로 비대해진 언론권력의 부패상을 극명히 보여 준다"고 평가했다. 리 교수는 "대화와 토론을 불가능하게 만들고, 언론의 책임과 양심을 저버린 극우반공주의 <월간조선>은 민주주의의 적이며, 우리 사회의 암 그 자체"라고 혹평했다.

어느 사회학자는 "북한을 강하게 비판하지 않으니 좌익의 냄새가 난다", "남한을 강하게 비판하니 틀림없이 좌익이다"라는 단세포적인 사고에 사로잡힌 <조선일보>는 20세기 우익테러리즘의 마지막 유물로써 우리의 자화상이라고 했다.

20세기 우익테러리즘의 마지막 유물

강준만 전북대 교수는 <조선일보>의 가장 큰 장점은 후안무치라고 했다. <조선일보>는 자신의 추악한 과거를 자긍심으로 왜곡, 오히려 "우리가 국가를 경영한다"는 과대망상에 사로잡혀 있다는 것이다. 그는 <조선일보>의 국가경영은 양지와 음지에서 동시에 이뤄진다고 설명했다. 양지, 즉 신문지면을 통해선 늘 '국가적 아젠다'를 스스로 설정해 밀어 붙였고, 음지에서는 '대통령 만들기'로 나타났다. <조선일보>는 기자들에게 그런 파렴치한 엘리트의식을 심어 주었다. <조선일보> 사람들이 갖고 있는 허위의식의 핵심이 바로 그것이라는 것이다(인물과사상, 1998년 12월호).

<조선일보>가 자주 저지르는 일사분란한 캠페인의 파워는 바로 <조선일보> 사람들의 직장에 대한 만족에서 나온다. 내로라하는 재벌은 물론 온 나라가 IMF로 허리띠를 졸라매고 있으나 <조선일보>는 국가안보조차 자신들의 기업적 이윤추구를 위해서 이용할 만큼 수단과 방법을 가리지 않는 상술로 돈을 많이 벌어들이니 상대적으로 두둑하다. 기자로서 누리는 사회적 특권과 더불어 우리 사회 최고 수준의 대우를 보장하는 <조선일보>는 사주와 간부에게 충성을 다하는 한 이보다 더 좋은 직장이 없는 것이다. <조선일보>의 힘은 여기서 비롯된다고 강준만은 진단했다.

<조선일보>의 반통일적·반민족적인 국가 안보상업주의와 반민주적인 수구적 개혁주의, 반언론적인 엘리트 상업주의 등은 마땅히 배척되어야 한다. 이에 대해 <조선일보>는 언론의 자유를 침탈하는 행위이며 '왕따'를 통한 '<조선일보> 길들이기'라고 저항하고 있다. 물론 <조선일보>는 <조선일보> 나름의 고유한 색깔과 논조를 가질 자유와 권리가 있다. 그러나 그것은 어디까지나 언론의 자유라는 본질을 훼손하지 않는 테두리 내에서만 가능하다.

<조선일보>가 언론의 자유를 내세우기 위해서는 자신에게 반대하거나 대립하고 있는 세력의 언론의 자유를 적극적으로 인정하고 지켜 주는 자세를 가질 때만이 <조선일보>의 논리는 정당성을 갖는다. <조선일보>는 그동안 자신의 논리에 반하면 일방적으로 언론권력을 악용, '빨갱이'로 매도하는 등 반공 매카시로 일관해 왔다. <조선일보>의 그와 같은 논조와 사고는 건전한 민주주의의 발전을 저해하는 반국가적이며, 민족의 통일을 가로막는 반민족적이다. 이는 매우 위험한 사고이자 이데올로기이며, 동시에 언론권력의 남용이다.

언론개혁이 우리 시대의 실천적 과제로 대두되고 있는 요즘 '<조선일보> 바로 세우기'는 우리 시대의 과제이다. <조선일보>를 개혁하지 않는 한 우리 사회의 언론개혁은 없다. 왜냐하면 <조선일보>는 한국언론을 대표하는 신문이기 때문이다. <조선일보>를 개혁해야 할 중요한 이유가 여기에 있다. 언론개혁 없이 사회개혁 없다. <조선일보>를 개혁하는 것은 우리 사회를 개혁하는 첫걸음이다.

≡ 1999. 1. 31.

SOFA개정투쟁과 조선일보

미군의 장갑차에 깔려 죽은 의정부 여중생사망사건을 계기로 벌어진 '촛불시위'에 대해 제도언론이 한미안보를 해친다며 국민의 여론을 왜곡·조작하고 있는 그 속셈이 무엇인지를 분석한다.

독자 여러분! "한국언론이 한국의 이익을 대변할까? 아니면 미국이나 일본 등 서방 강대국의 이익을 대변할까?" 이렇게 묻는다면 그것은 우문현답이 일까? 아니면 현문우답이 일까? 이제 그 수수께끼를 풀어보기로 하자.

결론부터 말하면 한국언론은 강자에게는 철저히 굴종하고, 약자에게는 서슴없이 기만과 탄압하는 성격을 지니고 있다. 한국언론의 이러한 속성은 일제시대의 식민지 언론을 청산하지 못한 데서 기인한다. 소위 '민족지'임을 주장하는 일제하의 한국언론은 철저히 친일세력에 기생하며, 식민지 지배세력의 중추를 형성하는 주요 기구로 기능해 왔다.

이들은 해방사 공간에서 '민족언론' 운운하면서 자신들의 친일·어용언론 행위를 미화·왜곡·조작함으로써 지배세력의 일부에 편입되었다. 그리고 숭배의 대상을 일제에서 하루아침에 미국으로 바뀌었다. 맹목적으로 미국·미국인을 광기에 가까울 정도로 찬양·미화하면서 한국·한국인을 비하하고 천대했다. 민족의 생존권이나 자주권뿐만 아니라 안위까지 걸린 문제도 민족의 입장을 무시하고, 미국의 입장을 옹호해 미국 섬기기에 혈안이 돼 있다.

사회발전에서 민족의 주체성이 결여되면 국제사회에서도 대접을 받지 못할 뿐 아니라 그 발전 또한 모래 위에 쌓은 성과 다를 바 없다. 민족의 주체성을 선도하고 부양시켜야 할 언론이 오히려 앞장서서 민족의 주체성 말살에 혈안이 되어 있는 것이 한국언론의 현실이다. 한국언론은 우리 고유의 민족 주체성을 낡았다고 매도할 뿐만 아니라 의타성, 허무성, 무능력 등을 지나치게 강조해 민족 허무주의와 패배주의를 양산시키고 있다. 그것은 이들 언론이 친일과 친독재 정권에 기생했던 과거를 준엄하게 청산하지 못한 데서 비롯된 민족의 역사와 현재를 비하하고 자학하는 식민사관 내지 자학사관에 매몰되어 있기 때문이다(김승수, 『국민을 위한 언론개혁』, 세계사, 2002, 323~324).

한국언론은 한국의 이익을 위해 존재하여야 한다. 한국언론이 한국의 국익보다는 미국의 이익 옹호에 더 혈안이 되어 있는 불합리한 구조는 해체되어야 한다. 한국이 국제사회에서, 특히 미국으로부터 자주권을 지닌 줏대 있는 나라와 민족으로 대접받으려면 언론부터 한국의 이익을 수호하는 언론으로 거듭나야 한다. 한국언론이 아무리 우리 국익을 팽개친 채 미국이익을 위해 분투 혈안이 되어 있다고 하더라도 미국이 좋아할 리 없다. 오히려 속으로 경멸할 뿐이다. 언론은 이를 알아야 한다.

'할 말은 하는 신문 조선일보'의 실체를 규명

이 글에서는 '일등신문 <조선일보>! 할 말은 하는 신문 <조선일보>'의 반민족적인 사대주의적 언론행태를 뒤집어본다. <조선일보>는 한국에서 일등신문으로써 언론 가운데 가장 영향력이 큰 매체이다. <조선일보>는 한국언론 가운데 이념적으로 보수·우익을 지향할 뿐만 아니라 가장 뚜렷한 자신의 논리를 지니고 있다.

<조선일보>는 1919년 3·1민족해방운동 이후 일제의 식민지 유화정책 일환으로 문화통치를 표방하자 창간된 신문이다. 일제의 식민지 착취를 위한 선전선동 도구라는 목적 아래 탄생한 <조선일보>는 이승만 독재정권과 박정희·전두환 군사정권을 거치면서 국민의 알권리를 담보로 권력에 빌붙어 오늘날 거대 언론재벌로 성장했다.

<조선일보>는 한국의 근·현대사에서 '보수'라는 미명하에 '친일'에서 '숭미'로, '반공'에서 '우익'으로 왜곡된 이데올로기로 국민들을 왜곡·조작하면서, 나아가 독재정권과 재벌의 파트너로 지배세력 동맹 네트워크를 형성한 대가로 오늘날 국내

언론시장을 독점적으로 장악하는 제1지로 성장했다.

오늘날 한국의 여론시장에서 <조선일보>의 이데올로기는 매우 중요한 역할과 기능을 수행한다. 그것은 <조선일보>의 시장 지배력 영향력이 그만큼 막강하기 때문이다. 이 글에서는 <조선일보>가 여중생사망사건을 어떻게 보도하는지를 통해 <조선일보>의 실체를 규명해 보기로 한다.

인간의 윤리 회복운동을 '반미'로 왜곡조작

<조선일보>는 미군의 여중생치사사건에 대해 철저히 미국의 입장에 서서 '반미정서'를 대단히 우려하거나 비판하며, 한미동맹을 강조하는 논조를 유지하고 있다. 이는 전형적인 왜곡·조작보도의 정형이다. 미군에 의한 여중생사망사건에 항의하는 국민들의 촛불시위가 지니는 의미는 '반미', '친미'가 아니라 인간 생존과 생명 존엄의 윤리회복운동이다. 이번 사건을 계기로 인간의 생명을 더욱 소중히 하자는 것이 그 본질이다. 때문에 이는 인간의 정당한 권리라 할 수 있다.

그런데도 미군은 마주 오던 궤도차와 장갑차가 충돌할까봐 좁은 도로를 비껴나 있던 어린 두 생명을 무참히 죽였다. 어떻게 인간의 생명을 궤도차나 장갑차가 부딪쳐 입을 물적 손실보다 더 가볍게 생각했느냐는 그 사고가 문제이다. 이것은 어떠한 경우에도 변명이 되지 않는 만행, 그 자체이다. 꽁꽁 얼어붙은 초겨울 밤을 밝히는 광화문 촛불시위의 영롱한 불빛은 존엄한 인간생명의 살상에 대한 항거이다. 또한 동시에 모든 인간이라면 누구나 지켜야 할 본질적인 윤리에 대한 각성을 촉구하는 외침이다. 이것이 어떻게 '반미'가 될 수 있는가.

한국은 '반미'를 운운할 만큼 강하지 못하다. 미국은 세계의 패권국가로서 우리의 생명과 안위를 좌지우지할 만큼 두려움의 대상이다. 일례로 조지 부시 미대통령의 '북한은 악의 축'이라는 말 한마디에 한반도는 삽시간에 전쟁기운에 휩싸이는 것만 보아도 미국의 슈퍼파워를 짐작할 수 있다.

문제는 미국의 슈퍼파워가 미국다운 정의를 지녔느냐 하는 것이다. 그것은 바로 인간의 생명을 존중하고 소중히 하는 정신이다. 미국이 아무리 슈퍼 강대국이라 할

지라도 지구상의 생령을 마음대로 죽이거나 소홀히 할 자격은 없다. 궤도차와 장갑차가 부딪힐까봐 한국의 두 여중생을 치여 죽인 것은 인간생명을 무참히 살해한 것 이외에는 다른 의미를 부여할 수 없다.

광화문의 촛불시위는 바로 이것을 의미한다. 여기에 '반미'니 '친미'니 하는 정치적 이데올로기가 끼어들 여지가 없다. 그런데도 민족지라는 <조선일보>는 '반미'라는 정치적 잣대로 '인간 존엄성 회복 운동'을 '반미'로 매도하고 변질시켜 사건의 본질을 흐리게 한다. 그 이유는 뭘까? 그것은 독자들이 이 글을 통해 스스로 풀어야 할 과제이다.

여중생 사건 보도 사대주의 실상 드러내

<조선일보>가 이 사건을 어떻게 보는지는 열네 살 꽃다운 여중생 둘이 미군의 궤도차에 깔려 죽은 참사가 벌어졌는데도 이를 지면에 게재하지 않는 데서 그 속내가 드러난다. 당시 <조선일보>는 인터넷 판에서 「'여중생 2명' 미군 훈련차에 치여 숨져」라는 기사를 올렸으나 정작 지면에서는 기사화하지 않았다.

<조선일보> 지면에 사건이 가사화된 것은 사건발생 1주일이 지난 6월 20일자 「궤도차에 숨진 여중생 / 미군부대서 추모 행사」라는 사회면 1단짜리 단신기사를 통해서였다. 끔찍한 피살사건에 대해서는 침묵으로 일관하다가 미군의 추모행사를 보도하는 속셈은 전형적인 강자에 대한 기회주의적 아부근성 외에는 달리 설명할 논리가 없다.

이후 6월 17일 미군의 일방적인 현장조사와 20일 조사결과 발표, 26일 대책위 관계자들의 시위 등에 대해서도 <조선일보>는 침묵했고, 이 사건의 의제화·공론화하기를 꺼렸다. 인터넷을 중심으로 시민단체 등에서 이 사건에 대해 끈질기게 문제를 제기하자 그제야 비로소 보도하기 시작했다.

미군입장에서 원만한 처리 한미동맹 강조

<조선일보>의 초기보도는 제목달기 등을 통해 시위대의 움직임은 소극적·부정적으로, 미군은 긍정적으로 부각시키는 편향보도로 일관했다. 6월 29일자 사회면에서

는 26일 집회 당시 <민중의 소리> 기자에 대한 미군과 경찰의 폭행관련, 「여중생 미군장갑차 사망 시위 / 부대진입 기자 2명 영장」라고 처리함으로써 미군과 경찰의 폭행사실을 찾아볼 수 없게 했다.

또 「미군 "장갑차 사망 충분히 사과하겠다"」(7월 2일자), 「"중대장과 교신하느라 사고경고 못 들어" / 미군 장갑차 운전병 진술」(3일자)는 미군 측의 입장을 직접인용의 형식으로 전달하면서, 운전병의 진술내용 중 실수를 부각시켜 제목달기를 통한 진실은폐의 의도를 드러냈다.

「주한 미군 사령관 "모든 책임 인정" / "과실 없었다"서 입장 바꿔」(5일자)는 미군이 마치 책임 있는 자세를 보이고 있는 것처럼 호도한데 이어, 「미군 2명 검찰 출두 거부 / 여중생 압사 관련 / "시위로 신변 위협" 주장」(9일자)에서는 이들의 변명을 비판하기는커녕 마치 시위 때문에 출두를 거부하는 게 정당한 듯이 교묘한 합리화의 왜곡을 보이고 있다.

12일자 「미 "재판권 포기 신중고려" / 여중생 2명 사망사고 관련」 또한 미군 측 입장을 부각시키고, 「한·미 재판권 다툼 원만하게 풀길」이라는 제목의 사설에서는 사건의 진상규명을 요구하기는커녕 "이 사건이 일종의 '운동확산'의 모양새로 가게 하는 양상은 바람직하지 않다. 이 같은 경향은 피해자 가족들이나 한·미 양국 국민 어느 쪽에도 도움이 되지 않는다"고 주장하여, 일반 기사에서는 미군측 입장 중심으로 제목을 뽑고, 사설에서는 '한·미 동맹'을 강조하는 친미사대주의 신문의 속성을 적나라하게 드러냈다.

8월 7일 미군측은 재판권 이양을 거부했다. <조선일보>는 단순 스트레이트 기사만 내보냈을 뿐 이에 대한 문제의식을 드러낸 어떠한 사설이나 칼럼도 게재하지 않았다. 비판은커녕 사회면에서는 「미군피의자 신병 인도 전 한국경찰 초동 수사 강화」라는 기사를 게재해 마치 상황에 진전이 있는 것처럼 사태를 왜곡하고 있다.

미군의 긍정적 이미지 부각에 총력경주

9월 14일 서경원 전의원이 여중생추모제에 가던 도중 미군에 의해 폭행당하는 사건이 발생하자 15일자 사회면에서 「서경원 씨 미군과 시비 폭행당해 / 주변 대학생들 한때 미군 끌고가」라는 제목으로 처리하고 있다. 사건의 진실은 미군들이 서경원 씨를 폭행하자 이에 격분한 대학생들이 미군을 끌고 갔다는 것이다. <조선일보>는 이를 교묘히 은폐한 채 마치 양측에 싸움이 있었던 것처럼 전달하고 있다.

다음날인 16일자에서도 「미군3명 "서경원씨가 먼저 폭행했다" / 서前의원 "머리만 밀었을 뿐 폭행 안 해 / 경찰, 서씨 폭행사건 조사」라고 하여 마치 서경원 전 의원이 폭행의 주체인 양 묘사하고 있다. 17일자 사설 「'여중생' '미군병사' 그리고 한·미」에서는 사태에 대한 왜곡은 물론 미국의 입장을 변호하기에 급급했다.

<조선일보>는 또 미군 측의 긍정적인 태도가 조금이라도 드러난 것에 대해서는 여지없이 부각시켰다. 10월 10일자 사회면에서는 「"오늘은 한국을 공부하는 날" / 주한미군, 모든 군사활동 하루 중단 / 전 장병 특별 교육」이라는 기사가 그것이다. 이 기사는 "주한 미군의 이런 움직임은 최근 악화되고 있는 반미감정 완화와 한국민과의 관계 개선을 위한 조치"라고 치켜세우고 있다.

부시 대통령의 해명성 사과 억지로 키우기

11월 20일 기소된 미군 중 관제병에 대해 무죄가 평결되었다. 이 평결을 계기로 촉발된 항의집회가 급속도로 미군의 무죄평결의 부당함과 SOFA 개정을 주장하며 일파만파 확산되었다. <조선일보>는 무죄평결 기사는 물론 이어지는 시위 기사를 주로 사회면 하단에 2단 크기 정도로 실었다.

<조선일보>는 21일자 사회면 우측 박스 기사에서 「주한미군 법원서 무죄평결 / 유족·시민단체 "형식적 재판" 반발」이라는 제하의 기사로 보도하고 22일치 사설 「'미군만의 배심원' 뻔한 평결」에서는 "미군의 주장하는 절차적 정당성은 그들만의 '법치주의'일 뿐"이며 "이러한 결과로 다수 한국인은 한·미 주둔군지위협정(SOFA)의 개정을 다시 강력히 요구할 수밖에 없을 것"이라는 '진일보'한 주장을 폈다.

22일자 사회면 우측 하단에서 「'미군무죄' 이틀째 규탄집회」라는 제목으로 범대위 집회 소식을 3단 크기로 다루고, 같은 날 29면에서는 「법조계도 "납득할 수 없는

판결"/'미군무죄' 반발 확산」이라는 제목으로 '법조계'에서조차 납득 못한다는 무죄 평결에 대한 비판적 시각을 다루고 있다. 26일자에는 사회면에서 머리기사로 「'미군 무죄' 반발 확산/ 대학생 20명 화염병 시위/ 14개 시민단체 기자회견」이라는 제목의 시위기사를 전하고 있다.

11월 27일 토머스 허버드 주한 미국 대사는 부시대통령의 '사과'의 뜻을 포함한 유감의 뜻을 밝혔다. 허버드 대사는 성명을 통해 "부시 대통령이 유가족과, 한국정부, 한국국민에게 유감의 뜻을 전해왔다"고 전하면서도 "많은 참관자들이 공정한 판결이었다는 말을 했다"는 내용도 덧붙임으로써 진정한 유감의 뜻을 전했다고 보기는 어렵다. 오히려 이 '간접 사과'는 구차한 해명·변명에 가까운 것으로써 한국민들에 대한 무시와 기만을 보였다는 점에서 더 거센 항의를 불러왔다. 부시 대통령이 직접 사과를 한 것도 아니고, 수사권을 한국 사법당국에 넘기는 형태의 SOFA 개정 의사를 밝힌 것도 아닌데도 <조선일보>는 기다렸다는 듯이 적극 수용하고, 더 이상 파문이 일지 말아야 한다는 '상황종료' 논리를 폈다.

<조선일보>는 11월 28일자 1면과 3면 머리기사를 모두 부시 사과기사로 도배했다. 1면 머리기사에서는 「부시, 사과표명」이라는 제목으로 아예 부시가 직접 사과한 것처럼 크게 키워 보도했다. 3면 머리기사에서도 「반미분위기 확산 우려한 듯」이라는 제목으로 '부시사과배경'을 자세히 보도하고 그 아래에 「"부시, 깊은 슬픔과 유감 표명"」이라는 제목으로 '주한미대사가 발표한 성명' 전문을 보도했다.

「부시 사과'와 앞으로의 한·미 동맹」이라는 이 날짜 사설은 "비록 육성은 아니지만, 그간 국내적으로 이 사건의 해결을 위해서는 미국 대통령의 사과가 필수적이라고 요구해온 주장이 있었던 점에 비춰볼 때 '부시대통령의 사과'는 의미 있는 진전이라고 높이 평가 한다"고 말하고 "내년이 한·미 동맹 50주년이라는 기념비적인 해인만큼, 한·미동맹의 과거와 현재를 검토·평가하고 미래의 협력관계를 찾는 본격적인 작업에 들어갈 수 있는 적기"라며 "자극적 언사와 충동이 한·미관계 전체를 흔들도록 방치해서는 안된다"며 시민단체들의 잇따른 문제제기를 나무라는 어조로 마무리 짓고 있다.

시위 빌미 과격부각 친미 이데올로기 수호

<조선일보>는 다음날에도 「'반미'를 넘어 해법을 찾자」(29일자)라는 사설을 게재했다. 사설은 "희생자가 여중생들인데도, 정작 기소된 미군병사들이 미군법정에서 무죄평결을 받기 무섭게 출국했으니, 한국인들로서는 분노와 충격을 감추지 못하는 것이다"라고 전제하면서도 "시위는 문제제기는 될 수 있어도 문제의 해결이나 마무리일 수는 없을 뿐 아니라 심지어 상처를 더 덧나게 할 염려도 있다"고 하여 국민들의 잇따른 미군규탄시위에 대해 비판을 가하기 시작했다. 사설은 또 "특히 초·중·고 학생들에게까지 반미의식을 심으려 하는 등의 움직임은 갈등의 치유나 해소보다는 갈등의 끝없는 격화만 불러올 수도 있다는 점에서 모두가 깊이 성찰해 볼 일"이라며 전교조의 소파수업을 겨냥한 비판도 담았다.

<조선일보>는 시위의 과격성에 초점을 맞추어 단순 전달하는 태도를 보였으며, 대부분의 기사들이 사회면 하단에 2단 정도의 크기로 배치하는 등 축소보도를 기도했다. <조선일보>는 11월 29일 사회2면 2단 기사로 「춘천 미군 부대에 화염병」 기사를, 30일에는 사회1면 2단 기사로 「'미군부대 진입' 3명 영장기각 / 경찰 과잉진압 여부 감찰」이라는 기사를 실으며 시위소식을 단순전달하고, 12월 2일자 사회1면에서는 2단 크기로 「부시에 '폭탄 e-메일'」이라는 제하의 기사를 게재 네티즌들의 사이버 시위를 다소 부정적 뉘앙스를 담아 전하고 있다.

12월 4일자 사설 「한·미 정부가 '반미'대책에 나서야」는 "자칫하면 반세기에 걸친 한·미 동맹관계 전체가 흔들릴 수도 있는 심각한 국면"이라고 현 상태를 진단한 뒤 "10대 청소년들에게 큰 영향을 미치는 교육계와 대중연예인들이 자칫 너무 격앙하는 것만은 깊이 성찰해 볼 필요가 있다"며 대중 예술인들과 교사들의 시위동참에 심각한 우려를 표명했다. 12월 5일자 사회2면에서는 각각 「'미군무죄' 각계 항의 이어져」, 「교육부, 'SOFA 불평등' 전교조 수업제동」이라는 기사를 상하단으로 배치했다.

12월 6일자의 <조선일보>는 1면에서 2단 크기로 「한·미, SOFA 운용개선 합의 / 연례안보협 미국방부 "개정은 어렵다"」라는 제목의 기사를 싣고, 사회3면에는 무죄에 항의하는 집회를 1단으로 처리한 다음 항의 방미단 소식은 우측 하단 2단 크기로 「"미정부 처리 불성실 땐 반미운동 확산"」이라는 제목 아래 게재되었다. 또 이 날짜 사설 「이·노 '반미문제' 정면으로 다뤄라」는 "지금 우리가 직면한 가장 큰 현안은 반미문제"라고 규정하고 이·노 후보의 부시사과와 SOFA 개정 요구에 대해 "진지한 해법이라기보다는 대중적 정서를 좇는 데 급급한 표명"으로 질타했다.

지면 동원 대대적인 시위 물타기 공작시도

계속되는 <조선일보>의 주장에도 불구하고 시위와 항의의 물결이 끊이지 않은데다 정치권의 정략적 가세도 점점 강도를 더해가자 <조선일보>는 12월 7일자 1면 머리기사로 「'반미기류' 정치권도 가세」라는 제목의 기사를 게재하고 이날 관련 내용으로 주요 지면을 거의 도배하다시피 보도했다.

3면 머리기사에서는 「"반미는 안된다" 뒤늦게 비상」이라는 제목으로 정부의 움직임을 다루고 있고, 우측에는 「이·노 대선 영향 촉각」이라는 제목으로 정치권의 움직임을 싣고 있다. 주요 기사로는 「"여중생사망 깊은 슬픔"」이라는 제목아래 「럼즈펠드, 한국말로 "깊은 슬픔…" 사과」로 제목을 뽑아 그의 발언에 지극히 힘을 실어주고 있다. 이 날짜 「한·미 정부 왜 이렇게 안이한가」라는 사설은 한미 양국 정부가 사태를 안이하게 본다며 보다 적극적인 대응을 주문하고 있다.

4면에서는 아예 전면을 털어 관련 내용으로 채웠다. 우선 「"부시 직접 사과하고 양국 정부 나서야"」라는 제목으로 신철영 경실련 사무총장, 박건우 전 주미대사, 문정희 시인의 「'반미기류' 진단 긴급좌담」을 싣고 기사 우측에는 '의정부 여중생 사망' 전말을 일지와 함께 싣고 있다.

5면 머리기사에서는 「공무상 범죄 초동수사 참여 추진 / 여중생 사망 따른 한미 SOFA 쟁점」 제목으로 '공무상 사건'이라는 미국의 논리를 은근히 강조했다. 또 이 기사 아래에는 각각 「한·일·독 SOFA 규정 조금씩 차이」라는 기사아래 「한·키르키스 SOFA / 한국군의 모든 범죄 / 한국정부가 관할권」이라는 기사를 게재해 교묘한 왜곡·조작을 하고 있다.

사회 2면 하단 우측에는 「방미투쟁단 백악관 앞 / 시위 중 경찰과 몸싸움 / 뉴욕거

주 20대 여성 체포」라는 제하의 기사에서 백악관 앞 시위과정에서 동포 홍석정 씨가 미국경찰에 연행된 소식을 전했다. 이 기사 위에는 「전국 30곳 '미군무죄' 항의집회」 기사가 3단 크기로 실려 있다. 같은 날 사회 1면 하단에도 3단 크기로 「영화감독 3명 '미군무죄' 항의 삭발」 기사와 「방미투쟁단, 백악관 앞 침묵시위」 기사가 실리고 대중 예술인들의 삭발식 사진을 실었다.

정치권의 SOFA개정 촉구에 직격탄 날려

<조선일보>를 비롯한 친미 사대주의적인 한국언론의 맹렬한 여론의 왜곡·조작에도 불구하고 국민들의 비난여론이 숙지지 않자 대선을 열흘 정도 앞두고 한나라당 이회창 후보의 SOFA개정과 부시 미대통령의 직접사과를 요구하는 등 미묘한 변화가 일었다.

<조선일보>는 12월 9일자 사설 「'반미'에 함몰된 대선」을 통해 "한국에서의 반미경향이 확대되면 그것은 미국에서의 반한성향을 자극할 수밖에 없고, 나아가 한·미 동맹관계가 위협받을 수도 있는데도 나라를 책임지겠다고 나선 주요 대선 후보들이 사태해결책을 찾는 데 고민하기보다는 표를 얻는데 도움이 될 것이라고 생각해 반미경쟁을 벌이는 듯한 기색을 보이고 있는 것은 진정으로 국가장래를 걱정하는 다수 유권자의 걱정을 외면하는 것"이라고 직격탄을 날렸다.

10일자 1면 머리기사에서도 「정치권 '반미편승' 경계 / SOFA 개정과 미군 철수 구분해야」를 통해 미국에 대한 다양한 스펙트럼의 비판여론을 단순화시켜 비판하고 있다. 이 날짜 4면 머리기사 「'반미기류' 경계 움직임 / 한나라 서청원 대표 의문제기 / "주한 미군 철수주장과 연계해선 안 돼"」라는 기사는 "반미가 보이지 않는 손에 의해서 조직적으로 움직이는 냄새가 난다"는 한나라당 서청원 대표의 근거 없는 주장을 '반미 확산세력 있다'는 단정적 발언으로 살짝 바꾸어 <조선일보>식 제목뽑기를 했다.

<조선일보>는 12월 11일자 1면 미들기사에서 아미티지 미국무부 부장관이 김대중 대통령을 예방한 기사의 제목을 「미 "SOFA 개선 협력" / "부시가 가장 깊은 사

과 전달해달라고 당부」라고 처리함으로써 진실을 은폐하고 있다. 8면 상자기사에서도 「반미 의식한 아미티지 부장관 / "애도·사과"로 공식일정 시작 / SOFA개선 탄력 불붙을 듯」라고 하여 SOFA의 '개정' 문제를 '개선'으로 호도하고 있다.

이 날짜 사설 3개 가운데 2개를 관련 사설로 메웠다. 「이·노 진영의 헷갈리는 '반미' 대처」는 한나라당과 민주당의 대통령 후보와 소속 정당이 서로 다른 사고로 '반미' 문제를 인식하는 것은 이중적으로 보이거나 편의주의적인 것으로 보인다고 비판했다. 「어린이에게 혈서 쓰게 하는 분위기」라는 사설은 초등학교 학생에게 '미국 죽어', '미국 저주' 같은 극단적 용어로 혈서를 쓰게 하는 우리 사회의 침울함을 개탄함으로써 촛불시위의 부도덕성을 역설했다.

12월 12일자 2면에서도 2단기사로 「SOFA개선방안 협의 / 한·미 특별팀 설치키로 / 외교·안보 당국자 회의」라고 하여 마치 미국이 SOFA 문제에 대해 적극적으로 임하고 있다는 인상을 주어 요원의 불길처럼 타오르고 있는 국민들의 SOFA개정 목소리를 잠재우려는 여론조작을 기도하고 있다.

"반미감정 때문에 경제마저 죽는다"

<조선일보>의 SOFA개정운동 억누르기가 백약이 무효처럼 되자 마침내 경제까지 불모로 내세우게 된다. 이에 앞서 12월 13일 밤 김대중 대통령은 부시 미대통령으로부터 여중생사망사건에 대해 직접 사과하는 전화를 받았다고 밝혔다. <조선일보>는 14일자 1면 3단 주요 기사로 「부시, 김 대통령에 전화 / '여중생 사망' 직접사과 / "깊은 애도와 유감·재발방지 위해 협조"」라고 보도한 데 이어 3면 미들기사에서도 「"한국민들에 깊은 존경심" / 반미정서 달래기 / 부시, 적극 나서」라고 하여 정치적·외교적 공치사에 불과한 부시의 말을 과장보도로 여론의 왜곡·조작을 기도했다.

<조선일보>의 14일자 경제면 「미·북 관련사건과 종합주가지수 추이」라는 톱기사는 매우 주목되는 중요한 기사이다. <조선일보>의 '반미' 이데올로기 공세가 먹혀들지 않게 되자 경제를 들고 나온 것이다. 「"반미·북핵·증시에 부정적 / 새정부 경제정책 방향따라 투자전략 바뀔 것"」이라는 기사 아래 주한외국기업인들의 반응을 게

재하고 있는데, 주목되는 것은 태미 오비비 주한 미상의 수석부회장의 "미국내 한국 상품 불매운동 번질수도"라는 협박성 발언을 제목으로 처리하고 있다.

12월 14일 서울시청 앞 10만여 명을 비롯하여 전국 60여 개 도시, 미국과 독일 등 해외 12개국에서 70여만 명이 참석한 여중생 추모와 SOFA개정 촉구 촛불시위가 있는 주말을 보낸 후 16일자 <조선일보>는 「기로에 선 한·미관계」라는 사설을 게재하고 있는데, 시위현장에서 간간이 터져 나오는 "주한미군 철수"문제에 대해 '미국의 필요'에 의해 주둔하는 것이 아니라 '한국의 필요'에 의해 주둔하는 것이라고 강조하여 미군에 의존하는 <조선일보>의 저자세를 적나라하게 드러내고 있다.

<조선일보>의 경제불모 아젠다는 경제5단체장의 성명을 통해 17일자 1면 3단 주요 기사로 구체화된다. 「"한국상품 불매·미자본 철수 등 악영향" / 재계, 반미운동 자제 호소」로 다시 구체화됐다. 이 기사는 자구 하나 틀리지 않고 <조선일보> 14일자 경제면에 게재된 주한 미상공회의소 수석부회장의 공갈발언을 그대로 옮겨 실은 듯한 기사다. 이 날짜 사설 「'반미' 놓고 정직한 토론 시작할 때」에서는 한국에서의 반미로 미국에서 '반한', '혐한' 무드와 주한미군의 철수론이 대두될까를 걱정하지 않을 수 없다며, 대선에 정신 팔린 정치권의 반미편승부터의 각성을 촉구하고 있다.

18일자에서는 14면 전면을 할애하여 「기획특집, '한국의 반미현상' 한·미 양국민 목소리」라는 제하 아래 한미 양국민들의 투고를 게재하고 있으나 제목은 일관되게 촛불시위와 그 의미를 매도하는 것으로 뽑았다. 이 기사를 기획특집한 것은 <조선일보>의 친미 사대주의 근성을 적나라하게 드러내는 것으로 이를테면 「고귀한 죽음, 반미로 이용될까 우려 / 들끓는 인권열기, 왜 북엔 침묵하나」와 「"미군 원치 않으면 떠나겠다" / 일부 한국민 과잉반응도 실망스러워 / 배타적인 민족주의는 잃는게 더 많아」라는 것이 그것이다.

이 날짜 사설 「경제5단체의 '반미' 걱정」은 이번 사태로 미국에서 역풍이 불어 미국시장이 막히고, 미국자본이 대한 투자를 주저하기 시작하면 다른 나라들도 그 뒤를 따른다며 국민들을 상대로 '경제위기론'으로 위협하고 있다. 또 이 날짜 6면에 게재된 양상훈 정치부차장의 「동서남북, 시위현장의 아이들」이란 '칼럼'은 시위의 본질과 시위가 지닌 의미는 도외시한 채 부정적인 면으로만 보는 왜곡된 논리로 "시위=

폭력"으로 편향되게 매도한 글이다. 7면 김정원 세종대 석좌교수의 '시론' 「"한국국민 원하면 철수할 수 있다"」는 <조선일보>보다 한술 더 뜨는 주한미군 철수 우려론자의 궤변을 버젓이 게재하고 있다.

허구의 논리로 국민들의 의식조작 기도

이번 사태를 계기로 한국인들은 생각하기 시작했다. 미국은 과연 우리에게 무엇인가 하는 것이다. 무고한 사람을 죽여도 꿀 먹은 벙어리가 되어야 하고, 한강에 독극물을 쏟아 부어도 아무 소리해서는 안 되며, 말간 하늘에 날벼락 치듯 포탄이 지붕을 뚫고 안방에 날아와도 가만히 있어야 한다면 미국은 우리에게 '행복'이 아니라 '재앙'이라 할 수밖에 없다. 언론은 이를 정직하게 국민들에게 알려야 한다. 그것은 이 땅의 언론에 주어진 임무이다.

그동안 한국언론은 노근리 양민학살사건, 매향리 사격장사건, 미군의 독극물 한강 방류사건, 기지반환운동 등에서 보았듯이 미군의 무차별적인 범죄가 시민들의 분노를 샀을 당시에도 이에 대한 적법한 시위를 '감정적인 반미'와 '몰이성적인 과격단체의 행동'으로 비난하며 오로지 '한·미 공조'만을 강조했다. 그뿐이 아니다. 차세대 전투기 기종 선정에서의 미국의 노골적인 내정간섭, 2002동계올림픽 쇼트트랙에서의 치졸한 금메달 강탈 등에서 미국은 우리가 기대했던 정의로운 나라가 아니었던 것을 확인했다.

이번 사건에서도 <조선일보>는 때로는 제목뽑기를 통해, 또 때로는 왜곡된 편집을 통해, 기사와 사설과 칼럼 등을 통해 교묘한 논리로 시종일관 뿌리 깊은 숭미사대주의와 기회주의적인 상업저널리즘의 본질을 드러냈다. 결국 <조선일보>는 '친일'에 이어 '친미 사대주의 주구언론'의 전형을 보여줬다. 힘 있는 곳에는 철저히 아부하고, 힘없는 곳에는 무자비할 정도로 잔인하게 짓밟는 <조선일보>의 정체를 스스로 드러냈다.

<조선일보>는 이번 사태를 시종일관 '반미'로 규정하고 매도했다. 한국을 대표하는 1등 신문 답지 않게 <조선일보>는 '반미=친북=빨갱이'라는 고착된 냉전시대의

잣대를 국민들에게 들이댄 것이다. <조선일보>의 이와 같은 가치관은 20세기의 유물인 냉전시대 미국의 제국주의·패권주의에 기생하는 체질화된 고질적인 병폐라 할 수 있다. <조선일보>의 이런 언론자세가 이 땅에서 '오만한 미군'을 만들어 냈음을 명심하여야 한다.

이번 사태가 <조선일보>가 주장하는 그런 뜻의 '반미'였다면 지금쯤 "맥도널드" 같은 곳은 벌써 여러 번 공격을 받았을 것이다. 그런데도 국내 미국 기업인·기업체는 멀쩡하다. 일부 언론이 국민들의 정서와는 동떨어지게 미국을 편드는 보도를 계속 내보내 국민을 자극한다면, 그때는 정말 '반미'로 흐를 수도 있음을 간과하지 말아야 한다. 또한 "미국 내에 반한 감정이 생길 것을 염려해 정당한 항의조차 할 수 없다면 일본의 반한 감정을 고려해 '독도는 우리 땅'이라는 말도 할 수 없다는 것"이라는 논리가 성립된다. 그것이 말이 안 됨은 상식적이다. 그렇다면 <조선일보>의 논리는 국민을 우습고 보고 협박해 자사의 이익확보를 위한 가증스러운 거짓말의 성찬일 따름이다.

≡ 2002. 12. 19.

중앙일보의 희한한 언론자유

탈세 혐의로 구속된 <중앙일보> 홍석현 사장의 사건을 계기로 재벌언론이 국민의 알권리를 담보로 사주와 사익을 위해 어떻게 사용하고 있는지를 독자들에게 설명한다.

① 김대중 정부의 언론정책 특징

IMF라는 국가부도 정권을 인수한 김대중 정부의 개혁의 화두는 단연 '재벌'이다. 재벌은 오늘날 우리 산업과 경제뿐 아니라 정치·문화·예술·언론·스포츠 등 우리 사회 전반에 걸쳐 지배를 광범하게 급속히 확대되고 있다. 특히 재벌은 사회권력의 핵이라 할 언론을 장악함으로써 현대사회를 지배하는 권력의 이데올로기로 군림하고 있다.

따라서 김대중 정부는 재벌개혁 없이는 IMF를 극복할 수 없다고 보고 강력한 재벌개혁 드라이브를 취해 왔다. 이에 따라 재벌과 언론의 분리는 개혁정책의 주요 과제로 되었고, 재벌이 지배하고 있던 <중앙일보>와 <경향신문>, <문화일보> 등이 재벌로부터의 독립을 선언, 마침내 '독립언론·자립언론'을 표방하기에 이르렀다.

이로써 한국사회에서 공식적으로는 '재벌언론'은 사라졌으나 현실은 여전히 <중앙일보>는 삼성그룹, <경향신문>과 <문화일보>는 각각 한화와 현대그룹과 특수한 관계를 유지하고 있다. 이는 정치권력의 개혁의지가 흩어지거나 권력의 레임덕 현상에 이르면 언제든지 화학적으로 재결합할 여지가 다분한 임시 현상적 계열분리, 독립 상태라는 것이 보다 정확한 표현일 것이다.

삼성그룹의 '전령사'를 서슴지 않는 재벌언론, 아니 실례했다. 독립언론(?) <중앙일보>가 창사 이래 처음으로 분기탱천, 권력과의 '성전'에 나섰다. 권력으로부터의 언론자유를 지키기 위해 분연히 궐기한 것이다. 그런데 묘한 것은 이 땅의 모든 동업지가 그 투쟁에 '박수'는커녕 '냉랭'하다는 점이다.

'가제는 게 편'이라고 언론끼리 카르텔마저 불사하던 한국언론은 왜 하나같이 <중앙일보>의 '눈물겨운 언론자유투쟁'을 외면하고 있을까. 언론이 모조리 권력의 하수로 전락했기 때문인가, 아니면 <중앙일보>의 언론자유투쟁이 한낱 '코미디'에 불과하기 때문인가. 그도 아니면 혹시 이번 권력과의 전쟁에서 <중앙일보>를 지원했다가 예기치도 않게 <중앙일보>가 급격한 성장을 하는 데 이바지하는 것은 아닐까하는 우려에서인가. 시간상 1900년대의 마지막 해 10월 2일부터 약 1주일간을 통해 그 속내를 들여다보기로 하자.

② "중앙일보 인수자금 어디서 나왔나"

사주인 홍석현 씨가 주요 대주주로 있는 보광그룹에 대한 국세청의 세무조사가 진행되는 동안 비교적 조심스럽게 처신하던 <중앙일보>가 마침내 '궐기'한 것은 지난 10월 2일 홍씨가 검찰에 탈세혐의로 구속되면서부터이다. 검찰에 따르면 홍씨는 첫째, 96년 12월게 <중앙일보> 주식 79,000주를 취득하면서 사실은 증여받은 것임에도 허위 매매계약서를 작성, 마치 주식대금을 지급한 것처럼 위장해 27억여 원의 증여재산에 대한 세금 9억 5,000여만 원을 포탈했으며 둘째, 97년 3월 두일전자통신 주식 20,000주를 거래하는 과정에서 세무서에 허위 매매계약서를 신고, 양도소득세 5,074만 원을 포탈했고 셋째, 차명계좌를 통한 변칙금융거래로 증여세 13억 3,600만 원을 포탈했으며 넷째, 97년 9월 삼성중공업(주)에 지급할 휘닉스파크 골프장 등의 공사비를 높게 책정해 달라고 요구한 뒤 리베이트 명목으로 6억 2,000만 원을 받아 (주)한국문화진흥, (주)선구디자인 등의 창업비에 사용함으로써 결국 자신은 재산상의 이익을 얻고 (주)보광에는 손해를 끼쳤다는 업무상 배임혐의를 받고 있다.

<중앙일보>는 즉각 해명자료를 내고 홍 사장의 첫째 혐의에 대해 "(문제의) 차명주식은 실무자가 매매형태로 실명전환 한 것으로 홍 사장이 증여받은 것이 아니라 원래 본인의 소유이던 것을 단지 실명화한 것에 불과하며, 홍 사장은 매매형식을 취한 것에 대해 전혀 아는 바가 없다"고 밝혔다. 둘째 혐의에 대해서도 "자산관리 실무자가 매수자의 요청으로 편법처리 했으나 홍 사장은 전혀 보고를 받지 못한 사안"이라고 주장했다. 셋째 혐의 역시 "선친의 상속재산은 가족공동 소유의 형태로 자산관리자에게 운영을 위임 관리했으며, 상속재산을 10년 이상 운영해 본인 명의로 증식된 것과 일부 실명 전환한 자산이 포함돼 있으나 홍 사장은 그 명세를 모른다"며 부인했다. 넷째 혐의도 "홍 사장은 94년 <중앙일보> 대표이사 취임 이후 보광의 경영에 관여하지 않았으므로 본인은 모르는 사안"이라고 주장했다.

여기서 불가사의한 의문점이 하나 떠오른다. 도대체 홍석현 사장은 누구이며 어디서 돈이 나와 <중앙일보>라는 수천 억 원대에 이르는 언론대기업을 인수했는지가 궁금하다. 홍씨는 삼성그룹 이건희 회장의 처남이며, 선친인 홍진기 전 내무부장관의 장남으로서 보광그룹의 최대 주주이다. 보광그룹은 삼성그룹의 숨은 계열기업이었다가 김대중 정부 들어 기업의 구조조정 과정에서 계열분리를 한 기업집단이다.

보광그룹은 돈을 제대로 벌어들이는 변변찮은 기업 하나 없는 적자 투성이의 중소기업형 기업집단이다. <표 3>에서와 같이 보광그룹은 97년에는 2,482억 4,400만 원의 매출에 70억 1,700만 원의 흑자를 기록했으나, 98년에는 2,839억 9,400만 원의 매출에 146억5,500만 원의 적자를 기록했다.

<중앙일보>는 언론재벌인 <조선일보>에 필적하는 유수한 언론사로 97년 4,312억 1천만 원의 매출을 올려 4억 1,600만 원의 당기순이익을, 98년에는 2,253억 3,600만 원의 매출에 1,043억 4천만 원의 적자를 기록한 국내 랭킹 1·2위를 다투는 정상급 대언론사이다. 홍씨는 무슨 요술방망이라도 지닌 것일까.

안정남 국세청장이 6일 국회 재경위 국감에서 "홍 사장이 보광 외에는 다른 사업을 한 적이 없고, 보광 또한 적자였음에도 불구하고 <중앙일보>를 인수했던 자금의 출처가 정당했는지를 조사하기 위해 세무조사가 실시됐다"고 밝히자 <중앙일보>는 "언론탄압·표적수사"의 증거라고 반발하고 있다.

〈표 3〉 보광그룹 현황

계열사명 (업종명)	직원수 (98. 12.)	년 도	자본총계	매출·영업수익	손 익
(주)보광 (종합레저산업, 인조보석가공업)	515명	1997년	336억6,400만 원	592억5,600만 원	101억6,000만 원
		1998년	1,467억5,900만 원	651억7,700만 원	−113억6,200만 원
(주)보광훼밀리마트 (자판기 운영업)	471명	1997년	1,976억8,000만 원	1,729억4,500만 원	1억2,300만 원
		1998년	2,009억800만 원	1,937억5,200만 원	1억5,200만 원
보광창업투자(주) (창업금융업)	11명	1997년	177억3,600만 원	58억4,400만 원	−5억3,500만 원
		1998년	183억9,400만 원	22억8,200만 원	−27억3,100만 원
휘닉스 커뮤니케이션(주) (광고대행업)	110명	1997년	101억9,900만 원	45억7,600만 원	−27억3,100만 원
		1998년	227억8,300만 원	128억5,900만 원	−6억8,500만 원
계	1,107명	1997년	2,592억7,900만 원	2,426억2,100만 원	70억1,700만 원
		1998년	3,888억4,400만 원	2,740억7,000만 원	−146억5,500만 원

* 자료: 매일경제신문사, 『회사연감』, 1999년판 재구성.

③ 사주의 탈세를 언론탄압으로 호도

<중앙일보>는 9월 30일 홍석현 사장의 검찰 소환과 때를 같이하여 하루 평균 5~6개면씩 자사의 지면을 할애, 이번 사태와 관련된 기사를 내보내고 있다. 특히 지난 3일자부터 시작한 기획시리즈 「'국민의 정부' 언론탄압 실상을 밝힌다」는 기사를 통해 정부의 심기를 자극하며, 사태를 '전면전' 상황으로 내몰아가고자 '시비'를 걸고 있다. <중앙일보>는 이번 사태의 본질이 홍 사장 개인비리인 탈세임에도 지면을 사유화해 사태의 본말을 호도하고 있는 것이다.

이러한 보도태도에 대해 언론학계에서는 홍 사장 구속 이후 <중앙일보> 지면은 그동안 내세워온 '정론'을 아예 포기했다는 인상을 준다고 지적한다. 한 언론학자는 "사건 내용의 진실여부 자체를 떠나 지면이 이성을 잃어 치졸하다"며 "<중앙일보>가 '보광사보', '홍석현일보'를 자처하고 있다"고 비판했다. 실제로 홍 사장 구속 이후

<중앙일보>는 사회의 '공기'인 지면을 철저히 사유화하고 있어 역설적으로 언론개혁의 필요성을 더욱 높이고 있다(조준상, 「긴급진단 언론권력」, <한겨레신문>, 1999년 10월 7일자, 1면).

1면에만 게재된 <중앙일보>의 이번 사태와 관련된 보도내용을 보면 2일자에서 「IPI도 항의서한 / 김대통령에 "홍사장 표적수사 중단을" / 인터넷에 서한공개」가 머리기사로, 「본사 홍사장 영장청구 / 검찰, 조세포탈 등 혐의로」가 미들기사로 올라와 있다. 3일자에서는 「야, 언론탄압대책위 구성 / 박지원장관·박준영수석 즉각 해임 촉구」가 미들기사로, 「본사 홍 사장 수감」이 주요 기사로 게재돼 있다. 4일자는 「"정부서 원하는 대로 하겠다 중앙일보서 여러 제의받아" / 박준영 청와대대변인 홍사장 구속관련 브리핑」이 톱기사로, 「검찰, 박수석 발언 강력부인 / "홍사장 조건 제시하며 선처 요구한 일 없어"」가 미들기사로 게재돼 있다.

5일자에서는 「야, 박지원장관 해임안 제출 / '중앙일보사태' 국감 쟁점화 박장관 위증 논란도」라는 미들기사, 「"물컵 안 던져" 주장은 박지원장관의 위증 / 고성에 '퍽' 소리나 본사 기자 현장 녹음 / 금부사장 "신문에 불만 있어도 전두환도 이런 식으론 안했어"」라는 박스기사를 실었다. 6일자에서는 「중앙일보 사태 진상조사 요구 / 야, 문광위 국감 거부 / 박지원장관 직권남용혐의 등 검찰에 고발」이라는 미들기사와 「IPI, 국정홍보처 해명에 즉각 반박 서한 / "홍 사장 구속 정치적 의도 의혹"」을 주요 기사로 게재했다.

7일자는 「"홍사장 중앙일보 인수자금 출처 밝히려 보광 세무조사" / 국세청 국감, 안청장 표적조사 첫 시인」을 톱기사로 올리고, 「야, 언론탄압 관계자 처벌 요구 / 긴급의총서 조사위 구성 등 4개항 결의문 채택」을 주요 기사로, 「'중앙일보사태'관련 공개질의서 / 국민회의 본사에 보내」를 2단기사로 실었다. 8일자에서는 「"국민적 오해 받을까봐 보광사주만 강조했다" / 서울국세청장 국감답변, '중앙일보와 무관'발언 뒤집어 / 야, "국세청장 특별지시 받는 조사4국 투입 이유는"」을 머리기사로 싣고 있다.

'지면 사유화' 언론개혁 필요성 역설

<중앙일보>는 또 2일자부터 7일자까지 5회에 걸쳐 「'국민의 정부' 언론탄압 실상

을 밝힌다」는 기획시리즈 기사를 게재했다. 정부의 언론간섭과 통제실상을 폭로하는 이 시리즈에 따르면 ① 박지원 대통령공보수석은 98년 3월 9일 밤 11시가 넘은 시각에 술에 취한 채 <중앙일보> 사장실을 방문, "정권에 비판적인 <중앙일보>의 보도태도가 전혀 개선되지 않고 있다"며 물컵을 집어던지는 등 행패를 부렸다는 것이다.

② 98년 3월 7일자 사회면(27면) 초판에는 김대중 대통령이 95년 부모의 묘를 이장한 경기도 용인의 가족묘원이 명당으로 알려지면서 구경꾼들이 모여든다는 내용의 「대통령 낳은 천하명당 구경이나 좀」이란 제목의 화제기사가 인쇄되는 도중 "어른(대통령)께서 언짢아하신다"는 박준영 청와대비서관의 압력을 받고, 지면에서 사라졌다.

③ 98년 10월 21일 산업자원부 산하 산업디자인진흥원이 경영진단을 의뢰하면서 3천여만 원의 용역비를 제시한 타 기관을 제쳐두고, 그보다 두 배가량 많은 돈을 요구한 대통령의 친동생 김대현 씨가 운영하는 한국사회경제연구소에 용역을 주어 특혜를 받게 했다. 이 기사 또한 박 비서관의 '쓰지 말라'는 압력에 의해 기사화되지 못했다.

④ 98년 7월 20일께 <중앙일보> 경영진과 박지원 수석이 저녁식사를 하던 중「하반기 경기 더 나빠진다」라는 초판의 1면 톱기사 제목이 박 수석의 항의로 편집스테프는 반발했으나 경영진이 수용,「경기 내년에 좋아진다」로 교체됐다(특별취재팀,「'국민의 정부' 언론탄압 진상을 밝힌다」, 중앙일보, 1999년 10월 2일자).

⑤ 99년 6월 2일 박지원 씨 후임으로 청와대 대변인인 된 박준영 공보수석은 옷로비 보도와 관련 <중앙일보>가 가장 심하다며 이는 김태정에 대한 공격이 아니라 정권에 대한 공격이라며 불만을 토로했다. 이때 <중앙일보>가 손숙 환경부장관의 2만 달러 수수사건(6월 23일자)을 터트리자 6월 하순경 보광그룹에 전격적으로 세무조사가 실시됐다.

⑥ 99년 7월 14일자에서 김영삼 전 대통령이 "92년 대선 당시 패배자였던 김대중 후보의 비자금을 조사시키지 않았다"고 말한 부분과 김대중 정부가 이회창 한나라당총재의 대선자금을 수사하고 있는 것을 대비시킨 김상택 화백의 시사만평이 '여권 핵심의 거친 숨결을 여러 경로를 통해 확인해 온 편집간부진은 숙의를 거듭한 끝에 다른 내용의 만평으로 교체를 결정했다'는 것이다.

⑦ 99년 9월 17일 국세청이 홍 사장 및 보광그룹에 대한 세무조사 결과와 검찰에

고발방침을 밝히자 <중앙일보>는 9월 22일자 창간특집 여론기사 제목을 하룻밤 사이에 3개면이나 여권 핵심의 항의전화와 강경 분위기 등을 의식해 스스로 바꿨다는 것이다. 즉 1면의 제목이 「1+1+α 신당 부정적 60.6%」에서 「IMF극복 시간 더 걸린다」로, 14면 제목은 「신당은 총선위한 일회용 65.4%」에서 「신당창당 국민공감 아직 못얻어」로, 15면 제목은 「IMF극복 아직 못했다 81.8%」에서 「지난해보다 재산 줄었다 53.8%」로 각각 교체했다(특별취재팀, 「앞의 글」, 중앙일보, 1999년 10월 4일자, 1면).

⑧ 99년 1월 4일 시무식전 박지원 수석은 홍 사장에게 논설실장·편집국장을 바꾸라는 인사압력을 해왔다고 했다. 그러나 홍 사장은 '<중앙일보>를 뿌리째 뒤흔들어 국민들의 눈과 귀·입을 봉쇄하겠다'는 의도라 파악, 이를 받아들이지 않고 독자적인 인사를 단행, 전욱 편집국장 등을 유임하고 문창극 부국장을 미주총국장으로, 이장규 부국장을 일본총국장으로 발령했다는 것이다. 그러나 '홍 사장·전 편집국장 신문에서 손 떼라'는 권력의 압력에 결국 1월 중순 전 국장을 수석논설위원으로 발령 냈으나 "논설위원도 안된다"는 권력측의 압력으로 회사를 사직, 미국 유학길에 올랐다는 것이다. 인사를 통한 권력의 <중앙일보> 길들이기는 이 같은 편집간부뿐 아니라 98년 4월 18일 「수석들에게 대노한 DJ」라는 취재일기를 쓴 당시 청와대 출입기자에게도 미쳐 이 기자는 그해 8월 미국으로 연수를 떠났다는 것이다(특별취재팀, 「앞의 글」, 중앙일보, 1999년 10월 3일자, 1면).

⑨ 99년 9월 15일자 만평에서 미국을 방문 중이던 이회창 총재가 김 대통령을 '제왕'에 비유하고 현 정부를 독재국가라 비난한 연설을 듣던 노벨평화상 심사위원이 '(노벨평화상)못 받겠다'는 독백하고 있는 만평이 경영·편집간부들의 판단에 따라 '동티모르 파병'을 소재로 한 만평으로 대체됐다.

⑩ 98년 10월 23일자 만화 「왈순아지매」는 나라를 떠들썩하게 했던 총풍사건이 결국에는 소리만 요란한 바람(허풍)으로 끝난 것을 꼬집고 있는데 권력측의 강한 압력이 회사 고위간부에게 전달됐고, 그 간부는 '불가피한 상황'이라며 개작을 당부하여 교육개혁이 치맛바람을 일으키지 않을까를 우려하는 내용으로 대체됐다는 것이다(특별취재팀, 「앞의 글」, 중앙일보, 1999년 10월 7일자, 1면).

해괴한 논리로 탄압부각 안간힘

<중앙일보>는 이 뿐만 아니라 홍 사장이 검찰에 구속된 직후부터 연일 사설을 통해 정부의 언론탄압을 규탄했다. 이를 보면 「본지 사태에 쏠린 세계의 눈」(2일자)은 겉으로 드러난 것보다는 속에 숨은 것으로 봐야 진실을 알 수 있다고 주장했다.

「언론탄압에 분연히 맞선다/─본사 홍 사장 구속을 보고─」(3일자)는 홍씨의 개인 비리를 언론탄압으로 왜곡하고 있으며, 「정부 스스로 밝힌 언론탄압」(4일자)는 홍씨의 구속을 국민의 알권리와 정치적 흥정을 시도하다가 들통 나자 '생존적 차원에서 기인한 것이고, 이는 결국 언론탄압의 증표'라고 우기는 내용이다. 「정부는 왜 떳떳이 말 못하나」(5일자)는 <중앙일보>의 도전에 대해 정부측의 응전을 촉구한 내용이며, 「그때 못한 말 이제라도 해야」(6일자)는 재야 언론단체 및 시민단체, 언론계에서 '<중앙일보>가 연일 폭로하는 데로 그만큼 심한 언론탄압을 받았다면 그때그때 거부하고 지면을 통해 거부해야지 발행인의 범죄를 국민의 알권리와 빅딜하기 위해 권력의 요구를 다 들어주다가 여의치 않자 가로 늦게 폭로하는 것은 명분도 도덕성도 없는 언론탄압 타령'이라는 비난이 일자 사설은 '정부출범 초기의 밀월기간(신정부에 대한 관례적 우호보도 기간)이었고, 또 IMF체제라는 국난이 닥친 상황이어서 자제했다'는 궁색한 변명으로 일관하고 있다.

「여당의 치졸한 선전공세」(7일자)는 <중앙일보>의 언론행태를 비판한 국민회의의 공개질의서 6개항에 대한 반박이며, 「국세청이 자인한 표적수사」(8일자)는 안정남 국세청장이 <중앙일보> 인수자금 출처를 조사하기 위해 세무조사했다고 밝히자 이는 발행인에 대한 표적수사였음을 스스로 드러낸 것이라는 견강부회적 해석을 하고 있다. 안 청장의 발언은 지극히 당연하고 정당하다. <중앙일보>의 주장이 논리를 지니려면 홍 사장이 무슨 돈으로 <중앙일보>를 인수했는지부터 밝히는 것이 순서이다.

사내외 필진 동원 '탄압타령' 되풀이

이상이 홍 사장의 구속과 언론탄압 폭로기사로 전면전을 기도하던 시기의 <중앙

일보> 사설내용이다. <중앙일보>뿐만 아니라 사내외의 필진을 동원한 칼럼에서도 언론탄압을 부각시키기 위해 총력전을 폈다.

　문창극 미주총국장이 쓴 「언론의 자유와 경쟁」(5일자)은 <뉴욕타임즈>가 베트남 전쟁 보도와 관련 닉슨 행정부와 국민의 알권리를 위한 법정투쟁을 전개하고 있을 때의 <워싱턴포스트>의 예를 들어 침묵을 지키고 있는 국내언론에 대해 <중앙일보>의 투쟁에 동참하라고 촉구하고 있다. 박승희 기자의 취재일기 「국정홍보처의 일방홍보」(5일자)는 <중앙일보> 기자들의 언론자유수호결의는 사주를 비호하지 않는 데서 출발한 것을 강조한 내용이고, 「'라면'에서 '강조주간'까지」(5일자)라는 송진혁 논설주간의 '칼럼' 또한 '잘 써달라. 좋게 보이게 해달라'는 권력의 과잉기대에 <중앙일보>가 부응하지 못해 일어난 사건이라 주장했다.

　「김 대통령에게 드리는 글」(6일자)이라는 김영희 대기자의 글은 권력에 취한 측근들의 맹목적인 충성을 막으라고 충고하고 있다. 「언론탄압 유형과 교훈」(6일자)이라는 정진석 한국외국어대교수의 '시론'은 권력의 언론탄압 유형을 피력함으로써 탄압받는 <중앙일보>를 간접적으로 부각시키는 것을 노리고 있으며, 「인권잣대의 이중성」(7일자)이라는 이수근 논설위원의 '중앙포럼'은 정부가 남이 하면 탄압이고 내가 하면 협조와 이해촉구라는 인권적용의 이중적 잣대로 언론 길들이기에 나섰다는 것을 비판했다. 한인섭 서울대교수의 「언론탄압과 '폭로행진'」(7일자)은 <중앙일보>의 폭로시리즈를 격려하는 글이며, 「선과 후, 경과 중」(8일자)이란 유승삼 중앙M&B 대표의 '칼럼'은 이번 사건이 <중앙일보> 지면에 대한 불만과 홍 사장에 대한 '괘씸죄'에서 비롯되었다는 '탄압타령'을 되풀이하는 내용이다.

④ 냉소적인 언론동지의 보도태도

　10월 3일 홍석현 <중앙일보> 사장이 검찰에 의해 구속되자 사실보도 위주로 간략히 보도해 오던 한국언론은 <중앙일보>의 '언론탄압 타령'에 대해 냉소적인 논조가 주류를 이루는 가운데서도 일제히 양비론·양시론에 입각한 논조의 면피성 사설을 1꼭지씩 내보인다. 언론재벌 <조선일보>는 「홍석현씨의 문제」(4일자)에서 탈세는 법 앞에 누구나 심판 받아야 하나 홍 씨가 정권이 호의적으로 보지 않는 언론사의 사주이기 때문에 그가 받는 불이익에 α가 있을 것이며 전체 언론에 대한 '길들이기' 효과도 있을 수 있다고 우려함으로써 <중앙일보>의 투쟁에 화답했다.

<동아일보>의 「'중앙' 홍사장 구속과 언론자유」(4일자)는 언론의 중립을 표방하는 전형적인 양비론을 전개하고 있다. 언론·언론인이라고 탈세에서 성역이 있을 수 없으며, <중앙일보>가 제기한 문제들에 대해서는 검증이 있어야 한다고 주장했다. <한국일보>의 5일자 사설 「언론과 권력」, 김성우 논설고문의 「자유언론」(5일자)이라는 에세이 또한 전날의 <동아일보>의 논조를 복창하고 있다.

"탈세에는 성역 없다" 동업언론 냉담

이에 비해 <중앙일보>처럼 한때는 재벌언론이었으나 김대중 정부 들어 독립언론으로 거듭난 <경향신문>과 <문화일보>는 사설과 칼럼 등을 통해 보다 선명 경쟁이라도 하듯 <중앙일보>를 나무라고 있어 눈길을 끈다. 「중앙일보 사태의 경우」(5일자)라는 <경향신문>의 사설은 홍 사장이 언론자유투쟁을 벌이다가 구속된 것이 아니라 거액의 세금을 포탈한 혐의를 받고 있으므로 언론탄압 운운은 명분이 없다고 비판했다. 강준만 전북대교수의 「김정권과 중앙일보에 격려를」(7일자)이란 '정동칼럼'은 언론사 세무조사 결과를 밀실에서 권언유착으로 활용하지 않은 김대중 정권에 대해 격려를 보내고, <중앙일보> 또한 이번 사태를 계기로 전비를 뉘우치고 이를 바탕으로 권력의 모든 비리와 부정부패를 파헤치는 신문이 되어 달라고 주문했다.

<문화일보>의 「보광과 언론과 권력」(5일자)이란 사설은 홍씨의 구속은 탄압과 표적사정을 논하기에 앞서 기업의 정도, 즉 합리성과 투명성을 통한 경쟁력을 강조해야 했다고 말해 <중앙일보>의 대응을 폄하했다. 「중앙일보 사태에서 생각할 것들」(5일자)이라는 윤구 논설위원의 '시론'은 <중앙일보>의 언론탄압 투쟁이 여론의 지지를 제대로 받지 못하고 있는 것은 평소에는 가만히 있다가 자신들에게 불리하게 되니까 온갖 소리를 다하는 언론의 이중성 때문이라고 하여 <중앙일보>의 주장을 일축했다.

대한매일·한겨레 '닮은 꼴' 논조로 맹공

<한겨레신문>과 관제언론이었던 <서울신문>의 오명을 벗고 권력으로부터 독립(?)했다는 <대한매일>도 이번 사태를 비중있는 뉴스로 다루고 있다. <대한매일>은 사설보다는 보도와 칼럼을 통해 이를 비판하고 있다. <대한매일>은 6일자 미디어면에서 이번 사태가 "사주로부터 편집권 독립을 못한 단적 사례"라는 각계의 시각을 상보하고, 7일자에서는 성유보 민주언론운동시민연합이사장의 「중앙일보 사태와 언론자유」라는 '특별기고'를 통해 자사의 의견을 간접적으로 피력하고 있다. 성 이사장은 이 글에서 홍 사장의 구속이 언론탄압임을 증명하려면 선정주의적 태도가 아니라 홍 사장의 혐의가 사실무근임을 입증하는 데 주력해야 할 것이라며 <중앙일보>의 태도를 비난했다.

8일자 1면에서는 이번 사태를 언론개혁의 기폭제로 삼아야 한다는 시민·언론·사회단체의 성명발표 기사를 미들기사로 게재하고, 3면 해설면에서는 언론사가 사주의 탈세 바람막이가 될 수 없다는 제 단체의 성명내용과 김삼웅 주필의 「중앙일보 사태 언론개혁의 계기로」라는 '특별시론'을 실었다. 김 주필은 이 글에서 비리와 언론탄압은 별개이며, 이 사건은 홍씨의 개인비리가 핵심이므로 이를 계기로 족벌언론의 지배구조를 개선하는 계기가 되어야 한다고 주장했다.

<한겨레신문>은 사설을 비롯하여 해설기사, 칼럼, 「언론권력」이라는 기획시리즈 기사 등을 통해 사태의 문제점과 본질 등을 심층적으로 되짚고 있다. <한겨레>의 「개인비리와 언론자유」(5일자)라는 사설은 권력에 굴종해 온 언론이 갑자기 언론자유의 투사로 변신할 수 없는 노릇이고, 또 홍씨의 개인적 비리에 대한 사법처리가 정치적 공방의 대상으로 변질되어서도 안된다고 지적하고, 언론사주라 하더라도 개인의 비리는 법에 따라 처리한다는 원칙을 세워 가는 이정표가 되어야 한다고 역설했다.

<한겨레>는 이에 앞서 박준영 청와대대변인이 '홍 사장의 제의 내용'을 공개하자 해설기사(4일자, 3면)를 통해 「'정치적 빅딜설' 독립언론 무색 / '편집간섭' 비판에 '타협요청' 반격 / '홍사장 구명'에 지면 사유화 비판」이라고 보도하고 「"편집간섭 진상규명 필요하지만 언론탄압 몰아가기는 본말전도"」라는 각계 반응과 고의적 탈세

는 구속이 불가피하다는 검찰측의 반응을 게재했다.

<한겨레>는 이어 7일자 미디어면(9면)에서 <중앙일보>가 국세청과 검찰의 발표내용을 왜곡보도하고 있다고 비판하고, IPI 서한도 <중앙일보>에 불리한 내용은 빼고 공개했다고 밝혔다. 이 날짜 '손석춘의 여론읽기', 「깡패신문, 만만한 신문」이란 칼럼은 이번 기회가 전반적인 언론개혁이 시발점이 되어야 한다고 지적하고 있다.

「한나라당은 민심을 바로 읽기를」이란 <한겨레>의 8일자 사설은 한나라당이 <중앙일보>를 일방적으로 두둔하는 것은 민심을 바로 읽지 못한 동조투쟁에 불과하다고 지적했다. 「시험대에 오른 언론개혁」(8일자)이란 정연주 워싱턴특파원의 '칼럼'은 "위로는 수백 개의 차명계좌와 조세포탈도 별 두려움 없이 해치우는 오만한 황제가 군림해 있고, 그 아래에는 황제를 비호하기에 여념이 없는 간부들, '사장님 힘내세요'를 외치는 일부 기자들이 마름처럼 엎드려 있는 그들은 군부독재권력에는 굴종과 야합하고, 언론자유가 밖에서 주어져 권력기관이 된 뒤에는 막강한 권력을 즐기는 기회주의자들일 뿐, 진정한 자유언론을 위해 싸워본 적이 없는 무리들"이라고 지적하고 이번 사태는 언론을 사유물화하는 재벌이 언론을 소유해서는 절대 안된다는 점을 분명히 보여줬다며 세습 사주들이 누리는 제왕적 지위를 단절할 언론소유구조를 혁파하는 언론개혁이 절실하다고 역설했다.

이 밖에 7일자부터 시작된 「언론권력」이라는 기획기사는 <중앙일보>가 말하는 언론탄압 주장의 실체와 본질, 언론개혁의 당위성과 방향을 모색한 기사를 15일자까지 6회에 걸쳐서 싣고 있다.

⑤ '언론탄압 타령' 앞서 자숙하라

언론개혁시민연대는 2일 "당국에 의해 탈세혐의를 받은 사람이 고발돼 수사받고 그에 따라 구속된 것은 당연하다"며 "그럼에도 <중앙일보>는 당국의 조치를 '표적사정', '언론탄압'으로 몰아가고 있다"고 비판했다. 언개연은 연일 지면을 도배하다시피 감정적으로 대응하는 <중앙일보>의 자세가 결코 도덕적이지도 않을 뿐만 아니라 사회공기를 자처하는 언론으로서 취해야 할 태도도 아니라고 못 박고 "<중앙일보>는 사주의 비리혐의에 대해 먼저 사과하라"고 촉구했다.

민주언론운동시민연합은 6일 성명서를 통해 "<중앙일보>의 보도초점 자체가 홍 사장의 비리는 가볍게 여기면서 정부의 '언론 길들이기'가 전부인 양 몰고 가는 것은 정도를 넘어선 행태"라고 비판했다. 경제정의실천시민연합도 "사장의 비리가 드러났다면 이를 먼저 반성하고 이번 기회에 자본과 권력으로부터 실질적 독립을 이룰 수 있는 대안부터 모색해야 할 것"이라고 주장했다. 참여연대는 "<중앙일보>는 언론탄압을 주장하기에 앞서 사주의 탈세행위에 대해, 나아가 언론자유를 지켜오지 못한 부끄러운 과거에 대해 진솔한 사과와 반성의 자세를 보여야 할 것"이라고 촉구했다.

<중앙일보>는 7일 「'국민의 정부' 언론탄압 실상을 밝힌다」의 '시리즈를 마치며'를 통해 "(그동안 보도태도가) 권력이 신문사의 기사와 인사에 개입해 국민의 알권리를 왜곡시키려했던 행태들을 낱낱이 소개하자는 취지였다"며 "이 시리즈가 홍석현 사장의 잘못을 두둔하기 위함이 아니었다"고 해명했다.

민주사회를 위한 변호사모임은 6일 정기간행물의 등록에 관한 법률을 개정해야 한다는 촉구서를 국회의장 앞으로 보냈다. 민변은 "언론의 행태가 자사이기주의로 공공성을 포기하는 듯한 위험수위에 달하고 있는바, 그 근본문제가 재벌이나 족벌이 언론을 지배하고 있기 때문"이라고 지적하고, 이를 시정하기 위해 재벌과 특정인의 언론소유 제한, 편집권의 자유 보장 등이 이뤄져야 한다고 강조했다.

6 해바라기 언론의 슬픈 자화상

<중앙일보>가 언론탄압을 주장하는 것에 많은 사람들이 공감하지 못하는 이유는 그동안 자발적으로 권력 및 재벌과 유착한 보도를 해왔기 때문이라는 분석이 설득력 있게 들려온다. <중앙일보>는 권력에 대해서는 해바라기적인 기회주의로, 재벌에 대해서는 그들의 이데올로기를 전파하는 충실한 마름으로 일관해 왔다. 예컨대 정

부와의 전면전을 선언한 가운데서도 국민의 알권리와 언론자유를 사주의 자유해방과 맞바꿀 정치적 빅딜을 끊임없이 시도해 왔다.

<미디어오늘>이 한길리서치에 의뢰해 지난 5일 전국의 성인남녀 500명을 대상으로 실시한 국민여론조사에 따르면 김대중 정부가 홍석현 사장을 구속시킨 것은 '잘한 조치'라는 대답이 64.1%로 나왔다. 홍 사장 구속의 성격에 대해서도 응답자의 53.3%가 '언론문제와는 상관없는 보광그룹 탈세에 대한 조치'라고 답했으며, <중앙일보> 외 다른 언론사 사주나 관계자들의 불법 비리가 드러날 경우 78.8%가 '법대로 처리해야 한다'고 답했다. <중앙일보>의 언론탄압 주장에 대해서는 응답자의 44.4%가 동의했으나 48.1%가 동의하지 않았으며, 홍 사장 구속이 언론자유에 미치는 영향에 대해서는 '언론자유를 저해한다'는 의견이 48.0%로, '그렇지 않다'는 의견 42.6%보다 많았다(미디어오늘, 1999년 10월 7일자, 1면).

이와 같은 국민여론조사를 종합하면 결국 다수의 국민은 정부의 홍 사장 구속조치를 정당한 법 집행으로 평가하면서도 이 과정에서 언론자유가 침해되는 것을 우려하고 있다. 따라서 <중앙일보>는 이번 사태를 계기로 권력뿐만 아니라 자본으로부터의 독립도 실천하여(말로만이 아닌) 명실상부한 '국민의 언론'으로 거듭나야 할 것이다. 그러기 위해서는 국민을 제물 삼아 특정후보 편들기를 하며 정치놀음을 했던 부끄러운 행적을 사죄하고, 국민의 알권리를 담보로 권력과 '거래'를 하고자 했던 음모를 사죄하여야 하며, 국민의 알권리를 수호하기보다는 순응과 굴종을 앞세웠던 반언론적인 행태부터 진솔하게 자성하여야 마땅하다.

언론자유 주장 앞서 자신부터 돌아봐야

뿐만 아니라 이번 사태는 제도적인 언론개혁으로 이어져야 한다. <중앙일보>는 섹션체제 도입·가로쓰기·전문기자 확보·독립언론 선언 등으로 언론개혁을 앞장서 왔다고 강조하나 현시점에서의 언론개혁은 그와 같은 지엽적인 개혁이 아니라 족벌언론의 청산, 독점자본으로부터의 독립이라는 제도적 개혁이어야 한다. 언론인이 홍위병처럼 도열하여 "사장님 힘내세요"를 외치는 것은 언론정신을 망각한 '사병'들이나 하는 짓이다. 언제 어느 때나 기자는 항상 자신이 언론인이란 신분을 망각해서는 안된다. 언론인이란 국민의 알권리를 지키는 공인이다. 양심과 진리를 지키는 사회적 파수꾼으로서 공인 중의 공인이다. 그런 언론인이 사주에 대한 맹목적인 '충성 경쟁'만 하는 마당에는 '언론'이란 없다. 언론이 없는데 무슨 '언론탄압'이 있겠는가. <중앙일보>는 중앙일보식의 희한한 언론자유를 주장하기에 앞서 이러한 자신의 자화상부터 돌아보아야 할 때이다.

물론 <중앙일보>가 이번 사태를 겪으면서 동업지 언론이 '우군'이 되어 주지 않는 데 대해 다소 억울하다고 느낄 수도 있을 것이다. 여기에는 <중앙일보>가 홍석현 사장 체제 아래서 <조선일보>에 필적할 만큼의 급성장을 이룬 것에 대한 동업언론의 시기와 견제도 작용했을 것이다. 그러나 그것은 부차적인 문제다. 다만 그와 같은 발상 자체가 구시대적인 낡은 패러다임임을 깨달아야 한다. <중앙일보>는 억울함을 얘기하기에 앞서 재벌언론·족벌언론의 폐해가 그 본질임을 적시하여야 한다.

이번 사태가 결코 유야무야 되어서는 안된다. 언론사의 소유·경영·편집을 분리하는 제도적 개혁으로 이어져야 한다는 것이다. 구속되었던 홍 사장은 국민들의 관심사가 뜸해질 때쯤 풀려 나올 것이고, <중앙일보>가 '성전' 이전의 상태로 슬그머니 돌아가면 이번 사태는 제도적 개혁으로 이어지지 않고 일과성 깜짝쇼로 흘러갈 우려가 있다. 정치권이나 언론계 모두 이번 사태의 최대 피해자가 국민들임을 잊어서는 안된다.

중앙일보가 제기한 의혹 낱낱이 밝혀라

특히 <중앙일보>는 일련의 폭로에서 정부가 민간 신문사에게 '사장 손 떼라, 편집국장 물러나라, 기자 조치하라'는 등 부당한 인사청탁을 가해 왔다고 밝혔다(4일자). <중앙일보>의 보도가 사실이라면 언론자유를 원천적으로 부정하는 것으로서 결코 가볍게 넘길 사안이 아니다. 정부는 즉각 조사에 착수하여 그 진실을 명명백백하게 밝혀야 한다. 비록 이 기사가 견강부회한 느낌을 준다 하더라도 언론탄압과는 아무런 관련이 없다. 문제는 과연 <중앙일보>의 주장이 사실인가 아닌가 하는 것이다.

　아울러 정부에 대해서도 지적해 두고자 한다. 옛 선비는 오얏나무 아래서는 갓끈도 고쳐 매지 않는다고 했다. 이번 기회에 '국민의 정부'를 자임하는 김대중 정권은 반드시 <중앙일보>가 제기한 문제에 대해 참인지 아닌지를 성실하게 조사하여야 한다. 그것이 만에 하나 진실이라면 아무리 권력의 '총애'를 받는 박지원 장관·박준영 수석이라 할지라도 '읍참마속'으로 '배어야' 한다. 그것만이 일평생 '야당'이라는 험한 길을 걸어오면서 누구보다 언론의 자유가 소중함을 피부로 깨달았을 '인권 대통령'이 '언론의 자유'를 국민에게 되돌려 주는 것이다.

≡ 1999. 10. 15.

동아일보를 아십니까

언론개혁에서 비껴난 〈동아일보〉에 대한 문제를 제기함으로써 언론개혁운동의 새로운 방법론을 제시했다. 〈동아일보〉의 과거사 정리를 통해 국민의 언론으로 거듭남을 추구한다.

① 고소와 언론 통제의 삼각관계

1543년 코페르니쿠스가 「천구의 회전에 대하여」라는 논문을 통해 태양은 우주의 중심에 정지해 있고, 지구가 태양의 주위를 회전한다는 이른바 지동설(地動說)을 주장하자 유럽사회는 발칵 뒤집혔다. 지구는 움직이지 않고 태양을 비롯한 은하계가 지구를 중심으로 돈다는 천동설(天動說)이 우주관의 주류로 지배하고 있던 시기에, 지구중심설을 하루아침에 뒤집고 태양중심설을 제기한 것은 단순히 우주관을 달리하는 한 과학자의 주장을 넘어서는 파괴력을 지닌 메타포였다.

그것은 기존의 질서체제를 본질적으로 부정하는 혁명적인 발상이었다. 달리 말하면 과학적으로 로마의 교황을 부정하는 선언이었다. 16세기의 유럽은 교황이 국가의 권력을 통치하고 지배하는 시대였다. 교황은 신성한 '하나님'의 대행자로서 '세상의 중심'이었다. 아리스토텔레스는 "신(神)은 인간을 움직이지, 자신을 결코 움직이는 법이 없다"고 했다. 모든 종교는 이를 기본적 속성으로 한다. 인간은 천국·극락 등 고착화된 이상향을 상정해 두고, 그곳에 이르기 위해 종교생활과 기도한다. 경배의 대상인 천당과 극락이 움직인다면 인간은 불안해진다.

신을 경배하기 위해서는 인간이 경배할 신을 찾아야 한다. 세상을 창조한 하나님은 신의 집인 교회에 있고, 하나님을 경배할 인간이 교회를 찾는 것은 16세기 유럽의 인간사에서 상식이었다. 그 하나님을 인간사에서 대행하는 교황 또한 세상의 중심으로써 기능하였다. 코페르니쿠스는 이를 정면으로 거부하고, 신도 움직인다고 했다. 움직이지 않는 것은 이(理)이며, 움직이는 것은 기(氣)이다. 인간사는 언제나 기의 기준에 의해서 삶을 영위하기 마련이다.

과학자로서의 코페르니쿠스는 자신의 신념과 철학을 굽힐 수 없었다. 그는 종교재판에 회부되어 '이단'으로 낙인 찍혔고, 예정된 순서에 따라 '사형'을 언도받았다. 형장으로 끌려가면서 살고 싶은 인간으로서의 고민과 번뇌에 갈등했으리라는 것은 짐작하고도 남음이 있다. 하지만 그는 새삼 과학적 진리의 무게를 떠올렸을 것이다. 재판관이 최후의 진술을 통해 '지동설'을 부정하면 살려 주겠다고 했을 때 "그래도 지구는 돈다"며 형장의 이슬로 사라졌다.

16세기 유럽의 암흑기에 로마에서 일어난 이 사건이 인류사에 있어서 중요한 것은 사회의 근본질서 변혁을 통해 인간중심주의라는 새로운 사조를 몰고 왔기 때문이다. 코페르니쿠스의 처형 이후 지동설이 과학적 현실로 증명되자 교황의 종교통치가 종식을 고했다. 이는 유럽 사회가 신중심의 사회에서 비로소 인간 중심의 사회로 변환되었음을 의미한다. 이처럼 과학은 때로는 우리 인간사에 근본적인 변혁을 몰고 오는 패러다임으로 작용하기도 한다.

거액의 소송 제기로 언로 가로막아

필자는 오늘 한국언론에서 코페르니쿠스적인 지동설을 하나 제기하려고 한다. 그것은 다름 아닌 우리 사회에서 공적인 제도로 출범한 언론이 어떻게 해서 한 족벌 가문의 가업으로 변질되었는지를 말하려는 것이다. 소위 일제하에서 민족지 몫으로 창간된 <동아일보>에 대한 문제제기가 그것이다. <동아일보>의 문제는 단순히 <동아일보>만의 문제가 아니다. 그것은 최근 6만 주주의 투자로 창간된 <한겨레>가 소수의 '사원신문화'되어 가고 있는 것에서 문제의 심각성을 엿볼 수 있다.

본격적인 글의 전개에 앞서 동아일보사를 비롯한 한국의 모든 언론사와 관계자 여러분에게 미리 간곡히 부탁을 드리고자 한다. 그것은 단도직입적으로 말해 필자를 상대로 거액의 손해배상이나 명예훼손 따위의 송사를 제기하지 말아달라는 것이다. 언로를 억압하는 수법에서 거액의 배상을 전제조건으로 하는 송사는 실질적으로 언로를 억압하는 가장 효과적인 도구로 인식되고 있다. 그래서 툭하면 송사가 줄을 잇는다.

필자는 미리 이실직고하거니와 법에 대해서도 무지하고, 법을 좋아하지도 않는 이 땅의 평범한 소시민이다. 필자가 쓴 글이 유·무죄의 성립 자체를 떠나 만에 하나 송사에 휘말리게 된다면, 그것만으로도 '새가슴'인 필자는 지레 겁을 먹고 '항복'할지 모른다. 필자는 변호사를 선임할 만큼의 경제적으로도 여유로운 사람이 아니고, 그렇다고 스스로를 방어할 만큼 능력을 지닌 것도 아니다.

필자가 글의 전개에 앞서 이런 구차한 언사를 구구절절 늘어놓는 것은 앞으로 얘기할 <동아일보>가 워낙 법을 좋아해 걸핏하면 법정으로 쪼르르 달려가기 때문이다. 필자는 처음부터 <동아일보>와 싸울 능력이 있는 사람도 아니고, 그럴 의사도 없다는 것을 전제하고, 이 글을 전개하고자 한다. 만일 이 책이 <동아일보>의 명예를 훼손하여 법정 다툼으로 이어진다면 옳고 그름과는 상관없이, 저작권자로서 공익성을 훼손한다는 비난에도 불구하고 차후 개정판에서는 이 글을 뺀 채 발행할 것을 천명하는 바이다.

② 안티조선운동과 언론개혁

우리 사회에서 <조선일보>는 뜨거운 감자이다. 특히 민주언론운동 진영에서는 더욱 그러하다. 시민운동세력이 전개하는 '반조선일보 캠페인'의 선봉은 네티즌들이 결성한 '우리모두'를 비롯하여 '조선일보반대시민연대', '조선일보바로보기옥천시민연대', '조선일보바로보기속초시민연대', '안티조선경남시민연대', '조선일보반대광주전남시민모임', '조선일보반대연세인모임' 등이 '안티조선'이라는 깃발 아래 반조선일보운동을 전개하고 있다.

조선일보 언론자유를 입맛대로 해석

이들은 왜 특정언론에 대해 격렬히 비판하고 반대하는 것일까. 언론학자이자 시민언론운동가인 김동민은 <조선일보>가 극우 집단주의, 친일잔재, 친미 사대주의, 민주주의와 다원성 거부, 사상 검증, 수구 냉전주의, 박정희 우상화, 민족의 화해와 협력 반대, 평화정착과 민족통일 반대, 북한동포돕기 반대, 국가보안법 사수, 부시의 일방적 강성외교 지지·대변 등 우리가 극복해야 할 사회적 과제를 가로막는 수구 기득권 세력의 총체적 집결체이기 때문이라고 한다. 그는 우리가 역사를 바로 세우고, 우리 사회의 구조악을 제거하는 개혁을 성공적으로 수행하며, 민주화를 정착시키고 민족의 화해와 협력 및 평화정착, 분단극복의 민족사적 과업을 완수하기 위해서는 우리의 장도를 가로막고 있는 <조선일보>의 극복 없이는 아무것도 얻을 수 없다고 강조한다.[1]

강준만은 안티조선운동을 해야 하는 이유로 ① 사상과 제도로서의 자유민주주의를 지키기 위해 ② 극심한 남북대결구도를 청산하고 더 나아가 전쟁을 방지하는 국가안보를 위해 ③ 군사독재정권 유산의 청산과 지역분열주의의 청산을 위해 ④ 공적 기관이 사회적 책임을 지는 풍토를 정착하기 위해 ⑤ 언론인 개개인이 최소한의 윤리적 책임을 지는 풍토를 정착시키기 위해 ⑥ 경제정의를 실현하기 위해 ⑦ 엘리트 계급의 사회적 책임을 묻기 위해서라고 설명했다.[2]

<조선일보>는 <조선일보>가 국민들로부터 비난받고 있는 데 대해 논조가 보수적인데다 정부를 비판하고 있기 때문이라고 주장한다. 이는 본질을 비껴간 궤변이다. <조선일보>도 언론의 생명인 비판할 권리를 지닌다. 그 논조를 보수적으로 하는 것도 <조선일보>가 지닌 언론자유 중의 하나이다. 문제는 <조선일보>의 언론자유가 지나치게 자의적이라는 사실이다. <조선일보>의 입맛에 맞지 않는다고 해서, 또 자신들의 생각과 다르다고 해서 일방적으로 매도하고 재단해버리는 데 있다. 이는 언론의 공정성을 근본적으로 무시한 독선적이고 권위주의적인 아집이며, 시대착오적인

---

1) 김동민, 『우리는 왜 조선일보를 거부하는가』, 백의, 2001, 13쪽.
2) 강준만, 「조선일보와 지식인의 정체성」, 『왜 조선일보인가』, 인물과사상, 2000, 41~42쪽.

발상으로서 언론자유의 남용이다. 시민언론운동이 <조선일보>에 대해 문제 삼는 것은 바로 이 때문이다.

필자는 <조선일보>의 개혁운동에 대해 전적으로 동의하며, 지지하고, 또 성원을 보낸다. 오늘날 우리 사회에서 250만 부를 발행한다는 <조선일보>는 단순한 언론이 아니다. 언론이라기보다는 '권력' 그 자체이다. 이 말은 <조선일보.>라는 언론이 권력화되었다는 것을 말한다. 그것도 국민에 대해 책임을 지는 권력이 아니라 아무런 책임도 지지 않는 권력이 된 것이다. 어디 그뿐인가. 모든 권력이 국민으로부터 위임받은 범위 내에서 제한적으로 사용되고 있다면 <조선일보>라는 권력은 무한권력을 휘두른다는 점이다. 오로지 <조선일보>를 소유한 방씨 일족에만 책임을 지고, 자자손손 대를 이어 '선출되지 않은 무한권력'을 향유하고 있는 족벌언론이다.

'중앙·동아'가 '조선일보' 닮을까 우려

민주언론운동 세력이 <조선일보>를 최소한 '국민에게 책임지는 언론'으로 되돌리기 위해 시민언론운동을 전개하는 것은 정당하다. 물론 여기에는 <중앙일보>나 <동아일보> 또한 예외가 아니다. 필자는 시민언론운동의 방향을 소위 말하는 '빅3', 즉 <조중동>에 포커스를 맞춰야 한다고 본다.

이에 대해 일부에서는 '<조선> 하나만 상대해도 싸우기가 벅찬데 셋을 상대하라는 것은 자폭하라'는 얘기와 마찬가지라고 말하고, 또 "<중앙>이나 <동아>는 "조선일보교"의 맹신도이므로 이 "사이비 교주"만 잡으면 나머지는 절로 잡힐 것"이라는 전술적·전략적 개념으로 <조선>과의 싸움 집중 이유를 설명한다. 맨 앞장서서 2~3위 신문들을 수구의 늪으로 끌고 가는 <조선일보>만 꺾으면 나머지는 최소한 더 이상 수렁에 빠지지 않을 뿐 아니라, <조선일보>의 흉내를 내면서 수구의 구현에 이바지하지 않을 것이라 한다.[3]

백 번 옳은 말이다. 현실적인 싸움과 운동에 있어 주적 개념을 도입한 매우 세심하고 사려 깊은 전술·전략이다. 이설이 있을 수 없다. 그러나 필자는 시민언론운동

---

3) 김동민, 『앞의 책』, 320쪽.

세력이 그만큼 <조선일보> 개혁을 국민들에게 호소했음에도 불구하고 현실적으로 그 독자가 줄기는커녕 점점 더 증가하고 있다는 데 주목하고 있다. 또한 내년의 제16대 대선을 앞두고 <중앙>이나 <동아>가 <조선>의 '대통령 만들기'를 답습하지 않을까 하는 노파심을 제기하지 않을 수 없다.

필자는 싸움의 범위를 <조선일보>에만 그칠 것이 아니라 <중앙>이나 <동아>에게도 확대하자고 제안한다. 어떤 의미로 수구 반동의 이념이 <조선일보>보다 덜 깊은 <중앙>이나 <동아>를 상대로 시민언론운동을 전개한다면 힘을 덜 들이고도 소기의 목적을 거둘 수 있을지도 모른다. 특히 <동아일보>는 태생적으로 <조선일보>와는 뗄 레야 뗄 수 없는 '일란성 쌍둥이'와 같은 관계이다. 창간 이래 한국언론 부동의 '1위 신문'에서 정체성을 잃고 '3류신문'(?)으로 전락한 <동아일보>가 친일의 역사청산을 통해 민주언론으로 거듭난다면, 이는 <조선일보>에게 거스를 수 없는 언론개혁이라는 부담감으로 압박할 수 있을 것이다.

그리고 나서 <조선일보>의 수구 기득권 이데올로기를 한국언론으로로부터 '왕따'시킨다면 지금보다 힘을 덜 들이고도 성공할 가능성이 있다고 본다. 이 글은 이와 같은 문제의식 아래 <동아일보>에 대한 청산되지 않은 역사의 뿌리 문제를 제기함으로써 국민주신문에서 사원주주신문으로 변질되고 있는 <한겨레신문>의 정체성에 대해 경고하고, 나아가 <조선일보>의 개혁 당위성을 제고하고자 하는 데 그 목적을 둔다.

③ 일제하 민족언론의 실체

<동아일보>는 1919년 '3·1민족자주독립항쟁'의 산물이었다. 2천 만 조선민중이 비폭력 평화주의로 총궐기한 3·1투쟁은 파시스트 일제에게 엄청난 충격을 주었다. 1910년 대한제국을 강제로 합병하고 조선총독부를 설치, 무단통치로 일관했던 파쇼 일제는 조선민중이 고조된 자주독립을 외치자 '살상을 서슴지 않는 무법의 헌병정치'가 더 이상 통하지 않게 되었음을 절감했다. 일제는 팽배한 조선민중의 자주독립 의지를 왜곡하고, 식민통치를 효율적으로 수행하기 위해 체제 내적 장치를 마련했

다. 소위 '문화정치'란 미명하에 제도권 언론의 허가가 그것이었다.

이에 앞서 일제는 조선민중의 자주적 독립의식을 고양시키던 지하신문을 일제히 소탕했다. 또 해외에서 발간되는 간행물의 수입을 전면 폐쇄하는 조치를 취했다. 당시 국내에는 천도교 계통의 <조선독립신문>을 비롯하여 <신조선민보>, <대동신문>, <각성호>, <노동회보>, <대한민보> 등 50여 종의 유인물이 민중언론 구실을 하면서 식민지 민중의 정당한 요구를 당당하게 주장함으로서 폭발적인 성원을 받았다.

해외에서도 많은 신문들이 발행되어 국내에 흘러 들어와 고조된 민족자결주의를 고취시켰는데, 미국에서는 <국민보>, <신한민보>, <태평양시사>, <한미보>, <동무> 등이, 상해지역에서는 임시정부의 <독립신문>을 필두로 <신대한>, <대한독립보>, <신생활>, <공산>, <천고> 등이, 만주와 소련에서는 <동아공산신문>, <적성>, <대동>, <선봉> 등 공산계열 신문이 국내에 들어와 일제의 침략주의 만행을 성토하는 여론을 조성하고 확장했다.

이들 재야의 '벽돌신문'은 비록 '등사판 신문'이거나 초라한 유인물 정도였으나 광분한 군국 일제의 파시스트 통치에 저항하며 국내외 각지에서 왜적을 몰아내고 자주독립국가를 건설하고자 하는 의병·의사들의 독립항쟁의 의지를 담아 무단 식민 통치의 잔혹한 탄압을 뚫고 급속히 격류를 이루며 민중들에게 뿌려졌다. 3·1항쟁의 원인이 여기에 있다고 판단한 일제는 대대적으로 지하신문을 검속하는 한편 억압된 조선민중의 여론을 제도권으로 끌어들이기 위해 언론기관의 신설을 도모했다.

문화통치의 본질은 3·1운동으로 집적되고 성장한 대중적 독립운동에 대처하는 한편, 식민지 수탈체제의 심화로 나타난 민심의 악화를 최대한 억제시키고, 민족해방투쟁 의식을 마비시킴과 동시에 민중을 회유시키기 위한 방편으로서 실력양성주의란 체제 내적 개량주의를 내세워 고등통치정책으로의 전환에 불과했다.

따라서 일제의 민간지 창간 허용은 첫째, 조선민중의 민족해방투쟁에 있어서 무장폭력노선을 온건타협주의로 전환시키고 둘째, 재산 관계상 권력과 타협할 수밖에 없는 지주·토호·자본가를 대리인으로 내세워 지하의 강경한 민족노선의 신문을 흡수하는 형식으로 민간지를 발행케 함으로써 '지하신문'의 위력을 줄이고, 또 민중의 불평을 산발시키며 나아가 민간지를 이용하여 일제를 선전·옹호하고 그 대리인을

지배체제의 일환으로 이용하자는 데 그 목적이 있었다.4)

민중 회유 위해 민간지 창간 허용

이에 따라 일제하 민간 3지가 창간되었다. 즉 민족진영(?)의 몫으로 이상협(李相協)에게는 '<동아일보(東亞日報)>'를, 조선과 일본의 동화주의를 내세우는 친일경제 단체인 대정실업친목회(大正實業親睦會)의 예종석(芮宗錫)에게는 '<조선일보(朝鮮日報)>'를, 한국인이 일본인이 되지 못해 광분하는 신일본주의를 표방한 국민협회(國民協會)의 민원식(閔元植)에게는 '<시사신문(時事新聞)>'의 발행을 허가했다.

<동아일보>는 '민족지'(?)라는 명분 아래 출범했으나 초대 사장에는 한일합방의 공로로 일제로부터 '후작' 작위와 함께 28만 엔이라는 거액의 합방공로금을 받았고 조선귀족회장에 봉해졌던 친일매국노 박영효(朴泳孝)가 취임했다. 발기인 대표에는 일제의 원조를 받는 기업과 토지를 소유한 토착지주로서 3·1운동의 민족진영에도 참여하지 않았던 온건한 기회주의자 김성수(金性洙)였다. 판권을 허가받은 제작 총 책임자는 총독부 기관지 <매일신보(每日新報)>의 편집장이었던 이상협이었다.

<동아일보>는 1920년 4월 1일 '주지를 선명하노라'라는 창간사를 통해 조선민중의 표현기관임을 자임하고, 민주주의를 지지하고, 문화주의를 제창한다고 천명했다. <동아일보>의 창간정신은 일제에 대한 험난한 투쟁과 저항이 아니라 일제의 '문화정치'의 의도를 대변하고 있다. 최민지는 '민족지'(?) <동아일보>는 문화 쇠퇴의 원인이 일제의 침탈에 있다는 근본원인을 호도하고, 우리 민족이 못났기 때문에 나라를 잃었다는 일제의 선전을 그대로 복창하여 민족성의 고루 내지는 민족적 역량의 비하를 강조함으로써 민족해방투쟁에 대한 민중들의 신념을 약화시키는 데 기여했을 따름이라고 분석했다.5)

---

4) 최민지, 「한말·일제하의 민족과 언론」, 『언론과 사회』, 민중사, 1983, 82쪽. 일제하의 민족언론 동아일보와 조선일보의 적나라한 실체에 관한 보다 상세한 것은 최민지의 『일제하 민족언론사론』(일월서각·1978)을 참조할 것.
5) 최민지, 『앞의 책』, 57쪽.

민족지 간판 아래 전통문화 해체 앞장

교활한 일제가 민족지임을 자처하는 <동아일보>의 창간을 허가한 것은 <동아일보>가 민족지로서 자주독립운동의 정신적 기둥, 민족언론운동의 지표가 되라고 신문발행을 허가한 것은 아니었다. 최소한은 그들의 손아귀에서 놀아날 기회주의적 속성을 지녔거나 기업의 이윤확보 때문에 극렬히 반대하지는 못할 것이며, 개인의 영달과 출세를 위해서라도 충분히 순치될 무리라 판단했고, 또 한반도의 식민지배에 간접통치방식으로 이용할 가치가 있었으므로 이를 허가했던 것이다. <동아일보>가 그들의 체제에 반대하지 않는 아슬아슬한 한계까지 비판을 허용해 조선민중으로 하여금 민중의 표현기관인양 믿게 하고, 온갖 조직적이고 체계적인 탄압장치로 길들이면 그들이 원하는바 유용한 선전자·동맹자가 될 것이라 생각했기 때문이었다.[6]

따라서 <동아일보>는 일제 식민지 20여 년 동안 조선총독부의 감독과 조종에 따라 민족개량주의, 실력양성론, 식민지자치론 따위의 기만정책을 내세워 민중의 항일독립정신을 부단하게 오도하여 왔으며, 문화주의라는 이름으로 이 땅에 민족허무주의를 만연시켜 2,300만 동포를 일제의 식민지 정책에 말없이 순종하는 우민으로 길들이는 역할을 수행해 왔다. <동아일보>는 일제의 문화통치가 지시하는 바에 따라 민족지라는 위장간판 아래 우리 전통문화를 해체시키고, 민족의 문화창조 능력을 거세시키는 일에 기여해 왔던 것이다.[7]

④ "황은의 광대심후함에 깊이 감격"

1919년 3·1자주독립항쟁 직후 일제의 기만적인 식민지 수탈정책에 의해 창간한 <동아일보>는 1920년대 간간이 정간과 복간을 거듭함으로써 '조선민중의 언론기관'임을 과시한다. 그러나 1930년대 들면 오늘날 <동아일보>는 친일매국지면이 낯 뜨

---

6) 최민지, 「앞의 글」, 83~84쪽.
7) 위기봉, 『다시 쓰는 동아일보사』, 녹진, 1991, 17쪽.

거워 축쇄판을 발간하지 못하고, 기사색인집으로 대신하고 있는 민족지 <동아일보>의 한계를 적나라하게 드러낸다.

그러면 '친일언론'(?) <동아일보>의 실체를 밝혀보자. 이 글은 지난 3월 김대중 정부가 전격적으로 국세청과 공정위를 동원해 언론개혁에 착수하자 <조선>·<중앙>·<동아>가 '권력에 의한 언론탄압'이라며 격렬히 저항했는데 <한겨레>는 그간 성역에 감춰져 왔던 <조중동>의 일그러진 모습을 「심층해부 언론권력」이란 기획기사를 통해 그 실상을 파헤쳤다. 이 글은 <한겨레>의 3월 29일자 「심층해부 언론권력」가운데 제2부 추악한 '과거' 중 '<동아일보>의 친일곡필'을 중심으로 살펴본다.

친일왜곡 부끄러워 영인집 발간 못해

<동아일보>는 1932년 1월 8일 발생한 '이봉창 의사 폭탄 투척 사건'에 대해 「大不敬 사건 돌발 / 어로부에 폭탄투척 / 폐하께옵서는 무사 어환행 / 범인은 경성생 이봉창」이라는 제하에 <조선일보> 및 총독부 기관지 <매일신보>의 기사와 토씨 하나도 다르지 않은 기사를 내보냈다. <동아일보>는 이봉창 의사를 서슴없이 '범인'이라 부르고, 폭탄 투척이 '크게 불경스러운 일'이며, '천황폐하'가 다치지 않아서 다행이라고 함으로써 민족지의 정체성을 의심케 했다.8) 또 국경지방의 항일무장 독립투쟁단에 대해서는 인명을 마구 살상하고 돈을 뜯는 폭도로 묘사함으로써 조선독립군을 매우 부정적 이미지로 보도하고 있다.9)

1937년 중일전쟁이 발발한 7월 19일 <조선일보>가 일본군을 아군·황군으로 표기하기 시작한 것과 때를 맞추어 <동아일보>도 아방·아군이라는 표현을 쓰기 시작하면서 '일본=우리나라'라는 등식을 공식화하고 친일 충성경쟁에 더욱 열을 올린다. <동아일보>는 '애국일'을 맞아 전 조선적으로 팽배하는 애국의 지정(至情)을 축복하는 동시에 다시금 더 한층 격앙 발분할 것을 촉구했다.10) 일제가 명절로 꼽았던 명

---

8) 동아일보, 1932년 1월 9일자, 석간 2면.
9) 동아일보, 1934년 8월 25일자, 3면.
10) 동아일보, 1937년 9월 7일자, 사설 「애국일」.

치절(明治節)에 대해서도 「금일은 명치절일 / 奉祝拜賀式 성대」라는 제하 아래 "명치 천황의 御 성덕을 흠앙하는 날"이라고 용비어천가를 불러댔다.11)

1938년 4월에 일제는 침략전쟁 수행을 위한 '육군특별지원병제'와 조선의 혼을 빼앗는 '교육령'을 개정·공포한다. 이 두 제도에 반대해 국내 독립운동가들이 투쟁을 벌이다 40여 명이 투옥됐지만, <동아일보>는 이에 아랑곳하지 않고 '양 제도의 실시를 축하'하는 사설과 기사로 크게 다루어 일제의 징병·징용·공출 등 식민지 조선에 대한 인적·물적 수탈 정책을 적극적으로 옹호하고 나섬으로써 일제에 대한 '언론보국'도 더 한층 선명하게 했다.12)

또 중일전쟁(支那事變) 1주년을 맞은 1939년 7월 7일 사회면 머리기사는 "조선은 병참기지로서의 중대한 존재로 총후 국민의 열렬한 단결, 호국의 운동은 다른 각 지역에 앞서 모범을 보이고 있다"고 전하고, 사설도 "지나사변 1주년을 당함에 있어서 다시금 감사의 뜻을 표하지 않을 수 없다"고 친일매국을 감격적으로 선동하고 있다.

<동아일보>는 이해 6월 15일 조선인 청년들을 강제로 전쟁터에 내모는 육군지원병 훈련소가 문을 열자 이를 "영예"라고 보도하고, 조선 청년들에게 일제의 총알받이가 되도록 권유했다. 식민지 민족이 식민지 현상을 타파하려다가 죽는 것은 '폭도'가 되고, 오히려 우리를 압살하고 있는 제국주의의 총칼에 이끌려 강제로 침략전쟁에 앞잡이로 끌려 다니다 소품으로 죽어간 것이 영예라고 왜곡한 것이다.13) 일제의 총알받이로 죽어간 희생자의 집안을 찾아간 탐방기사에서는 「"전사는 남자의 당연사" / 부군 못지않은 부인의 결의」라는 제하 아래 전사자의 부인까지 일제 찬양의 주구로 끌어들였다.14)

1939년 4월 29일 일왕의 생일인 소위 '천장절(天長節)'을 맞아 <동아일보>는 「봉축 천장가절」이라는 사설을 통해 "천황 폐하께옵서 38회의 어탄신을 맞이하옵시는 날이니…더욱이 옥체 어강건하옵시고 황초(皇礎) 또한 건강하여감을 배문(拜聞)함은

---

11) 동아일보, 1937년 11월 4일자, 2면 머리기사.
12) 동아일보, 1938년 4월 3일자, 사설.
13) 동아일보, 1938년 6월 15일자, 사설 「지원병 훈련소 개소식」.
14) 동아일보, 1939년 7월 8일자, 석간 2면.

국민의 영광으로서 앞으로 더욱 황실의 어번영과 보산(寶算)의 무궁하옵기를 봉축하는 바이다…"라고 아부했다.

이듬해인 1940년 일왕 히로히토 생일에는 "1억 민초는 항상 황은의 광대심후(廣大深厚)함에 감격을 새롭게 하고 봉은경앙(奉恩景仰)의 염을 굳게 하거니와…국민은 성업달성 시간(時艱) 극복에 경일층(更一層)의 결심과 각오를 함으로써…빨리 성업을 완성시켜 예려(叡慮)를 봉안하고 성지에 봉부(奉副)하는 것이…1억 국민의 충정이 아니면 안된다"고 거듭 맹세한다. 일제에 저항다운 저항의 흔적을 보여주지 못한 채 너무도 무력하게 굴종한 모습을 보여준 것이다.[15]

이처럼 극렬한 친일논조에도 불구하고 <동아일보>는 <조선일보>와 함께 일제의 조선어말살정책과 전시하 물자절약 차원에서 1940년 8월 10일 폐간된다. <동아일보> 사주 김성수는 이후 해방이 될 때까지 <매일신보>에 학병 출전을 독려하는 논설을 쓰는 등 친일행위를 계속함으로써 일제의 성은에 진충보국하는 친일언론인의 도리를 충실히 수행했다.

5 일장기 말소사건의 진실

우리 사회에서 일제하 <동아일보>의 친일언론·보국언론을 단죄할 때마다 <동아일보>는 항일의 대표적 사건으로 1936년 8월에 발생한 '일장기 말소사건'을 들고 있다. 여기에도 사실을 사실대로 밝히는 것이 아니라 사익에 따라 제멋대로 조작하는 도덕적 파탄이 있다. 결론부터 말하면 일장기 말소사건은 <동아일보>의 영광이 아니며, 그 과실은 더더욱 동아일보사의 것이 아니라 일제의 탄압으로 형극의 길을 갔던 언론인들의 것이다. 그런데도 이 사건의 훈장은 오로지 동아일보사의 것으로 조작되어 나타난다.

---

15) 동아일보, 1940년 4월 29일자, 사설 「봉축 천장절」.

동아 사주 "일장기 말소는 몰지각한 소행"

1936년 8월, 손기정은 제13회 베를린올림픽 마라톤에서 당시 '마의 벽'이라던 2시간 30분을 돌파한 세계신기록으로 1위를 했다. 나치 독일의 히틀러가 독일과 게르만족의 세를 과시하기 위한 목적으로 개최한 올림픽에서 식민지 조선의 아들이 '올림픽의 꽃'인 마라톤을 제패한 것은 전세계에 매우 큰 의미를 전달하는 것이었다. 더구나 파쇼 일제와 동맹관계에 있던 나치 독일에서 세계를 제패한 것은 2,500만 조선 민중으로 하여금 일제의 식민체제를 잠시 잊게 할 정도로 가슴 벅차게 위무하는 사건이기도 했다.

그러나 현실적으로 시상대에는 태극기 대신에 일장기가 나부낄 수밖에 없었고, 손기정의 가슴에도 일장기가 선명했다. <동아일보>를 비롯한 국내의 신문들은 모두 일장기를 단 손 선수의 사진을 게재했다. <조선중앙일보(사장 呂運亨)> 체육부 유해봉 기자는 1936년 8월 13일자 조간 4면에 「頭上에 빛나는 月桂冠 / 손에 꽉 쥔 樫苗木 / 올림픽 最高榮譽의 表彰을 받은 我孫子」라는 제목의 기사와 함께 일본의 <요미우리신문(讀賣新聞)>이 보내준 손기정의 시상식 사진에서 일장기를 말소하여 게재했다. 이는 사진이 선명치 못해 총독부의 검열에서 별문제 없이 지나가는 듯했다.

그로부터 11일이 지난 8월 24일 <동아일보> 체육부 이길용(李吉用) 기자는 석간 2면에 또다시 손기정 선수의 시상식 사진을 게재하면서 <조선중앙일보>를 모방해 일장기를 삭제한 채 발행했다. 이는 문제가 되었다.

일제의 조사가 시작되자 <동아일보> 사장 송진우는 "성냥개비로 고루거각을 태워버렸다"고 이길용 기자를 크게 꾸짖었다. 사주였던 인촌 김성수도 "보전 이사실에서 이 사실을 전화로 연락받고 앞이 캄캄해지는 것을 느꼈다…급히 동아일보사로 오는 자동차 속에서 히노마루 말소는 몰지각한 소행이라고 노여움과 개탄을 금할 수가 없었다. 사진에서 일장기를 지워버리는 데서 오는 순간의 쾌와 <동아일보>가 정간되거나 영영 문을 닫게 되는 데서 나는 실을 생각하면 그 답은 분명했다"고 함으로써 이 사건을 보는 언론사주의 시각을 솔직하게 드러냈다.[16]

---

16) 인촌기념회, 『인촌 김성수전』, 동아일보사, 1976, 388쪽.

일제의 비위를 맞추기 위해 온갖 아첨과 굴종을 서슴지 않았던 <동아일보> 경영진에게 이 사건은 청천의 벽력이었으며 노여움과 개탄을 금할 수 없는 몰지각한 행위였던 것이다. 송진우는 미나미 총독 및 조선총독부 고관을 지낸 일본인들의 모임인 '조선중앙협회' 등에 정간해제 로비를 하는 가운데 "사의 의사에 관계없이 한 기자의 독단으로 저질렀다는 것이 조사에 의해 분명해진 일을 가지고 정간을 장기간 끌고 가는 처사는 명분이 없다"며 조속한 정간 해제를 호소했다. 어디까지나 이 사건은 동아일보사의 의사와는 관계없이 한 기자의 단독처사에 의해 저질러진 '몰지각한 행위'라는 것이 그 당시 사장, 사주 등 경영진의 논리였다. 그럼에도 오늘날에 와서 그 수난의 상처, 항일투쟁의 경력은 동아일보사가 차지하는 몰염치를 보인다.[17]

항일기자 잘라내고 투쟁은 가로채

이것이 이 사건의 진실이다. 첫째, 만약 <조선중앙일보>의 행위가 총독부 당국에 발각되어 즉시 관계자가 구속되고 조사가 진행되었다면 과연 <동아일보>에서 이 일을 또다시 결행했겠느냐고 하는 것이다. <동아일보>와 <조선중앙일보>의 12일간이라는 선후 차이는 단순한 시차 이상의 의미를 갖는다. 둘째, 이길용 기자나 그외 몇몇 배일기자들은 그래도 이 일을 시도했을지 모르지만 만약 이 일이 <동아일보> 내에서 사전에 사주 김성수와 사장 송진우 등에게 미리 알렸다면 과연 추진될 수 있었겠는가 하는 점이다. 후일 전하는 각종 기록물 등을 분석하면 아마 반드시 제동을 걸었을 것이 틀림없었을 것이다. 따라서 동아일보사는 결코 이 수난의 영광을 차지할 아무런 이유가 없다.

이 사건으로 <동아일보>는 279일이라는 최장기 정간을 당했으며, 정간 해제 조건으로 일제가 지목한 이길용, 신낙균(申樂均), 서영호(徐永浩) 및 사회부장 현진건(玄鎭健), 신동아부장 최승만(崔承萬) 등 언론인 13명이 사직하거나 동아일보사로부터 쫓겨났다. <동아일보>는 이 사건 관련자들을 쫓아낸 뒤 다음 해인 1937년 6월 2일 속간과 함께 낸 '사고'에서 "지면을 쇄신하고 대일본제국의 언론기관으로서 공정한

---

17) 최민지, 『앞의 책』, 223쪽.

사명을 다하여 조선 통치의 익찬(翼贊)을 다하려 하오니” 하고 스스로 친일 매국을 맹서하기에 이르렀다.

일장기 말소사건은 오늘날 ‘민족지’ <동아일보>의 정체성과 아이덴티를 담보해 준 암울했던 친일매국언론의 ‘구세주’로 작용한다. 오늘날 <동아일보>가 존재할 수 있었던 정신적 지주는 소수의 지사형 기자들에 의하여 면면히 이어진 민족정신과 자유언론을 수호하려는 의지가 있었기 때문이었다. 그럼에도 불구하고 그들의 뜻은 언제나 정치권력에 의하여 부정되었고, 사주로부터는 신문사를 파괴하려는 불온분자로 간주되기 일쑤였다.[18]

또한 그들은 당국에 의하여 체포·투옥되거나 사주에 의해 신문사에서 쫓겨나는 불운을 맛보아야 했다. 한 시대를 선도한 일단의 선구적인 기자들이 밀려나고 나면 그 뒤를 이어 신진들이 또 등장했고, 그들 역시 미구에 같은 전철을 밟는 악순환이 무수히 되풀이되었다. 그리고 한 세월이 지나고 나면 그들이 쌓아올린 순교자적 업적은 어느 틈엔가 <동아일보> 사주 김 씨 일문이 가로채버리는 기막힌 역사적 비리를 무수히 보고 있다.

조선중앙 뒤따라한 역사마저 왜곡

여기에 더하여 <동아일보> 자체의 파렴치한 역사왜곡 의식을 지적하지 않을 수 없다. 이 사건을 코멘트한 『인촌 김성수전』은 뱃심 좋게도 “<동아일보>가 이 곤경을 치르고 있을 때 <조선중앙일보>도 같은 사건으로 결국 폐간에 이르게 되었다. <조선중앙일보>는 <동아일보>의 지면을 보고 역시 손 선수의 사진을 지워버렸는데 처음에는 총독부가 이를 발견하지 못했음인지 별 문책이 없었으나” 운운함으로써 마치 <동아일보>가 일장기를 먼저 말소한양 ‘손바닥으로 하늘을 가리는’ 거짓말을 하고 있다.[19]

『동아일보사사』도 “이 무렵에 동업 <조선중앙일보>도 일장기 없는 손기정 선수의 사진을 게재했다가” 운운하여 어느 것이 앞이고, 어느 것이 뒤인지를 명확히 하지

---

18) 위기봉, 『앞의 책』, 18~19쪽.
19) 인촌기념회, 『앞의 책』, 391쪽.

않고 거의 동시에 한 일인 양 얼버무려 넘기는 교활성을 보이고 있다. 해방 후 <조선중앙일보>가 복간하여 오늘날 신문을 발행하고 있다면 <동아일보>의 역사왜곡과 조작은 그 설자리를 잃고 말았을 것이다. <동아일보>가 일장기 말소사건을 거사적인 항일운동의 하나로 왜곡·과장하여 선전자료로 이용할 수 있었던 것은 <조선중앙일보>가 1936년 이 사건으로 자진 휴간한 이래 여태껏 복간되지 못했기 때문이다.

'배일의 영광'은 선각 언론인의 몫

<동아일보>나 <조선일보>가 일제 치하에서 오로지 친일적인 민족반역행위만 일방적으로 자행해 온 것만은 아니다. 두 신문이 때로는 추상열일 같은 논조로 시들어 가는 민족정신을 일깨워 주려 하였던 적도 있었고, 일제와 감연히 맞서 항거했던 흔적도 곳곳에 남아 있다. 그러나 그것은 어디까지나 이름 없이 사라져간 수많은 기자들의 업적일 뿐, 신문과 신문경영인들은 언제나 통치권력의 편이었다. 그들은 일제에 빌붙어 조선민중의 징병과 징용을 권유했고, '애국기'라는 이름의 전쟁물자 조달에 앞장섰다. 신사참배를 찬양하여 민족문화를 말살하였고, 천황폐하 만세를 소리높이 외쳤다. 민족개량주의나 실력양성론 따위를 내세워 조선총독부의 기만적인 식민지 정책에 편승하여 북 치고 장구 치면서 민중을 오도하고 기만하여 항일투혼을 마비시키고, 민족의 긍지를 여지없이 짓밟아 버렸다.[20]

그 대가로 신문경영인들은 일제의 비호 아래 많은 사업상의 특혜를 얻었고, 부를 쌓을 수 있었으며, 한낱 지방 토호나 금광업자에 불과했던 가문들이 일약 한국 굴지의 명문대가로 발돋움할 수 있었다. 그 과정에서 이 나라와 사회에는 '억울하면 출세하라'는 씻을 수 없는 해독을 남겨 놓았다. 민족의 기강은 무너졌고, 사회정의는 사라졌으며, 민족 앞에 씻지 못할 죄를 지은 자라 할지라도 그때그때 처신만 잘하면 이 땅에서 떵떵거리며 잘 먹고 잘살 수 있다는 그릇된 의식이 일반화되어 기회주의와 한탕주의로 이어지는 한국사회 특유의 사회 병리현상을 심화시킨 것이다. 이를 바로잡기 위해서라도 친일언론의 청산이 시급하다 아니 할 수 없다.

---

20) 위기봉, 『앞의 책』, 27쪽.

6 '400여 주주신문'이 족벌신문으로 둔갑한 사연

오늘날 <동아일보>는 불입자본금 150억 원, 1주당 금액 5,000원, 발행주식 300만 주로서 김 씨 가족이 지배하는 전형적인 족벌언론사다. 지난 1999년 11월 국회 국정감사에 제출된 <동아일보>의 주식분포를 보면 인촌기념회가 24.14%, 일민문화재단이 5.23%, 김병관 일가가 48.47%를 소유하고 있다. 김병관 일가가 지닌 주식은 다시 김병관 0.87%, 김재호 15.61%, 김재열 9.3%, 김재혁 6.89%, 김형중 6.83%, 김병건 6.79%, 김명초 2.11%를 소유하고 있는 것으로 나타났다.

<동아일보>는 1920년 4월 창간 당시 전국 412명의 주주가 출자한 신문사였다. <동아일보>의 창립자본금은 70만 엔으로 1주금은 50엔, 제1회 불입금은 주당 12엔 50전으로 총 발행주식수는 14,000주였다. 이 가운데 발기인이 인수한 주식이 9,454주, 일반 공모주식이 4,546주였다. 북한출신 군소 주주는 143명으로 불입금은 69,430원이었으며, 전체 주식의 약 40%를 차지한다.

이때 김성수 계열의 투자분은 송진우 8,165엔, 김성수 1,788엔 등 모두 합쳐도 30%가 채 안 된다. <동아일보> 창간 당시 전라북도 고창군의 보잘것없는 토호에 불과했던 김성수 가문은 언론사를 경영할 만큼 재력을 갖추지 못했다. 그런데도 오늘날 <동아일보>는 어떻게 해서 완벽한 김 씨 일문의 족벌신문이 되었을까? 이제 그 연유를 살펴보자.21)

챙길 것 다 챙기고 주금환불은 '나몰라라'

<동아일보>는 1940년 8월 일제에 의해 폐간되자 윤전기를 오사카의 공업신문사(工業新聞社)에 16만 엔을 받고 팔았으며, 조선총독부로부터 시설인수비 명목으로

---

21) 동아일보가 김씨 일문의 족벌신문으로 전락한 것에 대한 상세한 것은 위기봉의 『앞의 책』을 참조하시기 바란다. 이 밖에 이에 대한 글은 ≪말≫지 1989년 3월호 34~48쪽과 <한겨레신문> 1989년 3월 17일자 6면에 「"김성수 일가 동아일보 가로챘다"」라는 제목으로 요약돼 있다.

51만 엔을 지급받았다. 그 외에도 총독부 기관지 <매일신보>로부터 동아일보 직원들의 퇴직금(전 직원의 1년치 월급)조로 20여만 엔을 받았다. 김성수는 이 돈으로 직원들의 퇴직금과 몇몇 대주주들에게 위로금 약간을 지불했을 뿐 전국 400여 주주들에게는 주식금을 전혀 환불하지 않았다.

신문을 폐간하면서 <동아일보> 주주총회는 회사를 해산했다가 2년 후에 (주)동본사로 명칭을 변경하고 회사계속을 결의했다. 동본사는 대표이사에 송진우를 선임하고, <동아일보> 사옥에 대한 사무실 임대업을 맡도록 했다. 이때 김성수는 자신의 <동아일보> 주식 일체를 송진우에게 양도했다.

주권무효공고와 증자 통해 소유권 장악

해방 후 1945년 12월 1일 <동아일보>가 복간했다. 12월 30일 송진우가 저격을 받고 피살되자 다음 해 2월 5일 김성수가 동본사 대표이사로 취임했으며, 그해 7월 1일 상호를 동아일보사로 개칭했다. 1946년 11월 11일 동아일보사장 김성수는 <동아일보>에 실효주식 무효공고를 내고, 자신과 몇몇 측근의 소유주식을 제외한 400여 주주들의 주권을 상법에 규정된 주금 미납을 이유로 무효라고 선언했다. 주권이 무효화된다면 다 같이 무효화되어야 했다. 그런데도 김성수는 자신을 포함한 측근 일족의 소유주식을 제외한 다른 사람들의 주권만을 무효화했던 것이다.

이 공고에는 무효주권의 번호는 명시되지 않았고, 광화문에 있는 <동아일보> 사옥의 게시판에 게시한다고 밝혔다. 8·15해방 이듬해의 그 혼란한 시대에 명함크기만한 신문광고를 찾아보고, <동아일보> 사옥 게시판에서 주권의 실효여부를 알아보고자 서울까지 올라온 주주가 과연 몇 명이었는지도 의문이다. 더욱이 그 당시 38선 이북에 거주하던 북한출신 주주들의 경우라면 더 말할 필요조차 없었다. 아무튼 이는 <동아일보>에 15% 정도 투자했던 김성수 가문이 <동아일보>를 완벽하게 집어삼키는 첫 번째 법적 조치로서 매우 중요한 의미를 지닌다.

김성수는 주권무효공고 후 두 달 만인 이듬해 1월 22일 측근 일족들만으로 성원이 된 동아일보사 주주총회에서 430만 원의 증자를 결의했다. 창립자본금 700,000엔은 1920년 당시 쌀값으로 쌀 56,000가마에 해당하는데, 이때 김성수 계열이 증자한 430만 원은 쌀 700가마에 불과한 것이었다. 주식량에 있어서는 14,000주에서 100,000주로 늘어났고, 그중 85% 이상의 주식이 김성수 계열의 소유로 둔갑했다.

그러면 <동아일보>가 폐간되면서 조선총독부로부터 받은 670,000엔이라는 거금이 어떻게 됐느냐 하는 문제가 제기된다. 회사가 해산되면 이 돈은 마땅히 400여 주주 몫이다. 따라서 김성수는 이를 400여 주주들에게 돌려주어야 한다. 아니면 3회와 4회의 주금으로 정산하는 성의라도 보여야 했다. 김성수는 그렇지 않았다. 이 돈을 400여 주주들에게 돌려주지도 않았고, 제3회와 제4회의 주금으로 대납하지도 않았다.[22]

'족벌신화' 분쇄하고 원주주에 되돌려야

<동아일보>는 이후 1954년, 1958년, 1964년 등 세 차례에 걸쳐 자본을 증자하면서 자산재평가를 실시하지 않은 채 액면평가에 의한 증자만을 단행함으로써 <동아일보>의 소유권을 완벽하게 김 씨 일문의 족벌신문으로 만들었다. 동아일보사는 이 과정에서 결코 불법적이었거나 위법을 저지르지는 않았을 것이다. 그렇다고 해서 도덕적 책임이 자유로운 것은 아니다.

60여 년 전 400여 주주가 민족의 신문을 만들겠다고 십시일반 추렴한 자본으로 창간된 신문사를 김 씨 일문의 개인 소유물로 만들어 놓은 데 대한 비난에서 <동아일보> 도덕성은 정당성을 지니지 못한다. 언론의 생명은 도덕성에서 기인한다. 도덕성을 상실한 언론은 존재의 의의와 기반을 잃는다.

김씨 일족이 80여 평짜리 화동 사옥에서 출발하여 오늘날 굴지의 <동아일보>로 일궈놓은 데 대한 공로는 과소평가될 수 없다. 그러나 <동아일보>를 둘러싼 왜곡되고 조작된 김 씨 일문의 '족벌언론 신화'는 깨져야 하며, 사필귀정에 따라 원위치로 되돌려져야 한다. 그것만이 <동아일보>가 주장하는 '민족지' 창간의 참뜻일 것이다.

---

22) 상세한 것은 위기봉, 『앞의 책』을 참조하실 것.

7 과거 청산해야 밝은 미래가 보장

지금까지 '민족지(?)' <동아일보>의 실체를 살펴보았다. 여기서 간과해서는 안 될 중요한 사항 하나가 있다. 그것은 과거에 대한 '청산' 문제이다. <동아일보>는 아직도 부끄러운 '친일언론'의 역사로부터 결코 자유롭지 못하다. 독자에게 과거사에 대한 사죄 없이는 '언론개혁'뿐 아니라 다가오는 <동아일보>의 100년이 영광이기는커녕 구질구질한 '오욕의 역사 덩어리'일 따름이다.

제2차세계대전 당시 4년간 독일에 점령당했던 프랑스는 해방되자마자 제일먼저 착수한 것이 나치에 협력했던 민족반역자에 대한 처단이었다. 프랑스는 이때 약 120,000명을 처벌했는데 그중에서도 지식인, 특히 국민들의 의식을 지배하는 언론과 언론인에 대한 처벌은 더욱 엄격하고 가혹하게 시행되었다. 드골 정부는 독일이 점령하고 있던 4년 동안 15일 이상 발행한 신문은 모두 나치에 협력했던 것으로 간주, 폐간조치를 하고 신문사의 재산을 몰수했다. 언론에 대해 이렇게 엄중한 처벌을 한 것은 이들이 언론을 통하여 독일의 정책수행을 도왔고, 대중의 여론을 오도하는 데 결정적 역할을 했기 때문에 그 죄과를 물었다.[23]

당시 처벌을 면한 신문은 <르 피가로>, <라 크로와>, <르 탕>지 등 3개뿐이었는데 이들은 모두 독일점령기간 중 자진휴간함으로써 민족의 양심을 지켰기 때문이다.

민주프랑스 부역언론인 대대적 숙청

부역언론인에 대한 처벌 또한 추상과 같았다. 일간 <오주르디>의 편집인 쉬아레즈는 "우리의 땅을 수호하고 있는 것은 독일인"이라는 기사와 히틀러의 관대함을 찬양한 기사 등을 쓴 혐의로 사형과 재산몰수형을 선고받고 총살에 처해졌다. 일간 <누보 땅>의 발행인 쟌 뤼세르는 프랑스신문협회장을 지내면서 반민족언론인들의 사상적 가이드 역할을 했던 인물로 역시 사형과 재산몰수형을 선고받았다.

---

23) 박원순, 「2차대전 후 프랑스의 부역자 처벌연구」, 『조선일보 없는 아름다운 옥천』, 조선일보바로보기옥천시민모임, 2001, 55~59쪽 참조.

수필가이며 문학비평가인 브라질라쉬는 프랑스 노동자의 독일 파견을 주장하는 사설을 쓰고, 독일의 프랑스 침략을 찬양한 혐의 등으로 단두대에 의해 목이 잘렸으며, <르 마뗑>지의 논설위원 스테판 로잔느는 독일을 찬양한 사설을 쓴 혐의로 20년의 독방구금과 재산몰수형을 받았다. 주간지 <그린구와르>에 "영국은 허구의 동맹국", "드골은 역사가 구토할 이름" 등의 사설을 쓴 앙리 베로드에게는 무기징역이 안겨졌다.

이 밖에 독일방송의 선전문을 작성했던 폴 페르도네, 독일 점령기간 동안 <라디오 파리>의 해설가로 이름을 날린 쟌 헤롤드 파퀴, 그리고 피에르 앙트완 구스토, 루시엔 레바테카 등도 모두 사형에 처했다.

민주국가로서 인권을 무엇보다 소중한 가치로 여기는 프랑스가 민족반역자에 대한 처벌의 시효를 없애면서까지 이들을 끝까지 추적하여 그 죄상을 낱낱이 밝히고 처단하는 것은 민족을 배반한 자들에 대한 강력한 응징을 통해 민족정기와 사회정의를 회복하여 바로 세우기 위함 때문이다. 민족반역자를 제대로 응징하지 않는다면 민족을 배신하는 행위를 별것 아닌 것으로 여기게 된다. 국민을 배신한 자를 가혹하게 처형함으로써 민족적 양심을 가지고 살았던 대다수 국민들에게 자긍심을 주어 진정한 애국심과 민족화합을 이끌어 낸다.

우리는 숭미사대주의자 이승만 독재정권이 '반민특위'를 해체시킴으로써 일제의 유산을 고스란히 물러 받게 되었다. 친일 세력들은 해방 후 남북이 분단된 상황을 악용하여 잽싸게 '반공'이라는 이념의 옷으로 갈아입고, 자신들의 친일행각과 부도덕성을 지탄하는 인사들에게 "빨갱이"라는 굴레를 뒤집어 씌워 모조리 제거했다. 나라와 민족을 위해 몸 바쳐 싸운 독립투사나 그 후손은 사글세방에서 외롭게 죽어갈 때, 일제에 빌붙어 아부하던 자들과 그 자손들은 민족을 팔아 모은 재산으로 대를 물려가며 호령하고 사는 세상이 되었다. 그 첨병이 일제하의 '민족언론'이다.

채색된 '야당지' 전통 실제는 '사주일보'

흔히 <동아일보>에 대해 일반적으로 '전통 야당지', '반독재 신문'이라는 인식이

뇌리에 강하게 남아 있다. 이 또한 곰곰이 뜯어보면 또 하나의 채색된 '신화'임을 알 수 있다. 인촌 김성수가 사주인 <동아일보>는 해방사 공간에서 족벌언론에게 주어진 전형적인 사명, 즉 사주의 대변지 노릇을 서슴지 않았다. 친일 앞잡이 등이 자신들의 생존을 위해 한국민주당(韓民黨)을 창당하자 <동아일보>는 그 기관지로써 극우·친일이데올로기를 전파하는 극우신문이 된다.

<동아일보>는 처음에는 이승만을 지지했다. 건국 초기, 국내에 독자적 기반이 없었던 이승만은 권력을 잡기 위해 민족반역자 무리인 한민당을 포용했고, 한민당은 일제하의 친일 매국의 죄악을 벗어나기 위해 이승만의 우산 아래 들어가 '불안한 동거'를 했다. 이승만이 권력을 잡고, 그 기반을 공고히 한 다음 한민당을 내치자 '반이승만'의 기치를 내세웠다.

<동아일보>는 이승만이 집권한 자유당 시절, 분명 이승만 정권을 비판하는 야당지였다. 그것은 <동아일보> 사주 김성수의 정치적 노선을 충실히 뒤따르는 것으로서의 야당지였지, 언론의 본질적 사명인 비판기능의 수행을 위한 '정론지'로서의 야당지는 아니었다. <동아일보>는 오로지 김성수의 눈만 쳐다보는 김성수의 '개인신문'이었을 따름이었다.

그럼에도 한국언론사는 <동아일보>의 조작된 신화에 마취되어 <동아일보>가 마치 '민주언론·민족언론'인 양 여기고 있다. 역사의 왜곡과 조작을 통한 <동아일보>의 허상은 박정희 정권의 유신체제하에서 발생한 <동아일보> 광고탄압 사태를 계기로 또다시 적나라하게 드러난다. <동아일보>는 사주를 대신해 언론자유를 지키고 자유언론의 실천을 위해 투쟁하던 135명의 언론인을 하루아침에 거리로 내쫓고 해고함으로써 유신정권의 선전선동대로, 권력의 나팔수로 전락했던 것이다.

과거사 청산 못해 3류신문으로 전락

<동아일보>는 이 같은 위장된 신화로 온 국민을 세뇌시켜 국내 신문시장에서 줄곧 한국신문업계를 리드하는 '1위신문'의 자리를 지켜왔으나, 80년대 들어 전두환 정권에 대한 충성경쟁에서 <조선일보>에 밀리면서 2위로 내려앉았다가, 90년대 후

반 자본력을 앞세운 재벌언론 <중앙일보>의 공세에 밀려 3위 신문으로 전락했다. 2000년대 들어 <조선>·<중앙>의 치열한 각축 속에 2위와의 격차가 점점 크게 벌어지고 있다.

여기에서 헤어날 길은 과거사를 진솔하게 청산하고, 언론개혁에 기꺼이 동참하는 길만이 <동아일보>의 미래를 담보한다고 할 수 있다. 그런 의미에서도 <동아일보> 내부에서의 치열한 자기비판의 소리가 절실한 실정이다. 비록 일제하의 <동아>·<조선>이 친일 매국언론이었다 하나 그것 또한 돌이킬 수 없는 역사라면 이를 겸허히 받아들일 수밖에 없다. 그러나 지금처럼 일그러지고, 제멋대로 왜곡된 것은 아니다. 사회적 정의에 입각하여 바르게 세운 진리를 바탕으로 하여야 한다. 역사와 진리에서의 사필귀정이 바로 그것이다. 그것만이 한국언론의 건강한 도덕성을 담보하고 미래를 보장한다.

≡ 2001. 7. 1.

제2부 지방지의 자화상

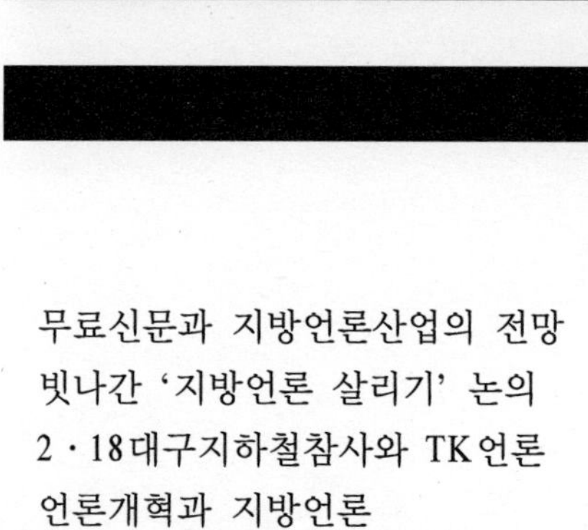

무료신문과 지방언론산업의 전망

무료신문의 지방상륙은 이미 언론으로서의 패러다임을 잃고 시장에서 퇴출되기 일보 직전인 지방신문의 몰락을 가속화할 전망이다. 광고시장에서의 무료신문과 경쟁해야 할 지방신문이 무료신문의 '블랙홀'에서 벗어날 대안은 무엇인지를 알아본다.

지난 6월 16일 제2의 무료신문으로 창간된 <데일리포커스>가 대구경북지사를 개설하고, 지사장을 비롯한 주재기자 등 인력 체제를 완료, 오는 10월 1일자부터 대구경북판을 발행한다는 소식이다. 후발지 <데일리포커스>에게 시장 선점을 빼앗긴 <메트로> 또한 대구경북지사 개설을 위해 물밑에서 활발한 작업을 하고 있는 것으로 알려졌다. 이로써 대구경북 지역에도 무료신문이 본격적으로 배포될 전망이다.

대구경북 지방에서 첫선을 보이는 <데일리포커스>는 벤처기업인 새롬기술이 지난 4월 25억 5천만 원의 자본을 출자해 설립한 제2의 무료신문사이다. <데일리포커스>는 그동안 <연합뉴스> 등 통신기사를 중심으로 지면을 구성, 타블로이드판형 24면으로 주5일 하루 50만 부씩 발행해 수도권 지하철 역세권을 중심으로 배포해왔다. 우리나라 첫 무료신문이었던 <메트로>의 창간 주역들 45명 중 36명이 자리를 옮겨 창간한 <데일리포커스>는 무료 종합 일간지로 사회·정치·국제·경제·문화영화·스포츠 등을 중심으로 10~40대를 겨냥한 생활밀착형 기사를 게재하고 있다.

현 시점에서 무료신문이 지방언론산업에 문제가 되는 것은 기존 신문과 동일한 영역의 광고시장을 타깃으로 하고 있기 때문이다. 이는 과거 생활정보지가 시장에

진입한 것보다 더 크게 기존 신문의 경영에 파급효과를 미칠 것으로 예상된다.[1]

무료신문은 '파산' 일보 직전에서 허덕이고 있는 지방언론시장을 근본부터 뿌리째 교란시킬 수 있는 폭발적인 '잠재력'을 지니고 있다. 이 글은 무료신문의 지방진출이 지역의 언론산업에 어떤 영향을 미칠지, 그 의미는 무엇일지, 지방언론의 생존방안은 무엇일지 등을 모색해 보고자 한다.

1 무료신문의 현황과 실제

2003년 9월 30일 현재 우리나라엔 무료신문 2종이 발행되고 있다. <메트로>와 <데일리포커스>다. 이들 무료신문은 지난 6월 일제히 부산에 진출, 현지판을 동시에 발행하고 있다. 이 외에 무료신문의 지방진출을 계기로 대전에서도 자생적인 무료신문이 창간됐다. 대전지역 인터넷신문 <디트뉴스24>를 발행하고 있는 대전언론문화연구원이 자본금 2억 원의 (주)디트를 설립, 지난 8월 1일자로 무료 시사정보지를 지향하는 <대전i타임즈>를 창간한 것이다. <대전i타임즈>는 40면짜리 타블로이드판형 주간지로 전체의 2 / 3는 뉴스, 나머지 1 / 3은 광고를 게재하고 있으며, 생활광고와 기업광고가 반반씩 정도 게재되고 있다.

몇몇 나라선 무료신문이 시장장악

우리나라에서 무료신문의 효시는 지난해 5월 31일 2002월드컵 개막일에 맞춰 창간된 <메트로>이다. 지난 1995년 2월 스웨덴의 스톡홀름에서 처음 탄생한 <메트로>는 현재 유럽과 미주·아시아 등 16개국 24개 도시에서 발행되고 있다. 여기엔 파리, 로마, 보스턴, 마드리드, 홍콩 등 주요 도시가 망라돼 있다. 이들 도시에서 지하철역이나 버스정류장 등을 중심으로 배포원들이 출근자들에게 신문을 나눠주며, 수

---

1) 조동시, 「<메트로> 창간 1년과 새 무료신문 <포커스>」, ≪신문과방송≫ 제390호, 한국언론재단, 2003년 6월호, 46쪽.

입은 전적으로 광고에 의존한다. <메트로>는 현재 스웨덴, 네덜란드, 이탈리아, 칠레 등에서는 기존의 유력신문을 누르고 부수 1위의 신문으로 성장했다.[2]

한국<메트로>는 40만 부 안팎으로 매일 24면을 내다가 지난 9월 1일자부터 36면으로 증면 발행하고 있다. <메트로>의 타깃 독자층은 20~30대 직장인들이다. 전 세계적으로 여성 독자가 50% 이상을 차지하고 있다. 이 신문의 특징과 정신은 "현대 도시인들을 위한 현대적인 신문"을 표방하고 있다. <메트로>는 "완벽하게 독자를 위한 독자의 신문을 추구한다"며 "주장이나 사설 따위를 싣지 않고 오직 사실만을 정직하게 보도한다"는 방침 아래 단편적인 사실기사 위주로 제작되고 있다.

실제로 <메트로>는 기존신문의 분석적인 해설기사나 사설이 전혀 없다. 사실만을 간략하게 전달하는 스트레이트 기사가 전부다. 또한 지하철 평균 승차시간을 감안, 20분 내에 신문을 다 훑어볼 수 있도록 제작한다. 제목만 봐도 내용을 대충 알 수 있게, 기사량도 가급적 짧게 한다는 것이 <메트로>의 컨셉이다. 판형도 지하철 안에서 쉽게 읽을 수 있도록 타블로이드를 고집하고 있다. 대부분의 지면은 통신사 기사로 채우고 있다. 자체적인 취재진을 극소화함으로써 비용을 최대한 줄이기 위함이다.[3]

<메트로>의 짤막짤막한 기사는 원래 알파벳에 근거한 신문의 포맷으로 한국신문의 기사 흐름과는 맞질 않다. 이를 굳이 비유하자면 한복을 입고 '모터사이클'을 타는 격이다. <메트로>가 독자들로부터 그다지 인기를 얻지 못하고 있다. 독자들은 공짜로 나눠주니까 볼 뿐이다. 독자의 성향이 수동성이라는 것은 신문상품이 시장에서 독자가 떨어지는 것을 의미한다. 이는 결국 매체가 매력적이지 못해 시장성과 경쟁력을 지니지 못하고 있다는 것을 뜻한다. 무료신문의 이 같은 약점은 비단 <메트로>만 아니라 <데일리포커스> 또한 마찬가지다.

생활정보 기사서 기획기사 보강해야

새 무료신문은 기존 무료신문과의 차별화를 시도하고 있다. <메트로>는 국제적

---

2) 남정호, 「무료신문의 미래−<메트로>를 중심으로」, ≪신문과방송≫ 제388호, 한국언론재단, 2003년 4월호, 142쪽.
3) 조동시, 「앞의 글」, 47쪽.

컨셉의 장점을 살려 나가면서 생활·문화·기획기사의 강화에 초점을 맞추고 있다. IT를 비롯한 환경·교통관광·스포츠·레저 등을 비롯하여 대학뉴스 등 '생활 속의 기사'를 확충하고 있다. 특히 중요한 시사 기사는 이미 독자들이 TV나 기존 일간지로 접했다는 가정하에 읽을거리 기획기사의 발굴에 중점을 두고 있다.

지면 내용과 관련 <데일리포커스>는 '토종'임을 강조한다. <메트로>가 글로벌 기준이기 때문에 하지 못한 편집으로 차별화를 하고 있다는 것이다. 즉 <메트로>가 '야후'라면 <데일리포커스>는 '다음'이라고 주장한다. 지면구성은 사회정치, 국제, 경제, 문화영화, 스포츠 등 5개 부문이 중심축이다. 10~40대를 주 독자로 겨냥해 경제든 문화든 "생활밀착형 기사를 싣겠다"는 것이 이 회사의 방침이다. 국제면에서는 일본, 중국 뉴스를, 스포츠에서는 골프 기사를 많이 싣고 있다. 그 밖에 한 면에 걸쳐 실리는 주요 이슈기사 영한대역면과 생활일본어, 만화가 게재되는 면 등도 특화된 면이라 할 수 있다. 특히 문화면은 가정이나 여성들에게 필요한 각종 세일정보 등 실생활 도움이 되는 정보를 대폭 강화하고 있다.

편집의 형태에서는 <메트로>가 여러 기사로 아기자기하게 지면을 구성하는 데 반해, <데일리포커스>는 각 면마다 핵심되는 1개의 집중형 기사를 게재한 다음 다른 기사로 지면을 메워 "잡지와 신문의 중간 형태의 편집"을 지향하고 있다. 기존 신문의 섹션과 비슷한 지면 디자인 형식을 띠고 있다.

② 무료신문의 수입원과 언론시장

최근 민주언론운동연합(민언련)이 두 무료신문의 지면(8월 18일~29일)을 분석한 「모니터 보고서」를 발간했다. 이를 요약한 <한겨레>의 기사는 무료신문의 성격을 압축적·상징적으로 보여준다. 이 기사에 따르면 <메트로>나 <데일리포커스>의 기사 가운데 특정 업체나 상품을 홍보하는 '광고성 기사'가 언론의 본질을 크게 훼손할 만큼 우려할 수준이라고 지적했다. 이 기사는 무료신문 기사가 다음과 같은 문제점을 지니고 있다고 보도했다.

보고서에 따르면 "<메트로>는 지난달 22일치 22면에 실린 「디카족의 새로운 아지트 '디카바'」라는 기사에서 서울 압구정동의 카페를 자세하게 소개했고, 29일엔 16·17면에 걸쳐 말레이시아 관광 기사를 실으면서 특정 리조트를 자세히 소개했다"고 지적했다. <포커스>도 28일 10면에 실린 「모델하우스 탐방」 기사에서 경기 남양주의 한 주택 분양 소식을 자세히 전했다고 보고서는 지적했다.

보고서는 "홍보성 기사가 특히 많이 등장하는 <메트로>는 기사형식은 물론이고 칼럼까지도 상품 광고에 활용하고 있었다"고 비판했다. 20일에는 결혼정보업체 본부장의 연애론에 관한 칼럼을 실었고, 25일엔 이공계 출신을 위한 작문법 책의 저자가 책 내용을 중심으로 쓴 칼럼이 실렸다. 심지어 29일엔 「축구공 같은 스포츠토토 가능성 있는 한방의 '대박'」이라는 제목의 관련업체 홍보부장의 칼럼이 실렸다고 민언련 보고서는 밝혔다.

보고서는 또 "두 신문에서 경제기사가 가장 많은 비중을 차지했는데, 증시와 부동산 정보, 신상품이나 기업소개 기사 등 단순 사실 나열 기사의 비중이 높은 반면 노동 관련 소식은 거의 없었다"며 화물연대 파업 관련 보도 등에서는 기업가들의 입장을 대변하는 편향성을 보이기도 했다고 지적했다. <포커스>는 27일치 12·13면에 걸쳐서 LG전자 구본무 회장의 경영관을 일방적으로 찬양하는 것이나 다름없는 기사를 싣기도 했다.

이런 상황에서 언뜻 봐서는 기사 같은 기업 광고까지 더해지면서 독자의 혼란을 유발하는 것으로 지적됐다. <포커스> 19일치 3면에는 「위조주 추방 캠페인」이라는 제목을 단 국내 양주업체의 광고가 등장했고, <메트로> 29일치 3면에도 조기 퇴직자의 노후대책을 소개하는 기사 같은 부동산투자 관련 업체 광고가 실렸다.4)

이는 무료신문이 지향하는 상업성을 극명하게 드러내는 것으로써 광고성 기사로 광고시장을 정조준한 광고와 편집의 유착 표본이라 할 수 있다. 무료신문의 이 같은 광고전략은 언론산업의 현실에서 엄청난 위력을 발휘한다. 문제는 무료신문의 광고전략이 언론윤리의식이 상대적으로 부족한 일부 지방신문을 자극하는 부작용을 초래하지는 않을까 하는 것이다. 그렇잖아도 일부 지방신문 사주는 '광고에의 유혹'을 떨치지 못해 사이비성 언론경영을 서슴지 않다가 '철장' 신세를 마다 않고 있는

---

4) 신기섭, 「무료 신문 상업성 '위험 수위' / 민언련 분석……기사·칼럼 이용해 간접 광고」, <한겨레>, 2003년 9월 24일자, 11면.

실정이다. 따라서 '편집과 광고의 유착'을 기사로 포장한 무늬만의 언론지면은 마치 '화약'을 안고 불섶에 뛰어드는 '불나방'과 같다고 할 수 있다.

광고성 기사로 시장 정조준 겨냥

무료신문의 수입은 전적으로 광고에 의존한다. 지난해 <메트로>는 42억 7,000여 만 원의 매출에 50억 5,000여 만 원의 적자를 기록했으나, 영업이익은 5억 원 정도 적자를 낸 것에 불과해 올해는 무난히 흑자체제로 돌아설 수 있을 것으로 전망된다. 특히 올 5월치 광고수입이 13억 원에 달해 연말이면 손익분기점을 넘어서리라는 것이 언론계의 평가다. 여기에다 <데일리포커스>가 후발업체로서 <메트로>가 만든 시장개척 효과에 편승한다면 두 신문의 광고 매출은 올해 220억 원을 넘을 것으로 신문광고업계는 추정한다. <메트로>의 독점시장에 경쟁지 <데일리포커스>의 합류는 무료신문 간의 질적·양적 경쟁은 물론, 광고시장에서도 무료신문과 기존 신문과의 수주경쟁을 활성화시킬 것으로 보인다.

무료신문의 급속한 시장확대에 <조선일보>를 비롯한 <중앙일보>, <대한매일> 등이 무료신문시장에 뛰어들 채비를 하고 있는 것으로 알려지고 있다. 이들은 국내 신문시장의 불황에 따른 새 사업 모색, 유럽의 무료신문 성공과 지난 8월 4일 <워싱턴포스트>의 무료신문 <익스프레스(*The Express*)> 창간 등에서 큰 영향을 받은 것으로 보인다. 특히 국내 신문업계는 구조적인 불황에서 허덕이는 미국 신문업계의 대응을 주목하고 있다. 미국에서는 지난해 <시카고 트리뷴>과 <시카고 선 타임스>가 각각 무료신문 <레드아이(*Red Eye*)>와 <레드스트릭(*Red Streak*)>을 창간(현재는 25센트에 판매)했으며, <신시네티 인콰이어리>와 <루이스쿠리어 저널>은 연말쯤 무료신문을 창간할 계획이다. 또 보스턴에서는 <보스턴 글로브>가 <보스턴 메트로>의 구인광고 판매를 독점 대행하는 등 기존 신문과 무료신문의 협력도 주의 깊게 살펴보고 있다.[5]

---

5) 조동시, 「무료신문의 부산·대구지역 진출」, ≪신문과방송≫, 제394호, 한국언론재단, 2003년 10월호, 85쪽.

<메트로>의 지난해 경영 성적을 기준으로 추정해 볼 때 무료신문이 경영수지를 맞추기 위해서는 하루 7,000여 만 원 이상의 광고 수주가 필요한 것으로 지적된다. 이는 월 인쇄비 6억 원과 배포비 3억 원 등 총 14억 원을 월 기준 경상비로 했을 때 나온 결과다. 현재 <메트로>의 전면광고는 7~8개면에 달한다. <메트로>의 광고 단가는 주요 경제지 수준으로 책정되어 있는데 1단 1㎝를 기준으로 맨 뒷면은 20만 원, 기타면은 10~16만 원으로 책정해 두고 있다. 신문광고 업계는 아직은 <메트로>가 가격을 그대로 받지 못하는 것으로 보고 있다. 광고계 전문가들은 맨 뒷면 전면광고도 1,000만 원 이상 받기 힘들 것으로 진단했다.[6]

그러나 젊은층에 대한 <메트로>의 광고효과가 만만치 않다는 얘기가 돌아 핸드폰, 통신 광고, 모집광고 등 20대를 타킷으로 한 광고주들이 이 신문을 주목하기 시작한 것으로 알려져 있다. 이와 관련, <메트로> 측은 "광고 단가에서 유력신문에는 뒤떨어지나 스포츠지나 중소신문보다는 적지 않다"고 밝히고 있다. 결국 자신들의 주장대로라면, <메트로>는 경영상으론 순조로운 착근(着根)에 성공했다고 볼 수 있다.

특히 "서울은 1,000만 명에 육박하는 세계 2위의 지하철 유동인구를 확보한 거대 시장이어서 앞날이 밝다"는 게 이 회사의 주장이다. 이러한 주장대로 <메트로>의 급격한 성장추세가 계속된다면 국내에서도 기존 신문들이 시장을 잠식당할 수 있다는 관측도 있다. 공짜신문에 맛들인 독자들이 집에서 보던 다른 신문의 구독을 중단할지 모른다는 것이다.

무료신문의 앞날과 관련 장밋빛 전망만 있는 것은 아니다. 몇 가지 걸림돌도 있다. 우선 무료신문이 특정 이익집단과 마찰을 빚어 곤란을 겪을 가능성을 배제할 수 없다는 점이다. 이미 우리나라에서도 지하철 가판 조직과의 마찰을 빚고 있다. 다음으로는 바로 같은 개념의 경쟁지 등장이다. 스웨덴 등 무료신문이 성공한 각 지역에선 똑같은 포맷의 무료신문들이 2~3개씩 진출하는 경우가 대부분이었다. 국내에도 두세 군데에서 창간을 준비 중이거나 고려 중인 것으로 알려져 있다.

또 다른 문제점으로는 사람들이 보통 타블로이드판 신문을 가볍게 여기는 시각이다. 일반 독자들은 물론, 광고주인 기업들도 무료신문의 위상을 그리 높게 평가하지

---

6) 조동시, 「앞의 글」, 제390호, 51쪽.

않는 편이다. 자연히 광고 단가도 일정 수준 이상을 넘기 어렵다. 현재 바닥으로 떨어진 최악의 경기로 인해 신문 중에선 전적으로 광고수입에 의존하는 무료신문이 가장 치명적인 타격을 받는다는 점도 그 미래를 어둡게 한다. 다른 신문들은 광고수입 외에도 신문판매 대금으로 회사를 꾸려갈 수 있다. 그러나 무료신문은 판매대금이 없는 터라 경기침체와 이에 따른 광고물량 감소에 치명적인 타격을 입게 되는 것이다.

통신기사에 거의 전적으로 의존하는 데다 심층적인 기사를 의도적으로 다루지 않아 고급정보를 다루는 매체라는 인정을 원천적으로 받을 수 없다는 한계를 갖고 있다. 이로 인해 심층적인 정보를 원하는 사회 지도층을 끌어들일 수는 없다는 문제점을 노출하고 있다. 이들은 대개 높은 구매력을 갖고 있어 고급 품목에 대한 광고효과가 떨어질 가능성도 높기 마련이다. 결국 무료신문은 이러한 악재를 어떻게 극복하느냐에 따라 그 미래가 달려 있다.[7]

언론계에 태풍 상륙, 경계 초비상

그럼에도 불구하고 현실적으로 무료신문의 등장은 언론계에 지각변동을 몰고 올 가능성이 농후하다. 우선 1차적으로 신문 가판 역시 큰 변화가 예상된다. 지난 4월 22일과 23일 <주간 오마이뉴스>가 실시한 신문구독행태 조사에 따르면 출근길 지하철에서 신문을 읽고 있는 사람 1,502명 가운데 1,093명(72.8%)이 <메트로>를 보고 있는 것으로 나타났다. <메트로> 구독자 367명 중 43.3%가 가판에서 기존 일간지 구독을 중단했거나 구독빈도를 줄인 것으로 조사됐다. 조사결과를 산술적으로 해석한다면 <데일리포커스>의 합세는 기존 일간지 가판에 큰 영향을 미칠 것은 불보듯 뻔하다.

서울지하철공사(1~4호선)가 밝힌 아침 7~9시대 일일평균 탑승자는 53만여 명이다. 5~8호선과 국철구간을 합칠 경우 최대 150만 명 정도로 추산된다. <데일리포커스>와 <메트로>가 합쳐 90만 부를 발행한다면 출근길 지하철 탑승자 60%가 무료신문을 받게 된다는 계산이다.

---

7) 남정호, 「앞의 글」, 145쪽.

실제로 <메트로>의 등장 이후 출근시간대 일간지 판매율이 적게는 10%, 많게는 30% 가량 줄었다는 것이 가판업자들의 주장이다. 이들은 <데일리포커스>가 창간된 이후 에는 40~45% 가량 줄었다고 분석한다. 일간지 가판이 타격을 입자 가판업자들은 무 료신문의 배포에 대해 강력히 항의, 가판업자와 무료신문 사업자 사이에 회동, 무료 신문 배포권을 가판업자에게 넘겨주는 방식으로 원칙적인 합의를 보기에 이르렀다.[8]

③ 무료신문과 정보지

무료신문의 지방진출은 각기 전략을 달리하고 있다. <메트로>는 위탁경영을, <데 일리포커스>는 본사 직영 체제 전략으로 지방을 공략하고 있다. <메트로>는 현지 지역 투자자들이 설립한 회사에 광고면만 뺀 나머지 지면을 제공한다. 본사와 계약 에 의한 지방사업권의 위탁경영을 하는 방식이다. 반면 <데일리포커스>는 현지 지 사장을 비롯하여 인력과 제작 등을 본사서 직영하는 체제로 지방을 공략하고 있다. 단기적으로는 <메트로>의 전략이, 장기적으로는 <데일리포커스>의 전략이 강점을 지니는 등 장단점을 동시에 내포하고 있다.

군소 정보지 '퇴출' 가속화될 전망

무료신문의 대구경북 진출은 대구지역 언론시장에도 '빅뱅'을 몰고 올 전망이다. 그 '핵폭발'의 사정권에는 정보지와 지역신문이 직접적인 유탄을 맞을 것으로 보인 다. 특히 군소 정보지가 심대한 타격을 받고 도태될 전망이다. 대구지역의 정보지 시장은 <벼룩시장>과 <교차로>가 독과점 체제를 형성하고 있다. 이들 '빅2'는 시장 을 워낙 강고하게 배타적 독과점으로 지배하고 있어 그 영향이 단기간보다는 장기 간에 걸쳐 나타날 것으로 보인다.

하지만 변수가 있다. 그것은 과연 '빅2'의 정보지가 효율성을 지녔냐는 것이다.

---

8) 신미희, 「공짜신문 봇물…신문시장 흔들」, ≪미디어오늘≫ 제399호, 2003년 6월 18일자, 1면.

언론산업은 적정 면수와 적정 부수가 시장과 합치될 때 수익성의 극대화를 담보할 수 있는 특성을 지니고 있다. 지나치게 면수가 많거나 발행부수가 많다고 하여 반드시 좋은 것만은 아니다. 매체의 효율성과 경제성은 언론산업을 둘러싼 시장의 경제력과 매체의 규모가 적정한 균형을 갖출 때 부가가치와 수익성이 극대화된다. 대구지역 '빅2' 정보지는 이를 간과하고 있다.

광고매출은 꼭짓점을 지나 더 이상 증가하지 않고 있으며, 시장에서의 '제1 브랜드'를 위한 과당경쟁은 제작비용의 폭발적인 증가를 가져와 수익성이 점점 악화되고 있는 것으로 알려지고 있다. 언론계 일각에서는 "'빅2'는 '빛 좋은 개살구'가 아니냐"는 소리마저 나오고 있다. 현재와 같이 260여 면 체제는 수익성을 저해하고 있으며, 지역의 경제적 여건상 120여 면일 때가 가장 높은 효율성을 보이고 있다는 것이 언론계의 진단이다.

군소 정보지는 시장환경이 그다지 낙관적이지 않다. 정보지 시장을 독과점한 '빅2'에 비해 상대적으로 영세한 자본과 인력은 제작환경을 더욱 열악하게 하고, 이는 다시 시장에도 영향을 미쳐 광고수주 등에 있어서 '부익부 빈익빈' 현상을 심화시키고 있다. 사정이 이러한 때 군소 정보지에게 있어서 무료신문의 출현은 갑자기 '공룡'이 우글거리는 '지뢰밭'으로 내몰린 것과 다를 바 없다. 군소 정보지 시장은 무료신문의 파상적인 융단 포격의 파편으로 전멸할 수도 있는 위기감이 팽배하고 있다.

일반 군소 정보지가 시장에서 생존하기 위해서는 정보지의 정체성을 강화하는 길밖에 없다. 즉 보편적인 종합지 지향의 정보지에서 부동산·자동차·서비스 등 보다 특화된 전문 정보 지향의 정보지가 그것이다. 이와 같은 시대적 패러다임의 트랜드를 읽지 못하면 시장에서의 퇴출은 불가피할 것으로 예측된다.

④ 무료신문과 지역신문

정보지와 지방신문이 이종교배한 듯한 포맷으로 언론시장을 형성하고 있는 지역신문 또한 무료신문의 '핵폭탄' 사정권 아래서 자유로울 수 없을 것이다. 무료신문의 영향력은 특히 광고시장을 공유해야 하는 대도시의 지역신문에게는 직접적인 압박을 가할 것이다. 무료신문이 중소 도시에까지 파고들지 않는 한 중소 도시의 지역신문은 무료신문의 1차적인 목표 타깃에서는 벗어나겠으나, 대도시의 지역신문은 군소 정보지와 마찬가지로 무료신문에게 시장을 빼앗겨, 생존의 터전을 잃을 가능성이 농후하다. 그것은 지역신문의 내용이 편집과 제작, 그리고 판매(배포)와 광고영업 등에서 무료신문에 비해 현저히 열악하기 때문이다.

대도시 지역신문 앞날 '먹구름' 가득

비단 무료신문의 파상적인 공세가 아니라 할지라도 지역신문은 지역신문다운 개념과 정체성을 갖지 못해 시장에서의 명맥유지에도 급급한 실정이다. 때문에 간판만 유지한 채 신문이 정상적으로 발행되는 날보다 발행되지 않는 날이 더 많을 정도다. 이런 지역신문이 무료신문의 공세를 딛고 시장에서 생존하기란 매우 어려울 것으로 보인다. 그 이유는 앞서도 얘기했듯이 지역신문의 지면이 무료신문의 지면을 그대로 옮겨 놓은 것과 다를 바 없기 때문이다. 따라서 지역신문 또한 시장에서의 생존을 담보하기 위해서는 지역신문의 개념부터 재정립하고, 그에 걸맞은 정체성을 확보하여 신문을 제작할 도리밖에 없다.

지역신문이 당면한 무료신문의 공세를 헤쳐 나가기 위해서는 신문을 신문답게 만드는 마인드를 지녀야 한다. 이는 비단 지역신문만의 문제가 아니다. 지방일간지도 해당되는 덕목이다. 지역신문 경영주는 "신문은 문화산업"이라는 고상한 관념에서 하루속히 탈피하여야 한다. 지역신문의 경영주가 "신문사업은 사명감으로 하는 것"이라는 구닥다리 사고에 사로잡혀 있는 한 신문기업의 경영효율화·합리화·과학화를 달성하기란 애초부터 불가능해진다. 이런 신문기업에서 품질이 우수한 상품(신문)을 생산하기란 불가능하다. 신문기업 내부의 구성원들 끼리끼리만 만족하는 신문을 만들기 일쑤이다. 그런 제품이 시장에서 소비자(독자)로부터 외면을 받는 것은 너무나 당연하다. 현실이 이러함에도 지역신문은 오불관언이다. "니케라"라는 '똥배짱'으로 버티며, "장사가 안된다"고만 아우성이다.

지역신문이 시장에서 생존하기 위해서는 지역신문 최고경영주에서 전직원에 이르기까지 한마디로 자본주의 마인드를 지녀야 한다. 언론산업에서의 자본주의 마인드란 시장에서 소비자가 찾는 상품을 생산하여 공급(배포)하는 것을 말한다. 신문기업 종사자가 자본주의 마인드를 지니면 신문을 자신들의 눈높이에 맞는 상품으로 제작하는 것이 아니라, 독자들이 요구하는 것에 초점을 맞춰 만들기 마련이다. <조중동>이 언론시장 잠식을 급속히 확대하고 있는 것의 근본적인 이유는 바로 독자들의 요구에 부응하는 신문을 시장에 내놓고 있기 때문임을 간과해서는 안된다.

기획기사 등 시민저널리즘 구현해야

독자들이 찾는 신문은 무엇보다도 읽을거리가 풍부한 신문을 말한다. 독자들은 정보를 평면적으로 단순 나열한 것에서 만족하지 않는다. 보다 능동적이고 입체적으로 리드미컬하게 쓴 생생하게 살아 있는 기사를 원한다. 그렇다면 지역신문은 기획기사에 대한 투자를 집중적으로 단행하는 것이 시급한 과제다. 현재 지역신문에는 기획기사가 전무한 실정이다. 읽을거리 기획기사로 독자의 눈길을 사로잡지 못하는 한 독자의 외면은 불가피하다.

지역신문이 지역사회의 공인된 언론 구실을 하기 위해서는 언론의 사명을 말로만 아니라 행동으로 실천하여야 한다. 그것은 곧 지역사회의 문제점과 이슈를 끊임없이 발굴하여 공론화시키고, 그 대안을 제시하는 아젠다 기능의 활성화를 통한 시민저널리즘, '공공저널리즘'을 구현하는 것이다. 지역신문이 정보를 전달해 주는 것으로 지역민의 알권리를 위해 최선을 다했다고 자부하는 것은 어불성설이다. 보다 중요한 것은 지역민의 여론을 수렴하고, 그것을 지역사회에 반영시키는 것이다.

현재의 지역신문은 이와 같은 지역신문의 본질적 사명을 전혀 수행하지 못하고 있을 뿐만 아니라 그러한 사명이 있는지조차 모르고 있다. 이런 지역신문이 지역민으로부터 배척받는 것은 너무나 당연하다. 그런데도 대부분의 지역신문 경영주는 그 원인을 '지역민들의 지역신문에 대한 낮은 인식' 탓으로 돌리고 있다. 이는 너무나 무책임한 자기 '궤변'에 불과하다. 오히려 지역신문 경영주의 시대에 뒤진 독선과 아집, 그리고 무지를 드러내는 모순이라 할 것이다. 지역신문의 주인은 지역신문의 사주가 아니라 지역민이다.

지역민의 여론은 충실히 지역신문에 반영되어야 한다. 주인의 참된 목소리가 지역신문에 살아 있어야 지역신문이 살아난다. 지역신문이 몰락하고 있는 것의 가장 큰 원인은 지역신문의 지면에 주인의 목소리가 담겨져 있지 않기 때문이다. 지역민의 여론을 왜곡되지 않게 지면에 반영하기 위해서는 시민저널리즘의 시스템을 제도적으로 구축하여야 한다.

⑤ 무료신문과 지방신문

무료신문의 등장은 빈사상태 일보 직전인 지방신문의 입지를 더욱 옥죌 것이다. 지방신문은 이미 생활광고·개인광고 시장의 상당 부분을 정보지에 내어준 바 있다. 더더군다나 오늘날 지방신문은 변화하는 시대의 패러다임에 적응하지 못해 시장으로부터 퇴출 위기에 몰리고 있다. 여기에다 무료신문의 출현은 언론으로서의 자생력을 잃고 경쟁력을 상실한 지방신문의 '명퇴'를 가속화시킬 전망이다.

지방지, 무료신문의 '핵 폭풍'에 들어

무료신문은 수익의 발생을 전적으로 광고에 의존한다. 광고수입은 무료신문의 생존 근거가 된다. 무료신문이 생존하기 위해서는 광고시장을 확보해야만 한다. 문제는 지역의 광고시장이 한정되어 있다는 사실이다. 무료신문과 기존 언론 사이의 경쟁은 불가피하다. 무료신문이 기존의 한정된 광고시장에서 <조중동> 등 메이저신문과 경쟁하기란 질적으로나 양적으로 힘겹다. 때문에 자연스럽게 무료신문은 중소기업과 개인사업자, 자영업체, 생활광고 등 중저가 광고를 타깃으로 하여 시장에 파고들 것은 명약관화하다.

무료신문의 이와 같은 광고전략은 마이너신문을 비롯한 지방신문의 광고영업을 초토화시킬 우려가 다분하다. 이들의 광고전략이 마이너신문과 지방신문의 광고전략과의 충돌이 불가피하다. 시장에서의 영업적 환경은 단가면에서나 배포면에서 절대적으로 무료신문에게 유리하다. 마이너신문과 지방신문은 무료신문과의 광고경쟁에서 완패할 가능성이 더 높다. 광고를 '밥줄'로 먹고사는 언론산업에 메가톤급 '핵폭탄'이 눈앞의 현실로 다가온 것이다. 이미 생활정보지에 의해 자영업자와 개인광고 시장을 상실하고 잠식당한 마이너신문과 지방신문의 현실이 그러한 우려를 기우로만 그치게 하지 않고 있다.

'사느냐 죽느냐' 기로에 선 지방지

일부 무료신문은 지방진출에 앞서 지방지와 제휴, 현지발행을 추진하고 있는 것으로 알려지고 있다. 지방 유력 석간지와 공동으로 현지법인을 설립, 조간 무료신문 발행을 추진한다는 것이다. 이는 얼핏 보면 지방지와 무료신문이 '윈-윈'처럼 보이는 그럴듯한 전략이다. 그러나 따지고 보면 지방지의 본지를 죽이는, 즉 '빈대 잡으려다 초가를 태우는 격'이다. 당장 '발등의 불'은 무료신문과 본지의 성격을 어떻게 할 것인가 하는 점이 대두된다.

무료신문과 본지의 광고시장은 중복시장이라는 특성을 지니고 있다. 아침에는 무료신문이 광고를 싣고, 저녁에는 본지가 광고를 게재한다는 것은 지방경제의 여건으로 보아 현실상 불가능하다. 그렇다면 광고집행은 독자가 많은 무료신문에 집중될 수밖에 없고, 본지는 광고수주에서 후순위로 밀려나, 결국은 심각한 재정적 위기를 초래할 수밖에 없는 것은 자명하다. 자본주의 사회에서 광고수입을 배제한 판매수입으로 신문사를 꾸려 간다는 것은 애초부터 불가능한 얘기다.

무료신문과 자매지의 중복되는 지면 또한 어떻게 할 것인가 하는 문제점도 간과할 수 없다. 대구지역 언론사의 경우는 이미 <주간 라이프매일(매일신문사 발행·1983년 8월 20일 창간)>, <위클리포유(영남일보사 발행·1991년 9월 13일 창간)>, <주간 수성신문(대구일보사 발행·발행 중단)> 등 무료신문을 본지 부록형태로 발행, 배포하고 있거나 발행된 바 있다. 무료신문은 이들 자매지와 성격이 일란성 쌍둥이와 같아 자매지의 입지를 근본적으로 부정한다.

무료신문이 게재하는 기사와 본지 기사의 포맷을 어떻게 할 것인가 하는 것도 전혀 연구되지 않았다. 이런 상태에서 지방지가 무료신문과 동업하여 합작신문을 창간한다는 것은 매우 위험하기 그지없다. 무료신문은 지방지에게는 '계륵'과 같으며, 어떠한 형태로든 '부메랑'이 되어 지방지의 숨통을 겨냥할 것으로 보인다. 바야흐로 지방지는 '사느냐 죽느냐'는 진퇴양난의 기로에 서게 됐다.

시대 변화 자각해야 앞길 보여

지방신문이 언론시장에서 독자적인 경쟁력을 확보하고 생존하기 위해서는 언론산업이 지닌 구조적인 측면과 언론산업을 구성하는 인적인 측면에서 문제의 해결을 찾을 수 있다. 지방신문은 무엇보다 언론의 기능을 재점검하여야 한다. 신문이 속보성으로 경쟁하는 시대는 지났다. 신문이 배달되기도 전에 독자들은 이미 뉴스를 간파하고 있다. 따라서 신문은 단편적인 정보의 나열보다는 사회적 아젠다를 만드는 의제설정기능과 심층보도가 요구된다. 지방신문은 분석기능으로 독자들에게 다가가야 한다. 독자들은 전문성이 축적된 깊이 있는 보도를 요구하고 있다. 그런데도 지방신문은 수용자들의 이와 같은 바람을 철저하게 외면하면서 단편적인 정보의 나열에 그치는 지면으로 "신문장사가 안된다"고 아우성이다.

지방신문은 변화된 언론산업의 시장환경을 자각하여야 한다. 현재 지방신문을 둘러싼 언론산업의 시장환경은 '사면초가', '내우외환' 그 자체이다. 중앙지의 지방침투 가속화와 더불어 표현매체의 다양화, 폭발적인 대안매체의 증가, 인터넷 등 뉴미디어의 확산 등이 급속히 전개되고 있다. 아날로그적 미디어가 급속히 퇴조하면서, 그 힘의 공백을 디지털 미디어가 대신하고 있다.

이러한 시대적 변화에 맞춰 지방신문은 아날로그적인 패러다임에서 디지털적인 패러다임으로 전환해야 한다. 언론산업이 독점적으로 정보를 생산·가공·판매하던 시대는 지났다. 누구나 원하기만 하면 정보의 발신자가 될 수 있고, 수신자가 될 수 있는 시장이 전개되고 있다. 그런데도 지방신문은 '오매불망' 독점적 시대의 배타적인 언론산업 시장이라는 '환상'에서 깨어나지 못하고 있다. 그 무지몽매로 아직도 수직적인 사고로 독자 위에 군림하려는 오만한 자세를 버리지 못하고 있다. 이런 마음가짐으로 신문을 만드니 그 상품이 시장에서 독자들에게 선택될 리 만무하다.

21세기의 언론산업은 정보를 언론사가 일방적으로 생산·가공·판매하는 정보제공업자가 아니라 독자와 함께 더불어 정보를 공유하고, 유통하는 '상호작용성(*interactivity*)'을 실천하는 정보서비스업자라는 개념으로 전환되어야 한다. 언론에 의해 생산된 정보의 내용은 고품질을 담보함으로써 독자들의 일상적인 삶을 향상시키는 매개체가 되어야 한다. 지방신문이 이처럼 환골탈태하지 않고서는 그 미래가 없다.

고임금 소수정예가 회생의 관건

다음으로 사람의 문제와 관련, 고임금에 바탕을 둔 소수정예를 실현함으로써 생산성의 극대화를 추구하여야 한다. 신문사업은 결국 사람사업이다. 신문산업이 아무리 컴퓨터화·자동화를 추구한다고 하더라도 '신문'이라는 상품의 생산은 사람의 손에 절대적으로 의존하는 메커니즘적 특성을 지니고 있다. 사람을 소홀히 하고서는 신문산업이 성립할 수 없다. 사람에 대한 투자와 관리는 신문사업의 처음이자 마지막이다.

현재 지방신문의 인사정책에서 '소수정예'와 '생산성의 극대화'를 마치 대중가요 부르듯 하고 있다. 이는 지방신문만 그러한 게 아니다, 한국언론산업의 전반적인 현상이라 할 수 있다. 본질적으로 '소수정예'와 '생산성의 극대화'는 '고임금'이 그 관건이다. 그럼에도 지방신문이 캐치프레이즈처럼 부르짖는 '소수정예'와 '생산성의 극대화'는 '저임금'을 바탕으로 한다. 지방신문에 있어서 '소수정예'는 있으나 '생산성의 극대화'는 없다.

대구지역 일간신문사의 경우 기자 초임이 월 60여 만 원에서 120여 만 원 사이로 알려지고 있다. 이는 한마디로 거칠게 말하면 "네가 알아서 뜯어먹고 살아라"는 말과 다를 바 없다. 이런 생활고 아래서 정상적인 언론이 나올 리 없다. 부실언론의 양산이 필연적이다. 언론인이 생존급에 급급하게 되면 윤리고 뭐고 다 호사스러운

'사치품'에 불과하게 된다. 윤리가 사치품으로 전락할 때 언론의 몰락은 단지 시간만이 문제일 따름이다.

참고로 무료신문의 임금수준을 보면 <데일리포커스>의 경우 자본금은 50억 원이며, 종사자 수는 50여 명으로 <메트로>와 비슷한 수준이다. 임금은 <메트로>보다 높은 '동종 업계 최고 수준'으로 상위권 스포츠신문과 비슷하게 책정했다고 한다. 지방일간지 종사자의 임금수준이 무료신문에도 미치지 못할 때 상대적으로 우수한 지방신문 인력의 유출 또한 간과할 수 없는 것이 지방언론이 당면한 과제이기도 하다.

지방신문 스스로 생존 다져야

무료신문의 지방진출로 지방신문을 둘러싼 언론환경이 급속히 재편되는 변혁기를 맞고 있다. 이제 지방신문이 스스로의 역경을 딛고 21세기 정보산업을 선도하는 매체기업으로 우뚝 설지, 아니면 도태될지를 가늠하는 본격적인 시험대에 섰다. 그 선택은 오로지 지방신문 스스로에 달려 있다. 요컨대 시대변화에 따라갈 마인드가 부족하면 '퇴출'은 불가피하다. 스스로 변화할 생각은 않고 오로지 정부에게 '지역언론을 살리자'며 공적 자금과 특혜만 요구하는 자세로는 그 생명줄을 임시방편으로 연장할 뿐이다. '지방언론 살리기'가 근본적으로 '밑 빠진 독에 물 붓기'가 되지 않기 위해서는 지방언론 스스로의 '언론개혁'밖에 없다.

≡≡ 2003. 9. 30.

빗나간 '지방언론 살리기' 논의

IMF 이후 급속히 진행된 우리 사회의 '정보화'라는 변화 트렌드에 적응하지 못해 시장으로부터 퇴출 위기에 내몰린 지방언론이 노무현 정부에게 공적 자금을 지원해 달라고 아우성이다. 이 글은 그 허구성을 밝힌다.

'지방분권'과 '지방언론 살리기'가 사회적 '화두'로 등장하고 있다. 특히 노무현 정부 들어 풀뿌리 민주주의인 지방자치의 정착을 위해선 지방권력을 감시·견제하는 지방언론 살리기가 급선무라는 '아우성(?)'이 봇물이다. 백번 지당한 말이다. 지방언론 살리기를 추진하고 있는 지역언론개혁연대를 비롯한 시민언론운동단체, 한국지방신문협회, 전국지방신문협의회 등은 9월 정기국회에 지역신문발전법안을 상정하고 논의를 본격화할 전망이다.

구구한 논의의 결론은 "돈타령"

대다수의 지방언론은 자본부족·열악한 대우·기사의 질 저하라는 '3중고'의 악순환에 시달리고 있다. 지방언론 살리기 논자들은 자원의 서울 집중과 지역경제의 불황으로 지방언론이 홀로서기 힘든 상황이라고 주장하고, 일정한 발행요건을 갖춘 지방신문은 가이드라인을 정해 적극 지원하고, 지방지의 시장점유율과 광고를 할당하는 '지방언론 육성법' 시행 등 제도적 장치 마련을 촉구하고 있다. 풍전등화에 처한 지방언론의 위기를 감안하면 만시지탄의 감이 있다.

전국언론노조, 기자협회, 바른지역언론연대, 민주언론운동시민연합, 언론정보학회, 지역언론학연합회, 지방분권연대 등 7개 단체로 구성된 지역언론개혁연대는 지방분권을 실현하기 위해 지역언론을 지킨다는 명분 아래 결성되어 지방언론 살리기의 구심적 역할을 하고 있다. 지역언론개혁연대는 9월 정기국회에 지역신문에 대한 재정, 금융, 세제상의 지원 등을 법적으로 보장하는 것을 내용으로 하는 지역신문발전지원법안을 입법청원할 예정이다.

지난 2002년 지역언론육성지원법 시안을 마련한 장호순 순천향대 교수는 그 시안에서 지방언론 지원에 필요한 사항들을 대통령령으로 정하고, '지역언론발전기금'을 만들어 운영할 것을 제안했다. 기금의 용도는 △시설과 설비 현대화 △경영개선 △인력양성 등으로 한정했다. 기금의 관리와 운용은 문화관광부 장관이 위촉하는 지역언론 전문가 9명으로 구성된 '지역언론발전위원회'가 맡도록 했다.

그러나 그 과정에서 정부가 과도하게 개입하는 모양새는 바람직하지 않다는 지적도 제기했다. 자칫 정부의 언론통제라는 의혹을 불러올 수도 있다는 것이다. 이 때문에 학계와 시민단체들은 지역언론육성특별법이 무엇보다 '투명성'과 '공정성'을 확보해야 한다고 강조한다. 김창룡 인제대 교수는 "누가 봐도 납득할 만한 지원 대상선정 기준을 마련하는 것이 입법의 핵심이 될 것"이라며 "지원금을 다른 목적으로 썼을 때는 벌금을 물리는 등 강력한 처벌조항도 꼭 들어가야 한다"고 지적했다.

김동민 한일장신대 교수도 "무분별한 지원은 정부의 간섭과 사이비 언론의 난립만 불러올 것"이라며, "편집권이 독립되고 지역발전에 기여도가 높은 언론을 선별지원해야 할 것"이라고 주문했다.

우희창 지역언론개혁연대 사무국장은 "지역신문에 대한 광고 및 자금 등 지원은 해야 하지만 편집권 독립, 근로기준법 준수 여부 등 엄격한 심사를 거쳐 선별적으로 해야 한다"면서 "지역신문발전지원법은 지원 이전에 신문 스스로 개혁할 것을 전제로 하고 있다"고 설명했다. 광주전남처럼 10개 이상의 군소신문들이 난립해 있는 지역의 경우 이 법안을 토대로 자격미달의 신문들을 퇴출시켜야 한다는 것이다.

이처럼 지방언론 살리기에 백화제방의 아이디어가 만발하고 있다. 결론부터 말하면 근본적으로 정부가 지방언론에 대해 공적 자금을 투입하듯이 직접 지원하는 것은 바람직하지 않다. 굳이 지원한다면 지방언론의 품질 향상을 담보하는 간접적인 제도의 지원에 그쳐야 한다. 그리고 그에 앞서 사이비 지방언론 경영주를 언론에서 퇴출시키는 작업부터 철저히 해야 한다.

지방언론 경영주가 언론사업을 할 사람인가 아닌가 하는 것은 지방언론 종사자에 대한 임금지불을 척도로 삼으면 된다. 참고로 박정희 정권하에서 지도받는 자본주의가 언론계에 적용될 때 그 기준은 중앙일간지 임금의 평균 70%가 가이드라인이었다. 이를 준용하여 지방언론 경영주가 중앙일간지 임금의 70%를 보장하고 있는가 아닌가를 살펴보면 과연 지방언론을 언론으로 경영하려고 하는지, 아니면 자신의 이권 확보를 위한 방패막이로 경영하고 있는지 그 속셈을 알 수 있다.

지방언론 헤게모니 주도권 경쟁

노무현 정부의 출범과 동시에 제기된 지방분권과 지방언론 살리기 아젠다를 둘러싸고 지방신문 간의 헤게모니 주도권 싸움도 치열하다. 선수를 친 쪽은 5공 때 '1도 1사'에서 살아남았던 <부산일보>를 비롯한 <강원일보>·<경남신문>·<경인일보>·<광주일보>·<대전일보>·<매일신문>·<전북일보>·<제주일보>·<충청일보> 등 전국 10개 시도의 유력 지방지이다. 이들은 3월 5일 한국지방신문협회를 결성하고 지방지의 대표성을 자임했다.

한국지방신문협회에서 소외된 <강원도민일보>를 비롯한 <경기일보>·<경남도민일보>·<경남일보>·<경북일보>·<경상일보>·<광주타임스>·<국제신문>·<기호일보>·<대구일보>·<대전매일>·<동양일보>·<무등일보>·<새전북신문>·<영남일보>·<인천일보>·<전남매일>·<전남일보>·<전라일보>·<전북도민일보>·<제민일보>·<중부매일>·<중부일보>·<한라일보>·<한빛일보>·<호남신문> 등 26개 신문사도 3월 25일 전국지방신문협의회를 결성하고, 지방신문 육성 헤게모니 주도권 확보에 날을 세웠다.

이들 단체의 지방언론 살리기 캠페인 전개방식은 각기 다르다. 한국지방신문협회는 회원 각 사의 보도를 중심으로 전개되고 있으며, 전국지방신문협의회는 월 1회 이상 공동캠페인 기사를 게재하고 있다. 그러나 기자실 폐쇄와 기자단 해체 등 지방언론의 기득권을 포기하는 언론개혁에 대해서는 한입으로 저항하는 목소리를 낸다.

예컨대 대구의 경우 달구벌공무원직장협의회가 지난 3월 10일 "기자실이 배타적 정보독점의 공간으로 변질되고, 관변기사 작성 창구로 전락하는 등 불합리한 점을 갖고 있다"는 성명을 내고 대구시내 8개 구·군청 청사 내에 운영 중인 기자실을 폐쇄할 방침이라고 성명을 발표했다.

대구경북기자협회는 3월 28일 성명을 발표하고 "언론자유를 침해하는 수준을 넘어 국민의 알권리에 대한 심각한 도전"이라며 기자실 폐쇄방침을 비난했다. 나아가 이들은 '모 구청에서 20년 동안 근무해 온 한 계장', '부구청장을 거친 대구시 모 간부' 등 실체도 없는 '유령 공무원' 등을 취재원으로 지면에 등장시켜 "일부 기자들이 공무원에게 군림하거나 기자실 운영비로 예산을 쓰는 것 등은 문제가 있지만, 주민이나 단체들이 기자실을 찾거나 주민을 위한 각종 정보제공 등 존재 이유가 많다", "대도시에서 기자실이 관언유착의 뿌리라는 것은 70, 80년대에나 있던 시대착오적인 주장"이라는 등등의 구구한 변명을 늘어놓으면서 "기자실 운영은 언론사보다는 적극적인 행정홍보가 필요한 해당 관청의 입장에서 더욱 필요한 것"이라는 해괴한 주장을 폈다(이재협, 「달구벌직장협 기자실 폐쇄 논란」, 매일신문, 2003년 3월 15일자, 11면).

기존 언론에 종사하는 지역언론인들의 폐쇄적인 특권의식은 기자실 개방과 취재기회의 균등 제공에 대해서도 "어중이떠중이 아무나 들어오고, 사이비성 언론의 폐해도 우려된다"면서 부정적인 시각을 드러냄으로써 기득권을 놓지 않으려는 수구적인 태도로 일관하고 있다. 그러면서 다른 한편으로는 언론개혁을 외치고, 나아가 지방언론 살리기를 강조하여 가치관과 정체성의 혼란을 부채질한다. 무엇이 옳고 그른지를 흐리게 하는 이들의 모순된 주장을 좀 더 살펴보기로 하자.

개혁은 "No" 손사레 기득권은 "Ok"

한국지방신문협회의 지방언론 살리기를 한마디로 압축하면 5공언론의 '1도 1사' 향수를 되살려 현실화하자는 것으로 요약할 수 있다. 그 실증적인 논증을 <매일신

문>의 보도와, 대구지역시민단체가 주최한 토론회에서 오고간 얘기를 중심으로 풀어 나간다.

<매일신문>의 지방언론 살리기와 관련한 주요기사를 보면 지난 2월 6일부터 18일까지 5회에 걸쳐 「지방언론 키우자」라는 시리즈 기사를 들 수 있다. 이 시리즈의 기사 제목만 봐도 기득권의 포로가 된 문제의식을 알 수 있다.

① 분권의 요체(2003. 2. 6.)
「"지역민 목소리 점점 힘잃어" / 신문 75%·방송 80% '서울 대변' / '중앙 독점'막을 지원책 마련 절실」
② 거대신문의 폐해(2. 8.)
「몇몇 사견으로 여론몰이 / 불법판촉·무가지 살포로 독자매수 / 정보 독과점…'지방붕괴' 가속화」
③ 위기의 지방신문(상)(2. 12.)
「광고 서울편중 날로 심화 / 지역정보 전달 '중앙 벽'에 부딪혀 / 무턱댄 창간 '사이비 언론'도 문제」
④ 위기의 지방신문(하)(2. 14.)
「서울 '빅3'가 시장 흔들어 / 중앙지 지방광고 시장 '덤핑 침투' / '독자없는 신문' 난립 폐해도 심각」
⑤ 지방방송의 위기(2. 18.)
「편성·소유…전파도 중앙독점 / 서울서 경영 맘대로…사장 발령도 / 자체편성 MBC 15, KBS 8%뿐 / 광고도 9대1 편중 경영애로 '고질' / "문화종속 가속 자치 발전 걸림돌"」

가장 최근에는 7월 14일자에 13면 전면에 걸쳐 지난달 27일 서울 국회 앞에서 열린 '신문개혁 3대 입법쟁취 결의대회'의 현장르포 기사를 「신문개혁 열풍」이라고 보도했다. 「일어나라! 직필언론」이라는 메인타이틀 아래 이 기사는 「'부자' 중앙지 자전거 공세 / '난립' 군소지 물귀신 작전」, 「중앙지 여론시장 독점…지역몫 찬밥 / 지방지 편집권 독립 등 독자적 개혁 절실」이라는 부제를 달고 있다.

전국민중연대와 전국언론노조가 △정기간행물법 개정 △여론 독과점 규제를 위한 신문 점유율 제한법 제정 △지역신문발전법 제정 등 신문개혁 3대 입법을 촉구하기 위해 마련한 이번 대회를 <매일신문>은 행사의 본질인 신문개혁보다는 지방언론 살리기의 당위성을 홍보에 주안점을 뒀다 이 기사는 '경품을 앞세운 일부 중앙지의 과다한 공세로 지방신문은 파산위기로 내몰리고 있다'고 지적하고, '지금 신문시장을 바로잡지 못하면 국가 전체의 여론이 몇몇 신문에 의해 좌지우지될 것'이라면서 '지역신문발전지원은 불가피한데 그에 앞서 건전한 지방신문의 생존을 저해하고 있는 난립한 군소지역신문의 정리와 편집권 독립 등 지역신문 자체의 개혁이 불가피하다'고 주장했다.

구구절절 옳은 말이다. 어디 하나 나무랄 곳이 없다. 그러나 이 기사도 역시 △중앙지의 공세 △지방지의 난립을 문제의 원인으로 제시하고, 그 대안으로 언론개혁 차원에서 중앙지의 여론 독점을 타파해야 하며, 난립한 지방지는 정비되어야 한다는 지방언론 살리기 타령을 기존언론의 입장에서 강조하고 있다. 이들의 자기 밥그릇 옹호 논리는 지방언론개혁 토론회에 참석한 기존 현역 언론인의 의식구조에서도 적나라하게 드러난다.

지난 7월 24일 참언론대구시민연대와 대구경북기자협회가 공동 주최한 「제2회 참언론 시민포럼 / 지역언론 이것만은 바꾸자」라는 토론회가 대구상공회의소 국제회의장에서 열렸다. 대구지역 신문의 당면한 과제와 개혁의 방향에 대한 토론회 이후 진행된 질의응답은 기득권을 포기하지 않으려는 지역 언론인들의 모순을 집약적으로 보여주고 있다.

김배 전국공무원노조 대구동구청지부장이 기자실 폐지와 관련 "기자들의 반발이나 악의성, 보복성 기사 등은 없었나"는 질문에 대해 "3일 동안 기자들이 구청장실을 점거하는 등의 행위와 일련의 보복성 기사도 있었다. 2월 14일에 기자실 폐쇄 후 사흘 뒤인 17일 <TBC> 8시 「프라임 뉴스」에 '졸속행정, 예산낭비'라는 기사가 났었다. 그러나 2·18지하철 참사 때문에 얘기가 잠잠해졌다"고 증언하자 최정암 <매일신문> 노조위원장은 "실제로 어떤 압박이 있었는지는 모르겠다. 기자들이 기사를 쓸 때 보복성 기사를 쓰는 기자는 많지 않다고 본다. 그 정도로 기자들의 수준이 낮지는 않다"며 반박했다.

최정암 기자는 또 "기자실 문제는 기자단의 문제라고 생각한다. 관과 언론의 유착이 그 공간에서 쉽게 일어난다는 것이지 공간만 없앤다고 문제해결이 되는 것이 아니다"라고 해명했다. 그는 또 "기자들이 변화하고 있다는 점만 강조하는데, 후배 기자들이 선배들의 잘못을 뛰어넘기 위한 뼈를 깎는 노력 없이는 기자 문제는 해결되지 않을 것"아니냐는 질문에 "기자 사회도 변화하려 하고 있다. 너무 부정적으로만 보지 말아 주길 바란다"고 발뺌했다.

토론회에 참석한 질의자들이 "경품 제공은 비단 중앙지만의 문제가 아니다. 얼마 전 지역 일간지에서 신문구독을 요구하면서 선풍기부터 내미는 경우를 보았다. 주변에서 경품대신 3개월 무료구독을 제공받고 그 기간 내에 신문구독을 중단하려다 지국에서 해 주지 않아 계속 신문을 받아보는 경우도 있다"고 지적하자, 그는 "돈이 없어서 본사에서는 지국에 경품 등을 지원하지 못한다. 지국이 알아서 하는 경우가 있겠지만 잘 모르겠다. 부수확장 차원에서 자체 제작한 시계 등을 제공하고 있긴 하다. 경품제공 대신에 신문구독비의 20%를 할인해 주도록 하고 있다"고 소개했다.

최 기자는 또 "발제문 중 '제대로 된 지역신문'을 육성해야 한다고 언급했는데, 이는 무슨 의미이며 '제대로 된 지역 거점 신문'은 또 무엇을 뜻하는가. 이것이 80년도의 1도 1사와는 무엇이 다른가"라는 질문에 대해 "위의 두 말은 같은 의미로 쓴 것이다. <조중동>의 대항세력을 만들어야 한다면 어느 정도의 규모를 갖춘 언론사가 육성이 돼야 외부의 논리를 차단하고 지역민의 요구를 제대로 수용할 수 있을 것이라고 생각한다"는 소신을 밝혔다. 즉, 기존의 유력 신문을 집중적으로 지원해야 한다는 것이다.

최정암 기자는 "지역의 거점언론이란 말은 지역 언론을 독점하겠다는 것인가?"라는 질문에 대해서도 "지역 언론을 독점할 수도 없고 독점해서도 안된다고 생각한다. 우리 신문만 여론 독점하겠다는 것이 아니다"라고 둘러댔다.

언론자유마저 부정하며 규제 요구

전국지방신문협의회의 지방언론 살리기 주장은 한국지방신문협회보다 더 노골적이며 직접적이다. 전신협 임원진은 7월 31일 이창동 문화관광부장관, 이해성 청와대

홍보수석, 배기선 국회 문광위원장과 만나 「지방신문 건전 육성을 위한 건의서」를 전달하고 "현재 지방신문이 안고 있는 심각한 경영난과 이에 따른 부정적 형태, 부실신문사의 난립양상, 경품공세를 통한 소수 과점 중앙지의 불공정 행위 등을 설명한 다음 중앙집권시대, 서울집중시대에 잃어버렸던 지방신문시장을 이제는 되찾아야 한다"며 "지방신문이 회생하고 경쟁력을 갖출 수 있는 지원정책을 조기에 가시화해 줄 것을 촉구했다"고 전신협 소속 신문들이 일제히 보도했다.

이제까지 지방신문계의 현업이나 학계, 언론단체 등에서 각종 간담회나 토론회, 세미나, 심포지엄 등을 통해 지방신문육성문제를 둘러싼 여러 정책대안에 대한 문제제기나 제안·요구 등은 있었으나 지방신문사 대표들이 정부·국회를 상대로 지방신문업계의 회생과 활로책을 공식 요구하고 나선 것은 이번이 처음이어서 관심을 끈다. 좀 길지만 이들이 이날 말한 내용의 요지는 다음과 같다.

전신협 임원들은 "정부의 지방신문 활성화정책은 어디까지나 건전언론에 대한 지원·육성이어야 하며 지방신문사스스로의 자기혁신과 자정운동이 전제되어야 한다"며 전신협이 중앙신문과 기득권신문 중심으로 운영되고 있는 한국신문협회의 개혁을 요구하고 있다는 사실도 설명하고 "최근 국회에 제출된 지역신문발전지원법안은 언론학계와 언론노조, 민언련, 시민단체 등 정부의 언론정책에 비판적 입장을 취해온 단체들과 한국기자협회가 함께 참여해 마련했다는 점을 주목해야 한다"고 강조했다.

전신협 임원진은 또 "지방분권과 분산이 이뤄지면 지방언론의 감시·견제 기능이 절실한데 지금과 같은 매체접촉도와 경영난, 악화가 양화를 구축하는 난립상황으로는 그런 기능과 역할에 대한 기대가 무리"라고 말하고 지방소재의 '핵폐기물처리장' 관련 광고를 중앙지에만 실은 예에서 보듯 중앙지를 의식한 언론정책으로는 지방분권시대를 결코 이뤄낼 수 없다고 역설했다.

전신협 임원진은 이와 함께 "지원부정론의 근거가 되고 있는 부실 지방신문의 난립은 현행 정기간행물등록법이 자체윤전기 없이도 자본금 5천만 원만 있으면 누구나 신문사를 쉽게 만들 수 있도록 허용하고 있기 때문"이라며 정간법상 설립등록요건의 강화를 건의하고 80년대 중반 불황으로 한계상황에 이른 해운산업을 산업합리화업종으로 지정했던 사례를 들어 "회생이 불가능한 불건전한 지방신문사들의 자율적 인수·합병(M&A)을 유도·지원하기 위한 제도적 장치를 강구해야 한다"고 주장했다.

임원진은 이날 건의서를 통해 '지역신문발전지원법'의 조기제정을 비롯하여 △정부 및 공공기관 광고의 50% 이상 지방할당제 시행 △과점 중앙지의 지방신문시장 불공정행위 강력단속 △뉴스통신진흥법제정에 따른 연합뉴스 전 재료의 감면 △프레스센터 정부 및 지자체, 공공기관 광고대행수수료 감면 △지방신문 근무희망 대학생 인턴십 장학제도 △정부 및 각종 언론단체 지방언론인, 지방언론학자 참여확대 등을 요청하고 편집권 보장장치 도입, 독자참여(옴부즈만)의 제도화, 자정실천 등을 자기혁신 과제로 제시했다(전국지방신문협의회, 「지방신문 회생 대책촉구」, 대구일보, 2003년 8월 2일자, 1~2면).

노태우 정권의 6·29선언 이후 신규 창·복간된 언론사 중심으로 결성된 전국지방신문협의회의 지방언론 살리기 주문은 언론자유까지 부정하는 심각한 문제점을 지니고 있다. 즉 현행 정간법이 부실언론사의 난립을 가져오고 있다며 설립등록 요건의 강화와 M&A를 위한 제도적 장치의 강구 등이 그것이다. 이는 언론자유화에 무임승차했던 전신협 신문사가 이젠 자신들의 밥그릇을 지키기 위해 언론규제를 요구하는 후안무치한 주장이다.

언론자유는 발행의 자유와 표현의 자유를 양대 축으로 한다. 발행의 자유는 언론자유의 근본적인 골간을 이루는 자유이며, 표현의 자유는 발행의 자유를 전제로 한다. 발행의 자유가 억압되면 표현의 자유는 무의미하게 된다. 왜냐하면 표현의 자유는 발행의 자유 위에 성립되기 때문이다.

전신협은 몰지각하게도 언론자유의 본질인 발행의 자유마저 규제하라고 아우성이다. 무릇 언론이라면 무엇보다 발행의 자유를 신장하여야 한다. 그렇다면 오히려 현행 정간법에서 제약하고 있는 시설조항 등을 전면 삭제하고, 누구나 정간물을 발행할 수 있도록 그 등록규정을 대폭 완화하여야 하는 것이다.

민주주의의 참뜻은 여론의 다양화를 제도적으로 보장하는 것이다. 그것은 매체의 발행에 대한 자유를 보장하는 것에서부터 비롯된다. 참여정부의 지방언론 육성은 여기에 초점을 맞춰 소수의 다양한 목소리를 내는 대안언론의 발행을 활성화하고, 진작시키는 데로 모아야 할 것이다. 그것이 참 지방언론 육성의 핵심적 이데올로기이다.

오는 9월의 정기국회가 어떤 지역언론 육성안을 내놓을지 사뭇 기대된다.

≡ 2003. 8. 6.

※ 보론; 광고지원 등 간접적 지원 계획

지난 8월 22일 <대한매일>이 보도한 바에 따르면 정부는 지방언론의 육성을 위해 조세감면과 광고지원을 검토하고 있는 것으로 알려지고 있다. 이에 따르면 특히 정부의 직접적인 광고지원은 매우 주목된다. 즉 정부가 집행하는 광고를 현행 균등배분방식에서 탈피해 지방의 유력 언론사 1~2곳을 선정, 집중적으로 배정함으로써 간접적인 지방언론 살리기를 계획 중이라고 한다(곽태현, 「"지방신문 세·광고 지원"」, 대한매일, 2003년 8월 22일자).

이는 그 기본방향이 옳다. 사실 지방신문에 비해 상대적으로 재정이 안정된 중앙일간지, 특히 메이저신문인 <조중동> 조차 정부 광고를 균등하게 배분 받아 게재하는 것을 시정해, 그 몫을 지방신문에 배정하겠다는 것은 경제정의의 구현이라는 측면에서도 바람직하다.

문제는 정부 광고가 지닌 성격이다. 정부 광고는 계도지와 더불어 본질적으로 권력이 언론에 베푸는 특혜의 일종이다. 정부가 계도지라는 명분 아래 신문을 대량 구독하고 판매대금을 지불함으로써 언론사의 판매를 지원하는 것이라면, 정부 광고는 광고를 통한 언론사 지원이다. 그런 언론 지원, 즉 특혜가 몇몇 소수의 지방 유력 언론사에 집중될 경우 그 언론은 과연 광고주, 다시 말해 정부로부터 자유로울 것인가 하는 점이다.

오늘날 자본주의 사회에서 언론의 자유를 침해하는 가장 큰 요소로는 단연 광고주를 든다. 광고주는 광고를 무기로 언론의 독립에 걸림돌로 작용하고 있다는 것이 언론인들의 한결같은 호소다. 그렇다면 정부 광고의 집중적인 지방언론 배정에 선정된 지방의 유력언론사는 과연 공정한 비판을 광고주, 즉 정부에게 갖다 댈 수 있을까 하는 것이다. 정부 광고의 지방 유수언론 배정은 결국 소수의 유력한 지방언론을 관제화하는 결과를 초래할 우려와 개연성이 다분하다.

정부 광고의 지방 유력 언론사 선정 지원은 즉각 백지화되어야 한다. 정부 광고의 지방언론 지원은 지방언론 살리기의 본질적 목적인 '여론의 다양화'라는 측면에서 고려되어야 한다. 이를테면 소수의 목소리와 공공의 이익을 옹호하는 대안언론의 육성이 그것이다. 대안언론의 육성에는 기존 언론과 다른 목소리를 내는 신문의 창간 지원을 비롯하여 시민단체 등에서 발행하는 각종 유인물, 민중언론 등을 포함한다.

현재 대구지방의 경우를 예로 들면 5공언론이었던 <매일신문>과 6공 때 복간된 <영남일보>, 언론자유화의 물결을 타고 창간된 <대구신문>, <대구일보> 등 4개지가 있다. 이들은 제호만 다를 뿐 그 본질은 하나같아 '일란성 네쌍둥이'이다. 이런 신문 가운데 하나 둘을 가려내 육성한다면 '네 목소리를 두 목소리로 줄이겠다'는 산술적인 물량축소 외에는 별다른 의미가 없다. 이들 목소리와 더불어 다른 소리를 내는 신문을 더불어 육성해야 그 의미가 있다.

언론의 존재의미는 '목소리의 다양화'에 있다. 민주주의는 획일적인 하나의 목소리 아래 일로 매진하는 것이 아니라, 다양한 목소리 가운데 하나의 진리를 찾는 제도이다. 언론의 사명과 역할이 그와 같은 기능을 담당하는 것이다. 따라서 정부 광고의 지방언론 지원은 마땅히 이러한 목적의식 아래 집행되어야 할 것이다. 그것이 참된 지방언론 살리기의 의미를 담는 것임을 노무현 정부는 명심하여야 한다.

≡≡ 2003. 9. 25.

2·18대구지하철참사와 TK언론

2·18대구지하철참사는 단순한 사고가 아니다. 그것은 TK사회의 누적된 총체적 모순이 한꺼번에 폭발한 "TK판 문명충돌"이었다. 그럼에도 불구하고 TK 지도층은 그 책임을 자성하기는커녕 오히려 민중들에게 전가하기에 급급하다. 그 하수 노릇을 하는 TK언론의 본질을 고발한다.

2003년 2월 18일 오전 9시 52분경 대구 중앙로역에서 한 정신이상자가 지하철에 불을 질러 10여 분 사이에 200여 명이 떼죽음을 당하고, 150여 명이 크게 다쳤으며, 250여 명이 불에 타거나 실종된 대구지하철참사사고가 발생했다. 그때 언론, 특히 지방TV방송은 무엇하고 있었는가.

미국의 9·11테러나 이라크 침략전쟁은 「CNN 뉴스」 등을 통해 실시간으로 중계방송하던 TV방송이 600여 명의 대구시민이 죽거나 죽어가고 있는데도 '나 몰라라' 하고, 스포츠 중계를 하고 있었다. 그리고 사고발생 다섯 시간이 지난 후에야 겨우 보도하기 시작했다. 이는 아무리 지방방송이 중앙방송에 예속되어 있고, 우리 사회가 친미사대주의에 세뇌되었다 해도 핑계나 변명거리밖에 안된다.

관언유착으로 사람잡는 '코뿔소'언론

TV방송의 늑장보도는 언론이 대구시민을 얼마나 깔보는지를 역설적으로 웅변해 준다. 그래도 그것은 백번 양보하여 '참는다'고 해도 그 다음부터 언론이 보도하는 내용을 보면 '분노'하다 못해 '절망'을 느낀다. 사고의 원인 분석과 재발 방지책, 현장의 질서 유지와 모방범죄 방지를 위한 방안 등에 보도의 초점을 맞춰야 하나, 사망자 수 추이, 사고현장의 모습과 사고경위, 유족 관련 등 표피적이고 흥미위주의 말초 감각적인 보도로 일관하고 있다.

방송영상산업진흥원 뉴스워치팀이 사고 발생일인 2월 18일부터 3월 4일까지 지상파 방송 3사의 메인 뉴스를 분석한 자료에 따르면 우선 사고 초기 사태파악에 필요한 사고개요 및 피해보도보다는 참사에 직접 영향이 없는 부상자의 탈출기나 유가족의 슬픈 사연 등 '휴먼 에피소드'가 큰 비중을 차지하고 있는 것으로 나타났다. 사고원인과 관련해서는 사회안전시스템에 대한 근본적인 접근보다 '지하철 관계자 처벌' 차원에서 일단락 되도록 유도해 시청자의 관심을 '급랭시키는' 결과를 낳았다. 보도 언어의 사용에서도 전체 뉴스 475건 중 206건(43.4%)에서 '생지옥', '아비규환' 등과 같은 자극적인 언어가 사용됐으며, 영상 또한 무려 249건(52.4%)에서 시신으로 보이는 잔해, 불이 붙어 있는 지하철 내부 잔해 클로즈업, 유가족의 오열장면, 다리와 얼굴이 그을린 채 구조대원에 업혀 나오는 부상자 등 참혹한 장면을 방송해 '과열보도 뒤 급랭보도'의 전형을 보인 것으로 비판받고 있다(전승훈, 「"대구참사 방송 3사 뉴스 43% 언어사용 선정적"」, 동아일보, 2003년 3월 20일자, C5면).

그뿐이 아니다. 사고대책본부가 '싹싹' 물청소를 하는 등 사고현장을 심각하게 훼손하여 증거인멸을 시도하고 있는데도 제동은커녕 강 건너 불구경하듯 했다. 또 지하철공사가 통신일지를 조작하고, 사고 기관사를 빼돌려 입을 맞추는 등 조직적인 은폐 의혹이 불거지는 데도 보도는 고사하고 처삼촌 뭐 쳐다보듯 했다. 대구시가 사고의 근본원인은 지하철예산부족에 있다는 걸 부각시켜 조기수습을 도모하라는 '국면전환용' 문건에 화답을 하듯 일부 지방언론은 이번 사건의 발생원인이 "대구가 소외되었기 때문"이라는 주장을 공공연히 펴는 데까지 이르고 있다. 대구시의 보도자료를 리카피한 지방언론은 "부산은 지하철공단인데 대구는 지하철공사다", "중앙정부가 도와주지 않은 탓에 예산이 적어서 생긴 일"이라는 등 대구시의 일방적인 왜곡된 주장을 아무런 검증 없이 확대재생산하고 있는 것이다. 이쯤 되면 언론이 아니라 사고의 '미필적 고의에 의한 종범'이라 해도 과언이 아니다.

지방언론은 한 걸음 더 나아가 축소·왜곡·훼손·은폐·조작 의혹을 받고 있는 대구시가 중심이 된 사고대책본부를 유가족 등이 불신하며 중앙정부의 개입을 요구하자 '중앙정부가 사고 수습에 참여하는 것은 지방분권에 역행하는 처사'라는 대구시의회의 얼빠진 넋두리를 고스란히 되풀이해 시민들의 가슴에 다시 한번 대못을 박았다. 이에 대해 시민대책위원회를 비롯하여 많은 시민들이 반발하자 이번에는 불을 낸 '방화범'과 "1080호 기관사가 마스콘 키를 빼서 다 죽었다"는 식의 희생양 찾기에 매몰되어 사건의 본질을 흐리게 하고 있다.

대형 재난사고 때마다 언론의 이와 같은 보도로 관련자들은 사태의 본질을 철저히 파헤쳐 원인 분석을 하고, 그를 바탕으로 사건의 재발 방지를 위해 대안을 마련하기보다는, 우선 언론의 '소나기 보도'를 피하고 보자는 심산으로 눈에 보이는 현상을 '쉬쉬' 가리고 덮기에 바쁘다. 이는 좀 심하게 논리 비약한다면 언론이 희생자를 또 한 번 확인 사살하는 것과 다를 바 없다고 할 수 있다.

지방언론이 재난보도에 대해 커뮤니케이션적 개념이 부족한 것을 탓할 일만 아니다. 위기관리 커뮤니케이션의 미비는 중앙언론이라 해도 오십보백보이다. 그러나 매스미디어로서 위험커뮤니케이션의 기능을 어떻게 수행해야 할 것인지에 대해서는 언론이라면 최소한 직업적으로 기본 마인드는 지니고 있어야 한다. 그것을 지니지 못했다면 끊임없이 연마하고 업그레이드시켜 언론의 질 향상을 기할 수 있도록 '공부'하고 '노력'하여야 한다. 그런데도 지방언론은 오불관언이다.

토호언론 자성않고 외부지원만 기대

제16대 대통령 선거에서 비교적 진보적인 성향을 지닌 민주당 노무현 후보가 당선된 이후 현재 우리 사회에는 '지방 분권'의 목소리가 높다. 이른바 '지방 살리기'가 그것이다. 지방 살리기의 구조적 본질은 지방언론과 지방대학을 '수렁의 늪'에서 건지자는 것이 그 핵심이다. 두말할 나위 없이 지방언론의 위기는 단순히 언론의 위기만을 의미하지는 않는다. 그것은 풀뿌리 민주주의인 지방자치의 붕괴를 뜻한다 해도 과언이 아니다. 지방언론은 지방 민주주의를 담보하고 있기 때문이다.

이에 따라 언론학계와 언론시민운동단체, 지방언론기관 등을 중심으로 '지방언론의 육성'이라는 담론이 매우 활발하게 개진되고 있다. 그런데 여기서 뭔가 앞뒤 순서가 뒤바뀐 것 같다. 이를테면 우리는 한국언론이 오늘날 문제를 지니게 된 것의 원인으로 '과거청산', 즉 친일지로서 혹은 독재정권에 편입됐던 제도언론으로서의 죄과를 겸허하고 진실하게 청산하지 않은 데 있다고 주장해왔다. 이는 지방언론의 경우에도 마찬가지다. 지방언론 살리기는 지방언론의 그릇되고 왜곡된 사실부터 낱낱이 들춰내 그것을 혹독하게 비판하고 반성하는 데서부터 비롯되어야 한다. 이를 간과한 지원으로는 당초 목표로 했던 효과를 얻을 수 없을뿐더러, 한국언론의 역사적 케이스에서 보듯이 그 결말은 뻔하다.

물론 지방언론을 살리자는 취지에는 백번 동감한다. 그리고 반드시 지방언론은 되살려야 한다. 그러나 분명코 단언하건대 현재의 지방언론에 대해서는 땡전 한 푼 지원해서는 안 된다. 현재의 지방언론은 민주주의 발전과 정착이라는 언론의 공공적 사명을 지닌 언론이 아니기 때문이다.

지방언론은 그동안 일부 메이저언론의 논조와 관점을 그대로 베껴 앵무새처럼 수구적이고 반동적인 이데올로그를 확대재생산해 왔다. 그래서 일부에서는 지방언론을 "새끼○○일보"라는 비아냥거림마저 듣는 처지다. 어디 그뿐인가. 지방언론은 망국적인 지역감정을 부추기며 지역의 정치적 대세론을 무비판적으로 추종하거나, 심지어는 그 안에서 안주하며 숙주처럼 기생해왔다. 경영난을 빌미로 기자정신을 쓰레기통에 처박은 채 사리추구를 당연시했다. 공기로서의 역할과 사명을 다하겠다는 생각은 고사하고 무사안일과 매너리즘에 빠져 지역민에게 봉사는 '공익'의 제도로서가 아니라, 지역민 위에 군림하려 드는 '언론기관'으로 다가온 것이다.

지방의 토호세력으로 군림하면서 관언유착으로 기득권의 마름머슴 노릇을 했던 지방언론이 철저한 자기성찰도 없이, 혹독한 자아비판도 없이 모든 걸 중앙언론의 '자전거일보' 탓으로 돌리고, 「지방언론 지키자」며 새 정부의 지역언론 육성정책을 빌미로 '공적 자금'을 요구하고 있는 것은 적반하장도 유분수이다. 이는 심각한 자기부정이며 모순이고, 심하게 왜곡된 가치관의 전형을 보여준다. 언론으로서의 지녀야 할 최소한의 도덕적·윤리적 잣대마저 상실한 이 같은 투정을 들어주면 건전한 지방언론이 설 자리를 잃게 된다.

오늘날 지방언론이 초토화되고 있는 위기는 단순히 IMF 여파나 중앙일간지의 공세 때문만은 아니다. 그것은 지방언론이 지닌 구조적 모순에서 비롯된다. 중앙지의 '자전거'는 지방지 무력화에서 표면적으로 나타난 '깃털'에 불과한 이유다. 전통적인 언론의 사회적 존재양식과 그 성격 자체가 급변하는 커뮤니케이션, 즉 미디어 환경과 충돌하면서 야기된 총체적 위기이다. 다시 말해 언론은 디지털화되고, 네트워크화되면서, 멀티미디어화로 치닫고 있는 데 비해 지방언론은 아직도 케케묵은 과거의 습성에서 한 걸음도 앞으로 나가지 못하고 있다.

역대 정권이 당연히 했어야 할 언론산업의 육성, 곧 민주주의의 원칙인 건전한 여론의 다양화라는 국가적·시대적 언론정책을 방기한 것도 '빙산의 일각'뿐인 겉으로 드러난 이유에 불과하다. 인터넷 등 정보사회의 패러다임에 적응하지 못한 낡은 제도적 모순이 지방언론의 붕괴라는 뇌관 속에 도사리고 있는 것이다. 독자의 발걸음은 이미 열 발자국 앞으로 내달렸는데, 지방언론은 겨우 두세 걸음 앞으로 옮겨놓고 "내 뒤를 따라오는 독자가 없다"고 아우성이다. 독자가 있을 리 없는 것은 너무나 당연하다.

신문이라는 상품을 생산해내는 핵심적 조직인 편집국을 보면 지방신문사가 얼마나 정보사회에 뒤졌는지를 극명히 보여준다. 편집·정치·경제·사회·문화·사진부 등 고루한 조직이 100년 넘게 이어오고 있으며, 평기자 → 차장 → 부장 → 부국장 → 국장으로 이어지는 수직적 관료조직이 기자사회에서 매너리즘을 양산하고 있다. 어디 그뿐인가. 독자들은 점차 전문화되어 가고 있는데 그에 걸맞은 전문기자 육성은 생각도 않고, 제너널리스트 언론인이 게이트 키핑(*gatekeeping*)을 하겠다고 달려드니 어느 독자가 이런 언론문화를 좋아하겠는가.

한마디로 독자와 지방언론의 코드가 전혀 맞질 않는 것이다. 사정이 이러함으로 지방언론에게는 백약이 무효하다. 아무리 공적 자금을 쏟아 부어 지원을 한다 해도 그것은 '밑 빠진 독에 물 붓기'나 다름없다. 지방언론이 자생력을 지닌 언론으로 거듭나기 위해서는 언론의 정체성을 잃고 무사안일한 지면과 매너리즘에 젖은 수구적인 경영으로 일관했던 패러다임을 자각하는 것이 문제의 본질이자 초점이다. 이를 인식하지 못하는 가운데 무수히 쏟아지는 지방언론 살리기 담론은 곧 공론(公論)이 아니라 공론(空論)일 따름이다.

대구사회 주류층 '모럴 해저드' 심각

2·18대구지하철참사보도는 지방언론의 모순과 한계를 극단적으로 보여주는 극명한 예이다. 2·18참사 수습과정에서 보듯이 지방정부는 사고를 겸허하게 수습하여 재발방지에 힘쓰기보다는 축소·왜곡·훼손·은폐·조작하기에 급급한 무능을 만천하에 드러냈다. 사건 직후 지하철 운영재개, 졸속 복구, 사건 축소은폐 왜곡조작 의혹, 부실한 현장보존 등 원시적·후진국형 사고발생에 주먹구구식 사고수습으로 대구시는 사실상 무늬만 지방정부인 '식물인간'화됐다. 사태수습 주체로서의 자격을 박탈당한 셈이다(최세호, 「지하철 참사 뒤 대구민심」, 주간 대구내일신문, 제55호, 2003년 3월 20일자, 1면).

인터넷신문 <오마이뉴스>가 보도한 바에 따르면 자칭타칭 대구경북 지역의 언론을 대표한다는 <매일신문>의 정재완 사장은 3월 19일 그랜드호텔에서 열린 대구경북 지역발전협의회에서 "250만 대구시민을 대표하는 시장님이 유족들에게 멱살 잡히고 참 민망스러웠다…'시청 직원 다 죽었나'며 혼자 성질내기도 하고, 어떤 사람에게 야단치기도 했다"면서 "대구는 전 세계에서 가장 문란하고, 무질서한 곳"이라고 상식 이하의 발언해 시민들과 희생자 가족들의 반발을 샀다.

조해녕 대구시장을 비롯하여 지역의 대학총장, 교육감, 상공회의소 회장, 언론사 사장단 등 20여 명이 참석한 이날 회의에서 정 사장은 조 시장을 향한 '조비어천가'도 모자랐던지 지하철참사 유족들의 항의시위 등과 관련 "지하철사고 유족이라고 해서 법 위에 있는 것은 아니다"라고 전제하고, "기물을 부수고 행패를 부리는 이들을 일단 경찰이나 검찰이 일단 잡아넣고 조사를 해야 하지만 손발을 놓고 있었다"고 개탄했다. 정 사장은 "법을 집행하지 않기 때문에 초법자가 너무 많아졌다"는 상식 이하의 주장을 계속 늘어놓고는 "이 세상 어느 나라에 술 취한 주정꾼이 파출소에 들어가 컴퓨터를 부수는 세상이 어디 있냐"며 "미국 같으면 총이라도 맞았을 것"이라고 검경의 강경대응을 촉구했다.

매일신문사 정재완 사장의 이 같은 발언은 시정잡배들조차 함부로 입에 담지 못할 망언이었다. 하물며 대구경북의 가장 큰 영향력 있는 언론사 사장이 이처럼 아부성 '용비어천가'를 무책임하게 쏟아내는 것은 뭔가 잘못돼도 크게 잘못됐다. 그래서는 안된다.

<매일신문> 사장이 아니라, 인간 정재완이 지극히 사적인 자리에서 지극히 사적으로 그렇게 말했다 하더라도, 그것은 차마 지성인으로는 입에 담을 수 없는 말을 했다는 비판에서 자유로울 수 없다. 하물며 우리 사회에서 공익의 일익을 담당하고 있는 유력 언론사 사장이라는 공인의 입장에서는 두말할 나위 없는 것이다. 더더군다나 그는 하나님의 사랑을 입에 담고 사는 가톨릭 사제가 아닌가.

비록 가진 게 없어서 지하철을 타고 다니다가 죽음을 당한 아무리 힘없고 빽 없는 민중이라 할지라도 그렇게 함부로 깔보고 무시해서는 안된다. 그들이나 소위 말하는 '지도층'이나 하나님 앞에 가면 누구나 평등하고 동등하다. 따라서 우리 사회의 기득권층에 있다고 하더라도 그렇게 책임 없는 말로 그들을 모독하고 조롱할 권리는 없다.

300여 명의 경찰이 삼중사중으로 철통같이 에워싸 신문사를 보호하고 있는 가운데 시민들과 희생자대책위 관계자 등 100여 명이 20일 오후 6시께 매일신문사로 몰려가 "조 시장이 멱살 잡힌 것은 민망하고 유골을 쓰레기처럼 버린 것은 괜찮은 것이냐"면서 "시장의 잘못에 대해서는 한마디 언급도 없고, 어떻게 실종자 가족들을 그렇게 매도할 수 있느냐"며 규탄했다. 항의단은 "정 사장의 충분한 설명이 없을 경우 법적 책임을 묻는 것은 물론 천주교대구교구, 정의구현사제단, 김수환 추기경 등에게 망언을 알리는 등 적절한 조치를 취하겠다"고 격렬히 항의했다.*

시민들의 분노에 감히 정 사장은 직접 나서 해명을 하지 못하고 대신 김정길 부사장과 이진협 편집국장 등이 이 신문사 3층 회의실에서 항의단 대표 7명을 만나 "절대 악의적이거나 의도적인 발언은 아니었으며, 말이 미흡해서 생긴 오해"라고 궁색한 해명을 둘러댔다. 매일신문사 앞에서 항의를 하던 한 시민은 "언론사 사장이라는 사람이 이 모양인데, 그런 사람 책임하에서 만들어지는 언론은 오죽하겠는가"라며 TK언론의 현실을 비판했다. 한 언론인도 "대구경북의 리더언론이 이런 것은 현재의 TK사회의 수준을 적나라하게 보여주는 것"이라며, "TK는 이를 극복할 새 신

---

* 항의단이 가톨릭을 거론하는 것은 매일신문사가 천주교대구교구유지재단이 신문사 자본을 소유한 언론사이기 때문이다. 매일신문은 5공 때 영남일보를 흡수 통합했던 대구경북 지역의 대표언론사이다.

문의 창간이 절실하다”는 대안을 제시하기도 했다.

이번 사고를 계기로 언론뿐만 아니라 한나라당 일색인 대구지역 국회의원과 시의회, 대구지방 검찰·경찰 등 대구사회를 이끌고 있는 주류층의 행정적 무능, 정신적 해이, 도덕적 나태 등이 총체적으로 드러났다. 이로 인해 시민의식의 구심점 부재라는 과제를 던지고 있다. 대구사회의 지도층이 뼈를 깎는 각오로 자성하고, 그를 통해 시민들의 무너진 신뢰를 회복하여야 하는 시점에서 터진 <매일신문> 정재완 사장의 ‘조비어천가’는 TK 지도층이 아직도 제정신을 차리지 못하고 있음을 극명히 보여주는 것이었다.

2·18참사가 시민들의 가슴을 짓누르는 것은 바로 이처럼 대구사회를 이끌어갈 지도층이 총체적으로 ‘모럴 해저드’ 현상에 빠져 있기 때문임을 명심해야 한다. 이 같은 TK 자화상으로는 TK의 미래를 담보할 수 없다. 그러므로 어물쩍 덮고 넘어가서는 안된다. 이번에는 철저히 파헤쳐 내 시시비비를 엄격히 가리고 가린 다음, 처단할 자는 단호히 처단하여야 한다. 그렇게 하지 않으면 또 다른 ‘2·18’이 다가온다.

지방언론은 마땅히 ‘사회정의의 확립’과 ‘책임행정의 구현’이라는 측면에서도 이들 토호세력의 사법적 심판 여론을 조성하고 촉구하여야 한다. 그런데도 지방언론은 꿈적도 않고 있다. 그것은 앞서도 보았듯이 ‘초록은 동색’이라고 지방언론이 이미 이들 토호세력과 한 몸이 된 ‘일심동체’이기 때문이다. 지방의 토호권력으로 작용하고 있는 이런 언론에 대해 과연 지원할 가치가 있는지 새삼 물어 볼 필요가 없다. 또 이런 지방정부에 대해 분권으로 권한을 확대시키고, 이런 지방언론에 대해 공적 자금을 쏟아 부어 지원을 하자는 것은 아무런 설득력도 명분도 없다.

TK를 예로 든다면 TK사회가 현재의 TK언론의 극복 없이는 ‘2·18’의 근본적인 해결은 없다고 할 수 있다. 언제든지 2·18은 되풀이될 수밖에 없는 시스템이자 구조이다. 2·18의 발생에서 수습까지를 되돌아보면 TK는 정말 더 이상 이대로는 안된다는 것을 처절하게 웅변하고 있다. 2·18은 한 정신질환자가 저지른 단순 방화참사사건이 아니라 TK가 지닌 자가당착의 모순과 불합리가 총체적으로 응축되었다가 한꺼번에 폭발하여, 우리가 우리 자신에게 가한 ‘테러’였다고 보아야 할 것이다. 즉 TK판 ‘문명충돌’인 것이다.

감시견은 고사하고 애완견으로 전락

따라서 2·18은 사회를 감시하는 TK언론이 감시견으로서의 사명과 기능을 수행하지 못하는 결과 때문에 빚어진 것이라는 것이 보다 적확한 현실진단이다. '철밥통' 공무원들이 제자리를 지키려고 상위직과 관리직은 되도록 가만히 놔둔 채 힘없는 하위직과 기능직·역무직 등을 위주로 구조조정을 단행할 때 지하철참사는 이미 배태된 것이었다. TK언론이 지하철노동조합의 이러한 하소연에 조금만 관심을 기울였으면 사고는 미연에 방지할 수 있었다.

언론이 감시견(監視犬·*Watch dog*)으로서 지역사회의 부정과 비리, 그리고 모순에 대해 물어뜯거나 짖는 것은 고사하고, 오히려 지방의 토호나 관료들, 기득권층 앞에서 재롱을 피우거나 주인이 간지럼 켜주는 것이나 바라는 애완견(愛玩犬·*Lap dog*) 노릇에 급급하고 있다면 그 폐해는 고스란히 언론의 수용자에게 돌아온다. 불특정 다수인 '민중'의 이익을 확보하기 위해서는 우리 사회에 감시견이 필요한 것이지 애완견이 필요한 것은 아니다. 따라서 감시견은 고사하고 애완견 노릇하기에 급급한 현재의 지방언론 구도는 본질적으로 해체되어야 마땅하다.

노무현 정부가 지원하고 육성해야 할 지방언론은 2·18대구지하철참사와 같은 국민적 재앙을 제대로 인식하고, 재발방지에 기여하는 언론이어야 한다. 현재 TK언론은 일제히 '노무현일보'로 변모해 있다. 소위 말하는 'TK정서'와 '대세론'을 내세워 신문장사를 해먹던 TK언론이 언제부터 노무현의 '팬'이 되었는지 그 가치관의 현란한 가치관의 전도에는 어리둥절할 따름이다. 그것은 노무현을 일관되게 지지했던 진짜 '노무현 팬'을 우롱하고 농락하는 교활한 '교언영색'일 따름이다. 아무리 '노비어천가'를 부르며 바짓가랑이를 잡고 늘어진다 하더라도 노무현 정부는 이런 언론을 키워서는 안된다. 큰일 난다. 권력에서 물러나거나 힘 빠지면 언제 '하이에나'로 돌변하여 물어뜯을지 모르기 때문이다.

≡ 2003. 3. 22.

언론개혁과 지방언론

언론개혁의 사각지대에 방치되어 마치 독버섯처럼 언론자유를 좀먹으며 기생하는 사이비언론의 한계를 지적해 언론개혁이 중앙지뿐만 아니라 지방지에도 시급히 실시되어야 한다는 것을 강조한다.

언론개혁이 국가적 화두로 등장하고 있는 이때 지방신문은 개혁의 사각지대에서 독버섯처럼 음습하게 자라고 있다. 지방신문이라 함은 대체로 서울에서 발행하는 전국지(중앙지)를 제외한 각 지역 광역시·도 단위에서 발행하는 종합일간신문을 지칭한다.

개혁의 사각지대에 방치된 지방신문

전국지는 대체적으로 우리 사회에서 '선출되지 않는 무소불위의 권력'으로 행사하며, 국익과 국민의 알권리를 담보로 사익[社益·私益] 챙기기에만 급급하고 있다는 평가를 받고 있다. 반면 지방언론은 그렇지 않다. 언론파시즘 체제를 구축한 전국지는 교묘한 수법으로 국민들을 속일 만한 능력을 갖춰 '네다바이'라도 할 수 있지만 지방언론은 무지몽매하여 네다바이를 할 만한 자질조차 갖추지 못하고 있다. 그렇다고 지방신문이 전국지의 네다바이 수법을 보고만 있느냐 하는 것은 아니다. 조금씩 조금씩 그 수법을 하나하나 벤치마킹하고 있다.

언론개혁은 반언론적인 전국지만 개혁한다면 지방신문의 문제는 절로 해결될 수

있다는 논리가 성립한다. 그러나 한 가지 문제점이 있다. 그것은 지방신문이 무지몽
매하여 '언론개혁'을 알아듣지 못한다는 사실이다. 오로지 "무식하면 용감하다"는
말만 믿고, 코뿔소처럼 외곬으로만 치닫는 것이 지방신문의 냉혹한 현실인 것이다.

무지몽매한 지방신문을 개혁하려면 몽둥이가 제격이다. 말로써 지방신문을 설득
하기란 불가능하다. 철퇴만이 지방신문을 제압할 수 있는 유일한 방안이다. 독자여
러분은 필자가 몽둥이라고 한다고 하여 그것이 폭력이거나 강압적일 것이라고는 오
해하시지는 마시라. 여기서 철퇴라 함은 현행 법률의 엄격한 적용을 말한다. 필자는
결코 적법한 절차에 따른 개혁을 원하는 것이지 혁명적인 방법에 의한 개혁을 말하
는 것이 아니다.

현행 언론관련법과 형법 등으로도 궤도에서 탈선한 지방신문을 얼마든지 개혁할
수 있다. 결코 불가능하지 않다. 권력의 촉수가 지방언론을 장악하기 위해 지방신문
의 탈선을 고의적으로 봐주고, 이를 빌미로 다시 지방신문을 장악하는 음모만 버린
다면 지방신문의 개혁은 금세 이뤄질 수 있다. 왜냐하면 지방신문이 언론권력으로
등장한 전국지만큼 강력하게 무장되어 있지 않기 때문이다.

사주에 의한 사주를 위한 사주의 신문

대체로 지방신문은 사주에 의한 사주를 위한 사주의 신문이다. 지방신문에서 편
집권 독립이니, 경영 합리화니 하는 말은 사치스러운 말장난일 경우가 더 많다. 지
방신문은 무늬만 언론일 뿐 사주 개인의 선전지·전단지나 다름없다. 사주의 말 한
마디에 편집제작은 물론 신문사 전반이 좌지우지된다. 사주는 곧 무소불위의 제왕
이자 황제로 군림한다.

그 뿐이 아니다. 지방신문 사주는 쥐꼬리만 한 저임금을 지급하면서, 그것도 체불
이 예사인 상태에서 언론인들을 마치 '마름'처럼 부리고 있다. 언론인들은 부수확장
은 물론 광고수주, 촌지수수, 이권개입 등 비리를 야기하는 데까지 내몰고 있다. 이
처럼 지방신문은 사주 한 개인의 도덕성에 따라 언론윤리가 자리매김하게 된다.

그러면서도 지방신문의 숫자는 줄어들지 않고 있다. 그것은 지방신문 사주가 지방

신문을 언론으로 생각하기보다는 신문 외적인 이익확보나 영향력 확대라는 관점을 지니고 있기 때문이다. 지방신문 사주들은 신문기업을 자기 자신이나 소유기업에서 유리하게 관리하거나 조작하고, 유사시에는 신문을 방패막이로 이용할 수 있다는 속셈으로 손실을 감수하면서도 지방신문을 경영한다. 여기에다 더하여 지방신문의 사주는 지방신문을 통해 지역 세도가로 위상이 높아지며, 기자를 통해 온갖 정보에 쉽게 접근할 수 있는데다가 사주가 운영하는 다른 기업들에게 때로는 해당 관청에 압력을 행사할 수 있는 방패막이의 역할을 수행하고 있다. 그래서 웬만한 규모의 지방일간지는 거의가 백화점, 부동산, 건설업 등으로 축적한 향토 토착자본의 계열사이다(장호순, 『작은 언론이 희망이다』, 개마고원, 2001, 66쪽).

많은 지방신문은 존재의 당위성을 갖지 못하고 있다. 오히려 언론이라는 양두구육의 탈을 쓰고 지역사회에서 토호세력으로 군림하며, 지역민의 고혈을 빨아먹고 기생하는 존재라는 혹평을 듣고 있다. 사정이 이와 같으니 지방신문이 지역주민들에게 생활필수품처럼 요긴한 것으로 인식되고 있는 것이 아니다. 있어도 그만 없어도 그만이 아니라, 오히려 없는 게 낫다는 인식이 팽배해 있다.

일그러진 지방언론사주들의 자화상

<영남일보> 박창호 전 발행인(전 갑을회장)이 공적 자금 9천여 억 원을 편취한 혐의로 검찰에 구속되어 지방언론사주들의 도덕성에 먹칠했다. 대검 중수부 안대희 부장검사는 박창호 전 회장을 지난 7월 10일 분식회계로 재무제표를 허위로 작성해 은행으로부터 거액을 대출 받아 갚지 않고(사기), 상환 능력이 없는 그룹 계열사에 자금을 부당 지급한 혐의(배임) 등 '특정경제가중처벌등에관한법률' 위반혐의로 구속수감했다.

대검 중수부 관계자에 따르면 박씨는 지난 94~98년 (주)갑을과 (주)갑을방적을 통해 5,450억 원을 사기대출 받고 2,460억 원을 계열사에 부당지원 하는 등 공적자금 9천여 억 원을 편취했다고 15일 밝혔다. 박씨는 또 구입도 하지 않은 리스 시설을 들여놓은 것처럼 속이는 이른바 '공리스' 수법으로 99억 원을 챙긴 혐의도 받

고 있다. 검찰에 따르면 박씨는 지난 96년 8월 허위로 작성된 (주)갑을의 재무제표에 기반을 둔 신용평가기관의 평가등급을 제출해 ㄱ생명으로부터 100억 원을 대출받는 등 95년 10월~98년 3월 사이 11개 금융기관으로부터 1,021여 억 원을 대출받아 편취한 혐의다.

박씨는 96년 5월에도 같은 수법으로 ㄱ은행의 50억 원에 대한 보증채무 65억 원을 부담하는 등 98년 6월까지 12개 금융기관에서 1,032억 원의 재산상 이득을 챙겼다는 것이다. 박씨는 이와 함께 지난 97년에는 대금 상환이 불가능한 것을 알면서도 (주)갑을과 (주)갑을방적의 자금 2,460억 원을 갑을엔지니어링, 영남일보사, 갑을통신, 갑을개발 등 계열사에 부당지급한 것으로 수사결과 드러났다.

박씨는 특히 금융기관 대출 및 회사채 지급보증을 위해 이모 전 갑을 대표이사 등과 짜고 (주)갑을의 94년 당기순이익이 마이너스 126억 원이었으나 재고자산과 매출원가를 허위 계상해 18억 원의 흑자를 낸 것으로 재무제표를 작성했다고 검찰이 밝혔다.

<대구일보> 사주 이태열 회장 또한 횡령·세금포탈 혐의를 받고 상고한 사건에 대해 유죄로 인정되어 법원으로부터 실형을 선고받아 충격을 주고 있다. 대구고법 제1형사부 최병덕 부장판사는 12일 이태열 회장(59)에 대한 '특정경제범죄가중처벌법상 횡령과 조세범처벌법' 위반 혐의 파기환송심에서 징역 1년6개월에 집행유예 2년을 선고했다. 재판부는 이씨가 실질적으로 운영하는 D산업과 D환경에 대해서는 각각 벌금 1억 원, 또 다른 D산업과 D환경, D주택관리에 대해서는 벌금 2천만 원씩을 선고했다.

이씨는 1994년부터 98년까지 자신과 친인척이 대표이사로 있던 D주택관리와 친인척 명의로 된 5개 쓰레기 수집운반업체에서 33억 원을 횡령하고, 8억여 원의 법인세를 포탈한 혐의로 2000년 1월 구속기소됐다. 이씨는 2001년 9월 대구고법에서 같은 형을 받고 상고했으며, 대법원은 지난해 7월 전체 횡령액 중 지급된 퇴직금 일부를 제외한 나머지는 유죄라며, 사건을 대구고법으로 돌려보냈다.

사주와 지방언론인의 의식개혁이 시급

이처럼 비리로 얼룩진 지방언론이 사회정의를 구현하기란 요원하다. 21세기는 세계화 시대다. 세계화의 진정한 본질적 의미는 곧 지방화를 의미한다. 사고의 형태가 표준화·보편화되는 시대를 맞아 지방화만이 유일한 경쟁력의 원천이라 해도 과언이 아니다. 이를 한국 내에 국한시켜 말한다면 전국지로는 경쟁력을 지닐 수 없다는 것이다. 이를테면 서울에서 발행되는 전국지가 대구에서 발행되는 지방신문에 비해 대구시장에서는 경쟁력을 상실할 것이라는 것이다. 이는 다만 대구에서 발행하는 지방신문이 언론개혁을 통해 지역민의 생활필수품으로 거듭났을 경우를 전제한 상태에서의 조건이다.

그러기 위해서는 먼저 지방신문 사주의 각성이 절실한 실정이다. 그들이 무지몽매하면 그들에게 언론개혁의 당위성을 친절하게 일깨워야 한다. 아집에 사로잡혀 알면서도 언론개혁을 거부한다면 가차 없이 언론으로부터 퇴출시켜야 마땅하다. 왜냐하면 그들은 민주주의를 좀먹고 갉아먹는 공적 1호이기 때문이다.

두 번째는 지방언론인들의 자각 또한 빠뜨릴 수 없다. 지방언론인들의 자질향상을 위한 자기개발 없이 지방언론의 개혁이란 있을 수 없다. 지방언론인들에게서 올곧은 기자정신을 지닌 언론인을 찾아보기란 힘들다. 그렇다고 독자들의 알권리를 시원스럽게 해 줄 수 있는 ‘전문성’이라는 지식을 지녔느냐 하면 그것도 아니다. 공익기관에 종사한다는 자긍심도 찾아보기가 어렵다. 그러면서도 시건방은 잔뜩 들어 취재원을 깔보고 무시하기 일쑤다. 상황이 이렇다 보니 공공성 정확성 공정성을 지닌 기사는 고사하고 무식한 기사를, 그것도 심지어 제멋대로 창작하거나 왜곡하기 일쑤이다. 한마디로 전형적인 ‘탐관오리형 기자’가 대부분이다. ‘암행어사형 기자’를 기대했던 국민들은 기자만 보면 쉬쉬 도망가기 다반사다.

세 번째는 지방언론 기자들을 시스템적으로 옥죄는 것이 ‘저임금에 바탕을 둔 소수정예’이므로, 이를 척결하여야 한다. 여기에는 ‘생산성’이란 전혀 고려되지 않는다. 지방언론 경영주는 언론사 경영의 가장 큰 구성비목을 차지하는 인건비를 절감하기 위해 경영난을 핑계로 ‘저임금을 토대로 한 소수정예’를 표방한다. 그렇지 않아도 능력도 달리는데 그나마 인력조차 부족해 업무에서마저 과부하가 걸리니 지방언론은 점점 부실해지고, 이는 독자로부터 점점 외면을 받게 되고, 다시 시장에서 점점 밀려나게 되는 악순환의 연결고리에서 벗어날 수 없게 된다.

"쥐꼬리만 한 봉급이나마 체불만이라도 되지 않았으면 좋겠다"라는 하소연은 고단한 지방언론인의 삶을 극명하게 보여주는 절규이다. 이러한 상황으로 인해 지방언론인은 부패의 유혹에 너무나 많이 노출되어 있다. '목구멍이 포도청'이라고 생존권 문제에 이르면 누구나 언론인의 꼿꼿한 자존심을 지키기란 여간 어려운 게 아니다. '사흘 굶어 도둑질 안하는 사람이 없다'고 생존을 위한 부패는 어떻게 보면 불가피한 면도 있다고 이해하여야 한다. 물론 상황이 그렇다고 그것이 정당성을 지닌다는 얘기는 아니다.

지방언론인들을 언론개혁에 동참시키기 위해서는 무엇보다 생존급에도 미치지 못하는 그들의 임금을 현실화해야 한다. 언론인이라는 직업이 배부르고 등 따시게는 살지 못한다 할지라도 최소한의 생계유지는 보장되어야 한다. 언론인의 최소 생계유지조차 책임지지 못하는 지방언론은 언론시장에서 강제로 퇴출시켜야 한다.

네 번째는 지방언론의 실질적인 개혁은 주재기자제도의 철폐가 전제되어야 한다. 주재기자제도는 중앙지의 지방주재기자제도 또한 철폐되어야 한다. 이는 전체 언론개혁 문제 차원에서 시행되어야 한다. 지방 시·군단위의 언론행위는 지역신문에 맡겨야 한다. 중앙지는 전국지 역할만 하여야 하고, 지방지는 광역시·도 단위의 언론으로서의 기능을 수행하여야 하며, 일선 시·군 단위의 소식은 해당 지역신문이 커버하는 지역별 취재제한 조치가 필요하다. 그것은 해당 지역을 바탕으로 지역신문과 지방언론의 시장을 일정하게 보장해 줄 뿐만 아니라, 전국지와 지방지의 전문성을 강화해 주고, 나아가 주재기자의 폐해를 해소할 수 있는 일석삼조의 정책이다.

지방주재기자제도는 현재 지방언론에서 두 가지의 문제점을 지니고 있다. 그것은 지방주재기자의 보증금이 지방언론의 종자돈 구실을 하고 있는 언론사가 버젓이 존재한다는 사실이다. 일부 지방신문은 주재기자의 보증금과 광고강매 등을 주요 수입원으로 하여 살아가고 있다. 이러한 지방신문에서 윤리강령은 한낱 액자 속의 장식품으로 전락할 것임은 자명하다.

　　지방언론의 주재기자는 대부분 언론인이 아니라 비리의 연결고리라 해도 실례가 아니다. 지방언론이 주재기자를 채용할 적엔 언론인으로서의 최소한의 자질이나 취재능력은 도외시된다. 오로지 지역마다 할당된 일정 부수의 지대와 광고료를 감당할 수 있느냐가 최우선적으로 고려된다. 사정이 이렇다 보니 심지어는 도덕적으로나 윤리적으로 도저히 언론에 발을 들여놓지 않아야 할 자까지 버젓이 ‘기자’로 행세한다. 그들은 기자라는 직함 아래 국민의 알권리를 핑계로 지방의 시·군 공보실을 떳떳하게 점령해 공무원 위에 군림한다.

　　지방의 일선 시·군은 ‘언론 모리배’의 소굴이 되었다 해도 과언이 아니다. 물론 지방언론의 모든 주재기자가 다 그러하다는 것은 논리비약이며, 어불성설이다. 비록 몇몇이라 할지라도 사명감 있는 언론인도 적지 않을 것이다. 그들이 열악한 조건을 무릅쓰고 언론현장에서 묵묵히 자신에게 주어진 책임과 사명을 다하고 있는 것에 비하면 이 글은 그들의 명예를 심각하게 훼손하고 비방하는 것일 수도 있다. 그러나 현실에서 대부분의 지방언론사 구조가 시스템적으로 주재기자의 보증금이 언론사 경영에 큰 몫을 차지하고 있어, 지방주재기자의 일탈은 불가피한 ‘현실악’이라고 아니 할 수 없다.

　　언론이 사람산업임을 감안하면 지방신문의 개혁은 결국 이 두 가지 문제를 어떻게 푸느냐에 따라 그 성패가 가름된다. 이 두 가지 문제만 해결되면 지방신문이 지닌 근본적인 문제는 모두 해결될 수 있다. 그 외 지방신문을 둘러싼 문제는 지엽적인 것으로 그다지 신경 쓸 일이 아니다. 따라서 이는 언론개혁에 있어서의 지방신문이 당면한 최대의 과제라 할 수 있다.

≡≡ 2003. 7. 20.

언론의 도덕성과 정체성

한겨레를 벤치마킹한 지방신문의 창간에 대한 올바른 방향을 제시한 글. 엽불에는 관심이 없고 젯밥에만 관심 있는 지방언론 창업주의 검은 속셈을 통렬하게 비판한다.

그동안 부동산 투기를 기반으로 했던 주택건설업과 호화·사치·향락 서비스업, 소비재 유통산업에 의존했던 지역의 '거품경제'가 IMF 이후 패러다임의 부재로 몰락하고 있다. TK경제는 산업의 구조조정과 기술개발 등을 등한시하고, 권력에 줄을 댄 '정치적 해결'에 의한 경영만을 고집하다가 그것이 여의치 않자 '부도'라는 직격탄을 맞고 잇따라 쓰러지고 있다. 언론의 젖줄이었던 지역경제의 몰락은 부메랑이 되어 언론산업의 목을 옥죄고 있다. 이에 따라 지방언론은 초토화되어 '붕괴' 일보 직전에 있다

TK언론 붕괴직전 정경유착 자업자득

이는 TK와 TK언론의 자업자득이라 할 수 있다. 불법적인 쿠데타로 권력을 장악한 TK는 지난 32년 동안 이 나라를 통치했다. 기회주의적 근성을 지닌 일부 극소수의 TK 지식인들은 군사독재정권에 빌붙어 이 땅의 민주주의를 파괴하고, 민중의 자주의식을 말살하는 하수인 노릇을 했다. TK언론은 이를 허위의식으로 과대 포장하여 TK의 허상을 왜곡·조작·분식보도로 일관했다. 그리하여 'TK'는 '경상도 기질', '반골정

신'으로 상징되는 긍정적인 문화라기보다는 일부 극소수의 출세주의자들이 혈연·지연·학연 등을 동원해 권력에 빌붙기를 도모한 전형적인 '해바라기문화·어용문화'의 총칭으로 회자되고 있다. 이를 고상하고 듣기 좋은 말로 하면 '정치적'이라 할 수 있다.

TK정권 32년 동안 대구경북지역의 언론도 한국언론의 전반적인 현상과 마찬가지로 체제 내에 편입되어 언론의 사명을 망각했다. TK정권에 대한 영향력이 중앙언론에 못지않았을 지역언론이 지역성과 혈연, 학연 등에 포로가 된 것은 지적하지 않을 수 없다. TK정권은 국민 다수의 정통성, 도덕성에 바탕을 둔 건전한 권력이 아니라 부도덕한 군사독재정권이었다. 따라서 TK정권은 필연적으로 민중의 인권을 억압할 수밖에 없었고, 또 독점재벌과 유착되어 절대권력만큼 절대부패했다. TK언론은 이 같은 사실과 진실은 간과한 채 다만 '우리 이웃 누구누구가 국회의원, 장관, 장군, 재벌 등이 됐다'는 식의 권력지향적인 보도마저 서슴지 않았다. 이는 지역민들의 의식구조를 크게 왜곡시키는 것이었다.

이처럼 TK언론이 정치권력의 특혜와 보호 아래 민중 위에 군림하면서 '언론'으로서의 소임은 고사하고, '언론기관'만의 사명만을 수행함으로써 마침내 수용자들로부터 불신의 대상이 된 것은 언론자본이 지닌 성격 때문이라 아니 할 수 없다. 한국의 언론은 대개 재벌언론이거나, 종교자본 언론, 언론재벌이다. 독점언론자본의 재벌화·종교화는 그 속성상 언론을 보수화·귀족화·수구화로 치닫게 해 언론의 본질을 훼손한다. 언론의 본질은 진보와 개혁에 있다. 그것은 한국 민간언론의 효시이자 언론의 전형으로 꼽고 있는 <독립신문>의 언론정신에서도 극명히 드러난다.

진리와 함께 민중과 함께 역사와 함께

언론에서 도덕성과 정체성은 언론의 존재가치를 가늠하는 잣대가 된다. 언론이 도덕성과 정체성을 상실하면 존재의 기반을 잃고 실체가 없는 유령언론이 된다. 최근 언론계에서는 <한겨레>를 벤치마킹한 일간신문의 창간준비가 분분하다. 10여 년 이상 새 매체의 건설을 염원해 온 필자는 이를 보며 환영하기보다는 우려를 금하지 않을 수 없다. 그것은 새 매체의 창간을 주도하는 이들이 과연 언론에 대한 도덕성과 정체성을 지녔는가 하는 문제에 이르면 더 이상 언급할 가치조차 없기 때문이다.

현재 지역언론의 실정은 IMF 이후 총체적으로 초토화되었다. 이는 뭐니 뭐니 해도 무능한 언론경영진·사주 때문이다. 그런데도 그들은 언론경영의 실패를 언론노동자들의 탓으로 돌리고, '정리해고'라는 전가의 보도를 휘둘러 '고용불안'을 조성함으로써, 언론개혁을 주도할 언론인들을 무력화시키고 있다. 새 신문 창간에 앞서 이들에 대한 경영실패의 책임을 따져 묻는 것이 우선이다. 뿐만 아니라 독점자본의 노예화가 된 무능한 간부진의 숙청과 언론계로부터의 퇴출 또한 소홀히 할 수 없다. 경영위기의 상당부분은 언론사 간부들의 매너리즘에 젖은 무사안일과 무지에서 기인한다 해도 과언이 아니다. 그들이 언론시스템을 장악하고 있는 한 언론개혁은 요원하다.

"광고가 없어 신문사가 망했다"는 몰상식적이며 몰가치적인 무지는 독재정권이 자행한 '언론을 길들이기 위한 당근'에서 헤어나지 못하는 순진한 발상이다. 오늘날 지방언론의 붕괴는 광고수가 담합, 신문판매 가격담합, 발행부수 미공개, 특혜금융, 세제혜택 등을 통해 언론시장의 원리를 왜곡시켜 왔던 제도언론의 '언론시장 실패와 군림하는 언론' 때문이었다. 지방언론은 그동안 "우리 지역에서 나오는 신문이니까"라는 천박한 지역성에서 그 생존의 해법을 찾고 있었다.

한국의 언론산업 환경은 지난 100년간의 변화를 1999년에서 2000년 사이에 다 겪었다 해도 과언이 아닐 정도로 급변하고 있다. 정부의 언론산업에 대한 과보호가 걷히고, 규제완화 정책이 시행되면서 언론산업은 본격적인 시장경제 질서체제로 편입되고 있다. 더구나 정보통신기술의 발달은 미디어 사이의 업종구분을 허물면서 국내외 미디어 자본의 언론산업 인수 합병 및 경쟁매체 간의 전략적 제휴 등을 활성화시키고 있다. 뉴미디어 시대가 본격적으로 도래하면서 새로운 산업적 환경에 적응하지 못한 전통적인 올드미디어는 퇴조의 조짐을 보이고 있으며, 특히 인터넷은 기존 언론산업의 존재와 패러다임을 위협하며 새로운 대안매체로 급속히 부상하고 있다.

인터넷 등 뉴미디어의 발달과 언론시장 환경의 급변은 독자들로 하여금 더 이상 질 낮은 신문을 시장에서 용인하지 않게 하고 있다. 여기에다 IMF 이후 관료(權力)·자본(財閥)·언론(知識人)의 권재언 보수동맹이 자본시장에서 더 이상 먹혀들지 않게 된 데서 언론의 위기는 비롯되었다고 보아야 할 것이다.

도덕성과 정체성이 바닥난 지역언론계

지방언론의 바로서기는 자신의 도덕성과 정체성에 대한 몰골을 돌아보는 작업부터 비롯되어야 할 것이다. 이미 10여 년 전에 『대구경북언론사』를 천착, 저술한 바 있는 필자는 대구의 언론사 면면에 대해 과연 언론으로서의 도덕성과 정체성을 안고 있는가 하는 회의가 든다. 해방 후 최초로 '민족언론'을 표방하며 창간한 <영남일보>는 그 창간 주체들이 대부분 일제의 식민지 언론과업 수행에 종사했던 언론인들이었다. 참고로 일제시대의 '민족언론'(?) <동아일보>와 <조선일보>는 일제를 상대로 무장투쟁하는 조선독립군을 '비적'으로 매도하고, 이 땅의 젊은이들에게 천황폐하를 위해 목숨을 내놓으라고 다그치던 신문이었다.

지방에서 일제 식민지언론의 촉수 노릇을 했던 언론인들의 실체는 어떠했을까. 그들은 조선민중의 자주적 독립을 위해 정론직필로 파쇼 일제에 맞서 싸운 언론투사였을까. 아니다. 그들은 언론을 빙자하여 일제와 야합, 무지한 조선민중을 착취하고 억압했던 반민족적·반민중적 세력이었다. 이들이 해방공간에서 자숙은커녕 '민족'을 앞세워 언론을 창간한 것은 자신들의 친일범죄를 숨기고 호도하기 위한 술책에서 기인했다고 해도 과언이 아니다.

박정희 독재정권에 의해 사이비언론으로 지목되어 폐간 당했던 <대구일보>를 이어받았다는 <대구일보>의 도덕성과 정체성은 또 무엇인가. 여기에 '사원지주제'란 미명하에 공식적으로 수백만 원에서 수천 만 원까지 언론인의 자리를 돈으로 매관매직했던 <경북일보>의 도덕성과 정체성까지 더하면 <영남일보>가 법정관리로 연명해야 하는 부실기업으로 전락하고, <대구일보>가 부도를 맞아 문을 닫았으며, <경북일보>가 풍비박산 난 것은 자업자득이자 사필귀정이라 아니 할 수 없다.

언론의 줄초상은 독자가 외면했기 때문

언론이 IMF 이후 줄초상 나는 것은 독자가 도덕성과 자기정체성이 없는 신문을 철저히 외면했기 때문이다. 독자로부터 버림받은 신문에게 광고주가 있을 리 없다.

한국사회에서 광고주가 외면한 신문은 존재할 수가 없는 구조다. 언론은 독자에게 '의식'이라는 눈에 보이지 않는 형이상학, 즉 '메시지'를 팔아먹고 사는 산업이다. 메시지를 구성하는 본질적인 요소는 도덕성과 정체성이다. <한겨레>가 현실적으로 국민주에 의해 창간할 수 있었던 것은 박정희 독재정권과 전두환 군사정권의 서슬 퍼런 '언론탄압'을 온몸으로 막아낸 재야언론인들의 언론에 대한 도덕성과 정체성이 있었기 때문에 가능했다.

언론의 자유는 누가 거저 가져다주는 자유가 아니다. 언론자유를 쟁취하고자 하는 사람들의 피를 먹고 자라는 나무이다. 그런 언론의 자유를 일생동안 투쟁이라곤 한 번도 해보지 않았던 해바라기 언론인들이 그 과실을 따먹겠다고 달려든다. 이들이 본받고자 하는 것은 <한겨레> 창간구성원들이 지녔던 언론에 대한 철저한 도덕성과 치열한 언론철학·신념 따위가 아니다. 오로지 <한겨레>가 국민주를 표방하며 돈을 모았던 것만 본받아 시도민주를 표방하며 시도민들에게 돈 뜯을 궁리만 하고 있는 것이다. 정작 배워야 할 것은 배우지 않고 배우지 않아야 할 것만 골라가면서 배우는 꼴이다.

필자는 7년째 지역 언론인들에게, 언론학자들에게 시민언론운동을 하자고 호소하고 있다. 그러나 어느 누구 한 사람 여기에 호응하지 않고 있다. 이는 TK사회가 공공심보다는 이기주의가 팽배해 있기 때문이다. 내 일이 아니면 거들떠보지도 않는 만연된 개인주의로 인해 공익을 위해 지식인들이 모여 무슨 일을 도모하는 일은 거의 없다. 희생과 봉사는 할 줄 모르면서 남을 헐뜯는 일은 다반사처럼 여긴다.

지성인은 그 사회의 건강성을 담보하는 척도이다. 지성인인 위대한 것은 그가 깨달은 '앎'이란 진리를 자신을 위해서가 아니라 공익을 위해 사용하기 때문이다. 사회발전의 원리는 진실이 보편적 가치로 통용된다는 데 있다. 그럼에도 지역사회에서는 지식인이 그 진실을 공공을 위해 쓰지 않고 개인의 이익추구로 쓰기에 급급하고 있다. 여기서 지역사회의 미래는 절벽에 부딪힌다. 이것이 TK언론·TK언론인의 현주소다.

무늬만 한겨레 내용은 제도언론 지향

<영남투데이>와 <경북도민일보> 등 IMF 이후 창간된 지역언론이 쓰레기언론의 구조적 모순을 극복하지 못한 채 잇따라 몰락하고 있는 것은 그 출범에서부터 심각하게 왜곡되었기 때문이다. 도덕성과 정체성이 결여된 언론이 독자들에게 어떤 의식화된 메시지로 언론사업을 하겠다는 것인지는 상식적으로 판단이 간다. 독자들은 결코 유령과 같은 언론을, 바람이 부는 대로 시류에 나부끼는 언론을 용납하지 않는다. 독자가 요구하는 것은 언론의 줏대이다. 그것은 창간 주체들의 도덕성과 정체성을 자각하는 데서 비롯된다.

지역에서도 <한겨레>를 벤치마킹한 새 신문의 창간시도가 있었다. 지난 1990~1991년 당시 독점재벌자본 대우와 갑을그룹으로부터 언론의 자주적 독립과 편집권 확보 투쟁을 전개하고 있던 영남일보노동조합에게 필자는 참언론인과 시도민주가 공유하는 새 신문의 창간을 도모하자고 제안했다. 영남일보노동조합이 주축이 되고 대구경북지역 시민사회세력이 연대하면 민족·민주·민중언론이 가능할 것이라는 것이 필자의 생각이었다.

이에 <우리신문>이 출범했다. 그러나 <우리신문> 창간준비 과정에서 필자는 학력을 이유로 배척되었다. 이는 비록 소소한 것이었지만 <우리신문>의 출범이 출발부터 심각하게 왜곡되고 있는 상징적인 사건이었다. 진보적 민주·민족·민중언론임을 표방하며 출범한 <우리신문>이 그 행태에 있어서는 기존의 제도언론과 다를 바 없이 창간제안자를 학벌로 차별화하여 배제시킨 것은 기존 제도언론이 추구하는 학벌사회의 폐해를 고스란히 맹종하는 것이었다. 아무튼 새 신문의 사업계획서를 만들어 내고, 신문창간의 노하우를 전하던 필자는 <우리신문> 창간사업에서 제외되었다.

그 결과 <우리신문>은 창간 노하우의 부족에 따른 업무미숙으로 창간이 실현되지 못함으로써 결과적으로 시도민과 한국언론계를 상대로 '신문창간을 빌미로 한 해프닝'만 벌인 결과를 초래했다. 이는 지역에서 앞으로 새 신문이 시도민주를 표방할 때 긍정적 요인보다는 부정적 요소로 더 많이 작용하는 부작용만 남겼다. 시도민주에 대한 언론인과 시도민들의 불신을 부른 것이 가장 큰 문제점으로 대두된다. 따라서 이를 어떻게 극복할 것인지에 대한 매우 심도 깊은 천착이 있어야만 성공적인 시도민주 자본을 모을 수 있을 것이라는 과제를 안게 되었다.

<우리신문>이 좌절한 가장 큰 이유는 창간 주체, 특히 창간지도부의 신문에 대한 무지와 언론정신·언론철학의 결여 때문이다. 그들은 신문기업의 경영에 있어서는 아마추어였으며, 실제적인 업무의 집행에 있어서도 유치하고 졸렬하기 그지없었다. 또한 언론기업에 대한 기업적인 경영마인드는 고루하였으며, 새 신문에 대한 민주·민족·민중언론인으로서의 자각은 고사하고 운동역량조차 결여되어 있었다. 이는 <한겨레>의 창간 주체들이 민주·민족·민중언론인으로서의 자각과 이에 대한 확고한 언론철학으로 새 매체의 창간을 일궈냈음을 생각하면, 그들의 운동역량과 언론정신의 결여가 뜻하는 바가 무엇인지는 극명하게 대비된다.

한마디로 신문을 창간하는 철학도, 신념도 없는 채 오로지 분위기와 감만으로 신문창간을 기도했던 것이다. 그들은 <우리신문> 창간과정에서 무늬만 <한겨레>를 닮으려 했을 뿐 알맹이는 전혀 <한겨레>를 닮으려 하지 않았던 것이다. 그와 같은 '얄팍한 속셈'이 현실에서 '무산'됨은 사필귀정이었다.

국민주 신문은 이처럼 어렵다. 필자는 <한겨레>를 벤치마킹해 <한겨레>식 신문을 창간하겠다는 언론인들에게 제발 현재의 <한겨레>말고, 민주·민족·민중언론을 지향했던 <한겨레>의 언론철학·언론내용을 본받으라고 호소하고자 한다. 신문기업의 경영에 있어서는 한겨레식 '소수정예'가 얼마든지 좋다. 언론종사자들의 급여를 줄 때에만 한겨레식이고, 언론지면은 기존의 제도언론이라면 이는 이미 볼 장 다 본 신문사다. 저임금에 바탕한 소수만 있고, 정예가 없을 때 그 신문은 필연적으로 쓰레기언론으로 전락할 수밖에 없는 심각한 자기모순에 귀결된다.

언론민주화운동으로 지역언론개혁을

필자는 아직도 우리 사회에서 쓰레기 종량제가 가장 시급한 분야가 언론산업이라고 생각한다. '쓰레기언론'이 우후죽순 발호하는 것은 사실 문제가 되지 않는다. 왜냐하면 우리 사회가 결코 IMF로부터 자유로울 수 없기 때문이다. IMF는 쓰레기언론에게는 곧 '염라대왕'이다. 그러나 현실에서 이들 쓰레기언론이 언론토양을 공해로 오염시켜 악화가 양화를 구축하듯이 참언론의 설자리를 점점 밀어내고 있는 것에는 경계를 늦출 수 없다. 이를 간과하고서는 참언론이 숨 쉴 곳이 없는 것이 2001년 5월 현재의 언론현장이다.

21세기가 열리는 첫해, '개혁'은 이 땅의 화두이다. 특히 '언론개혁'은 미룰 수 없는 과제이다. 언론개혁의 핵심은 참언론인의 언론이며, 온 국민의 신문인 '대안언론'의 건설이다. 진보적이며 개혁적인 새 매체의 건설은 우리가 전개하고자 하는 시민 언론운동의 궁극적인 목표이다. 결국 이에 이르기 위해서는 참언론인들이 자유롭고 창의적인 지혜를 결집하여 TK와 TK언론의 허상을 깨뜨리는 언론개혁을 일궈냄으로써 비로소 구체화될 수 있다. 우리는 이를 위해 기꺼이 그 대장정에 함께 나서자고 제안하는 바이다.

≡ 2001. 5. 18.

편집국의 실태와 개선방안

지방신문의 편집국 조직의 문제점과 개선방향 등에 대해 연구한 소논문으로써 탁상행정용 글이 아니라 지방언론산업의 현장 실무에 곧바로 적용할 수 있는 실학적인 글이다.

① 서론

언론산업은 본질적으로 사람이 자원인 산업이다. 사람을 빼놓고는 미디어를 얘기할 수 없다. 언론산업의 생산성 기조는 아날로그적인 인력에 의존할 수밖에 없는 특징을 지니고 있다. 이는 커뮤니케이션이 사람과 사람 사이의 사고와 가치를 연결시켜 주는 제도이기 때문이다.

언론사에 소속된 언론인의 자질에 의해 언론산업의 경쟁력이 가늠된다. 격변기를 지나온 국내외 언론사를 살펴보더라도 우수한 언론인이 일류 신문사를 만들고 있음을 여실히 증명하고 있다. 언론사가 우수한 인재를 유치해 효율적으로 활용하고, 궁극적으로는 우수인재만을 보유하는 것이 효율적인 인사전략의 골자이다.

신문기업에 있어서 기업활동의 중추적 역할을 하는 곳은 편집국이다. 편집국은 신문이란 상품의 소프트웨어를 생산하는 곳이다. 따라서 편집국의 조직과 사람의 자질 등에 따라 생산되는 상품의 품질이 결정된다 해도 과언이 아니다.

기업은 생물이다. 생물이란 살아 있는 물체를 말한다. 생물은 주위의 환경에 따라 그 삶의 조건을 유연하게 함으로써 생존해 간다. 기업 또한 이와 같다. 그러나 한국의 신문기업은 시대의 변화에 초연하다. 세상은 디지털이라는 커뮤니케이션 혁명의 소용돌이에서 생존을 모색하고 있는데 신문기업, 특히 지방신문은 구석기 시대의 낡은 패러다임에서 깨어나지 못하고 있다.

제품의 품질을 절대적으로 사람에 의존하고 있는 언론산업이 무지몽매한 전근대적인 인사형태와 조직을 갖추고 '펜티엄4' 시대에 '언론경영'을 하겠다고 하는 것은 '8비트 컴퓨터'로 슈퍼컴퓨터가 해야 할 일을 하려는 것과 같다. 이것이야말로 무작정 '풍차'에 달려는 현대판 '돈키호테'와 다를 바 없다.

이 글은 급변하는 언론산업과 언론환경에 적응하지 못해 급속히 도태되어 가고 있는 지방언론의 기업적 환경을 편집국을 중심으로 경영합리화란 측면에서 조명해 보고자 한다.

② 편집국의 양적인 분석

우선 대구지역의 대표언론인 <매일신문>과 <영남일보>를 대상으로 한 편집국 인원의 현황을 살펴보면 편집국의 조직과 구성이 심각하게 왜곡된 것으로 나타나고 있다. 2000년 6월 현재 <매일신문>은 전체 직원이 351명인데 편집국 직원은 102명이다. <영남일보>는 328명 가운데 122명이 편집국 직원이다. 여기에는 30여 명 내외의 지방주재기자까지 포함된 수치이다. 본사 기자는 실질적으로 70여 명과 90여 명 남짓하다. 이는 편집국 직원이 전체 인원의 약 3분의 1에 해당하는 수치이다. 참고로 신문경영이 비교적 합리적으로 과학화된 미국이나 일본 등의 경우를 보면 50만 부 발행규모의 신문사 편집국 평균인력은 270명 정도로 알려지고 있다.

이 두 신문사는 광고·영업, 판매·사업, 외간부서 등 영리성 업무부문 종사자가 언론활동부문 종사자에 비해 압도적인 우위를 보이고 있다. 이는 신문기업이 영리지향적인 기업활동부문에는 인력을 대폭확충하고 보다 민감하게 구조적 분화를 추구한 반면, 신문기업활동의 본질인 편집국 편제는 상대적으로 소홀히 한 결과로서 급변하는 시대와는 아랑곳없는 전근대적인 구태를 벗어나지 못한 것 때문이라 하겠다.

〈표 4〉 대구·경북지역 종합일간신문사 편집국 부서별 종사자 현황

	연도	편집위원	편집	정치	경제	사회	제2사회	외신국제	문화	과학생활	사진	교열	조사	전산	기획특집	체육	기타	계
신경북	1998	2		7(1)		9(1)	1		3(1)	4(1)	2	1(1)				2	15	49(6)
	1999	1	8(3)	5		9	16		1(1)		1				1		1(1)	48(5)
	2000		11(3)	2	3	6	30		4(2)		2	1(1)				2		61(6)
경북매일	1990		11(7)	3		4	30		2		1							51(7)
	2000		8(5)	8		3	30		2(2)		2							53(7)
대구일보	1998	1	20(5)	14(1)		12	16		8(3)		5	14(5)	2		6(1)	3	15	115(15)
	1999	1	11(3)	7		9	27(1)		5(1)		2					2		64(5)
	2000	1	18(2)	2	6	7	29(1)		6(2)		3					2		74(5)
매일신문	1998	3	24(1)	4	9	11	18		7(2)	8(2)	7	9(3)	5(3)			4		109(11)
	1999	3	28(1)	3	8	13	15		6(2)		8	7(1)	5(3)	9(1)		4		109(8)
	2000	3	24	3	9(1)	10	12		6(1)		7	5	7(5)	5(1)		3	8(1)	102(9)
영남일보	1998	3	25(5)	5	8	15	27		10(2)	9(2)	8(1)	16(14)	6(4)			4	4(2)	140(30)
	1999	3	20(6)	4(1)	7(1)	15	33		8(1)	5	6	8(5)	3(2)			3	10(1)	125(15)
	2000	3	21(4)	4(1)	7(1)	15	32		8(2)	5	6	8(6)	3(2)			3	7(2)	122(18)
일일광역	1999		6(3)	4		8	30		7(2)			2	1	5(2)	1	2	1	67(7)
	2000		14	5	4	10	33		2(1)								1	74(1)

* 괄호 안은 여자. <경북매일> 1998년판은 통계처리되지 않았음.
** 출처: 『한국신문방송연감』, 1997, 1998, 1999년도판.

편집국의 인원부족은 종종 본말이 전도된 '소수정예주의'로 합리화를 기도하며 표방된다. 소수정예는 기본적으로 '생산성'이 그 목적이다. 생산성을 담보하는 것은 노동에 대한 '고임금'이다. 기업의 경영에 있어서 사람을 조직화시켜 생산성의 극대화를 창출할 수 있도록 하는 것은 보상이라는 반대급부인 것이다.

지방언론에서 말하는 소수정예는 고임금이 아니라 '저임금'을 바탕으로 한다. 고임금은 우수한 인재를 유치하는 동인이 되나 저임금으로는 겨우 사람의 머릿수만 채울 뿐이다. 머릿수만 채운 인력이 만들어 내는 상품의 질이 어떠하리라는 것은 불 보듯 뻔하다. 지방언론에서 '쥐어짜기'식 인력관리가 아니면 심층적인 취재보도란 이뤄지지 않는다고 볼 수밖에 없는 상황이다.

더구나 편집국 운용 또한 주먹구구식으로 일관하고 있다. 즉 편집·정치·경제·사회·사회2·문화·사진·교열부 등이 그것이다. 이는 신문사의 조직이 유연성·신축성·분산성·세분화보다는 인력절감 차원에서 집중화·통합화되어 대부대국(大部大局)적으로 운영되고 있음을 뜻한다. 결국 편집국 편제의 이러한 '화석화 현상'은 편집국 조직이 시대의 흐름을 외면하여 질 낮은 상품을 쏟아낸다.

지방신문은 IMF 이후 기존의 편집국 조직마저 축소하는 경향을 나타내고 있다. 특히 교열부의 퇴출은 신문의 직접적인 질적 저하를 초래해 독자들로부터 불신의 대상이 되게 하고 있으며, 조사부의 축소는 21세기 신문이 지향해야 할 심층보도·탐사보도·기획보도의 능력을 떨어뜨려 독자로 하여금 신문에서 점점 멀어지게 하고 있다.

지방신문은 지역에서 절실히 요구하는 취재보도시스템을 갖추어야 한다. 여성·생활경제·교육·노동·지역산업 등의 부서가 신·증설되어 지역의 특성에 맞는 언론상품을 생산할 토대를 갖추는 것은 당면한 과제라 아니 할 수 없다.

③ 편집국의 질적인 분석

IMF 이후 언론인들이 언론사를 떠나고 있다. 언론인들의 탈언론 러시는 그동안 언론사를 평생직장으로 알았지만 IMF경제위기를 계기로 누구나 해고될 수 있다는 현실을 자각하게 했다. 그것은 또한 언론인들로 하여금 언론사에 대한 충성심을 약화시켰고, 나아가 현재와 같은 언론시스템에서는 전문가로 성장하기가 불가능해 자신들의 앞날에 심각한 위기의식을 느끼게 했다. 언론인들은 현재와 같은 추세가 계속될 경우 21세기 무한경쟁시대에서 경쟁력 없는 집단으로 전락될 것이라는 우려 때문에 언론계를 떠나고 있다.

그러나 이는 먼 '서울'의 얘기일 뿐 지방언론의 실정은 쥐꼬리 월급이나마 밀리지 않고 제때제때 주었으면 더 바랄 게 없다고 한다. 이러한 현실에서 언론은 더 이상 '선망의 대상'이 아니라 '불신의 도구'로 전락되고 있다. 언론이 우수한 인재를 확보하지 못하면 불량상품을 생산할 수밖에 없다. 언론이란 상품이 불량하면 민주주의와 국민정신을 좀먹고, 그 폐해는 고스란히 언론수용자의 몫으로 돌아온다.

따라서 언론기업은 밀레니엄시대에 걸맞은 인사시스템을 도입하지 않으면 안될 시점에 이르렀다. 그것은 언론사의 인사조직을 대폭적으로 '개혁'하는 것에서부터 비롯되어야 한다. 오늘날 지방언론이 경영합리화를 달성하고, 21세기의 시대적 요구에 부응하는 언론을 생산하려면 언론의 사명부터 본질적으로 자성하지 않으면 안된다. 보수적이며 수구적이고 반동적이기까지 한 언론인들이 무사안일주의와 매너리즘으로 무장하고 있는 한 언론상품의 진보성과 언론조직의 개혁은 '공염불'일 뿐이다.

두 번째는 중견 언론인 가운데 전문성을 지니지 못한 간부들을 비롯하여 전통적인 '미디어 마인드'에 젖어 있는 구시대 언론인들을 정리해고해야 한다. 데스크 등 간부의 전문성은 기사의 품질을 좌우하는 가장 중요한 변인이다. '낙하산 인사'와 연공서열에 의해 자리만 꿰차고 있는 그들을 언론에서 도태시키지 않고서는 신문의 미래는 없다. 자리만 지키고 알맹이도 없는 기사만 묵묵히 써대는 '돌쇠형' 기자의 추방 없이 신문의 질적 향상을 꾀한다는 것은 어림도 없는 소리다.

혈연과 지연·학연에 의한 낙하산과 국어·영어·상식·논문이라는 평면적인 잣대에 의해 선발된 '공채' 인력이 주축을 이룬 편집국 인력으로는 21세기 미래사회가 요구하는 신문을 만들 수 없다. 신문기업의 인력은 전문적 지식을 소유하고, 그 전문적 지식을 전달할 능력을 지니고 있어야 하며, 전문적 지식에 기반을 둔 분석력을 지니고 있는 인력으로 편집국을 재구성하여야 한다. 정년제와 연공서열제를 폐지하고, 능력에 따른 적절한 보상을 하는 실적급제를 도입하는 것은 거스를 수 없는 시대적 흐름이다.

이와 더불어 '스타기자'를 양성하여야 한다. 스타기자란 팬을 거느리고 있는 기자를 말한다. 특정 분야에서 최고로 평가되는 기자가 있는데도 스타기자로 만들지 않는 것은 언론사 인력관리의 실패라고 하겠다. 스타기자는 사세확장의 주역이다. 스타기자는 언론사 내부에서 만들어 주는 것이 아니라 시장에서의 엄밀한 평가가 만든다. 스타기자의 첫걸음은 기자의 전문화이다. 어느 관련부문에서는 전국, 아니 세계에서 최고라는 자부심과 긍지를 지닌 '1등 기자'를 지향해야 한다.

언론인의 전문화는 경쟁력의 원천이다. 언론은 언론인 개개인의 능력에 절대적으로 의존하는 사업이다. 언론사의 경쟁력은 인적 자원의 경쟁력에 달려 있다. 시장에서 인정받는 브랜드를 가진 스타기자를 양성하는 언론인의 전문화는 언론사에 그 자체의 평가와 경쟁력뿐만 아니라 언론사 내부의 오랜 관행인 정년제, 순장제, 연공서열제를 와해시킬 수 있는 뇌관이라 할 수 있다. 또한 '간판'을 중시하는 언론계의 고질적인 풍토 등을 개선해 기자의 조로현상을 가져오는 언론계의 고질병을 치유할 수 있는 방안이기도 하다.

④ 전문기자제의 도입과 실시

지방언론이 초토화·붕괴되고 있는 오늘날 몰락의 파고를 헤쳐 갈 근본적인 방안으로는 신문 내용의 질적 향상밖에 없다. 지방신문은 중앙의 메이저신문이 따라오지 못하는 틈새시장에서 그 생존을 모색해야 한다. 그것은 신문의 내용과 형식의 변화를 추구해 중앙지와의 차별화를 달성함으로써 지방언론만이 지닌 특색을 확보하여 독자에게 다가가는 것이다.

이를 위해서는 전문기자제의 도입을 서둘러야 한다. 전문기자제는 언론의 전문성 제고라는 시대적·사회적 요구에 부응하고, 유익하고도 신뢰성 높은 기사를 독자에게 제공함으로써 신문의 경쟁력을 확보하여 궁극적으로는 독자와 광고주의 확대에 기여함을 목적으로 한다.

전문기자제의 실시는 기자직 인사제도의 골격부터 새롭게 개혁하는 데서 비롯된다. 기자를 전문기자(取材) 및 제작기자(編輯·校閱·寫眞)로 구분하고, 입사 후 3∼5년은 탐색기, 8∼10년은 축적기로 설정한 후 10년 차를 대상으로 행정직인 부·차장과 전문기자는 독자적인 취재력을 보유한 대기자로, 제작기자는 비주얼 에디터로 양성한다. 이후 부·차장은 기획위원, 대기자는 논설위원, 비주얼 에디터는 편집위원으로 그 직무를 수행하도록 한다.

전문기자는 사세와 지역의 실정을 고려하여 우선 문화 분야에서는 문학·미술·매체(新聞)·뉴미디어 등을, 경제 분야에서는 지역경제(巨視經濟學)·섬유·패션 등을,

사회생활 분야에서는 교육·환경·한의학·도시문제·농어촌 등의 전문기자 양성을 1차적으로 추진하는 것이 대구지역의 실정에서는 바람직할 것이다.

⑤ 뉴미디어 사업실태

언론산업을 둘러싼 언론환경의 변화와 함께 국내 언론사는 너도나도 뉴미디어 산업에 우르르 뛰어들었다. 그 결과 뉴미디어 산업 역시 기존 오프라인 매체의 '부익부 빈익빈' 현상이 고스란히 재현되고 있다. 이에 따라 뉴미디어에 진출한 기존언론사는 대다수 IMF 이후 기업의 구조조정 차원에서 적자투성이 부실기업으로 전락한 뉴미디어 사업을 떼어내고 있다.

전략적 제휴와 분사경영이 그것이다. 두 개 이상의 기업들이 자신이 보유한 핵심역량을 바탕으로 상호보완적인 역량을 결집시키는 전략적 제휴는 일부 마이너 매체사의 뉴미디어 업계가 지향하는 방식이다. 작은 조직의 효율성을 살리면서 경영환경 변화에 신속하게 대응할 수 있는 분사경영은 메이저 언론사 소속의 뉴미디어 업체가 추진하고 있는 스타일이다. 분사경영은 본사의 슬림화, 신속한 의사결정, 분사기업의 인력·경비절감 등 산업전반의 경쟁력을 제고할 수 있을 뿐 아니라 뉴미디어 기업의 독자적인 브랜드를 지닐 수 있다는 장점이 있다.

이 또한 먼 서울의 얘기일 뿐이다. 지방언론기업이 진출한 뉴미디어의 실태는 무늬만 뉴미디어다. 그것은 지방언론사 뉴미디어의 출범동기부터 왜곡된 데서 연유한다. 지방언론사의 뉴미디어는 독자적인 사업성에서 추진된 것이 아니라, 모든 언론사가 하니까, 시대에 뒤지지 않을까 하는 조바심에서 출발했다. 사업적인 마인드가 결여된 상태에서 출범한 지방언론사의 뉴미디어는 콘텐츠의 빈약 등으로 인해 독자들로부터 철저하게 버림을 받았다.

지방언론사가 오프라인에서는 '지역성과 향토성'을 바탕으로 근근이 그 명맥을 이어왔으나, 온라인에서는 더 이상 그것이 통하지 않는다. 그리하여 지역언론사의 뉴미디어는 유명무실한 이름뿐인 매체 신세를 면치 못하고 있다.

현재 우리나라의 언론사가 시행하고 있는 뉴미디어는 사업을 통해 돈을 얼마 벌겠다는 의식보다는 얼마나 절약하겠다는 마인드가 더 중요한 실정이다. 지방언론사의 뉴미디어는 지방고유의 특성을 살려 정보생산자의 역할은 물론 PDF서비스나 VOD서비스 등의 데이터베이스 사업, 광고·전자상거래 등 수입을 창출하기 위한 지역 포털사이트로 변신할 필요가 있다. 지방언론 뉴미디어는 콘텐츠의 전문성과 대중성을 어떻게 확보하느냐에 따라 그 미래를 담보한다. 항상 열린 자세로 국내외 전문 매체와 정보의 교환 등 독자의 참여를 능동적으로 유도하여야 한다.

오프라인 언론기업이 지닌 장점의 활용 또한 소홀히 해서는 안된다. 현대사회에서 언론사는 단순히 뉴스중개상에서 종합적인 미디어 콘텐츠 사업자로 변신하여야 한다. 기자들이 취재한 기사와 사진을 최대한 활용하여 인터넷·PC통신·핸드폰 등 다양한 윈도우를 통해 판로를 확대하여야 한다. 그러기 위해서는 내부적·기술적으로 언론사 간 공동시설의 투자, 서버의 공동운영, 광고·판매 및 배달시스템 등에 있어서의 공동협력, 신문용지의 공동구매, 윤전기의 공유 등을 통해 중복투자를 방지하고 내부 비용의 절감을 추진함으로써 경영의 합리화를 기해 재정적으로 안정을 기해야 한다.

6 결론

이 글에서는 언론환경의 변화에 따라 새로운 도약과 변신을 도모하는 시기에 맞춰 언론산업의 조직 및 경영, 인터넷 사업, 전략적 제휴 등 언론산업의 경영전략과 전망 등을 지방언론을 중심으로 분석해 보았다. 언론사의 뉴미디어 사업 진출에 대한 문제점과 개선방안 등에 대해서도 살펴보았다.

IMF 이후 국내 언론산업은 급변하는 디지털시대의 도래에 따라 새로운 조직운영과 경영전략으로 생존을 모색하고 있다. 언론은 부익부 빈익빈 현상이 심화되어 여론을 독과점한 메이저신문과 마이너신문으로 재편되고 있으며, 지방언론은 그 틈새에서 설자리를 잃고 급속히 도태되고 있다.

　언론산업의 격변에서 무엇보다 먼저 지적할 것은 국내 언론시장이 소수의 언론사에 의해 독점의 빈도가 점점 심화되고 있다는 사실이다. 언론시장이 급격하게 메이저 중심으로 개편되면서 일부 중앙언론사는 자사 브랜드의 높은 인지도에 따라 새로운 매체 환경 속에서도 더욱 성장을 가속화하고 있는 데 비해 시장진입이 늦었거나 지역성을 극복하지 못한 지방언론사의 경우 급속히 도태되어 설자리를 잃고 있다.

　취약한 산업구조를 가진 언론사들은 자사의 경쟁력 확보를 위해 무엇보다 언론기업을 투명하게 경영하여 공익기관으로 거듭남으로써 독자의 신뢰를 회복하여야 하며, 언론인의 조직을 전문성을 지닌 민주적이고 합리적인 조직으로 개혁함으로써 언론본질의 목적 구현에 앞서야 한다.

　지방언론의 위기는 더 이상 지역성이 독자들에게 먹혀들지 않고 있다는 데 있다. 지방언론이 당면한 문제는 언론이라는 상품의 품질과 언론인의 전문성 확보라는 구조적 문제점에서부터 풀어나갈 수밖에 없다. 지방언론은 그동안 신문품질의 문제를 천박한 지역성에 근거하여 버티어 왔다. 이제는 그 낡은 구각의 껍질을 벗을 때이다. 중앙지와 어깨를 나란히 하겠다는 의식의 전환이 필요하다.

　지방언론인이 스스로 패배주의에 갇혀 있는 한 지방언론의 미래는 없다. 지방언론 경영주는 전문 언론인의 양성에 투자할 때이다. 전문 언론인의 양성을 소홀히 하고서는 언론이란 좋은 상품의 생산이 불가능하다. 지방언론인이 경쟁력을 지니지 못할 때 발생하는 언론의 격차는 곧 품질과 매출, 순이익의 격차로 이어지는 연쇄반응을 불러온다. 언론사에 있어서 돈과 명예는 함께한다. 독자가 많으면 영향력도 그만큼 막대하고, 매출도 많아 많은 보상이 따른다. 사람은 그 핵심 키워드이다. 지방언론의 미래는 바로 여기에 있다.

≡≡ 2001. 1. 3.

법정관리언론 영남일보의 정체성

재벌언론에서 하루아침에 법정관리언론이 되어 국영언론으로 생존하는 <영남일보>의 케이스를 분석함으로써 바람직한 지방언론의 미래를 조명한다.

지난 89년 4월 복간 이래 언론보다는 기업논리를 앞세워 줄곧 확대경영으로 치달아 오던 <영남일보>가 IMF의 파고를 넘지 못하고 지난 26일 대구지방법원에 법정관리를 신청했다. 언론사가 법정관리를 신청한 것은 한국언론사상 최초이며, 세계에서도 지난 71년 일본의 한 지방신문사가 법정관리를 신청한 이래 두 번째의 사례이다.*

<영남일보>의 법정관리는 <조중동> 등 일부 메이저신문사를 제외한 전국의 모든 신문사가 적자행진을 거듭하고 있는 가운데 신청된 것이어서 그 귀추가 주목된다. 법원이 <영남일보>의 법정관리 신청을 받아들이게 되면 <영남일보>는 법원에서 파견한 관리인에 의해 발행·편집권이 귀속되는 국영언론화된다. 언론이 법원을 대리한 관리인에 의해 지배되는 법원언론화는 매우 의례적인 것으로 법정관리언론의 정체성에 대한 물음과 함께 신문경영의 중요성을 새삼 일깨워준다.

---

* 영남일보의 법정관리 신청은 2000년 11월 20일 대구지방법원의 1심 판결에서 기각되었다가 대구고등법에 항소, 2001년 5월 법정관리개시 판결이 확정됐다. 그 후 2002년 11월 7일자 본인가 결정으로 전국 언론사 중 최초로 본격적인 법정관리를 받게 됐다.

법정관리언론 세계에서 단 두 번째

돌이켜보면 <영남일보>의 파국은 예견된 것이나 마찬가지였다. <영남일보>는 89년 복간 초기부터 갑을·대우 등 재벌이 경영권을 장악하면서 언론으로보다는 기업논리를 앞세우며 외형확장에 주력해 왔다. 이후 95∼97년 3년 동안 지역경기의 활성화 등에 힘입어 매년 매출액 500억 원이 넘는 재벌언론급으로 성장을 했다. 그러나 매출액의 분포를 보면 신문지대, 광고수입 등 신문사 고유수입은 전체의 30∼40%대에 불과했고, 경영의 상당부분은 다른 신문과 잡지 등의 외간인쇄사업에 의존했다. 이로 인해 일각에서는 <영남일보>는 신문사가 아니라 거대한 인쇄소가 아니냐는 비아냥이 있기도 했다.

외주인쇄사업에 절대적으로 의존하던 <영남일보>의 불안한 경제구조는 결국 IMF로 지역경제의 파산과 더불어 인쇄수입이 끊기면서 급속히 나빠지기 시작했다. 설상가상으로 지난 96년 300억가량을 빚내 세운 김해인쇄공장은 경영악화에 결정타를 입히고, 급기야 법원의 경매에 넘어가게 됐다.

<영남일보>는 97년 이후 영업이익으로 금융비용도 감당 못할 정도로 심각한 경영난에 빠졌다. 99년 말 현재 1,236억 원의 채무 중 1년 내에 갚아야 할 단기차입금이 648억 원을 차지, 한 해 매출액 336억 원을 초과하는 등 기형적인 재무구조를 보여왔다. 이 같은 자금압박에 시달려온 박창호 회장과 김경숙 사장은 21억 원의 체임, 국민연금 및 고용보험료 횡령 등으로 직원들로부터 고소, 고발을 당했다. 영남일보노동조합은 나아가 지난달 직원 91명분의 체임 7억 원(97년∼99년)을 받기 위해 <영남일보> 사옥, 제호, 성서인쇄공장부지, 인간 대쇄료 등을 가압류했다.

<영남일보>는 또 2년치 의료보험료 2억 7천만 원을 체납, '상습 체납 사업장'으로 분류돼 있다. 본사 사옥, 성서·노원·김해공장 등 회사자산 대부분이 2, 3중으로 근저당에 설정되거나 가압류 상태이다. <영남일보>가 최악의 상황으로 내몰린 것은 지난해부터 주거래은행인 대구은행 등 금융기관으로부터 더 이상 돈을 빌릴 수 없게 되면서부터였다. 지난해 말에는 기업신용등급이 금융기관 여신거부에 해당하는 8등급을 받으면서 돈줄이 완전히 끊겼다. 97년 말 570여 명이었던 직원들은 하나 둘

회사를 떠나면서 현재 230여 명으로 줄었다.

"민주언론의 한을 지면에 펴라"

<영남일보>의 몰락과 관련, 필자는 지난 89년 1월 당시 <영남일보>의 복간을 앞두고 「민주언론의 한을 지면에 펴라」라는 칼럼을 발표한 바가 있다. 이를 보면 <영남일보>의 진로에 대한 필자의 충고가 정당했음을 알 수 있다. 그 전문은 다음과 같다.

지난 80년 11월 25일 군사독재권력에 의해 언론통폐합이란 강권의 조치로 폐간되었던 <영남일보>가 만 8년 2개월여 만에 애독자를 다시 만나게 되어 새삼 감회가 새롭다 아니 할 수 없다. 돌이켜 보면 <영남일보>는 1945년 10월 11일 창간되어 35년 긴긴 성상동안 지역사회의 발전과 언론창달에 힘써 왔다. 그러나 정치군부는 유신독재의 망령을 계속 향유하고자 언론통폐합 조치를 단행했음은 익히 아는 바와 같다.

권력의 야욕에 불타는 정치군인들에 의해 자행된 이 언론폭압은 국민의 알권리와 언론의 알릴 권리에 주리를 틀었고, 당시 지령 11499호로서 한강 이남에서 가장 오랜 연륜을 지닌 <영남일보>를 압살하였다.

제갈 물린 세트언론은 독재정권의 홍보지가 되어 곡학아세를 서슴지 않았고, 날마다 쏟아낸 허위와 조작·왜곡·날조된 거짓으로 국민을 속이고 기만하였다. 그것은 "제5공화국"이란 전대미문의 긴 암흑이 신의 섭리로 다할 때까지 이어졌다.

이제 그 역사의 필연으로 오늘에 이르러 <영남일보>가 복간한다. 그러기에 앞서 나는 <영남일보>에 미리 당부하고자 한다. 그것은 무엇보다 먼저 <영남일보>는 독재권력이 총칼로 무지막지하게 짓밟았던 언론탄압의 역사를 통찰하면서 이른바 "보도지침"으로 상징되는 제도언론의 그 폐악과 해악을 단연코 거부하여야 한다는 것이다.

<영남일보>는 비록 외롭고 험난한 가시밭길일지언정 오로지 진실만을 지면에 담고 국민의 소리에 귀 기울이는 참된 민주언론으로 애독자의 성원과 역사에 책임을 져야 한다. 그것만이 지난 8년 동안 정든 직장과 동료와 삶을 빼앗겼던 옛 <영남일보> 종사자들의 마음, 그 시련을 올바르게 풀어헤치는 참된 낱알일 것이다.

새롭게 출범하는 <영남일보>의 앞날에 무궁한 발전과 민주언론의 사명을 다하는 각오가 늘 새롭게 하기를 기원한다.

이 글에서도 지적했듯이 <영남일보>가 신문 본질에만 충실했더라면 지금쯤은 아마도 지역의 제1지가 되었을 것임을 믿어 의심치 않는다.

창간 속성에서 자유롭지 못한 한계 드러내

<영남일보>의 몰락은 창간 당시의 이념에서 자유롭지 못한 한계를 극명히 드러내는 사건이기도 하다. <영남일보>는 1945년 10월 15일 해방사 공간에서 전국 지방지 최초로 민족언론을 표방하며 창간했다. 이때 <영남일보>가 표방한 민족언론이란 이념은 무늬만 민족언론이지 실제는 친일어용언론인들의 자기 보호를 위한 기회주의적인 민족언론이었다.

<영남일보> 창간 발기인의 면면은 향토를 대표하는 명사를 망라하고 있어 범도민적 성격의 민족언론을 표방하기에 손색이 없을 정도였다. 그러나 신문의 제작과 경영 등 실질적으로 신문은 지배한 세력은 일제하의 언론에 종사했던 언론인들이었다. 이들은 언론을 장악함으로써 일제의 언론보국에 복무했던 자신들의 죄상을 가리고, 또 현실적으로 언론인의 영향력을 지속적으로 유지하고자 하는 속셈에서 신문을 창간했던 것이다.

<영남일보>는 이런 태생적인 한계 때문에 해방사 공간에서 필연적으로 기회주의적인 언론이 될 수밖에 없었다. 이는 결국 민중들의 배척으로 이어져 <영남일보>는 <민성일보>와 <대구시보>에도 크게 뒤지는 제3지로 전락한 보잘것없는 신문에 불과했다.

<영남일보>가 대구지역언론사에서 언론으로서 영향력을 지니게 된 것은 진보적 민주주의를 지향하던 <민성일보>가 이승만 독재정권에 의해 강제로 문을 닫은 이후부터이다. <영남일보>는 내외방적을 운영하던 이순희에 의해 인수되어 '족벌신문'이 되면서부터 만성적인 재정난과 경영난을 해소하고 비로소 경영권의 안정을 가져와 <매일신문>의 뒤를 따르는 제2중대 언론으로 정착하게 된 것이다. 그러다가 1980년 전두환 정권의 1도 1사 정책에 의해 강제 폐간의 비운을 맞았다.

노조말살 후 몰락의 길로 치달아

87년 6월민중항쟁 후 우리 사회의 민주화 분위기는 <영남일보>로 하여금 지역의 언론사에서 민주언론으로 거듭날 절호의 기회를 제공했다. 그러나 <영남일보>는 90년대 초반에 전개되었던 영남일보노동조합의 민주언론쟁취투쟁을 억압함으로써 스스로 제2중대 언론에 안착하고자 했다. 영남일보노조의 파업투쟁은 <영남일보>에게 있어서 위기이자 기회였던 것이다.

만일 <영남일보> 경영진이 노조측의 주장을 전향적으로 수용하고, 어용화되었던 중간 간부 등을 퇴진시켰더라면, <영남일보>는 <매일신문>을 제치고, 제1지로 도약할 수 있었을 것이다. 당시 지역언론계에서는 5공언론의 횡포에 대해 독자들이 '신물'을 내고 있었으며, 사회적으로도 '변혁'에 대한 열망이 들끓고 있을 때였다. 그러나 <영남일보> 경영진은 오히려 노조를 말살하고, 중간 간부 등을 어용화시켜 이들을 중용했다. 오늘날 <영남일보>의 몰락에는 경영진에 고분고분했던 예스맨들을 믿고 신문경영을 해왔던 총체적 결과가 그 주원인이었다. 경영진에 대해 쓴소리 한마디 없는 경영 독주가 빚어낸 참극이었던 것이다.

언론의 몰락은 단순히 한 기업의 몰락만을 뜻하는 것이 아니다. 언론의 몰락이 갖는 중요성의 의미는 그것이 곧 언로의 몰락을 의미하기 때문이다. 이런 뜻에서 <영남일보>의 몰락은 곧 대구사회를 지탱했던 한 유력한 언로가 몰락했음을 뜻한다. 그렇다면 법정관리를 신청하고, 만일 법원이 이를 수용하여, <영남일보>가 법정관리언론화된다면, <영남일보>가 대구사회에서 생산해 내는 그 언로의 성격은 어떻게 해석하여야 할 것인가.

국영언론화로 생존 모색하는 처지에 몰려

<영남일보>는 법정관리 신청서에서 "외환위기로 환율이 급등해 일본에서 들여온 윤전시설 원가가 2배 상승하고, 지역 기업의 잇따른 부도에 따른 부실채권의 증가, 금융비용 급증 등으로 부도위기에 직면해 법정관리를 신청한다"고 밝혔다. <영남일

보>는 "회사의 자산은 429억 원, 부채는 1,236억 원으로 부채가 744억 원 많고, 자본금이 743억 원 잠식된 상태이나 청산가치(308억 원)보가 계속가치(645억 원)가 커 법정관리가 필요하다"고 주장했다.

김경숙 대표이사는 신청 직후 "오는 31일 대거 돌아오는 어음결제 요구 이전에 재산보전처분 결정을 내려야 부도를 막을 수 있다"며 조기 결정을 법원에 구두 요청, 부도 가능성도 배제할 수 없는 상태인 것으로 알려졌다. 대구지법 민사30부 김진기 수석부장판사는 "언론사에 대한 법정관리 전례가 없어 사례연구가 필요하다"고 전제한 뒤 "법정관리를 수용하면 국영언론사가 되는 셈이라 이에 대한 가치판단과 회생 가능성 등을 따져 신중히 결정하겠다"고 밝혔다.

<영남일보>는 법원에서 한 달 이내에 회사정리절차 개시 신청이 받아들여질 경우 회사정리계획 입안 등 후속절차를 밟고, 반면 개시신청이 기각 결정되면 파산절차에 들어간다. <영남일보>의 대주주인 갑을그룹의 계열사 9개 가운데 주력인 갑을과 갑을방적은 워크아웃, 갑을전자와 갑을금속은 화의, 갑을개발과 신한견직은 법정관리 등 계열사 대부분이 부실경영에 빠져 있다.

결국 <영남일보>의 몰골은 이제 겨우 법원의 판결에 의해 목숨줄을 연명할 처지로 전락하게 되었다. 그렇다면 언론의 사회환경 감시라는 언론본연의 기능을 <영남일보>는 어떻게 구현할지 새삼 주목된다. 그것은 두말할 나위 없이 비판정신을 실현할 수 있을까 하는 것이다. 법원에 의해 법정관리를 받는 <영남일보>가 언론의 사명을 실현하기 위해 비판정신으로 무장하고 사회개혁을 주장한다(?). 이에 대한 해답은 아무래도 보류해 두어야 할 것 같다. 민간 신분이었던 재벌언론 시절에도 그렇게 하질 못했는데 법정관리언론으로 그렇게 하겠다는 것은 아무래도 말장난에 불과한 듯하다.

≡≡ 2000. 10. 31.

IMF와 기자정신

언론보다는 언론을 둘러싼 '젯밥'에만 관심이 있는 언론사주와 자신의 자리보전을 위해 예스맨으로 전락한 언론사 간부, 비판정신이 실종된 지방언론인을 준엄하게 꾸짖고, 민주언론인으로 거듭나 정의에 입각한 언론관과 언론철학을 가질 것을 촉구한다.

IMF 이후 지방언론은 초토화됐다. 지방의 토호세력으로 군림하면서 권·재·언 유착은 물론 저급한 공생관계를 유지하던 지방언론에게 IMF는 '저승사자'였다. IMF가 무엇이던가. IMF는 시장을 속성으로 하는 자본주의화다. 자본주의는 생산성이다. 생산성이란 시장경쟁에서의 능률화이며, 이윤의 극대화를 말한다. 그러기 위해서는 적자생존이라는 경쟁력을 그 속성으로 한다. 이것이 IMF다.

그러나 지방언론은 아직도 IMF가 무엇이었는지 그 패러다임조차 모르고 있다. 이는 지방언론이 하루하루 시한부 삶을 살고 있다는 것을 의미한다. 이미 몇몇 언론사는 '부도'가 났으며, 또 다른 몇몇 사는 다만 '시간상'의 문제일 뿐이지 사실상 거덜난 것과 진배없다. 때문에 지방신문은 '개혁'을 가장 절실히 요하는 실정이다. 아니 개혁도 '보통개혁'이 아니라 근본부터 확 뜯어고치는 '혁명'이 필요한 시점이다.

지방신문은 언론의 개념부터 새롭게 정의하고 다시 시작할 때이다. 그러기 위해서는 그간 지녀왔던 지방신문에 대한 마인드와 패러다임을 새롭게 하여야 한다. '지방언론이란 무엇인가'에 대한 보다 근원적인 언론철학의 천착 없이는 지방신문은 여전히 IMF에서 벗어날 수 없다. 이 글에서는 지방신문을 둘러싼 '사람', 특히 '지방언론인'을 중심으로 지방신문의 실태와 나아갈 바를 조명해보고자 한다.

언론사주의 의식 개혁이 변화의 첫걸음

　지방신문의 탈 IMF는 지방언론사주의 의식구조의 혁명에서부터 비롯되어야 한다. 지방신문을 경영하는 사람은 대개 그 지방의 토호이거나 지주·자본가이다. 이들이 신문기업을 경영하는 근본적인 이유는 신문산업이 가지고 있는 공익적이며 공기적인 성격, 경영의 수지타산보다는 자신의 사업보호 또는 영향력 확장 등 신문의 본질과는 관계없는 신문 외적인 일에 더 관심이 많기 때문이다.

　지방언론자본이 지방신문을 경영하는 진짜 속셈은 지역사회에서 일간신문의 경영주가 '기관장'으로 누리는 특혜와 보도를 통한 '영향력의 행사' 때문이다. 지방신문 사주의 이 같은 그릇된 언론관으로 인해 진보적이고 비판적이어야 할 언론의 정기능보다는 지역사회의 기득권층과의 밀월을 통하여 권력기관으로 군림하거나, 자신의 이익보호와 영향력 확대에만 혈안이 되어 있는 실정이다.

　지방언론 경영주들이 지금과 같은 무지몽매한 언론관, 전근대적인 불건전한 경영동기를 혁파하지 않는 한 지방신문의 미래는 없다. 지방신문을 둘러싼 구조적 개혁은 정치적 문제로 돌린다 하더라도 언론사 경영진의 언론에 대한 지각은 지방신문 개혁의 근본적인 첫걸음이다.

무지몽매한 지방언론사 간부도 깨어나야

　지방신문이 하루빨리 IMF를 벗어나기 위해서는 지방언론을 실질적으로 지배하고 있는 지방언론 간부들 또한 무사안일에서 깨어나야 한다. 하나의 신문은 논조나 취재방향 등에서 다른 신문과 구분되는 고유한 색깔을 가질 때 존재의 의의가 있다. 독점적 언론구조보다 자유 경쟁적 언론구조가 더욱 바람직하다는 의미는 다양한 집단, 다양한 계층의 다양한 목소리를 담을 수 있다는 데 있다. 그러나 지방신문은 약속이나 한 듯 한결같은 논조와 형태로 획일화되어 있다.

　지방신문은 또 지역주민의 눈치를 살피는 선정적 보도태도로 일관해 지역갈등을 부추기는 지역감정에 기생하고 있다. 지방신문 간에는 논조 등의 고유한 색깔에 의해 차별화가 이루어지지 않고, 중앙지에 비해서는 편집이나 취재 보도, 논평 등 읽을거리라는 점에서 뒤질 수밖에 없기 때문에 볼 게 없다. 그러니 오로지 '우리 지역 신문이니까', '우리 지역 기업이니까', '우리 지역 사람이니까'라는 빗나간 지역의식과 거기에 결부된 광고확보 등의 부산물에 의존하고 있다.

이러한 원인은 지방신문 간부들의 무지와 무능 때문이다. 비단 지방언론인만 아니라 모든 언론인에게 해당하는 덕목이겠지만 언론인은 모름지기 전문지식과 재능·신념·비판정신·도덕성·용기·인격·기질·감각 등을 지녀야 한다. 이 가운데 용기와 도덕성은 무엇보다 중요하다. 언론인이 이를 지니지 못하면 왕성한 자유에의 정신이나 높은 수준의 이상을 지니지 못한다. 그러면 곧 이기심에 바탕한 현실 타협과 사리·사익을 앞세운 처세로 흐르기 마련이다.

불특정 다수 위해 봉사하는 사람

이번엔 지방신문의 기자에 대해 살펴보기로 하자. 기자는 누구인가. 기자는 무엇을 하는 사람인가 하는 것이다. 기자를 흔히 '사회의 목탁'이니, '무관의 제왕' 등이라고 한다. 그것은 기자가 불의나 부정·권력이나 금력 등 소수의 기득권층에 저항하는 직업인으로서 국민의 눈과 귀가되어 사회의 공적기능과 공익의 옹호를 수행하기 때문이다. 기자는 공인으로써 정보사회에서 불특정 다수인 독자를 위해 객관적이고도 정확한 정보를 제공해야 할 의무를 지닌다.

현대사회에서 기자는 '고도로 훈련된 직업 전문인'이다. 여기서 '고도로 훈련되었다' 함은 기자라는 직업이 최소한은 4년제 대학 졸업 정도의 학력을 지녀야 한다는 것을 말한다. 오늘날 기자는 대부분은 대학을 졸업했다. 그러나 그에 걸맞은 학력을 지녔느냐 하면 그건 "글쎄요"다. 기자가 무식하다. 취재원이 아무리 설명해 주어도 알아듣지 못하고 제멋대로 엉터리 기사를 써댄다.

이러한 현상은 중앙지보다는 지방지가 훨씬 더 심각하다. 기자가 무지하니까 오보를 남발하면서도 오보인지 아닌지도 모른다. 그러니까 무감각할 수밖에 없다. 기자는 자신의 무지를 가리기 위해 배타적인 권위의식을 지닌다. 그렇다 보니 힘이 있는 곳에는 '아양'을 떨고, 약자에겐 '군림'하려 든다. 기자의 영향력을, 기자의 사명을 '억강부약'에 쓰는 것이 아니라 '권력의 시녀'로, '출세의 지름길'로 쓰는 것이다.

조직 속에서 패거리를 지어 폐쇄적인 집단의식의 힘으로 비호되는 기자, 윗사람의 눈치나 보고, 하라는 대로만 하는 기자, 줄이나 잘 서서 이득을 보려는 기자, 뻔히 잘못된 것인 줄 알면서도 입을 다무는 보신형 기자. 이 같은 타산적이고 자기중심적이며 출세지향적인 관료주의 공무원형 기자는 기자사회에서 배제되어야 한다.

둘째, '전문 직업인이어야 한다'는 것은 기자의 '프로정신·장인기질'을 의미한다. 기자는 외로운 직업이다. 직업상 수많은 사람을 만나는 교제범위가 가장 넓은 직종인데도 불구하고 올바른 기사, 다수의 입장에 선 공익적인 기사를 쓰기 위해서는 사적인 인간관계를 멀리해야 하므로 고통스럽기 짝이 없다. 자기 자신을 철저히 관리함으로써 개인적인 이해관계를 떠나 '자신으로부터의 독립'을 실천할 때 비로소 혼탁한 사회를 밝히는 '거울'이 될 수 있다. 사회부조리를 고발하고 끈질기게 물고 늘어지는 반골기질이야 말로 참기자냐 아니냐를 구분하는 척도이다.

기자는 기자로서의 기본적인 상식과 철학·역사정신을 지니고 있어야 한다. 기자는 지적욕구가 왕성하고 강인해야 하며 성실해야 한다. 편견과 오만을 버리고 독립적이어야 하며, 자기반성과 냉철한 자기 감시에 철저해야 한다. 기자는 사실을 통해서나 의견을 통해서 남을 비판하는 언론인으로서의 직업윤리에 충실하고 공평무사해야 하며 그에 걸맞은 높은 도덕성을 갖추어야 한다. 자기 자신이 거울 위에 놓인 물처럼 깨끗하지 않고서는 남을 비판할 수 없다.

그러나 오늘날 지방언론인은 어떠한가. 기자가 전문성은 고사하고 무례하며 예의조차 지킬 줄 모르는 '함량미달'이라는 소리를 듣기 일쑤이다. 언론인으로서 반드시 갖춰야 할 기본적 덕목인 비판정신이 결여돼 있어, '보도자료'만 재생산 가공하는 '보도의 중개상'으로 전락하고 있다. 언론인으로서의 윤리의식조차 갖추지 못해 보도라는 무기를 민중을 위해서가 아니라 기득권층의 이익 옹호를 위해 휘두르고 있다. 그런 가운데서도 혈연·지연·학연 등을 매개로 민중위에 군림하는 우월주의에 사로잡혀 '언론인의 특권'만을 향유하려 든다는 것이다. 한마디로 힘 있는 강자에겐 한없이 약하고, 약자에겐 무자비한 게 지방언론인의 현주소다. 힘이 있는 곳에 권력이 있고, 권력이 있는 곳에 특권이 있다. 그리고 특권이 있는 곳에는 귀족이 생기기 마련이다. 언론인의 특권은 회수되어야 한다. '언론귀족'은 본질적으로 언론과는 맞지 않다.

비합리적인 인적충원 구조 사이비언론인 양산

지방언론의 이와 같은 문제점은 언론인의 충원구조가 비합리적이기 때문이다. 많은 지방언론사가 언론인으로서의 기능이나 자세보다는 학연·지연·혈연에 의한 줄대기 인사, 기자채용을 둘러싼 금품수수 편법인사, 신문 판매·광고를 떠맡기는 인맥조직 구축 등으로 인력조달이 출발부터 사이비언론인을 양산하는 체제에 의존하고 있다. 더구나 이러한 인력마저 그나마 채용하고 나서부터는 언론인으로서의 소양교육 등은 "나 몰라라"한다. 엄정하고도 냉혹한 비판정신을 바탕으로 포폄을 직업적으로 해야 할 언론인 자신부터가 사정이 이러하니 그 언론활동이 제대로 될 리 만무한 것은 어찌 보면 당연하다.

지방신문은 IMF 이후 무더기로 '사람 자르기'를 통한 인건비 절감을 추진하고 있다. 그에 따른 언론의 부실화를 우려하지 않을 수 없다. 무리한 감원보다는 기존인력을 재배치, 재교육시켜 인력활용도를 극대화시키는 것이 보다 바람직한 선택이다. 무엇보다 간부직을 최소화시켜 제작일선에 돌리는 것이 급선무다. 갑자기 제작일선에 투입되는 간부들의 심적 충격은 클 것이므로 대기자, 전문기자제의 당위성에 대한 인식의 제고와 그에 따른 사내외 홍보가 필요하다. 다시 말해 일선기자는 전문화시키되 데스크 기능은 통합시켜야 한다는 것이다.

언론인으로서의 자긍심 지녀야 부패를 척결

정치의 민주화, 언로의 개방화, 사회의 정보화가 시대적 소명이라면 풀뿌리 민주주의인 지방자치를 견인하기 위해 지방신문은 지역 주민들 간에 개별적 의견이 자유롭게 교류될 수 있어야 하며, 표출된 주민들의 다양한 의견을 수렴하여 건전한 여론을 형성하여야 하고, 이를 지방자치의 과정에 충실히 반영하여야 한다. 지방자치가 민주적이고, 지방분권적인 성격이 제대로 정착되기 위해서는 지역사회에 기반을 둔 참여적인 의사결정과정이 성숙되고, 지역주민들의 공동체 의식과 자치의식이 고양되어야 한다. 그러기 위해서는 지역사회의 중요 관심사에 대해 모든 성원들이 자신의 의견을 형성할 수 있도록 충분한 정보가 제공되어야 하고, 개인의 의견들이 하나의 여론으로 수렴될 수 있도록 공동의 토론장이 마련되어야 한다. 지방언론은 이러한 역할을 하여야 한다.

그 첨병은 두말할 나위 없이 지방언론인이어야 한다. 지방언론인은 언론인으로서의 프라이드를 지녀야 한다. 언론인이 자긍심을 지니지 못하면 부패하기 쉽다. 사람이 바르게 한 생을 산다는 것은 무척 어렵다. 더군다나 바르게 살면서 역사의 길을 간다는 것은 더더욱 어렵다. 일생을 독재에 저항하며 언론외길 한길로 걸어온 청암 송건호의 인생에서 우리는 자긍심을 지닌 현대의 언론인상을 본다.

지방언론인은 엘리트의식과 역사정신에도 투철해야 한다. 여기서의 엘리트는 선택된 특권으로서의 엘리트가 아니라 대다수 민중을 위해 봉사하는 참된 지성으로서의 기능을 말한다. 언론인은 모름지기 취재원과의 인간관계를 원만히 할 뿐 아니라 기자의 직업의식과 업무추진 능력, 기사의 질적 수준을 담보할 수 있어야 한다. 기자가 '명예'와 '부'를 동시에 지니겠다는 것은 '모순'이다. 명예와 부는 마치 '양지'와 '그늘'과 같다. 양지가 짙으면 그늘이 얕고, 반대로 그늘이 확대되면 확대될수록 양지의 입지 또한 점점 줄어들어 어둠이 짙기 마련이다. 기자는 그중 하나를, 굳이 말하자면 부를 버릴 수밖에 없다. 그러기에 기자가 은퇴하고 나면 남는 것은 '빛바랜 스크랩'밖에 없다고 하질 않는가.

≡≡ 1999. 11. 22.

어린이신문과 교육운동

지방에서 발간되는 어린이신문에 대한 문제점을 제기한다. 말도 안 되는 기사는 물론 심지어 철자법조차 제대로 쓰지 못하는 어린이신문이 뿌리는 해악을 질타했다.

어린이는 과거가 아니라 현재도 아니며 미래이다. 신화와 전설이 역사라는 과거라면 현재는 우리 시대를 살아가는 우리의 보편적인 삶을 말한다. 어린이는 이 땅을 딛고 사는 다가오는 시대의 얼굴이다. 따라서 앞날을 사는 어린이의 삶과 가치관의 중요성은 아무리 강조해도 모자람이 없다. 그러기에 한국인은 교육을 통해 오늘보다는 내일로 이어지는 나날을 기약해 왔다. 후세에 대한 교육에의 열의는 한국인의 인생관이자 역사관이었다.

새 천년이 100여 일 남짓 남았다. 다가오는 2000년대에는 패러다임이 과거와 현재형이 아니라 미래형이어야 한다. 정치·경제·사회·문화의 모든 분야에서 과거와 현재는 20세기의 영욕을 가슴에 안고 이 시대의 소명에서 비껴나야 한다. 21세기는 우리 미래의 세대인 어린이가 새 역사를 창조하고 이끌어 가야 한다. 그러기 위해 불량식품·유해환경으로부터 어린이를 보호할 당연한 의무가 있다. 왜냐하면 어린이는 오늘이 아니라 내일이고, 모레이고, 글피이기 때문이다.

그 선봉은 언론이어야 한다. 언론은 언론에게 주어진 환경감시기능을 작동해 우리 사회의 각종 오염원으로부터 어린이를 지키는 첨병이 되어야 한다. 이는 국민이 언론의 자유를 허용한 근본적인 이유이다. 그런데 언론이 앞장서 오히려 어린이를 불모로 자신들의 상업적인 장삿속만 차리고 있다면 어떻게 할까. 이는 고양이에게 생선가게를 맡긴 꼴과 다름없다. 이 글은 신문활용교육(NIE)과 어린이신문 문제, 그리고 학부모들의 교육운동 등을 통해 이 문제를 되짚어 보고자 한다.

본질 호도하는 상업언론의 두 얼굴

언론재벌인 <조선일보>와 재벌언론인 <중앙일보>가 주도적으로 전개하고 있는 신문활용교육(*Newspaper In Education*)은 우리 지역에서는 토착 독점재벌언론인 <영남일보>가 의욕적으로 펼치고 있다. 이들은 NIE의 교육효과에 대해 △현실에 대한 인식의 폭 확대 △올바른 토론문화의 형성 △글쓰기를 통한 사고력의 확산 △정보 수집 능력의 고양 △종합적 사고력 육성 △민주시민 의식의 고양 △통합 학습 프로그램 개발 따위를 들고 있다.

원래 미국에서 시작된 NIE는 텔레비전의 영향력이 날로 커지면서 문맹률이 높아지고, 신문구독률이 급속히 떨어지고 있는 시점에서 어린이를 신문시장에 끌어들임으로써 잠재적 독자를 개발, 신문산업의 위기를 극복하겠다는 것이 그 본질이다. 미국신문은 우리나라의 상업언론처럼 '창의력 개발'이니 '글쓰기 능력 함양'이니 따위를 내세우지 않고, 그 목적을 분명히 하고 있다.

한국의 NIE는 주객이 뒤바뀐 꼴이다. NIE를 주도하는 언론이 두 얼굴의 가면을 뒤집어쓰고 '사고력 길러주기'니 '언어사용능력 높이기'니 따위로 본질을 호도하는 것은 어린이를 불모로 한 기회주의 언론의 상업성 때문이다. 학부모들의 높은 교육열을 미끼로 신문장사를 하겠다는 속셈이다.

본질적으로 신문은 교육에 활용할 만큼 교육적 가치를 지니지 못한다. 교육이란 무엇인가. 옳고 그름을 가르치는 것이다. 신문은 그 속성상 옳음(진실)과는 거리가 멀다. 그것은 대중이 요구하는 것으로부터 자유로울 수 없기 때문이다. 예컨대 신문에 게재되는 현상은 결코 진실이 아니라 진실을 가장한 사실에 불과하다. 어떤 사회적 사실은 제도적으로 신문을 만드는 종사자에 의해 1차적으로 가공되어 나타난 진실이다. 진실에 대한 취재라는 관문과 매체의 편집이라는 기능적 시스템에 의해 필연적으로 왜곡되고 조작될 수밖에 없는 사실이 신문지면에 게재되는 것이다. 그러므로 이는 진실을 배우고 익혀야 할 교육과는 거리가 멀다 할 것이다.

둘째, 난해한 외래어, 금기어, 방언, 약어 등의 오·남용으로 얼룩진 기사문 또한 배울 점보다 배우지 않을 점이 더 많다. 문장성분 호응의 부적절, 사동·능동·접속·시제·성분의 혼란, 생략 등 어법상 잘못 쓰이는 표현이 부지기수이며 때로는 관용적 표현, 번역체 문장, 반복적 표현, 어순도치, 근거불명의 위장된 객관 표현 등 말도 되지 않는 말을 버젓이 지면에 게재해 놓고 자라나는 우리 세대에게 본받고 배우라는 것은 비약한다면 '미래를 포기하라'고 주문하는 것과 진배없다. 특히 일부 지방신문은 띄어쓰기는 고사하고 맞춤법조차 제대로 쓰지 못하는 주제에 신문을 교육에 활용하라고 하는 것은 어불성설의 자가당착이라 아니 할 수 없다.

셋째, 상업언론이 쏟아내는 획일적인 이데올로기의 문제를 지적하지 않을 수 없다. 우리 사회가 지향해야 할 가치관이 민주적 사회질서라면 언론이 독자에게 소구하는 내용 또한 그러해야 마땅하다. 그런데 문제는 우리 언론이 쏟아내는 목소리가 그나마 바람직하지 못한 이데올로그라는 사실이다. 언론은 말로는 민주·민족·민중 언론임을 표방하고 있으나 실제에는 반민주적이며, 반민족적이고, 반민중적이다. 언론은 자사의 상업적 이기주의를 바탕으로 마치 '앵무새들의 합창'처럼 일제히 한 목소리를 쏟아낸다. 다양성을 부정하는 '하나의 소리'는 곧 전제사회의 모습이다. 언론은 그 전제사회의 '권력'으로 작용하며, NIE를 통해 대를 이어 이를 영속화하고자 하는 것이다.

어린이가 배제된 어린이신문

어린이를 대상으로 한 어린이신문에서 정작 그 주인인 어린이가 배제된 어린이신문의 문제 또한 예사롭게 넘길 문제가 아니다. 주로 초등학생들이 주독자인 어린이신문은 현재 전국적으로 4개 지가 발행되고 있다. 서울에서 <소년동아일보>, <소년조선일보>, <소년한국일보>가 발행되고 있으며, 지방에서는 유일하게 <소년대구일보>가 발행되고 있다.

한 시민단체는 어린이신문 모니터 보고서를 통해 어린이신문은 주독자층인 초등학생들과 무관한 기사가 머리기사로 게재될 뿐 아니라 자사 홍보기사, 흥미위주의 연예·스포츠 기사가 남발되고 있다고 지적했다. 보고서는 또 어린이신문이 어른신문의 기사내용을 재탕하거나, 어른신문의 논조를 여과 없이 답습하여 어린이의 눈높이에 맞지 않을 뿐만 아니라 '700'으로 시작하는 전화노래방, TV데이트와 같은 불건전한 상업광고를 게재하여 교육적 측면에서 부적합하다고 비판했다. 더구나 매일 제공되는 교과문제 또한 부실한 학습내용으로 일관하여 창의적 교육을 지향하는 오늘날의 교육 방향에 역행한다는 것이다.

'소년○○일보'라는 제호 또한 문제가 있다. 소년○○일보라는 명칭은 여성을 차별하는 시대의 '소년'이란 대명사를 그대로 사용하고 있는 말이다. 남녀차별을 타파해야 할 언론이 매체를 상징하는 제호에서부터 남녀 차별적인 소년○○일보라는 말을 사용하고 있는 것은 어릴 적부터 부지불식간에 남녀차별을 공고히 조장하고 있는 것이라 하겠다.

어린이신문의 보급과 관련한 문제는 언론의 극단적인 윤리수준과 도덕불감증, 부패의 수준을 적나라하게 보여준다. 어린이신문은 반강제적 구독강요로 이루어진다. 어린이신문은 우리나라 신문유통의 일반적 형태인 가정배달에 의해 이루어지는 것이 아니라 학교라는 공조직을 통해 이루어지고 있다. 신문사별로 암묵적인 카르텔을 형성, 판매대상 구역인 학교를 할당하고는 학급조직을 통해 신문을 배포한다. 그 반대급부로 학교 측에는 장려금·지원금 따위의 명분 아래 실질적인 '리베이트'를 제공한다. 이는 어린이들에게 부패를 체계적으로 교육하는 것과 다를 바 없다.

학교가 신문사 보급소 노릇

서울교육청이 조사한 바에 따르면 서울시내 초등학교의 93.8%가 어린이신문을 구독하고 있는 것으로 조사됐다. 학급 담임교사는 오전 9시 10분 정교시가 시작되기 전에 어린이신문 기사를 스크랩하거나 어린이신문에 게재된 한자·영어공부를 자습시킨다. 때로는 어린이 신문에 게재된 학습문제 푼 것을 검사하기도 한다. 사정이 이와 같으니 학교 당국에서 "반강제적 구독강요는 절대 없었다"는 소리는 말도 안 되는 빈소리로 들려온다.

경기도 성남교육청이 문자 그대로 학생들에게 어린이신문 구독자율권을 주고, 선생님 또한 자습시간에 어린이신문을 활용하지 않자 어린이신문 구독자가 한 명도 없었다고 한다. 이는 무엇을 말하는 것인가. 학교 당국이 아무리 발뺌을 해도 신문구독료 월 3,500원에 대한 리베이트, 적게는 부당 500원에서 많게는 1,400원에 달하는 떡고물이 탐나 아이들에게 신문구독을 강요하고 있다는 것으로밖에 해석할 수 없다.

지난해 11월 18일 '참교육을위한전국학부모회'의 장은숙 모니터국장은 '건강한 어린이신문을 만들기 위한 공개 좌담회'에서 "어린이신문사는 신문을 단체 일괄 구독하는 초등학교에 구독 부수당 20%가량의 리베이트를 제공하고 있다"며 "신문후원비라는 명목으로 제공하고 있지만 이는 결국 구독료의 일부라고 볼 수밖에 없다"고 주장했다. 이에 대해 <소년동아> 등 3개 어린이신문사 취재부장들은 "단체구독으로 절약되는 배달료를 학교발전기금으로 넘겨주면서 어린이 후생복지기금으로만 사용토록 하고 있다"고 해명했다.

학교가 신문사 보급소 노릇을 하는 지극히 비교육적인 처사는 즉각 중단되어야 한다. 만일 어느 교사가 학교에서 특정 출판사의 전과나 학습문제집 따위를 팔았다면 그는 어떻게 될까? 두말할 나위 없이 그는 즉시 해고·해직되어 교단으로부터 쫓겨날 것이다. 그런데 교사가 어린이신문 판매원 노릇을 하면 괜찮고, 학습참고서 판매원을 하면 안된다면 이는 뭔가 앞뒤가 맞지 않다. 어린이신문을 펴내는 곳이 소위 힘 있는 언론기관이어서 괜찮고, 학습서적 출판사는 힘이 없어서 안된다면 아이들에게 '사회적 정의'를 설명할 근거를 잃는다.

따라서 좀 극단적으로 비약해 말하면 어린이신문은 교육현장의 교육정신을 말살하고 있는 '암 덩어리'라 할 수 있다. 배달 대행해 주는 것에 대한 보답의 의미로 되돌려 준다는 어린이신문 기부금은 아무리 학교운영발전기금으로, 혹은 어린이를 위해 쓴다고 해도 벗어날 수 없는 학언유착의 검은 대가로서 떳떳하지 못한 변형된 뒷거래일 뿐이다.

학급 담임교사는 월 60~70만 원씩 생기는 더러운 돈에 혹해서는 안된다. 그 돈은 명분이 없는 썩은 돈이다. 사랑하는 제자들의 순수한 영혼을 신문업자에게 팔아넘기고 챙긴 돈이다. 그런 돈이 우리 교육현장에 나돈다는 것은 우리 교육이 그만큼 썩었기 때문이다. 교육청은 학교가 신문사 지국 노릇을 하는 행위를 절대 간과해서는 안된다.

백 번 양보하여 우리 사회에서 어린이신문이 굳이 필요하다면 그것은 어린이신문 선택권을 학교로부터 완전하게 학부모에게 돌려주는 것에서부터 비롯되어야 한다. 학교에 대한 로비 여하에 따라 경쟁력이 판가름 난다면 어린이신문의 질적 향상은 요원하다. 학교가 어린이신문을 일괄 구입하는 담합행위를 즉시 철폐하여야 한다.

교육운동은 뭐 때문에 하나?

어린이 문제는 너와 나만의 문제가 아니다. 온 국민의 문제이다. 잠시도 소홀히 하거나 게을리 할 수 없다. 이처럼 중요한 문제가 상업언론의 돈벌이에 발목 잡혀 이용당하고 있다. 그것은 달리 말하면 우리의 미래가 언론의 장삿속에 저당 잡혀 있음을 뜻한다. 결코 이를 용납할 수도 없고 또 용납해서도 안 된다.

이러한 언론을 징치하고 바로잡을 수 있는 것은 결국 언론수용자의 몫이다. 우리는 학부모로서, 언론의 실질적인 주인으로서 언론에 대해 당당하게 요구하여야 한다. 언론은 속보이는 신문활용교육(NIE)을 즉각 중지하라. 우리 아이를 더 이상 '어린이 TK'로 만들지 않겠다면 어린이신문의 발행 또한 즉각 중지하라. 그리고 독자들에게 그동안 저지른 자신들의 죄악에 대해 겸허히 사과할 것을 강력히 주장하여야 한다.

언론이 NIE를 하고, 어린이신문을 발행할 여력이 있다면 그와 같은 힘을 어른신문이나 제대로 만드는 데 사용할 것을 촉구한다. 어른을 대상으로 한 신문조차도 제대로 만들지 못하면서 어린이를 상대로 한 신문을 만들겠다는 것은 말도 안되는 소리다. 혹 노파심으로 덧붙인다면 독자들은 착각하지 말라. 한마디로 어린이신문을 만들기가 훨씬 더 어렵다는 사실이다. 그것은 지식인을 대상으로 한 전문적인 글쓰기보다 누구나 다 쉽게 알 수 있는 대중적인 글쓰기가 훨씬 더 어려운 것과 같다. 어떻게 세파에 찌든 어른이 순진무구한 어린이의 심성을 이해하면서 그 눈높이에 맞춘 어린이신문을 만들 수 있겠는가. 이는 조금만 생각하면 금세 알 수 있는 문제이다.

따라서 이 시점에서 참교육운동은 모름지기 이 문제에 대해 모아져야 한다. 그러나 현실은 이를 도외시하고 있다. 재야의 시민운동단체나 교육단체 등이 언론을 상대로 맞서 싸우기란 여간 어렵지 않다. 더구나 진보적인 지식인입네 하는 인사들조차도 NIE를 하는 사이비언론에, 어린이신문을 자매지로 발행하는 쓰레기언론에 글을 싣지 못해 안달이다. 이는 '참교육'을 빙자한 위선적인 정치적 구호로 얼룩진 진보적 지식인들의 '무늬만의 운동'이라 아니 할 수 없다.

필자는 이 시대를 살아가는 지성인으로써 제도언론과의 싸움에 나설 것을 다시 강조하고자 한다. 지금은 행동할 때이지 말로만의 관념적인 운동에 매달려 있을 때가 아니다. 지금 이 순간 우리 어린이가, 우리의 미래가 사이비언론의 NIE에 의해, 쓰레기언론의 어린이신문에 의해 오염되고 있다. 자신과 조직의 역량을 총동원하여 어린이를 불모로 한 제도언론의 장삿술을 깨뜨리자. 그것은 21세기를 앞둔 우리 시대의 과제다.

≡≡ 1999. 8. 15.

지방신문의 실태와 발전방안*

IMF를 맞아 붕괴 위기에 처한 지방신문의 실태를 정밀하게 분석하고, 그 발전방안을 진지하게 모색한다. 지방언론의 발전은 결국 사람이 문제라는 결론에 이르는 것을 더듬어 본다.

① 서론

IMF를 맞아 지방신문이 붕괴되기 직전에 있다. 지방신문은 바야흐로 거대한 허리케인의 핵 속에 들어 있다. 지방신문의 붕괴는 풀뿌리 민주주의인 지방자치의 붕괴를 의미하며, 이는 또한 우리 사회의 이념적 좌표인 민주주의의 붕괴를 뜻한다. 따라서 'IMF'라는 파고에서 지방신문을 구원할 '진리의 빛'은 무엇보다 절실하다 아니 할 수 없다.

그러나 현실은 그 당위성조차 인식하지 못하고 있다. 무엇보다 현직에 있는 지방언론인들의 지방신문 현실에 대한 인식은 '무감각'을 넘어 '무지'에 이른 것이 아닌가 한다. 오로지 '세월이 약'이라는 자세로 처신하고 있다. IMF유탄을 맞아 현직에서 밀려난 언론인들 또한 자성을 통한 새로운 지방언론의 개혁운동은 고사하고 오로지 '비바람이 불 때는 잠시 피하고 보자'는 식으로 일관하고 있다.

---

* 이 글은 △주동황, 「한국 지방신문의 발전방안에 관한 연구」, ≪언론연구≫제1집, 한국언론연구원, 1994. △김영호·강준만, 『현대사회와 지방언론』, 나남, 1995. △『한국 지방언론의 발전방안』, 한국언론연구원, 1996. 등을 저본으로 하여 작성했다.

이와 같은 현실 속에서 언론모리배와 언론정상배만이 우후죽순 솟아나 언론을 가장한 '쓰레기언론'을 줄줄이 낳고 있다. 언론의 자유를 빙자하여 언론시장에 들어오는 이들 '언론사생아'는 언론의 사명은 고사하고, 우리 사회에 '언론해독'만 뿌릴 뿐이다. 무책임하기 짝이 없는 이들 쓰레기언론의 발호에 대해 언론수용자와 정부는 규제하여야 한다. 하지만 문제는 이들의 발호에 대해 속수무책이라는 점이다.

언론사생아는 그 자체로서도 문제이지만 더욱 큰 문제인 것은 언론불신을 조장함으로써 모든 언론을 공멸시킬 우려가 있다는 사실이다. 때문에 건전한 지방언론의 토양을 위해서라도 이대로 둬서는 안된다. 이를 어떻게 할 것인가. 그것은 쓰레기언론이 발호할 틈새를 주지 않는 것에 그 해답이 있다. 그러기 위해서는 지방언론이 IMF 이전에 가졌던 패러다임을 버리고 21세기에 걸맞은 이념적 좌표부터 새롭게 설정하여야 한다.

현재 대구경북지역에는 언론재벌인 <매일신문>과 재벌언론인 <영남일보>를 비롯하여 <대구일보>, <대구일일신문>, <영남투데이>가 신문을 발행하고 있고, <경북일보>가 복간 준비 중이다. 포항에는 <경북대동일보>, <경북매일>이 있으며, 구미에는 <일간경북신문>이 발행을 서두르고 있다.

이 가운데 <매일신문>은 부채비율이 무려 30,583%에 이르며, <영남일보>는 이미 자본이 잠식된 상태에 이르렀고, <대구일보>는 부도난 상태이다. <대구일일신문>은 도시근로자 최저 임금 생활급에도 미치지 못하는 사원들의 급여조차 근근이 지불하고 있으며, <영남투데이>는 50만 원으로 책정된 사원들의 급여마저 창간준비과정 이래 오늘까지 제대로 지불한 바가 한 번도 없다는 소식이다.

그럼에도 불구하고 전설적인 신화는 이미 부도난 신문사인 <대구일보>가 자매지 <소년대구일보>를 창간하여 사업을 확대하고, 사원들의 급여조차 제대로 지불할 능력도 없으면서 신문을 창간하는 '배짱'이다. 그것이 지방언론을 삼킬 거대한 '블랙홀'임은 앞서 지적했다. 그렇다면 그와 같은 쓰레기언론에 종사하고 있는 언론인들은 누구일까. 왜 일까. 우리는 이제 여기에 주목할 때이다.

최근 <대구일보> 광고국장이 뇌물제공 혐의로 검찰에 구속되었다. 법원의 경매광고 수주 문제에서 기인한 이 사건은 언론과 법원이 결탁한 지역언론계의 구조적 비리로서 언론개혁과 사법개혁을 위해서는 절대로 간과할 수 없는 문제이다. 지역의 그 수많은 이름난 재야 시민단체는 아예 거론조차 않으며, 언론은 쉬쉬 숨기기에 바쁜 실정이다. 이것이 지역언론의 실상이다.

이 글은 지방언론의 실태를 살펴봄으로써 풀뿌리 민주주의를 견인하는 자주적인 매체로서의 나아갈 바를 구체적으로 제시하고, 아울러 지방신문이 IMF를 극복하는 데 기여함을 목적으로 이야기를 풀어나가고자 한다.

② 편집·제작 발전방안

① 취재·보도의 반성과 개선

첫째, 행정기관 위주의 제작관행을 지양해야 한다. 지방신문의 가장 큰 폐해는 행정기관 중심의 보도태도이다. 지면을 관급기사로 채우는 현실은 천편일률적인 특색 없는 신문을 양산하고 있는 가장 큰 원인이다. 이는 중앙지조차 피해야 할 태도로 지적되고 있다. 지방신문의 독자들은 실제 살아가는 데 필요한 생생한 정보를 요구하고 있다. 관급기사를 최소화하고 생활과 밀착된 정보를 제공하는 새로운 자세가 절실하다.

둘째, 인물·산업·정보화 등 특정 분야의 전문화를 이루어야 한다. 중앙지가 일반상품이라면 지방신문은 특수상품이어야 하고, 전국지가 보통상품이라 한다면 지방신문은 전문상품이어야 한다. 지방신문은 중앙지가 도저히 따라올 수 없는 정치·경제·사회·문화 등에서 지역적 특색을 최대한 살려 그 지역의 토양에 맞도록 지방화·전문화를 추구해야 한다.

셋째, 지방뉴스의 중앙화, 중앙뉴스의 지방화를 추구한다. 우리나라에서 지방신문과 중앙지는 상호 보완관계라기보다는 경합관계에 있다. 지방신문은 중앙지와 병독지 관계에 있기보다 경쟁을 해야 할 처지에 있는 것이다. 엄청난 자본력과, 우수한 인력, 지방지에서는 찾기 어려운 고급정보, 빈틈없는 판매조직을 장악하고 있는 중앙지에 대해 지방신문이 경쟁을 한다는 것은 넌센스다. 현실이 이와 같은 데 지방신문은 무지몽매한 꿈에서 깨어나지 못하고 있다.

지방신문인들은 그 이유를 독자들의 중앙집중식 사고로 인해 지역기사로만 채우면 신문이 팔리지 않는다고 한다. 또한 지역기사로 다 채울 만한 정보가 없다고 변명한다. 이는 스스로 지방신문에 대해 "나 무지하오"라고 말하는 것과 다를 바 없다. 기사는 개발하기 여하에 따라 고급정보도 되고, 낙종거리도 된다. 독자들의 의식구조는 지방신문이 스스로 사명감을 갖고 고취시켜야 할 의무이다.

중앙지에 대항하기 위해서는 지방신문의 차별화 전략이 절실하다. 그에 대한 구체적인 대응으로는 지방뉴스의 양적인 확충이나, 지방문제의 심층보도, 커뮤니티 페이퍼로서의 제작태도 확립 등을 생각해 볼 수 있다. 아울러 '지방뉴스의 중앙화' 또는 '중앙뉴스의 지방화'라는 개념을 도입할 필요가 있다. 즉 지방신문은 지방에서 벌어지는 여러 뉴스를 중앙정부의 국가경영에 도움이 되도록 신속하고 정확하게 전모를 보도하는 한편, 중앙정부 단위의 각종 정책들에 대해서는 그 정책이 지방 차원에서 어떤 영향을 주는지, 그 효과와 지역민의 반응 등을 보도해야 한다. 이렇게 되면 중앙과 각 지방 간의 여론 소통에도 도움이 될뿐더러 정책의 효율성도 제고하는 이중효과를 얻을 수 있다.

넷째, 지역민의 생활필수품을 지향한다. 최근 전국뉴스의 비중은 점차 줄어들고, 지방뉴스의 비중이 늘고 있으나 아직은 미흡한 실정이다. 중앙뉴스는 여전히 지면에서 40% 이상을 차지하고 있다. 지면 내용에는 사회경제적으로 소외된 기층 민중과 변두리 지역 등에 대한 기사가 종종 등장하고 있으나 이를 보는 시각은 매우 냉소적이다. 그것은 지방신문의 지면을 여전히 소수의 기득권층, 토착세력이 지배하고 있기 때문이다. 지방의회 및 지방정부 등을 보도함에 있어서도 전문성을 축적하지 못하고, 형식적·나열적 보도에 급급하고 있다.

지면개혁의 출발에는 지방신문을 각 가정이나 사업장의 생활필수품으로 만드는 방향정립이 선행되어야 한다. 지방신문이 지역 주민의 생활필수품이 되기 위해서는 앞서도 지적한 바와 같이 우선 지역민에 밀착해야 한다. 그러기 위해서는 지역민들이 요구하는 지역화된 정보를 공급해야 할 것이다.

다섯째, 지역관련 대형기획 등 심층보도를 강화한다. 지방신문의 가장 큰 취약점은 보도가 문제의 핵심에 끈질기게 접근하지 못하고 단발성으로 끝나는 수가 많다는 점이다. 심층분석이나 현상진단 기사의 부족은 지방신문의 가장 큰 약점이 되고 있다. 따라서 대학 등과 연계해 향토문화와 지역경제의 개발 등 읽을거리 기사의 강화가 시급하다.

지방신문은 질적인 개성과 특색을 갖춘 기사를 개발해 전문성을 높이는 일이 필요하다. 단편적인 스트레이트 기사형태보다는 심층보도, 해설기사, 칼럼, 피쳐기사 등에서 지방신문 나름대로의 색깔을 담으며 뚜렷한 의견까지도 제시하는 독자적인 성향을 갖출 필요가 있다. 이를 위해 취재보도상의 관행과 직업의식의 변화, 충실한 자료수집과 연구를 통한 전문성 고양, 독자의견 수렴의 노력이 절실히 요구된다.

② 지면 모양의 개선

첫째, 지방신문은 지면구성 및 면별 배정에 있어서도 중앙지와는 달라야 한다. 그렇지 않고는 결국 중앙지를 모방하는 '지방지적 반전국지' 또는 '전국지적 반지방지'의 형태를 벗지 못한다. 그렇게 되면 지방신문의 특색은 없어지고 마침내 지방신문으로 설 땅을 잃게 된다. 그러면 지방신문은 어떻게 지면을 구성하는 것이 바람직할까. 먼저 프론트 페이지인 1면은 종합면으로 하되 최소한 머리기사는 지방기사로 채워야 함을 원칙으로 해야 한다. 물론 국내외적으로 매우 중요한 기사는 머리로 올라가야 하지만 적어도 평시에는 이 원칙이 준수되어야 한다. 사설 또한 하루에 2건 이상 게재하는 경우라면 그중 하나는 반드시 지방관련 주제로 하여 지역여론을 조성하여야 한다. 그 밖에도 지역경제, 지역개발, 지역문화 등 대형기획물과 장기 시리즈면의 확충이 바람직하다.

둘째, 지역별 섹션화를 도입한다. 지역별 섹션제는 지역을 권역별로 나눠 판을 발행하거나, 인접한 한두 개 시·군 단위, 혹은 생활권역별로 묶으면 된다. 지역판은 지역별 뉴스를 강화한다는 측면에서 종합편집을 지향해 그 지역의 모든 뉴스를 취급하는 것이 좋을 것 같다. 주요뉴스에서 동정까지 실어 지역뉴스도 발굴하고 친숙한 이웃 소식을 알리는 신문으로 자리 잡는다면 지역독자 확보에 도움이 될 것이다. 이와 관련 일부 중앙지가 시도하는 섹션화는 지방지로서도 주 1~2회 정도 지역경제, 문화나 레저, 산업 등 전문정보를 섹션특집으로 낸다면 상당한 호응을 얻으리라 본다.

셋째, 보는 신문을 강화해야 한다. 중앙지들은 경쟁적으로 그래픽 등 '보는 신문' 만들기에 심혈을 기울이고 있다. 지방지는 인력난과 장비 부족으로 인해 이에 미치지 못하나 앞으로 비주얼화에 대한 연구가 불가피한 실정이다. 특히 앞으로 주독자층이 키보드 세대, 나아가 사이버 세대임을 감안한다면 중장기적 안목에서 '보는 신문'으로 체질개선은 피할 수 없는 추세이다.

넷째, 오피니언란을 확대해 독자가 참여하는 신문으로 만들어야 한다. 지역주민들의 의견을 수렴하기 위해서는 독자란으로 그칠 것이 아니라 매일 1~2개 면 정도는 희망취재 또는 독자들의 신문평 등을 과감히 실을 필요가 있다. 지방신문이 독자들에게 신뢰를 높이기 위해서는 더욱 적극적이고 진취적인 자세가 불가결하다. 특히 사계의 전문가들을 위촉해 자사의 지면을 심의하는 권한을 주고 이를 충실히 지면에 반영하는 방법(옴부즈맨 제도 등)의 활성화는 더 이상 늦출 수 없는 과제다.

③ 편집국 개선방안

지방신문이 표방하는 인사정책의 핵심적 구조는 '소수정예'이다. 최소의 인원으로 최대의 효과를 올리는 소수정예주의는 본질적으로 고임금과 생산성을 목표로 한다. 그러나 우리나라 지방신문의 소수정예는 저임금에 바탕을 두고 있다. 저임금으로는 우수한 인재를 유치할 수 없다. 따라서 소수는 있으되 정예는 없다. 저임금에도 만족하는 둔재·범재가 그나마도 소수뿐이니, 그 상품의 질은 안 봐도 뻔하다. 불량품인 것이다.

더구나 편집국 조직마저 수십 년 전 일본이 물려준 낡은 틀에서 조금도 벗어날 줄 모른다. 중앙지는 팀제 도입이니, 전문기자·대기자제 활용, 출입처 철폐 등 조직의 쇄신을 꾀하는 데 비해 지방신문은 오랜 관습에 얽매여 개혁의 사각지대에서 움츠리고 있다. 이 같은 혁신에 대한 지방신문의 무감각은 지방지의 성장을 가로막는 암적 요소이다. 따라서 지방지의 취재보도 체제는 시대의 조류에 맞게 개편되어야 한다.

지방신문의 조직적인 발전을 위해서는 출입처 관행을 타파하고 편집국 조직부터 개혁해야 한다. 현재 출입처 관행은 최소한 유지하되, 팀제를 도입 전문성과 기동력을 갖춘 조직으로 활성화를 기한다. 또한 편집국 조직을 효율성에 기초를 두고, 지역의 실정에 맞게 특화된 조직으로 대폭 개편한다.

둘째, 대기자·전문기자·편집위원제를 도입, 활성화한다. 절대 부족한 지방언론의 인력을 활용하기 위해 정년에 구애받지 않는 대기자를 활용하고, 환경·보건·노동·복지·정보화 등 특정 분야에 전문성을 지닌 전문기자제를 활용하며, 편집위원은 특정 출입처 중심 취재가 아닌 다양한 기획취재에 활용한다.

셋째, 프리랜서·모니터·통신원 등 사외인력의 활용을 활성화한다. 지면을 자사의 기자에게만 국한시키지 않고 외부에 개방해 지면제작에 참여시킨다. 이들을 활용함으로써 독자화는 물론 판매와 광고영업에도 도움을 받을 수 있으며, 신문의 질적 향상도 꾀할 수 있다.

③ 경영 개선방안

지방신문이 제자리를 잡기 위해서는 일부 언론경영주의 의식구조도 개혁되어야 한다. 그들은 일단 신문사를 설립해 놓기만 하면 사원채용과 지사·지국 설치 과정에서 기부금, 보증금 형식으로 재원을 마련 초기자본을 충당한다. 그 후 신문이 발행되면 지대와 광고수입으로 자금회전을 해 신문사를 경영해보겠다는 브로커적 발상으로 신문시장에 뛰어들고 있다. 이 같은 그릇된 언론인식은 노사문제에도 작용해 임금체불, 인사발령 남발, 근로조건 문제 발생 등이 수시로 불거지고 있어, 지방신문의 설자리를 죄고 있다.

언론모리배·언론정상배의 지방신문 창간이 지역에서도 없잖아 일부는 성공했고, 또 언론계 일부에서는 끊임없이 시도되고 있다. 그것은 대개 언론이 아니라 언론쓰레기일 뿐이다. 그럼에도 이러한 내막을 잘 모르는 시민들에게는 그대로 투영돼 언론의 불신을 초래하는 원흉이 된다.

뿐만 아니라 지방신문의 간부들조차 독자나 인력관리·손익분석 등 경영마인드가 부족해 매출증대·경비절감 등 구체적인 경영개선 노력에 제대로 도움이 되지 못하고 있다. 따라서 경영주와 간부들의 의식개혁과 함께 과학적이고 합리적인 경영기법의 도입이 절실하며, 인력의 효율적인 운영방안을 수립·시행하여야 한다. 경영다각화를 통해 수익개선을 도모하고 자본영입을 통한 경영구조 개선을 꾸준히 추진하여야 한다.

지방신문의 경영개선과 관련하여 간과할 수 없는 것은 자본의 건강성 확보문제이다. 지방신문의 자본이 건강하지 못하면 지방신문이 바로 설 수 없다. 지방신문의 자본이 지방권력과 유착된 토호이거나 지주·자본가의 독점적 자본이라면 필연적으로 이들의 이익에 봉사하기 마련이다. 지방신문이 지방언론을 지배한 자본의 영향력에서 벗어나지 못할 때 지역사회에 기생하면서 온갖 해악을 뿌린 그들의 비행을 여론화하지 못함은 상식이다. 이는 언론의 존재의의를 상실케 하는 것이다. 지방신문 자본의 건강성 확보문제는 지방신문 개혁의 본질이라 하겠다.

① 경영·재무상태 개선

첫째, 지방신문이 인력·기술·시설 면에서 경쟁력을 갖출 수 있도록 안정적인 기본재정을 우선 확보되고, 과도한 부채비율을 낮춰야 한다. 그러기 위해서는 자본을 폐쇄적으로 묶어두지 말고 늘 개방하여야 한다.

둘째, '규모의 경제'에 따른 적정수준의 경제적 발행부수인 5만~10만 부를 확보함으로써 현재의 지대수입을 늘리는 한편 광고의존도를 상대적으로 낮추는 경영방안을 연구할 필요가 있다.

셋째, 노사안정과 효율증대를 위해 종사자가 경영에 참여해 경영실태에 대한 충분한 이해를 가질 수 있도록 각 신문의 실정과 성격에 맞는 제도적 장치를 마련할 필요가 있다. 예컨대 자본확충을 위해 지역주민의 자본참여 방식이나 지방신문 종사자가 소유에 참여하는 사원주주제 방식 혹은 예산편성 과정에 사원을 참여시키고 분기 또는 월별로 결산을 공개하는 경영공개 등을 고려해 볼 수 있다.

넷째, 경영다각화 차원에서 데이터 뱅크·뉴미디어 진출 및 문화사업의 확대 강화가 절실한 실정이다.

② 인력관리 개선

첫째, 많은 신설 지방신문들이 기존지방신문의 인적 구성을 그대로 추종해 계획성 없는 인력충원을 단행했기 때문에 인건비 및 복지비의 지출에 따른 과다한 재정부담이 신문경영을 압박하고 있는 실정이다. 직무분석 등을 통한 인력관리의 과학화를 통해 경영합리화를 기하는 것은 매우 중요하다.

둘째, 능력 있는 인적자원의 확보는 지방신문 기업의 성패를 좌우하는 본질적인 문제다. 처우개선의 현실화로 소수정예의 우수한 인재를 확보해야 한다. 또한 지방언론인의 전문화, 윤리성 제고를 위한 교육 및 투자가 지속적으로 절실하다.

셋째, 언론인 자질향상을 위한 재교육 프로그램이 반드시 필요하다. 언론인의 자질향상이나 우수 언론인의 확보는 우선 현실적인 급여수준을 유지하는 것에서 비롯된다. 이를 통해 결국 지면의 질적 향상도 꾀할 수 있다. 언론인의 근무조건 개선은 지방신문이 안고 있는 본질적인 문제에 대한 처방이기도 하다. 아울러 지방신문의 전근대적인 노무관리의식도 시급히 전환할 필요가 있다.

③ 지방신문사 간 공동협력 방안

첫째, 신디케이트의 설립을 검토한다. 우선 각 지역별로 상호 회원사를 구성하여 각 지방지에 동시에 게재할 수 있는 내용, 즉 명사칼럼이나 생활정보, 최근 학술논문 등에 공동투자를 하면 각 지방신문사들은 저렴한 비용으로 질 높은 기획기사를 지면에 채울 수 있다. 나아가 서울지사의 취재부문을 공동으로 운영하거나 공동투자를 통한 제2 통신사 설립도 검토해 볼 필요가 있다.

둘째, 시설 및 조직의 공동이용 방안을 마련한다. 각 지역별 소재 신문사 간의 연대방안의 하나로 윤전시설 및 판매기구의 공동운영 방안도 모색해 볼 수 있다. 현실적으로 실현 가능성이 가장 희박한 것이라고 할 수 있으나 경영난이 점차 심화될 경우 피할 수 없는 명제라고 하겠다. 예컨대 조간·석간의 윤전시설과 인력을 공동으로 운영하거나 지·보급소 사무실 공유 및 배달을 공동으로 하는 방안도 상호 도움이 될 소지가 많다.

셋째, 공동판매제도를 조속히 실시한다. 신문 판매문제는 지방신문의 사활을 논의해야 할 정도로 심각한 지경에 이르렀다. 과다한 판매비는 신문경영난의 주요인이며, 배달되지 않는 신문으로 인해 의미 없는 신문의 속출이 급증하고 있는 실정이다. 각 지방신문이 공동판매회사를 설립함으로써 효율적인 신문판매를 꾀할 수 있다. 공동판매는 무분별한 무가지를 남발하거나 구독료를 할인하는 등 과당경쟁을 방지하여 신문의 정상화에 기여한다.

④ 판매 활성화 방안

현재 대부분의 지방신문들이 호별방문 권유나 판촉물, 확장사원의 고용, 무가지 배포 등의 방법으로 신문확장에 주력하고 있다. 신문판매가 공정한 경쟁에 의해서만 이루어진다면 결국 상품의 질이라고 볼 수 있는 지면내용에 의해 좌우될 수밖에 없고, 지방신문이 처한 여건으로는 중앙지의 공세에 결코 낙관할 일이 아니다.

우선 지면이 차별화되고 충실해져야 하겠지만 전산화를 통한 과학적인 관리체제 구축도 중요하다. 구독자 관리와 구독거절 독자관리 및 구독거절 사유 분석과 구독자의 평균 구독기간 등에 대한 분석도 병행되어야 한다. 이 밖에 신문판매를 높일 수 있는 요건은 다음과 같다.

첫째, 신문의 품질향상을 이루어야 한다. 현시점에서 독자들의 관심이 점차 다양화·다원화되는 추세이므로 신문지면의 제작 또한 이에 맞게 전문화되어야 한다.

둘째, 새로운 독자개발에 노력해야 한다. 즉 젊은 층, 여성, 노인, 노동자, 농민 등 새로운 독자층을 개발하는 데 노력해야 한다. 이를 위해 지면개선, 심층취재, 공동행사, 광고개발 등 다각적인 노력이 필요하다.

셋째, 신문판매의 과학화가 이루어져야 한다. 무리한 확장방법은 영업효율을 떨어뜨릴 뿐만 아니라 채산성도 악화시켜 결국 신문용지비의 부담과 배달인건비의 상승 등을 불러일으킨다.

넷째, 배달 인력난의 문제에 대처해 전문배달 인력의 양성이 필요하다. 신문배달을 아르바이트 학생에 의존하는 시대는 지났다. 타 직종 배달원들과의 협업에 의한 배달 등을 모색한다. 아울러 근본적인 문제해결을 위해서는 배달공사 설립방안을 강구할 때이다.

다섯째, 판매국뿐만 아니라 편집국도 마케팅 저널리즘적 사고를 가져야 한다. 즉 지역독자에 대한 밀착 취재·보도방법들을 고안해 적극적인 독자서비스를 하려는 인식을 가져야 한다.

여섯째, 철저하고도 지속적인 독자서비스, 독자관리를 체계화해야 한다. 지역사회의 독자층이 지닌 성격을 특화시킴으로써 판매시장을 고정적으로 확보함은 물론, 광고마케팅의 과학적인 관리에도 활용하여야 한다. 또한 지국에서도 컴퓨터를 통한 독자관리업무를 도입하거나 독자조사 등을 통해 그 취향의 변화를 상시적으로 조사·분석, 판매업무에 반영하여야 한다.

일곱째, 공정판매질서를 업계가 공동으로 정착할 수 있도록 노력해야 한다. 과당경쟁은 신문업계를 공멸로 몰고 가는 원흉이다. 일본처럼 공동판매규정·공동판매제도·배달원에 대한 과학적인 노무관리 등 판매관리방안의 개발이 무엇보다 시급하다.

여덟째, 비단 지방신문에 국한된 문제가 아니라 한국언론의 전반적인 개혁과 관련하여 신문판매의 현실적인 정상화를 앞당기기 위해서는 ABC 제도를 조속히 실시하여야 한다. ABC는 발행과 동시에 300만 부가 폐지수집장으로 직행하는 한국언론의 자원낭비를 막아줄 뿐 아니라 과당 허위부수 발행에 따른 경비절감도 억제해 신문경영의 합리화를 기할 수 있게 한다. 또한 ABC는 광고주에게 독자의 정보를 제공함으로써 과학적인 광고마케팅의 집행에도 기여한다.

⑤ 광고 활성화 방안

첫째, 신문기업의 주된 수입원인 광고를 지속적으로 싣기 위해서는 광고효과를 극대화할 수 있는 다양한 광고를 개발하고, 과학적인 관리체제를 도입함으로써 계속광고 및 광고증대에 기여하여야 한다. 그러기 위해 광고사원에게 마케팅 교육을 지속적으로 시켜야 한다.

둘째, 광고 신디케이트의 결성도 검토한다. 광고유치의 주 활동영역인 서울지역 광고를 지방신문사 간 공동유치단을 결성, 광고유치를 단일창구화여 여러 가맹신문에 게재함으로써 광고효과도 높이고, 비용도 절감할 수 있다. 이는 동일 지역간의 결성도 좋고 전국의 여러 지방끼리 결성하여 중앙지에 버금가는 광고효과도 기대해 볼 수 있다.

셋째, 안정적인 광고시장을 확보하기 위해서는 새로운 광고시장의 개척 또한 절실하다. 현재 지방신문은 전국광고에 크게 의존하고 있다. 물론 대형광고주가 거의 수도권에 몰려 있는 원인도 있겠지만, 지방광고 개척에 소홀히 한데도 원인이 있다. 결과적으로 지방신문들이 독자의 생활에 필요하고 밀착된 광고의 개발에 소홀히 함으로써 생활정보지 등에 광고시장을 잠식당하고 있다.

④ 언론인과 윤리

최근 <한겨레신문>의 보도에 의하면 언론인의 부패·비리사건이 잇따라 터져 나오고 있어 마치 비리의 종합판을 보이고 있는 듯하다. 기자·프로듀서·앵커, 신문의 얼굴 격인 주필, 방송사·통신사 사장에 이르기까지 언론인의 땅투기, 주식투자, 뇌물수수, 촌지·향응 및 공짜 골프부킹, 비자금, 이권개입 등 온갖 부끄러운 일들이 하루가 멀다 하고 터지고 있다. 오죽하면 어느 한 지방자치단체는 '거머리 같은 사이비기자를 추방해야 한다'고 유인물까지 돌리고 있을까.

언론인의 부패는 언론에 대한 불신을 초래한다. 언론이 수용자들로부터 불신을 받으면 설자리를 잃게 된다. 언론이 설자리를 잃으면 민주주의와 역사가 후퇴한다. 언론은 결코 불신의 대상이 될 수 없고, 되어서도 안된다. 언론인이란 누구인가. 언론인은 언론을 만드는 사람으로서 현대의 역사를 기록하는 사관이다. 사관의 명예가 존경받지 못하고 헌신짝처럼 버려질 때 역사는 시궁창에 떨어진다. 역사가 시궁창으로 처박히면 그것은 곧 우리의 미래를 포기하는 것과 다를 바 없다.

언론인은 언론인의 자긍심을 지녀야 한다. 언론인이 자긍심을 지니지 못하면 부패하기 쉽다. 언론인이 역사를 기록하는 현대의 사관이라는 프로정신을 지닐 때 언론의 사명은 살아난다. 그런데도 무책임한, 신념이 없는, 언론철학을 지니지 못한 거대한 쓰레기언론이 발호, 사이비언론인을 양산하고 있다. 이 언론불나비에게 언론의 사명을 기대하기란 하늘의 별따기와 같다. 언론인은 모름지기 언론의 사명을 생명처럼 지키는 지조를 지녀야 한다.

둘째, 언론인은 건강한 민주시민의식을 지녀야 한다. 언론인의 사고방식이 구태의연해서는 언론의 사명을 실천할 수 없다. 언론의 속성은 진보의 실현에 있다. 굳이 <독립신문>의 탄생 배경을 들먹이지 않더라도 언론의 진보성을 의심할 여지는 없다. 언론이 진보적이지 못하고 현상 유지적인 보수에 머문다면 그것은 결국 민중을 담보로 소수의 기득권 유지에 기여하게 된다. 이는 상업적인 언론이 공익적 사명을 포기한 채 중산층의 논리에 매몰되어 자신의 상업적 이익만 향유하겠다는 발상과 다름없다.

셋째, 언론인은 용기 있고 정직해야 한다. 대부분의 언론인은 사소한 약속조차 제대로 지키지 않는다. 이는 언론인의 기본적 가치관이 삐뚤어져 있음을 의미한다. 모든 사물의 이치를 상대편과 이웃·사회 등 더불어 살아가는 것에 두지 않고, 자기중심적인 것에 두었기 때문이다. 약속하나 제대로 지키지 못하는 사람이, 독자에게 언론의 사명을 실천하겠다는 것은 어불성설이다. 또한 언론인의 그와 같은 용기는 편집권의 자주독립으로 나타나야 한다. 지방언론의 편집권은 전적으로 언론자본주에 의해 예속·집행되어 왔다. 언론기업주의 이해득실에 따라 지방언론의 논조와 보도는 춤을 춰 왔다. 자본으로 언론을 장악한 언론사주는 지방에서 토호권력으로 작용, 무소불위의 황제처럼 군림해 왔던 것이다. 이제 그 무한 권력을 향유해 온 만큼 무한 책임을 물을 때이며, 언론을 언론인에게 되돌릴 때이다.

넷째, 지방언론 나아가 한국언론을 둘러싼 사이비언론·쓰레기언론 구조는 혁파되어야 한다. 그것은 중앙언론의 개혁에서부터 비롯되어야 하나 지방언론은 이에 앞서 비판정신을 회복하여야 한다. 비판기능은 언론의 여러 기능 중 하나일 뿐이지만, 지방언론이 진정 읽히는 신문으로 다시 태어나기 위해서는 지역내의 관공서에서 대학, 기관, 단체, 기업 등에 대해 정의롭게 가혹한 비판을 할 수 있어야 한다.

다섯째, 무책임하고 무능하게 경영하는 지방언론인의 방만한 부실경영 또한 마땅히 지탄받아야 하며, 언론으로부터 퇴출되어야 한다. 한 가지 예를 들면 지역사회에서 대표적인 무책임 경영의 사례를 보자. 이미 부도로 살림살이가 거들 난 대구일보사는 그 자체가 거대한 부실덩어리임에도 불구하고 어린이를 상대로 자매지 <소년대구일보>를 창간, 언론장사를 기도하고 있다. 이는 언론을 우습게 보는 처사이자 '언론모독'이라 아니 할 수 없다. 부도난 <대구일보>를 추스르고 있는 경영 주체들은 언론에 투자할 돈이 있으면 본지인 <대구일보>에 투자해 좋은 신문을 만드는 게 우선이다. 어른을 상대로 한 신문도 제대로 만들지 못하면서 어린이를 상대로 신문을 만들어 팔아먹겠다는 속셈은 지역사회뿐만 아니라 미래의 희망에 대한 죄악임을 경고하지 않을 수 없다. 어린이가 결코 쓰레기언론의 상업적인 대상물이 될 수는 없다. 어린이는 이 땅의 미래를 짊어지고 나갈 희망의 싹이다. 그 싹이 받침과 띄어쓰기조차 제대로 못하는 엉터리언론에 의해 오염되어서는 안된다. 아무리 자본주의 사회라 할지라도 내 돈이니까 내 마음대로 쓰고, 내 회사니까 내 마음대로 하겠다는 것은 말도 안 되는 소리이다. 하물며 공기적 사명을 지닌 언론기업에서는 두말할 나위 없다. 언론기업은 비록 내 소유라 하더라도 그 참주인은 독자와 민중의 것이다.

5 결론

앞에서 한국지방신문의 실태와 문제점을 진단하고, 그 발전적인 방안을 모색해 보았다. 일반적으로 신문이 언론매체로서 공익적 기능을 수행하기 위해서는 먼저 경영과 수익의 안정성을 확보해야 함은 물론이다. 이것이 충족되지 않는 한 신문의 경영활동이나 언론활동에서 정상적인 기능은 기대할 수 없다. 현재 지방신문의 문제점들은 이와 같은 인식에서 진단되고 처방되어야 한다. 지방신문의 문제점 해결과 발전은 무엇보다 지방신문의 소유·경영문제로 귀결된다.

지방신문 소유·경영주의 윤리 및 자율적인 자정이 시급한 것이다. 지방신문이 사상의 시장원리에 의해 작동되지 않고 언론기업주의 자의성에 의해 오용되는 한 지방신문의 미래는 없다. 지방신문의 과제는 기본적으로 언론의 기능을 충실히 수행함으로써 지역사회의 발전에 선도적으로 기여하는 데 있다. 다시 말해 이는 지방신문이 언론기업 소유주의 것이 아니라 지역민의 것임을 의미한다.

오늘날 언론의 자유는 표현의 자유나 매체 소유의 자유처럼 사기업의 이해를 보호하는 것만이 아니라 나아가 사회적 의견의 다양성을 적극적으로 유지하고 활성화하는 것으로 해석한다. 언론은 사기업성과 공익성의 조화를 이뤄야 한다. 그런데도 지방신문에는 공익성이 없다는 것이다. 지방신문이 언론기업 소유주나 경영주의 도구로 전락해 기능하고 있다.

지방신문을 둘러싼 언론환경을 극단적으로 말하면 거대한 사이비언론 집단 혹은 쓰레기언론 집단이라 해도 과언이 아니다. 물론 그 책임의 정점에는 지방신문 소유주·경영주가 있다. 최저 생활급에도 미치지 못하는 급여를 주면서 생존이라는 빌미로 광고·판매를 강요하고, 촌지 뜯어 살아가라는 언론기업주의 태도를 어찌 언론이라 하겠는가.

지방신문은 지역사회가 안고 있는 문제점을 찾아내 지역주민의 광범한 참여를 불러일으키는 지방여론의 형성과 대변을 통해 지역사회의 이익반영, 지역개발의 촉진과 참여유도, 지방정부에 대한 감시와 비판, 지역주민의 자치능력 함양, 애향심 고취, 지역문화·예술·체육·경제의 진흥 등의 역할을 수행하는 매우 중요한 커뮤니케이션의 제도이다.

이처럼 중차대한 커뮤니케이션 통로를 썩어 빠진 일부 지방언론 소유주·경영자에게 맡겨 둘 수 없다. 지방신문이 제 역할을 다할 수 있도록 정부와 지역민이 나설 때이다. 비록 그것이 언론의 자유를 헤칠 우려가 있는 타율이라 할지라도 조금도 미룰 수 없는 과제이다. 이를 소홀히 하면 지방신문은 IMF를 넘지 못하고 공멸의 늪에서 헤어 나오지 못할 것임은 자명하다.

≡≡ 1999. 5. 3.

새 신문의 가능성에 관한 소고

성공적인 지방신문의 창간을 위해서는 쿠데타를 하는 듯한 자세와 모든 역량을 한곳에 집중하는 특색을 강조한 '송곳이론'을 도입한 새 신문 창간의 방법론을 제기한다.

IMF의 경제신탁통치가 시작된 지 어느덧 1년이 가까워 오고 있다. 김영삼 정권의 국가부도 여파가 이제 본격적으로 국민들의 피부에 와 닿는 것 같다. 지난 8월 말 현재, 산업의 바로미터라 할 제조업 평균가동률은 62.8%에 머물고 있으며, 전국적으로 2만여 개의 기업이 도산했다. 이에 따라 실업대란의 허리케인이 밀려오고 있다.

정부에서 공식통계로 발표한 실업자가 이미 200만 명을 넘어섰고, 일자리를 찾아 이리저리 헤매는 완전실업자가 250여만 명, 가사노동에 종사하는 무급실업자가 200여만 명, 대졸 취업재수생이 40여만 명 등 실질적인 실업자가 700여만 명에 이른다고 한다. 이는 경제활동 인구의 17%에 달하는 막대한 숫자이다.

이러한 총체적인 환란의 원인은 무능하고 부패했던 정치권력과 오만하고 탐욕한 독점재벌, 국민 위에 군림하는 행정관료와 권·재·언 유착으로 선전선동대를 했던 언론 때문이며, 그 총체적 책임자는 김영삼 대통령이었다. 이들이 나라를 망하게 한 정범(正犯)이라면 호화사치와 황금만능, 부정부패, 물신주의에 물든 우리 사회풍조와 국민정신은 종범(從犯)이다.

IMF부른 세력 자성이 전혀 없다

그런데 문제는 IMF를 불러들인 세력이 겸허한 자기비판을 하지 않고 있다는 데 있다. 정치·경제·사회·문화의 중추를 장악하고 있는 이들은 여전히 구태의연한 패러다임에서 헤어나지 못하고 있는 것이다. 특히 이를 지적하고 질타하여야 할 언론이 IMF라는 격랑에 매몰되어 허우적거리고 있다. 사회의 빛이자 소금이어야 할 언론의 몰락으로 국민들은 나침반도 없이 깜깜한 밤중에 망망대해를 항해하는 꼴이 됐다.

언론이 IMF라는 망령에서 해방되기 위해서는 '국가부도' 이전에 가졌던 패러다임부터 버려야 한다. 아울러 언론은 국민들에게 나라를 망하게 한 주범의 시녀 노릇을 했던 과거사를 뼈아프게 사죄하고, 가슴 아픈 자성을 통해 언론은 국민의 언론으로 거듭나야 한다.

그런데 오늘의 언론은 어떠한가. 광고나 사주의 이해관계가 뉴스 밸류의 잣대로 작용하는가 하면, 사주의 말 한마디에 편집권이 춤을 춘다. 이는 지방언론이 여전히 교만하며, 국민들을 깔보고 있는 것을 말한다. 그것은 언론인들이 언론제작을 우습게 알고, 또 실제로 그와 같은 마음가짐으로 제작하고 있는 데서도 드러난다. 언론기업 또한 언론의 구조적인 개혁은 외면하고 우선 'IMF태풍'은 피하고 보자는 식의 무지한 경영으로 일관하고 있다.

언론인과 언론기업이 'IMF'가 뭔지도 모르고, '아, 옛날이여!' 타령만 늘어놓고 있는 것이다. 도대체 IMF가 무엇인가. IMF는 자본주의다. 자본주의는 이윤을 창출하는 경제체제이다. 이윤을 확보하기 위해서는 경영의 효율화를 전제한다. 경영의 효율화는 경영을 합리화·과학화할 때만이 가능하다. 그것이 IMF다.

현재 지역의 언론기업은 이를 인식하고 있는가. 대답은 '아니다'이다. 참으로 아이러니컬하게도 우리 사회에서 제일 무식한 집단은 가장 똑똑해야 할 교육자와 언론인이다. 최첨단의 정보를 가공, 판매하는 언론기업이 가장 낙후한 주먹구구식 경영시스템을 지니고 있다. 그저 국민들의 알권리를 담보로 권력과 재벌의 마름머슴이 되어 그 하수인 노릇만 충실히 해 주면 경영은 그들이 알아서 해 주던 시대에서 벗어나지 못하고 있는 것이다. 최소한 IMF가 이 땅에 버티고 있는 한 그와 같은 한국적 언론기업의 경영 마인드는 더 이상 통하지 않게 됐다.

언론기업이 이처럼 급변하는 언론환경을 인식하지 못하고 '과거의 꿈'속에만 머물러 있어 언론산업의 부실화가 불 보듯 뻔하다. 부실언론이 쏟아내는 상품이 우량품일리는 만무하다. 상품을 만드는 사람들이 제대로 된 상품인지 아닌지도 모르고 남들이 만드니까 만들어 낼뿐이다. 그것이 우량품이라면 이는 진실이 아니다.

도덕성 확보해야 시장진입 가능

이러한 마당에 새 신문이 '고고의 성'을 내기란 참으로 민망한 실정이다. 더구나 보수적이고 수구적이며 반동적이기까지 한 이 지역에서 명분과 도덕성을 확보하여 새 신문의 창간 당위성을 엮어내기란 만만찮은 일이다. '경제의 불황으로 기존에 있는 기업조차 나눠먹기 힘든 형국에, 새 식구가 나눠먹자'고 달려드는 것은 명분이 없다. 명분이 없으니 도덕성이 없다. 도덕성이 없으면 당위성을 지니지 못한다. 당위성이 없는 매체는 존재할 가치를 잃는다.

역으로 말하면 당위성을 지녀야만 수용자에게 인정받고, 독자에게 인정받을 때 비로소 도덕성을 지니며, 이를 명분으로 언론으로서의 생명력을 갖게 되는 것이다. 그러면 어떻게 명분과 도덕성과 당위성을 확보할 것인가. 그것은 언론개혁에서 본질적인 해답을 찾아야 한다. 언론개혁의 본질은 언론이 처한 현재의 실정부터 분석하면 대답이 나오기 마련이다.

대구사회에는 4개의 언론이 있다. 1중대 언론과 2중대 언론은 지역사회에서 최소한 언론재벌이자 재벌언론으로서 제도언론이다. 3중대 언론은 백해무익한 사이비언론이며, 4중대 언론은 거론할 가치조차 없는 쓰레기언론이다. 지역사회의 언론초상화가 이러하므로 문제에 대한 해결의 실마리는 이미 도출되었다.

1중대 언론은 현 상태로의 유지를 위하여 전통·역사·관습·사회조직 따위를 굳게 지키고자 한다. 곧 수구언론의 정형이다. 2중대 언론은 급격한 변화를 피하고 현 체제를 대체로 유지시키려는 보수언론이라 하겠다. 3중대 언론은 구체제를 부활하기 위하여 안간힘을 쓰는 반동언론이며, 4중대 언론은 추종하기에 급급한 퇴영적인 언론이다.

새 신문이 이러한 기존 언론의 복제품으로 언론시장에 제5의 매체로 뛰어든다는 것은 또 하나의 언론공해를 추가하는 의미밖에 없다. 사실이 그와 같다면 기업적으로도 그 결과가 이미 나왔다. 실패한다는 것이다. 그렇다면 성공적인 시장진입을 하기 위해서는 그 대안이 무엇인가.

고급적 정론지가 대안으로 부각

한국의 언론은 중앙지나 지방지 가릴 것 없이 모두가 대중지를 지향하면서도 정론지를 표방한다. 이는 모순이다. 대중지는 상업지가 될 수 있을지언정 결코 정론지가 될 수 없다. 정론지는 대개 소수의 식자층 독자를 대상으로 한 고급지이다. 언론의 영향력은 발행부수에 비례하지 않는다. 오히려 그 매체를 읽는 독자층에 달려있다. 한국처럼 천편일률적으로 획일화된 시장에서는 신문의 키재기를 '양'에 의존할 수밖에 없다. 언론산업이 계층적으로 발달한 선진국에서는 그렇지 않다.

예컨대 미국의 Christian Science Publishing Society가 발행하는 <The Christian Science Monitor>는 발행부수가 고작 7만 2천여 부에 불과하나 당당히 <The New York Times> 112만 부, <The Washington Post> 78만 부, <The Wall Street Journal> 182만 부, <The Los Angeles Times> 110만 부, <The USA Today> 210만 부에 이은 명성과 영향력을 지닌 매체로 인정받고 있다.

1908년 창간되어 하루 20면을 발행하는 <The Christian Science Monitor>는 1부의 구독료가 75센트이며 연간 159달러이고, 광고 단가는 1면당 3,400달러 수준이며 전면흑백은 4,000달러, 전면칼러는 5,000달러대로서 1532개 일간지가 5,824만 7000여 부를 발행하는 미국의 신문 가운데 상위권에 속한다. 미국의 신흥교파인 크리스챤 사이언스 어소세이션이 발행하는 이 신문은 주류·담배·의약품·도박·카페인 관련 상품의 광고는 싣지 않으며, 배포지역은 미국, 캐나다, 영국 등으로서, 신문의 특징은 종교적·정치적으로 독립적이며 불편부당한 자세로 중립적이다. 기사의 대부분은 국내외의 중요 정치뉴스를 빠뜨리지 않고 게재하고 있는 정치기사 중심의 매체이며, 해설기사와 기획기사를 고정적으로 배치하고, 예술·사상·인물·가정생활정보를 부록으로 발행하고 있다.

새 신문은 이를 벤치마킹할 만하다. 고급지라 하면 그 수요의 독자층이 잠재적으로 형성되어 있음을 뜻한다. 대구권은 대학이 집중된 도시이다. 이들 대학·대학교수 등 지성인들을 주요 독자로 확보하면 그에 따른 광고확보가 가능하다. 발행면수 또한 일간 20면 정도면 충분하다. 상업적 확대경영을 주도하는 중앙일간지가 56～64면을 발행하는 현실에서 지역지가 발행면수로 이들과 경쟁한다는 것은 넌센스다.

시민언론 창간으로 언론개혁 완수

새 신문은 기존 언론의 한계를 뛰어넘어야 한다. 그것은 다름 아닌 시민언론의 구현이다. 극단적으로 말해서 시민저널리즘은 현 상황에서 지방언론의 개혁의 방향으로 선택의 여지가 없다. 시민언론이란 언론의 수용자인 시민이 언론보도의 기본방향과 의제 설정 등 신문제작과 신문경영에 실질적으로 참여해 독자 중심의 쌍방향 커뮤니케이션을 실현하는 신문을 말한다.

시민언론에서는 할 말은 하고, 쓸 것은 쓰는 언론정신이 왜곡되거나 훼손될 이유가 하등 없다. 시민언론을 달성하기 위해서는 제도적으로 경영과 편집이 분리된 공익적 구조가 전제되어야 한다. 신문사가 광고나 자본으로부터 독립되어 명실상부한 편집권의 독립이 실현되어야 한다. 편집권을 제도적으로 담보하기 위해서는 자본주와 종사자, 시민독자가 지분을 공동 소유할 필요가 있다.

시민에 의한, 시민을 위한, 시민의 언론을 달리 말하면 공공저널리즘이라고도 할 수 있다. 공공저널리즘은 언론이 시민과 더불어 공동체 문제를 해결하고 사회적 이슈를 생산하는 능동적이고 적극적인 보도양식을 말한다. 시민언론은 공익적인 지역사회의제를 설정하고 공론형성 등을 통해 건전한 공동체적인 시민사회를 실현시켜 나갈 것을 목표로 한다.

쿠데타군 편성으로 진보언론 실천

사업은 현실이다. 냉혹한 현실세계에서의 제로섬게임이다. 사업을 성공하기 위해서는 철저히 현실에 바탕을 두어야 한다. 현실은 어떠한가. 결코 태평성대가 아니다. IMF 난세이다. 이 난세에 '업(業)'을 일으키기 위해서는 태평성대에나 하는 정상적인 방법으로는 안된다. 발상의 전환이 요구된다. 곧 쿠데타이다.

쿠데타는 혁명이다. 혁명은 기존의 관습·양식·이념 따위를 근본적으로 바꾸는 일을 말한다. 혁명의 씨앗은 본디부터 진보적인 극소수의 엘리트에 의해 이론적으로 배태된다. 기존체제나 세력에 비하면 인적 토대와 물적 자원 등 모든 면에서 열세를 면치 못한다. 그러나 일거에 기존세력을 타도하고 역사의 물줄기를 되돌려 놓는다.

역사는 보수와 진보의 도전과 응전에 의해 이어지고 있다. 세상은 결국 꿈꾸는 자가 지배하기 마련이며, 진실로 원하는 만큼 이루어지는 게 하늘의 이치[天理]이다. 조금도 흐트러지거나 치우침이 없는 상태를 중(中)이라 한다면 좌익과 우익에는 진보와 보수가 있다.

이념적으로 진보란 인위(人爲)를 가하지 않은 상태에서의 자연스러운 발전을 의미하는 것으로 개혁과 혁신·혁명을 포함한다. 개혁이란 갑오경장(甲午更張)과 같이 현 체제의 골격을 유지하면서 비합리적인 것을 제거하는 것을 말하며, 혁신은 메이지유신(明治維新)과 같이 주도세력이 개혁의 의지를 가지고 인위적인 힘을 가하여 환부를 수술하는 것을 말하고, 혁명은 어느 날 갑자기 그 사회의 정치·사회·문화·경제적 가치관과 구조를 근본적으로 바꾸는 것을 말한다.

기업은 늘 새롭게 변신하여야 한다[日新日新 又日新]. 기업조직이 정체되거나 답보상태에 머물러 있다면 그 기업은 망한다. 급변하는 현대사회에서 기업이 생존하기 위해서는 기업단위가 최소한은 '혁신(innovation)'의 범주에 머물러 있어야 한다. 이러한 기업 문화적인 요소 외에는 새 신문이 진보적 민주주의를 지향하여야 할 근본적인 이유는 언론의 내용 때문이다.

민주주의란 무엇이며 언론의 자유란 무엇인가. 곧 언로의 다양성이다. 복수의 언론이 존재하는 이유가 여기에 있다. 제호만 가리면 천편일률 똑같은 얼굴에 똑같은 목소리를 내는 획일적인 합창이 아니라 다양한 목소리와 시각을 담아 독자에게 전달할 때 언론의 존재이유가 확보되는 것이다. 새 신문이 기존 매체와 다를 바 없다면 틈새시장 또한 확보할 수 없을뿐더러 시장경쟁에서 승리한다 하더라도 결국 '잘해야 2등'이다.

혁명을 반정으로 슬기 발휘해야

새 신문이 존재의 기반을 이념적으로 진보언론의 실천에서 찾고, 기능적인 측면에서는 신문의 성격부터 명확히 해야 한다. 주독지냐 병독지냐 하는 것은 확대경영이냐 축소경영이냐가 본질이다. IMF는 위기이다. 슬기로운 자는 이를 기회로 여긴다. 기회는 아무에게나 있지 않다. 도전하고 준비한 지혜로운 자에게 있다. 틈새시장이 그것이다.

열악한 시장환경에서 출범하는 새 신문이 기존언론처럼 갖출 것 다 갖춰서 출범하기란 무리이다. 경쟁사회에서 남이 하는 대로 따라하다 가는 망하기 일쑤다. 새 신문은 기존언론과는 본질적으로 달라야 한다. 모든 매체가 확대경영과 주독지를 지향하는 만큼, 또 그 이유 때문에 IMF경영난을 겪고 있는 만큼 이를 타산지석으로 삼아야 한다.

새 신문은 축소경영과 병독지 지향이 바람직하다. 독자들의 추세 또한 중앙지＋지방지 형태로 급속히 재편되고 있는 만큼 이는 IMF시대의 언론 패러다임이라 하겠다. 새 신문이 축소경영과 병독지를 지향한다면 그것은 한국 최초의 독점적인 시장을 확보하는 것을 의미한다. 그만큼 사업적 기회가 보장되어 있다는 말이다.

언론활동의 핵심적 주체인 편집국 또한 기존언론의 체제에서 탈피하여, 21세기 정보화 사회에 걸맞은 시스템으로 혁신되어야 한다. 이를테면 언론의 자유와 기업적 능률의 극대화를 위한 조처가 그것이다. 예컨대 전자는 대기자·전문기자제의 도입으로 데스크와 분리하여 기자의 직무를 확대·강화하는 것이며, 후자는 편집부가 없는 미국식 편집시스템의 도입이 그것이다.

이상으로 새 신문의 가능성에 따른 기능론적 관점을 돌아보았다. 요약하면 새 신문의 성격은 이념적으로 진보언론을 지향해야 한다. 경영 측면에서는 축소경영과 병독지로 틈새시장을 겨냥하는 것이 바람직하다. 기존언론 시장에서 매체로서의 경쟁력을 지니기 위해서는 최단 시일 내에 시장에 진입할 수 있는 송곳이론을 도입해야 한다. 이를 효율적으로 달성하기 위해서는 쿠데타가 최선이다. 새 신문의 종사자는 단순히 언론인이 아니라, 언론전사여야만 기존의 언론구조 패러다임을 뚫을 수 있다.

누구나 다 피곤하고 힘든 IMF시대에 미래를 보고 용감히 나서는 자에게는 분명 커다란 기회가 있다. 이에 앞서 진정한 축복을 위해서는 새 신문이 현실적으로 성공하여야 한다. 그 요건은 기존의 보수언론 시장에 대해 진보언론의 명분과 도덕성으로 쿠데타하는 길밖에 없음은 누누이 얘기했다. 새 신문은 쿠데타를 반정(反正)으로 돌려놓아야 한다. 반정이란 중국의 『춘추공양전(春秋公羊傳)』에 나오는 발란반정(撥亂反正)을 축약한 말로 그릇된 질서체제(亂)를 바로잡아(撥) 올바른 상태(正)로 돌이킨다(反)는 의미를 담고 있다.

≡≡ 1998. 9. 30.

IMF시대 지방신문의 살아남기

IMF 이후 지방신문의 현실을 르포했다. 비록 시점은 IMF시대인 1997~1998이나 지방신문이 안고 있는 과제는 현시점에서도 그대로 유효하므로, 이 글은 게재의 당위성을 지닌다.

5공이 부활하고 있다. 아니 '1도 1사'라는 5공언론의 조짐이 서서히 일고 있다. IMF의 '경제식민통치'를 계기로 언론산업이 급속히 움츠려 들고 있다. 권력의 비호 아래 초고속 성장을 구가하던 한국언론의 신화는 이대로 맥없이 무너지는가. 대한민국 50년 사상 최초로 권력에 의해 뒤틀리지 않은 제대로 된 자본주의의 파고가 이에 익숙지 않는 언론의 숨통을 죄고 있다.

과연 언론은 IMF의 파고에 침몰할 것인가. 그리하여 이 땅에 총칼로 국민들의 눈과 귀에 재갈을 물렸던 그 암흑의 언론세계가 다시 전개되는 것은 아닌지 우려된다. 언론은 민주주의를 실현하는 가장 효율적인 제도이다. 따라서 언론의 위기는 민주주의의 위기이기도 하다. 이 글은 IMF라는 한파를 맞아 벼랑에선 언론산업의 오늘과 내일을 조명해 보고자 한다.

'특수고객' 옛말 '불량기업' 전락

국민들의 알권리를 담보로 무소불위의 권력으로 군림하면서 온갖 특혜와 번영을 구가했던 언론산업이 IMF시대를 맞아 대표적인 '저효율 고비용'의 구조적 모순을 드러내고 있다. 그동안 언론은 그 '지위'를 이용, 전근대적인 족벌경영과 주먹구구식 문어발 경영에도 불구하고, 권·재·언 유착을 통해 금융기관으로부터 '특수고객' 대우를 받아왔다. 그러나 이제 그 '신화'는 오히려 긴 그림자가 되어 한국언론에 드리워지고 있다.

IMF 한파에 이은 금융대란과 맞물려 특수고객에게 해 주던 '막무가내식 대출'은 이미 옛말이 되고 있다. 신문사는 '불량기업'으로 취급당해 대출중단은 물론 여신회수를 당하는 처지로 전락했다. 이에 따라 언론사 또한 다른 기업과 마찬가지로 자금줄이 꽁꽁 묶여 '경영공포증'에 떨고 있으며 '폐간 도미노'사태마저 우려하고 있는 형편이다(장현철, 「'IMF 한파'에 얼어붙은 언론계」, 미디어오늘, 1997년 12월 17일자, 3면).

언론을 둘러싼 이 같은 '빙하기'에서 제지회사를 비롯하여 신문관련 대부분의 원·부자재 회사들이 일부 신문사에 대해 '현금 결제'를 요구해 자금 사정을 더욱 어렵게 하고 있다. 한솔제지는 올 초부터 일부신문사에 용지공급을 중단했으며, 나머지 제지회사들도 해당 신문사에서 발행한 어음결제를 거부하고 있는 것으로 알려졌다. 제지회사들은 또 신문용지대를 톤당 66만 4천 원 선에서 78∼79만 원 선인 18∼20%까지 인상, 자금난을 더하게 하고 있다. 신문업계는 경영정보를 공개하지 않는 한국언론 특유의 '폐쇄주의' 속에서 '부도설'과 '연쇄 감원' 등이 맞물려 뒤숭숭한 실정이다.

지방언론 시장에서 TK지역이 가진 배타적인 보수성을 마음껏 활용, 비교적 단단한 기반구축을 해 왔던 이 지역 언론사도 얼어붙기는 마찬가지다. 올해 40여 명의 직원을 '명퇴'시킨 바 있는 <매일신문>은 내년도에도 최소한 올해 감축했던 인원 이상의 감축과 함께 대폭적인 감면, 부서통폐합, 임금동결 등 강도 높은 군살빼기에 착수한 것으로 알려지고 있다.

<영남일보>는 모그룹의 경영난과 맞물려 경영능력에 심각한 이상 징후가 곳곳에서 감지되고 있다. 이 언론사는 최근 전사원의 보너스 600% 전액 반납은 물론 부장급 초과 직급자의 경우 50%, 부장급 이하 직급자의 경우 30%의 기본급 삭감을 요구하고 있는 것으로 전해지고 있다. 뿐만 아니라 대대적인 인원감축을 서둘러 몸짓 줄이기에 착수하는 한편 지면의 감면도 추진 중이다. 이 회사의 사 주는 사원들

이 이러한 조건들을 수용하지 않으면 폐업할 수밖에 없다고 말한 것으로 알려졌다.

이 밖에 <대구일보>는 신문을 경영하던 모기업이 신문사에 손을 떼고 매각할 것이라는 소문과 함께 감면, 인력재배치 등을 통한 실질적인 인원감축을 계획하는 등 자구책 마련에 분주한 것으로 얘기되고 있다.

광고회사의 친위쿠데타

IMF라는 '빙하기'가 몰려올 즈음 지난달 21일 대구지역 광고회사 임직원 일동은 <한겨레신문>에 "대구 <매일신문>을 만천하에 고발합니다!"라는 광고를 게재하고 지방사회를 지배한 한 토호언론의 횡포를 규탄하면서 사주인 천주교대구대교구에 대해 그 시정을 호소했다.

대구경북지역에서 종합 광고대행사를 표방하는 광고회사 가운데 <매일신문>의 자회사인 매일애드포커스와 <대구문화방송>의 자회사인 대구MBC미디컴을 제외한 서진기획 등 15개 광고회사가 서명한 이 광고는 <매일신문>이 신문광고 대행수수료(통상 광고게재료의 15%)를 지불하지 않아 광고업계가 죽어가고 있으며, 광고주가 불이익을 당하고 있다고 주장했다.

이 광고는 또 공정거래위원회가 불공정 거래로 규정하고 시정을 권유했음에도 불구하고 이행되지 않아 이로 인해 광고인들은 직장을 잃고, 광고에 뜻을 둔 학생들이 좌절감에 빠져 있으며, 광고관련 회사들의 연쇄도산과 폐업이 속출하고 있다고 하소연했다. 광고회사 임직원들은 이날 또 매일신문사 앞으로 몰려가 시위를 벌이고 매체사의 횡포를 시정하라고 촉구했다.

지역 광고회사의 이와 같은 기습적인 '친위 쿠데타'는 그렇지 않아도 IMF 혹한에 신문기업의 주된 수입원인 광고시장이 급속히 냉각되고 있는 시점에서 터진 '선상반란'이어서 그 의미를 가볍게 할 수 없는 '악재'임에는 분명하다.

이미 지난해부터 부동산 투기 붐을 타고 과열경기를 보였던 주택건설업의 퇴진과 함께 주택광고의 거품이 빠지는 것과 동시에 지역의 매체사는 극심한 광고불황에 시달리고 있었다. 여기에 섬유산업의 퇴조는 지역경기를 '빈사상태'로 몰고 갔으며,

더구나 IMF와 함께 그간 신문사 광고의 주요 기둥역할을 해왔던 토착기업과 재벌 등이 줄줄이 쓰러지면서 '단골 고객'들이 급격히 줄고 있는 실정이다. 설상가상으로 내년도에는 각 기업들이 잇따라 20~50%의 광고비 삭감을 표방, 특단적인 조치가 없는 한 갈수록 광고수입이 곤두박질칠 형편이다.

광고회사는 '광고'에서와 같은 주장을 마땅히 펼 수 있으나 매체사는 나름대로의 이유와 명분이 있을 것이다. 가령 '종합 광고대행사'라 하나 그 규모와 경영내용에서는 '보따리 장사꾼'과 다를 바 없으며 그로 인해 광고회사의 '신뢰성'에 문제가 있는 점 따위 등이다. 따라서 '광고'가 주장하는 내용을 <매일신문>이 어떻게 받아들일지 그 귀추가 매우 주목된다.

언론계와 학계, 광고업계 등에서는 이를 계기로 ABC 정착을 통한 합리적인 광고료 책정과 과학적인 광고관리 및 광고게재 강요, 광고료 덤핑 등 신문광고의 불공정 거래 시정 등을 통해 광고산업의 발전에 지혜를 모아야 한다고 말하고 있다.

정걸진 경북대교수는 지방신문의 광고확대가 그다지 쉽지 않을 것이라고 전망한다. 그 이유로는 우리나라의 산업·경제구조가 서울을 중심으로 이루어지고 있어 지방광고산업 발전에 제도적으로 제약이 되고 있으며, 지방광고주들의 투자의식 결여와 비과학적인 광고집행, 왜곡된 광고관 등이 지방신문 광고의 확대에 걸림돌이 되고 있다는 것이다(정걸진, 「신문환경의 변화와 지방신문 광고 그 현황과 대책」, ≪광고연구≫, 1995년 여름호, 한국방송광고공사, 107~109쪽).

그는 또 지방언론사의 그릇된 광고영업 형태와 함께 신규 지방광고주 개발보다는 기존의 대형광고주에 의존하는 무사안일한 광고영업 성향도 문제라는 것이다. 아울러 지방신문의 전국광고 의존 성향과 비합리적인 단가체계의 문제점을 지적하고, 본질적으로 지방신문 광고의 확대·발전을 저해하는 요소로는 지방언론사의 광고주에 대한 서비스 정신과 적극적인 마케팅의 부재를 들었다.

지방언론 개혁만이 살길이다

이 나라의 경제주권을 찬탈한 IMF는 부실 금융기관과 재벌의 파산 및 정리·해체를 요구하며, 시장개방 압력을 더욱 강화하고 있다. 언론시장도 예외가 아니다. 해외자본의 유입을 막아 국내 언론기업을 보호했던 그 방패막이 사라졌다. 내년 1월 1일부터는 언론시장이 전면 개방된다. IMF식 자본주의 논리가 도입되는 것이다.

싫든 좋든 지방신문의 의지와는 상관없이 이제는 어떻게든 '개혁'을 해야 할 시점에 이르렀다. 그것은 신문기업의 '생존'을 담보하고 있다. 사느냐 죽느냐, 살아남느냐 망하느냐는 선택의 시점에 이른 것이다. 언론이 독자에게 봉사하는 지식정보산업이 아니라 지역 내의 유지이자, 또 하나의 권력기관으로 군림하던 특권의식과 권위주의는 이제 세상 어디에도 없다. 오로지 철저한 시장질서에 의한 약육강식의 자본주의만 있을 따름이다. 언론개혁은 이를 의식하는 것에서부터 비롯되어야 한다.

위기이자 기회 슬기롭게 활용해야

IMF는 위기이자 동시에 기회이기도 하다. 그것을 어떻게 활용하느냐에 따라 그 결과는 판이하다. 지방언론이 IMF를 보다 유리하게 활용하기 위해서는 우선 신문의 성격부터 새롭게 정립해야 한다. 어중간한 '반전국지'로는 승산이 없다. 차라리 철저한 병독지로의 자리매김이 바람직하다. 특화된 틈새시장을 노리는 것이 더 유리하다는 것이다. 지방지가 중앙지와 물적·질적 경쟁을 한다는 것은 '돈키호테'식 넌센스일 따름이다.

지방언론이 신주단지처럼 떠받들고 있는 '지역성'의 망령에서도 탈피가 시급하다. 현재의 지방신문은 경쟁력이 없다. 그러다 보니 생존전략을 '내 고장 신문이니까 봐달라'라는 지역성에서 찾는다. 이 같은 지역성은 한정된 공간에서 끼리끼리의 패거리문화를 낳아 배타적인 관계를 형성한다. 여기에는 지방판 권·재·언 유착이, 토호·지주·유지 등 기득권 세력의 공생관계로 나타난다. 그것은 대개 부정과 부패와 비리의 온상으로 자리하기 마련이다. 지방신문은 이 부패의 사슬구조에서 해방되어야 한다. 그래야만 건강한 언로를 열고 개혁을 부르짖을 수 있다.

지방신문의 경영적인 측면에서는 현재 IMF 한파를 빙자하여 진행되고 있는 일방적인 인원감축과 관련, 정확한 방향에서 제대로 시행되고 있는지 우려를 표하지 않을 수 없다. 그것은 결국 돈과 시간을 들여 양성한 언론노동자를 언론 밖으로 내쫓는 일이기 때문이다. 따라서 무리한 감원보다는 기존인력을 재배치, 재교육을 시켜 인력활용도를 극대화하는 것이 훨씬 더 효과적이다.

취재 시스템을 지역실정에 맞게 개편하는 것도 미룰 수 없는 과제다. 과학적이며 효율적인 편집국의 구조조정 없이는 언론개혁의 의미가 없다. 중앙언론사의 편집국을 모방한 제도로는 21세기 지방화시대의 요구에 부응할 수 없을 뿐 아니라 인력절감의 효과도 미미하다. 취재와 편집활동은 지역적 특성에 따라 활성화되어야 한다. 이는 21세기 지방언론에 주어진 사명이라 하겠다.

지방신문은 낡은 외투를 벗지 않는 한 그 미래는 없다. 신문의 제작과 판매·광고 등에서 마케팅 개념과 독자 서비스의 정신을 시급히 재무장해야 한다. 뿐만 아니라 자원의 극대화와 부대비용 절감을 위해 지방신문 공동으로 생산·판매·광고 등을 수행하는 제도를 강구해야 한다. 이는 초긴축 정책이 펼쳐지는 IMF시대에 지방신문사의 열악한 자본을 효율적으로 극대화할 수 있는 가장 현실적인 방안이다.

그리고 무엇보다 지방언론인들의 무사안일과 권위주의, 특권의식을 철저히 타파해야 한다. '권력의 홍당무'로 자란 언론이 국민의 이익과 알권리를 위해 봉사하여야 할 사회적 권력을 오히려 국민을 향해 마구 휘두르는 것은 언론인들의 '빈곤한 가치관' 때문이다. 이 같은 언론인들의 잘못된 의식을 바꿀 수 있는 힘은 단적으로 말해 노조활동뿐이다. 그러나 대구경북지역의 민주언론운동은 아예 없다. 기자협회와 달구벌클럽이 있다하나 배타적인 친목회 수준을 벗어나지 못하고 있어 기대를 할 수 없다.

언론개혁 없이 사회개혁 없다

이와 함께 IMF 한파가 영세언론의 몰락을 가속화시킬 것을 우려하지 않을 수 없다. 언론의 다양성을 존재가치로 한 영세언론은 마땅히 제도적으로 육성·보호·발전되어야 한다. 언론이 마이너는 붕괴되고 메이저로만 재편되었을 때 언로의 획일성은 민주주의를 저해하는 요소로 대두된다. 그렇지 않아도 이미 "닮음 꼴의 획일적인 한 목소리"가 한국언론의 본질적인 문제점으로 지적되고 있는 실정이다.

일부 사이비언론·쓰레기언론의 발호에 대해서는 보다 철저한 개혁적 조치가 따라야 한다. 언론을 하나의 특혜와 이권으로 여기는 이들 매체는 살아남기 위해 더욱 혈안일 것이다. 이들은 엄격한 법 적용으로 사회에서 격리시켜야 한다. 언론을 빙자한 언론모리배의 극성은 결국 언론의 부패를 확대재생산시켜 선의의 언론마저 설자리를 빼앗고 만다. 이를 방치하는 것은 언론의 자유를 침탈하는 것을 방조하는 것과 다를 바 없다.

우리는 5공 시절 '1도 1사'의 폐해를 이미 겪은 바 있다. '권력이 언론에 보내는 은밀한 지령'에 따라 있는 것이 없는 것처럼, 없는 것이 있는 것처럼 왜곡·조작하는 시대를 경험했다. 국민들의 알권리를 독재정권에 담보로 저당하고 자신들의 배를 채우기에 급급했던 제도언론의 반언론적인 해악을 잊어서는 안 된다. 그러나 현실은 다시 '1도 1사'라는 망령의 그림자가 다가오고 있다. 권력의 야욕에 불타는 정치군인들의 총칼에 의해서가 아니라 IMF라는 자본주의의 칼에 의해서 지방언론의 위기가 다가오고 있다.

≡≡ 1997. 12. 12.

제3부 서울언론의 납함

국가보안법과 통일언론
디지털 경제와 아날로그 언론
정치기자와 언론장악음모 보고서 파문
'흔글'과 MS 그리고 언론
월드컵과 언론

　공론(公論)은 국가의 원기(元氣)이다. 공론이란 사대부가 몇몇이 모여 자신의 일신을 위해 의논(議論)을 일으키는 것이 아니라, 민본(民本)이나 위민(爲民)에 기반을 두고 일으키는 의논을 말한다. 세상의 모든 사람이 마음속으로 옳다고 공감하는 말이 곧 공론이다. 나라에 이러한 공론이 없으면 망할 수밖에 없다. 공론은 만백성에게서 나오는 것이므로 그것을 막을 수 없다. 최고 통치자가 공론을 따를 때 국시(國是)가 정해진다. 국시란 최고 통수권자가 의논도 하지 아니하고 자신을 옳다고 여기는 독단도 아니요, 이익으로 유혹하는 것도 아니다. 위엄으로 무섭게 하는 것도 아니며, 삼척동자도 옳은 것을 아는 것이 바로 국시이다.

― 李珥, 『栗谷全書』 卷4, 「疏箚」, 玉堂論乙巳僞勳箚.

국가보안법과 통일언론

김대중 대통령의 방북을 계기로 살펴본 국가보안법 문제와 21세기 언론이 지향해야 할 이데올로기를 도출한다. 수구언론이 왜 국가보안법의 끈을 놓지 않으려고 하는지 그 속셈을 간증한다.

① 머리말

그것은 한편의 거대한 드라마였다. 감동이었다. 역사였다. 타의에 의해 두 동강난 조국의 절반을 잇기 위해 70노구를 이끌고 북행길에 올랐던 백범 김구 선생 이래, 김대중 대통령 역시 2000년 6월 13일. 70노구를 마다 않고 손수 평양길에 나섰다. 역사는 이렇게 기록했다.

2000년 6월 13일 오전 10시 35분 평양 순안공항.

대통령 전용기 앞문을 나온 김대중 대통령은 감격에 겨운 듯 10초간 오른쪽으로 몸을 돌려 평양 주변을 바라봤다.

트랩 아래 북한 김정일 국방위원장이 박수로 영접했다. 김 대통령도 박수로 인사했다.

10시 37분. 트랩을 내려온 김 대통령과 김 위원장은 반갑게 두 손으로 악수를 했다. "반갑습니다. 보고 싶었습니다." "평양 방문을 환영합니다."

그 순간 환영객들은 '김정일' '만세', 그리고 가끔씩 '김대중'을 외치면서 환호했다.

분단 55년 만에 남북한 정상의 첫 만남은 이처럼 강렬한 인상을 남기면서 시작했다. 대결과 증오의 반세기를 민족 화해와 번영으로 바꾸는 역사적 거보를 두 사람은 내디뎠다.

북한 인민군 의장대의 독특하고 절도있는 사열과 분열, 김 대통령과 김 위원장의 차량 동승으로 이어진 공항행사는 외교적 파격의 연속이었다.

연도 인파의 환영 속에 김 대통령 숙소인 백화원 영빈관에 내린 남북 두 정상은 접견실에서 기념촬영 뒤 상견례를 겸한 첫 공식회담에 들어갔다.

이 자리에서 김 위원장이 "6월 13일은 역사에 당당하게 기록될 날입니다"라고 말하자, 김 대통령은 "이제 그런 역사를 만들어 갑시다"고 화답했다

(중앙일보, 2000년 6월 14일자, 1면 머리기사 전문).

김대중 대통령은 6월 15일까지 2박 3일 동안, 54시간을 북한에 체류하면서 두 차례의 남북정상회담 등을 통해 자주적 통일 추진, 남북이산가족의 면회 등 5개항에 걸친 '6·15남북공동선언'을 발표했다. 새 천년 첫해에 우리는 지난 20세기 내내 이루어 내지 못했던 민족통일국가의 수립이라는 민족사의 첫걸음을 내딛었다. 이번 6·15선언의 가장 중요한 의미는 자주적이고 단계적인 통일에 대한 남북정상간의 합의 도출이라고 할 수 있다.

남북정상회담은 한겨레 전체의 승리였다. 두 정상이 남과 북을 대표하여 두 손을 굳게 마주잡고 서로 부둥켜안은 것은 지난 반세기 동안 한반도를 옭아맸던 분단의 사슬을 끊고, 온 겨레가 그렇게도 갈망하던 통일의 시대가 열리기 시작했다는 것을 의미하는 상징적인 몸짓이었다. 김대중 대통령이 대한민국 국가원수로는 최초로 북한의 최고통치자를 만나 일궈낸 6·15선언은 '한민족 통일사'에서 또 하나의 큰 발자취임은 의심의 여지가 없다.

보수언론 하루아침 태도돌변에 경악

그러나 이를 보는 이 땅의 보수반동·수구반공 이데올로그들의 조짐이 심상찮다. 그들은 지금 국민들의 '통일 열망'에 밀려 납작 엎드려 있지만, 언제 어느 때 우리 사회를 다시 '광풍의 피바람'으로 물들일지 모른다. 그들에겐 수구 기득권의 옹호라는 '보수언론'과 '국가보안법'이라는 법적 제도가 있어 그것이 얼마든지 가능하다.

　김대중 대통령이 북한을 방문하기 직전인 6월 12일까지만 해도 한국언론에 의하면 김정일 위원장은 괴팍한 성격에, 신경질적이고, 건방지고, 안하무인격이며, 포악하고, 피에 굶주린 독재자이며, 언어장애자이고, 냉혈동물 은둔자이며, 광폭하고, 전쟁광이고, '기쁨조'를 거느린 도덕적 파탄자이며, 낮에는 자고 밤에 움직이는 야행성의 이상인격자였다. 김 대통령의 방문 이후에는 매우 명석하다. 호탕하다. 멋있다. 믿을 만하다. 합리적이다. 인간적이다. 탁월한 리더십의 소유자다. 부드럽다. 소탈하다. 똑똑하다. 예의 바르다는 등으로 그려지고 있다.

　언론의 보도시각이 하루아침에 180도로 돌변하는 상황은 보수언론과 권력에 기생하는 기회주의자들이 때를 놓칠세라 곡필아세와 교언영색으로 '안보상업주의'를 소리높이 외치기 때문이다. 이 글에서는 김대중 대통령의 방북을 보는 보수언론의 문제점과 이미 사문화된 국가보안법의 폐기당위성을 중점적으로 살펴보고자 한다. 텍스트의 대상으로는 언론시장을 과점하고 있는 <조선>·<중앙>·<동아일보> 3개지로 했으며, 분석기간은 대통령이 평양에 갔다가 돌아온 6월 13일~15일을 중심으로 했다.

② 국가보안법과 정권안보법

　국가의 안전을 위태롭게 하는 반국가적 활동을 규제함으로써 국가의 안전과 국민의 생존권 및 자유를 확보함을 목적으로 제정된 국가보안법은 유감스럽게도 법률제정의 목적인 국가의 안보를 떠나 지난 반세기 동안 우리 사회에서 정신과 문화에 대해 가장 강력하고 무자비한 억압장치로 작용해 온 '악법 중의 악법'이었다.

　인간의 본질적 속성은 어디까지나 '자유'이다. 신체적 자유는 물론 정신, 사상적 자유가 인간을 인간답게 규정짓는 요소다. 국보법은 인간의 자유를 근본적으로 부정한다. 흔히 우리 사회를 민주주의 사회라고 한다. 민주주의는 인간의 사고, 즉 생각의 자유를 근거로 다양한 생각과 토론, 비판 등을 통해 진실에 도달하는 사상적 의미를 내포하고 있다. 국보법은 비판과 토론, 생각의 자유를 인정하지 않는다. 국보법은 사상의 자유를 천명한 헌법을 부정하고, 민주주의의 기본 사상을 부정하며,

헌법 위에 군림하는 '무소불위의 법'이다(리영희, 「자유·민주·진보·통일의 족쇄 국가보안법」, 미디어오늘, 1995년 11월 15일자, 10면).

국보법은 인간성을 원천적으로 부정

국가보안법에 의하면 평양교예단의 서울 공연을 보고 "잘 한다"고 박수쳤으면 '찬양'이고, "열심히 하라"고 격려했으면 '고무'이다. 김대중 대통령과 정주영 현대그룹 명예회장의 방북은 반국가단체 지역으로의 '탈출·잠입'이며, 그들과의 업무 협의는 반국가단체 구성원 및 그 수괴와의 '회합·통신'이고, 남북정상이 악수를 나누고 서로 추켜세운 것은 '찬양·고무'에 해당하며, 온 국민이 TV를 지켜보면서도 이를 신고하지 않는 것은 '불고지죄'에 해당한다. 국보법은 대한민국 대통령부터 제주도와 독도의 땅끝마을에 있는 모든 국민들을 졸지에 범법자로 만드는 '괴력'의 법이다.

국보법은 살아 숨 쉬는 개개인을 부정하고 인간을 추상화한다. 국보법은 인간이 상상하는 것만으로도 죄를 묻는다. 인간의 사고마저 원천적으로 부정하는 해괴한 악법이다. 국보법은 법체계에 저촉된다는 이유만으로 개개의 구체적 인간에 대한 이해를 거부한다. 국보법은 옳고 그름의 판단은 무가치하며, 오직 '반공'만이 최고 가치라고 여기는 획일적 인간형을 만들어 낸다.

맹목적이며 광신적인 반공주의의 가장 강력한 물리적 담보인 국보법은 최근 극우 반공주의가 이완·약화되는 현상을 보임에 따라 개폐의 운명에 처하게 됐다. 국보법은 남북정상회담으로 인해 '죽은 법'이 됐다. 그러나 아직도 우리 사회의 한 구석에는 썩은 반공주의 이데올로기에 기대 자신의 기득권을 지키려는 수구반동 세력의 처절한 저항이 몸부림치고 있다. 사법부는 지난 6월 16일 민족민주혁명당(민혁당) 결성을 주도한 혐의로 국가보안법에 의해 구속기소된 하영옥(38) 피고인에 대한 항소심 선고공판에서 '정치의 논리'를 도외시한 체 '법의 논리'에 지배되어 실형선고를 함으로써 사문화된 법이 '산 사람'을 잡게 하였다.

국보법은 여전히 위력을 발휘하고 있으며 반공주의는 아직도 국민들의 무의식 가운데 뿌리 깊게 자리하고 있다. 우리 국민이 맹신하는 반공주의는 일제시대에 형성

됐다. 일제는 러시아 혁명의 영향으로 민족해방운동이 가열되는 것을 막기 위해 반공주의를 확산시켰다. 반공주의는 6·25전쟁이라는 상황에서 집단 간의 적대감, 정신적 긴장 및 보복심리 등이 결합돼 매우 공격적인 성격으로 변질됐다. 전쟁 이후에는 전근대적인 터부 혹은 종교적 성격마저 지니기에 이르렀다. 여기에는 일제에 봉사했던 기회주의 언론이 자신들이 저질렀던 죄악·범죄를 은폐·엄폐·왜곡·조작하기 위해 역대 독재정권과 유착하여 광적인 매카시 선풍을 확대재생산함으로써 반공주의는 집단병리현상과 같은 적색공포로 심화돼 갔다.

국가안보 도외시 정권안보로 기능

1948년 정적을 탄압·말살하기 위해 이승만 독재정권에 의해 제정된 국가보안법은 '한국을 실질적으로 지배하는 법'이라 할 만큼 강력한 영향력을 발휘해왔다. 정치 분야만 하더라도 국보법은 국민 개개인의 정치적 의사표현의 자유로부터 정상적인 정치활동까지 통제해 왔다. 국가안보보다는 주로 정권을 반대세력으로부터 보호해 주는 정권안보법으로 악용되어 왔다. 집권자에게 국보법이 얼마나 매력적인지는 자신이 야당총재 시절에 국보법에 의해 사형까지 받았던 국보법의 피해자로서, 줄기차게 폐기투쟁을 펴왔던 김대중 씨마저 대통령에 당선되고 나서 폐기는커녕 이를 쥐고 있는 것만 보아도 그 진가를 알 수 있다.

실제 역대 정권은 국보법을 이용, 반대세력을 탄압해 왔는데 80년 신군부 등장 이후 반공법과 통합 강화된 국보법에 의해 구속된 사람만 80년에서 94년 사이 3,603명에 이른다. '국민의 정부' 출범 이후에만도 729명이 국가보안법 위반혐의로 기소되었는데 그중 95.8%가 제7조, 즉 반국가단체를 찬양·고무한 죄로 처벌받았다.

국보법의 적용은 선거 시기에 늘어나는 경향이 있다. 국보법 위반 사건을 터뜨려 적색공포증을 유발시킴으로써 사회 분위기를 보수화시켜 선거에서 여당의 승리를 도와주는 구실을 했다. 국보법은 반민주 악법의 상징으로 집권자의 자의적 운용에 의해 국민의 자유와 권리를 제약, 유린했으며 고문과 조작을 일상화시켰다. 또 불고지죄는 국민들의 상호감시, 밀고체제를 조장해 인륜을 파괴시켜 온 것이다(손혁재,

「한국정치문화의 발달과 국가보안법」, 미디어오늘, 1995년 11월 15일자, 10면).

③ 보수언론의 정상회담 보도

보수언론이 남북정상회담을 보도하는 기본적인 태도는 '용비어천가' 일색이다. 분석대상이 된 '빅3(조중동)'는 획일적인 목소리로 기계적인 '합창'을 해댄다. 차분한 여론의 조성이라든가, 분석적인 기능, 옳고 맞음의 판단 등이 없고, 전혀 검증되지 않는 말단 지엽적인 문제만을 부각시켜 남북정상회담을 이벤트화하여 보도하고 있다.

그나마 여름날의 소나기처럼 일회성 '반짝보도'에 그치고 있다. 흔히 한국인을 '냄비체질'이라 한다. '한국인=냄비'는 진실이 아니다. 한국인이 냄비처럼 보이는 것은 제대로 된 자본주의적 상업주의가 아니라 어설픈 기회주의적 상업주의에 물든 한국언론이 떼거리를 지어 냄비처럼 파르르 끓다가 바로 식어버리는 '냄비언론' 때문에 그렇지 대다수 한국인은 '은근과 끈기'를 지닌 민족이다.

남북정상회담을 하기 전의 대북보도는 북한에 대해 반공 이데올로그를 토대로 냉전적이었으며, 부정적이었고, 흡수통일의 대상이었으며, 타도해야 할 괴뢰였고, 공산도당이었다. 회담 중에는 아무 설명도 없다가 하루아침에 낯 간지러울 정도로 돌변한다. 국민들의 가치관과 사고를 대변하는 언론의 눈부신 변신을 자유롭게 하는 것이 뿌린 해악은 온 국민의 가치관을 기회주의적이며, 권력 추종적으로 바뀌게 하는 것이다.

조선일보 시종일관 '조선'다운 논조 유지

남북보도는 이러한 문제점을 기본적으로 지니고 있는 가운데 그나마 가치관을 지닌 언론다운 언론의 보도태도를 보여준 것은 단연 '<조선일보>'였다. 비록 그것이 냉전적이고 수구적인 보수반동의 사고에 기인한 것이라 할지라도 <조선일보>는 시종일관 <조선일보>다운 반공상업주의를 철저히 신봉하고, 기사와 논조를 여기에 유지시켰다. 이에 비해 <중앙>·<동아일보>는 기회주의 언론의 전형이었다. <조선일

보>는 회담기사를 첫째 날, 둘째 날, 셋째 날 모두 13개 면씩 할애하여 보도했다. <중앙일보>는 15·16·17개 면을, <동아일보>는 12·14·13면을 배정했다.

보수언론의 보도자세는 스트레이트 기사는 양적으로 크게 적어 1~2개 면에 불과했다. 이는 정상회담을 사실적으로 보도할 내용이 그만큼 없다는 것과 더불어 취재력 또한 그만큼 빈곤하다는 것을 우회적으로 나타낸다. 국가보안법이 시퍼렇게 살아있고, 남북관계라는 특수성이 관련되어 있으며, 더구나 '발표저널리즘'에 길들여진 한국언론이 공동취재단을 구성해 보도를 하게 된 점을 감안하면 이는 수긍이 가는 바이다. 그렇다면 해설 및 분석기사 위주로 취재보도가 이루어져야 했다. 그러나 한국언론에는 전문가 좌담·해설·분석기사 역시 1~2개면에 불과했다. 이 밖에 세계언론·해외반응이 1개면, 화보가 1~2개면, 나머지 대부분은 대화록·만찬사·회담 및 시민표정 등 스케치 기사가 지면을 도배질했다. 이는 언론이 남북정상회담을 '이벤트'로 보는 시각을 극명히 드러낸 것이라 하겠다.

<조선일보>의 남북정상회담 대표단의 평양방문 첫째 날 1면 제목은 「한반도 새역사 함께 만들자」(14일자)였다. <조선일보>는 제목에서 「"일단 산뜻한 출발"」(6면), 「"북 전세계에 개방의사 선언한 것"」(8면), 「"역사는 화해 협력하는 민족에 영광 주었다"」(10면)며 긍정적으로 보도했다. 그러나 「공항서 '美타도 내용' 용진가 연주한 배경 아리송」(6면), 「빨치산 대장 딸이 의사당 안내」(30면), 「붉은 꽃술 물결 / 시민들 주로 "김정일" 외치며 환영 / 화동 소년단원식 머리위 경례 눈길」(31면) 등 부정적인 시각도 동시에 드러내 보도의 균형(?)을 유지하려 했다. 이는 <조선일보>가 <중앙일보>나 <동아일보>에 비해 '일류 신문·일등 신문'이라는 것이 우연이 아님을 나타내는 것이다. 이들 신문이 언론의 생명이자 그 본질인 가치관, 즉 줏대도 없이 '찬양' 일색으로 일관할 때 <조선일보>는 <조선일보>가 지닌 고유한 색깔을 드러내고 있는 것은 언론이라면 본받아야 할 자세이다. 여기서 냉전주의적이고, 흑백논리적인 이분법 사고에 기인한 <조선일보>의 가치관이 옳고 그르냐는 것은 별개의 문제이다. 다만 원론적으로 말한다면 다원주의를 표방하는 민주사회에선 <조선일보> 또한 언론의 자유를 누릴 수 있으며, 누려야 한다는 것이다. 그런 의미에서 <조선일보>는 <중앙일보>나 <동아일보>에 비해 한발 앞선 신문임에는 틀림없다. 물론 <조선일보>

의 부정적인 시각은 그 본질을 비판하기 위해서가 아니라 껍데기를 비판하는 '반대를 위한 반대', 즉 딴죽걸기에 불과한 점을 지적해둔다.

이 날짜 <조선일보>의 사설 「북한의 변화를 기대하며」는 지난 70년대 초반 남북한의 경제력이 역전된 것은 남쪽은 경제개발에, 북쪽은 군비증강에 따른 결과임을 상기하면 남북정상회담은 남쪽보다는 오히려 북한이 더 절실하다고 전제하고 따라서 북쪽의 실질적인 태도변화가 있어야 할 것이라고 충고했다.

<중앙일보>의 1면은 무엇보다 편집에서 '파격'이었다. 남북 두 정상의 역사적인 상봉 장면 사진을 제호까지 덮으며 꽉 채운 다음, 감상적인 에세이 같은 기사를 음영처리한 이 날짜의 톱기사 제목은 「2000년 6월 13일 / 평양이 열렸다 / 뜨겁게 손잡았다 / 역사를 새로 쓴다」였다. <중앙일보>는 또 「공항의 영접·60만 환영인파 / 파격적 환대 세계가 놀랐다」(4~5면), 「백화원 가는 길 한 차 탄 두 정상 / 55년 거리 좁힌 55분 '깜짝회담'」(6~7면), 「67분만에 날아간 평양 / 오늘 같은 날 올 줄이야」(8~9면), 「남북화해 발걸음 예상보다 빨라질듯」(10~11면), 「"햇볕정책 결실…봄이 오는 한반도"」(12면) 등이라고 하여 호의적인 태도로 일관했다.

<중앙일보>는 남북정상회담 기간 중 첫째 날 2꼭지, 둘째 날 2꼭지, 셋째 날 통단사설 1꼭지 등 모두 5꼭지를 게재했는데 전부 정상회담에 관한 것이었다. 이날 게재된 사설 「뜨거운 가슴과 차분한 머리」는 겉으로 드러난 북측의 지극한 환대의 열기와 김정일 위원장의 속뜻을 확인하면서 할 수 있는 범위 안에서 최대한으로 그들에게 필요한 지원을 함과 동시에 이산가족 문제를 비롯한 화해와 긴장완화를 위한 실질적인 조치가 뒤따라야 한다고 강조하고 있다. 또 「김정일 쇼크」는 그동안 우리가 갖고 있던 김정일에 대한 이미지가 파격적으로 깨진 충격이었다며, 혹시 '마음의 벽'이나 편견은 섞여 있지 않았는지 다시 한 번 돌아볼 때라고 말하고, 편견은 편견을 확대재생산하고 다시 상대방의 편견을 불러와 세계에서 가장 삼엄한 대치상태를 이토록 오래도록 끌지 않았는지 자문해 보아야 할 것이라고 지적했다.

<동아일보>의 1면 톱기사 제목은 「"통일 위해 평양왔다", "환영한다"」였으며, 「"통일열차 탈 날 멀지 않았다"」(5면), 「통트는 새천년 '평화의 시대'」(8면), 「남과 북 함께 뿌린 '통일의 씨앗'」(17면) 등이라 하여 긍정적인 시각에서 처리했다.

한편 국가보안법에 의해 철저히 베일에 가려졌던 북한의 김정일 국방위원장이 공식적으로 한국언론에 적나라하게 드러나게 되자 보수언론은 '스타 탄생'을 화려하게 그려내고 있다. <조선일보>는 「'베일 속의 북 지도자' 세계 앞에 서다 / 자신감 넘치고 적극적인 모습 보여 / "안전하게 모시겠다" 깍듯하게 예의 / 수행원에 농담 건네며 격의 없이 대해」(5면)라고 보도하고 있다. <중앙일보>는 6면 「김정일의 스타일」이란 박스기사에서 '거침없는 태도 속에 예의를 갖추고 있으며, 북한의 최고지도자로서의 자부심을 지니고 있는 듯하다'고 전하고, 10면 김영희 대기자의 '투데이 칼럼' 「전혀 다른 김정일」에서는 예상 외로 당당한 이미지를 과시하며 민족사적 드라마를 연출하고 있다고 지적하고, 민족에 대해 진정한 '화해의 몸짓'이기를 기대한다고 보도했다. <동아일보>는 「황색잠바에 색안경 낀 '지도자 동지'」(5면)가 「세계무대 극적 등장 / 서방사회·남한 향해 이미지 개선 효과 / '정상회담은 나의 업적' 북한주민에 부각시켜」(3면)라고 하여 김 위원장을 소개했다.

'정상회담' 마치 통일된 듯 호들갑 일색

△남북통일 자주적 해결 △통일방안 공통성 인정 △이산가족 상봉·장기수 소환 △다방면 교류 추진 △당국자 대화 조속 개최 등을 주요 골자로 한 남북공동선언문(6·15선언)에 두 정상이 서명한 내용이 알려진 15일자 <조선일보> 1면은 「'8·15 고향방문' 등 5개항 합의」였다. <조선일보>는 10면에서 「"6월은 이제 비극아닌 희망의 달로 역사에 기록될 것" / "통일을 미래형으로 볼 게 아니라 현재형 만들기 위해 힘 모아야"」라는 대통령의 2차 만찬사를 간추려 제목으로 올렸다. 그러나 「확대정상회담 → 확대회담 → 공식면담 / 오전 만남 명칭 놓고 '혼선'」(6면 박스기사), 「북은 실리명분 두 마리 토끼 쫓고 있다」(8면), 「초중고 교육현장 "북한이 헷갈려요" / "엊그제 반공 글짓기"… 학생들 어리둥절 / "교과서론 설명 안 돼" 일선교사들도 난감」(31)이라고 딴죽을 걸어 과거 냉전과 반공을 팔아 신문장사를 했던 안보상업주의적 시각을 버리지 못하고 있다.
　<중앙일보>는 1면에 남북공동선언문 전문을 전재하고, 「남북통일 자주적 해결 / 남 연합제 북 연방제 공통성 인정 / 김 대통령·김 위원장 5개항 역사적 서명 / 이산

가족·장기수 8·15즈음 해결」이라는 제목으로 처리했다. <중앙일보>는 또 「'6·14서명' 실천만 남았다」(3면), 「백두에서 한라까지 평화의 빛 / 한강과 대동강에 번영의 물결」(6~7면), 「남북 사이 날마다 오늘 같았으면…」(9면), 「후속회담 정례 한반도 평화무드 기대」(10~11면)라고 긍정적으로 보고, 19면에서는 '통일교육을 어떻게 할 것인가'라는 일선 각급 학교의 교육담당자와 "지나친 흥분 말아야 한다"는 일부 보수 기득권층의 우려를 29면에서 전하고 있다.

　<중앙일보>의 15일자 사설 「세계를 향한 새천년」은 두 정상이 연쇄회담에서 합의한 남북 간의 화해와 통일문제, 긴장완화와 평화정착문제, 이산가족상봉문제, 경제·사회·문화 등 교류협력문제 등에 대해 세계를 향해 그 해답을 내 놓은 것이라고 평가했다. 또 「한반도에 쏠린 세계의 눈」은 한반도를 둘러싼 미·일·러·중 4강의 환영은 그들의 국익옹호 차원에서 기인한 것이라고 경계하고, 남북문제는 오로지 '당사자 우선'이라는 결연한 의지아래 민족적 기개를 잃지 않는 의연함과 국제정세를 유리하게 활용하는 노련한 국제적 안목으로 임해야 한다고 강조했다.

　<동아일보> 역시 1면에서 「자주적 통일－8·15 이산상봉 합의 / 남북정상 5대원칙 역사적 서명 / 김정일 적절한 때 서울방문키로 / 양 정상 어제 2차 단독회담」이라고 보도하였다. <동아일보>는 「한민족 평화통일의 새길 열었다」(2면), 「김정일 "원샷" 건배에 축제 분위기 / "보안법 폐지 않나"에 "개정 논의 중"」(6~7면), 「"한강－대동강에 번영의 물결 넘칠 것"」(8면), 「남과 북 이젠 통일 합창하자」(9면), 「"냉전서 화해로 극적인 반전"」(11면)이라고 하여 호의적인 제목으로 처리했다.

　<동아일보>는 3면의 「남북정상 합의 4대원칙」 해설기사에서 △남북 간 화해 및 통일은 「정상간 통일언급 획기적 / 체제안정 등 가시화될 듯」 △긴장완화 평화정책은 「상호불가침 등 논의 물꼬 / 단계적 군축까지 갈 수도」 △이산가족 상봉은 「생사확인 → 우편교환 → 왕래 / 가파른 속도로 진전 가능성」 △경제 사회 문화교류는 「민간교류 정부차원 격상 / 경협확대 등 급류 탈 듯」이라며 긍정적 시각에서 설명했다.

　정상회담의 '스타' 김정일 위원장에 대한 개인보도도 이틀째 이어졌다. <조선일보>는 31면 사회면 머리기사에서 'TV에 비친 김 위원장에 대해 시민들의 관심이 집중되고 있다'고 말하고 「거침없는 말투 '김정일 충격' / 시종 웃음…여유…자유분방

한 몸짓… / "적들은…" 표현했다가 얼른 고치기도 / "치밀히 계산·연출된 행동" 분석도」라고 하여 부각되는 스타를 경계하는 데 게을리 하지 않았다.

이에 비해 <중앙일보>와 <동아일보>는 찬양 용비어천가를 부르기에 급급하고 있다. <중앙일보>는 「남북 실사구시 / DJ협상력 돋보여」(7면)라는 대통령에 대한 아첨 보도를 양념으로 끼운 다음 8면에서 「김정일 리더십의 모든 것」을 통해 「수사력, 아침메뉴까지 챙겨 대화활용 / 이미지 관리, 의표찌른 행동 '연출의 귀재' / 방송활용, 남한·외국TV 10여채널 시청」으로, <동아일보>는 「큰 제스처·다변으로 대화를 주도(8면)하고 있다고 보도했다.

총체적 방북평가 '딴죽걸기' 시작

대통령이 정상회담을 마치고 돌아온 16일자 1면에서 <조선일보>는 「"이산가족 적십자 이달 가동" / 남북, 침략−위협 않기로 / 군사·외교권 독자보유 통일방안 추진에 합의 / 북한 핵·미사일 문제 미 입장 북 전달」을 머리기사로 보도했다. <조선일보>는 대통령의 방북성과를 「분단·적대 종지부…민족사 새전기」(2면), 「남북관계 차원 달라진다 / 두정상 직통체널 구축땐 '냉전해체 상징' / 사회·문화 교류서 '정서적 통일'로 진전」(3면), 「'통일방안 접근'…이전 합의서완 달라」(7면)고 긍정적으로 보았다. 그러나 7면 상자기사에서는 「또 보안법 '몸살' / 여당·일부시민단체 '개정해야' / 법무부 "아직 이르다" 부정적」이라고 하여 부정적 시각을 유도하고 있다. 10면 「"몇 년 안에 다 이룰 것처럼 흥분하지 말자"」는 기사는 <조선일보>의 냉전적인 사고의 뿌리가 얼마나 깊은 것인가를 간접적으로 은유하고 있다. 또 13면의 「남북공동선언 뒷얘기」는 「두 정상 '통일방안'싸고 팽팽한 설전 / 김 대통령 평화공존 제안에 김 위원장 '연방제' 응수 / 첫 정상회담 고려 '연방제' 논의 수용선에서 양보」라 하여, 우리측이 마치 북한측에 놀아나 연방제를 수용했다는 인상을 풍기게 하고 있다.

이어 4·5·6면에 걸친 6·15선언 5개항의 해설기사는 △의미 다른 '자주' 해결했나에서는 「남 당사자 원칙 북 외세배격 '상반' / 서로 편리한대로 해석한 듯」 △국가연합·연방제 공통성 인정에서는 「'2정부·2체제' 서로 공감 / 국내 이념논쟁 불붙을 듯」 △이산가족·장기수 해결에서는 「방문규모 줄다리기 예상」 △경협확대에서는 「북 SOC확충 주력 / 남북 공동위 재가동…제도개선 협의 / 협력기금 1조원…국제자금도 유치」 △당국 간 대화는 「장·차관 회담 상설화 / 경협·답방·장관급서…이산가족은 적십자서 / 판문점 연락사무소 기능 정상화도 추진 / 90년대 6차례 회담…'불바다 발언' 등으로 결렬」이라고 하여 전반적으로 냉소적인 입장에서 제목을 처리했다.

「6·15공동선언」이라는 이 날짜 <조선일보>의 통단사설은 먼저 '총체적 평가'에서 이번 회담을 긍정적으로 평가하고, 북한이 실체적으로 얼마만큼 어떻게 변할 것인가는 시간을 좀 더 갖고 지켜봐야 할 것이라고 주장했다. '5개항 이후'에서는 '자주' 개념의 미확인에 대한 문제점과 이산가족 교환방문과 비전향 장기수를 맞바꾼 점, 상호불가침 또는 무력포기에 대한 언급이 없는 것은 문제라고 비판했다.

<중앙일보>는 1면 머리기사를 「남북 '침략·위협 포기' 합의 / 외교·군사권 각자 보유 통일방안 추진하기로 / 김 대통령 역사적 평양방문 마치고 귀환」으로 처리하고, 「"기찻길 이으면 새로운 실크로드"」(5면), 「6·15선언은 DJ통일론 결정판」(6면), 「지구촌 마지막 냉전에 햇살이」(8면), 「남북 적대관계서 전략적 동반자로 이행」(10~11면), 「"남북한 긴장완화 신기원"」(13면) 등 호의적인 시각에서 정상회담을 평가하고, 김 위원장에 대해서도 3일 연속 「파격·활달 '재담가' 김 위원장」(8면), 「원샷·흘려 쓴 필체 / 거침없는 김정일」(31면 박스기사)이라고 보도하였다. <중앙일보>의 4면 6·15선언 가운데 3개항에 대해서만 해설한 기사는 「자주통일·민족공영 한반도 새그림」이라는 제하 아래 △자주적 통일원칙은 「남북당사자끼리 해결 / 주변 4강 협조 필요」 △이산가족 상봉은 「북 태도완화 큰 진전 / 당국회담서 구체화」 △민족경제 균형발전은 「소득수준차 해소 의지 / 하향평준화 막아야」라고 적고 있다.

<중앙일보>의 16일자 「민족협력의 시대 열렸다」라는 통단사설은 먼저 6·15선언은 모든 남북문제의 전범(典範)이 될 것이라고 지적하고, 이에 따른 문제점으로 첫째, '자주'라는 용어가 남북에서 서로 다르게 해석되고 있는 점 둘째, 통일방안에 대해 우리측의 '연합'과 북한측의 '연방'에 대한 개념규정 셋째, 한반도 긴장완화 방안의 미비점 넷째, 이산가족 상봉의 정례화 문제 등을 짚어야 한다고 촉구하고 있다.

<동아일보>는 1면 머리기사에서 「이산가족 8·15전 상봉 / 적십자사 이달중 준비

구성 / 방문단 대규모 구성 가능성 / 남북 군사－외교권 각자 유지 통일추진 / 김 대통령 어제 귀국」 등으로 제목을 달았다. 「'통일 자주적 해결' 당사자 남북이 주도 의지」(3면), 「'낮은 단계 연방제' 수용 북 설득」(5면), 「"차분한 마음으로 민족화합의 길 찾자"」(7면), 「"불신의 벽 허물고 평화공존의 시대로" / '통일의 희망' 한반도를 비추다」(8~9면), 「"대북 경협 적극적…정말 뭔가 될 것 같다"」(13면) 등은 남북정상회담을 호의적인 시각에서 뽑은 것이었다.

4면의 「5대선언 전문가 진단」에서는 △통일 자주적 해결에서는 강성윤 동국대 교수가 말한 내용 가운데 「북 주장 강하게 반영 / 미군철수 요구할 수도」를 제목으로 처리했고 △연합·연방제 인정에서는 허문영 통일연구원 통일정책실장의 「평화 첫걸음은 '공존' / 완곡한 표현으로 '인정'」 △이산가족 상봉은 제성호 중앙대 교수의 「인도주의 입장서 협조 / 실무협의 계속돼야」 △경협·문화교류에서는 동승용 삼성경제연구소 북한연구팀장의 「경제 균형발전 큰 의미 / 이질감 극복 기대높아」 △당국대화 재개에서는 유호열 고려대 교수의 「북 경제적 필요성 따라 / 후속대화 빨라질수도」라는 분석과 전망 발언에서 제목을 달았다.

「통일방안, 어떻게 할 것인가」라는 이 날짜 <동아일보>의 사설은 통일은 남북 간에 진심을 바탕으로 한 대화와 토론이 꾸준히 계속되어 서로간의 신뢰가 충분히 쌓일 때 비로소 구체화될 수 있다고 지적하고, 이번에 남북이 합의한 통일방안을 가능한 한 공개적이고 다양한 의견수렴 절차를 통해 활발히 논의하여 국론을 결집시키자고 제안했다. 「'생사확인'이 우선이다」에서는 이산가족문제는 과거처럼 몇 번하다가 마는 이벤트가 되어서는 안된다고 말하고, 그 문제를 푸는 절차는 생사확인 → 서신교환 → 고향방문 및 상봉 → 재결합이 바른 순서이므로 이를 제도적으로 이어질 수 있도록 구체적인 절차와 방법이 강구되어야 한다고 촉구하고 있다.

④ 결론

국가보안법은 소위 '좌익세력'의 견제에 그치지 않고 온 국민의 눈과 귀를 가렸다. 한국언론으로 하여금 북한에 대해서 자유로운 취재는 물론 보도에 있어서 낱말 하나하나까지 간섭하고 통제하기에 이르렀다. 그리하여 한국언론은 북한보도에 대해 초보적인 취재 보도의 기능마저 지니지 못하게 되었다. 그것은 무조건 북한이라면 지면에서 알레르기 반응을 가져오게 했다. 정확성·신빙성은 고사하고, 오보건 무엇이건 상관없이 북한은 한 민족 한 핏줄의 개념이 아니라 '때려잡아야 할 집단'으로 인식하게 했다.

언론의 이와 같은 뿌리 깊은 적대의식은 물론 국가보안법이 지시하는 '법의 정신' 때문이기도 하거니와 그에 못지않게 언론의 고질적인 편견과 냉전적 사고에 기인한 '안보상업주의'도 한몫 했다. 즉 북한에 대한 '적색공포증'을 과장보도함으로써 국민들로부터 관심을 끌고, 그를 통해 신문을 팔아먹겠다는 것이다. 북한은 동반자가 아니라 적으로 봄으로써 언론장사를 하겠다는 속셈이 그 이면에 도사리고 있다.

언론은 이번 남북정상회담을 하나의 거대한 이벤트로 몰고 가려는 속셈을 드러냈다. 물론 2박 3일간의 남북정상회담은 북한측에 의해 철저히 준비되고 '통제된 언론 플레이'였다. 그것을 알면서도 남한언론은 김정일 위원장을 집중 부각시키는 이벤트 보도화할 수밖에 없었다. 한 사건에 얽힌 복잡하고 미묘한 문제를 설명하기보다는 관련된 인물을 극적으로 부각시킴으로써 독자들에게 남북 간의 통일방식이나 긴장완화 같은 골치 아픈 현안보다는 '기존 체제의 고수'라는 메시지를 전달하려고 했던 것이다. 보수언론은 이에 대한 원죄를 국가보안법에 둘러대고 있음은 두말할 나위 없다.

남북정상회담을 둘러싸고 회담 전에는 냉소적이었다가 회담기간 중에는 돌변하여 광적으로 보도하고, 회담 이후에는 다시 '주체'니 '연방'이니 하면서 합의문 말꼬리를 잡아 냉전주의자들의 목소리를 담아내는 보수언론에 대해 그 실체와 본질을 엄밀히 할 때이다. 지난 55년 동안 이 땅에서 가장 안정적인 기득권을 향유했던 이 숨은 권력은 바야흐로 '빨갱이'들의 책동에 속아 극심한 가치관의 혼란을 겪고 있다고 '레드 아노미' 공세를 펼 조짐이다. 명백히 시대착오적인 그들의 주장이 한동안 우리 사회를 지배할 것이다. 그러나 그것은 이미 흘러간 시대의 유물이라 아니 할 수 없다.

▬ 2000. 7. 2.

디지털 경제와 아날로그 언론

증권시장은 돈이 모이는 곳이다. 우리나라 대표적 경제지인 <한경>과 <매경>은 증권시장을 장밋빛보도로 일관한다. 그 이유는 무엇일까. 언론사가 주식투기를 마다 않고 있는 기막힌 현실을 고발한다. 또 재테크란 이름 아래 온 국민을 투기꾼으로 만들려는 언론의 속셈을 파헤친다.

① 서론

"낙폭과대 개별주와 저가우량주를 주목하라", "시장주도주에 투자하라", "지수는 중장기적으로는 상승한다", "우량가치주를 저점 매수하라"는 등은 '블랙먼데이'로 기록되고 있는 지난 4월 17일 이후 한국언론이 말하는 증시전망이다. 백 번 지당한 공자님 말씀이다. 이 말대로 하면 누구나 증권시장에서 실패는 없다. 그러나 현실은 증권투자자 가운데 수익률을 올리는 사람이 전체의 2%도 채 안된다. 언론이 그만큼 친절하게 알려주는데도 투자자들이 수익을 내지 못하고 깨지는 것은 무슨 이유에서일까. 독자가 바보여서 그럴까.

주식시장이란 기업이 자산을 공개해 필요한 자본을 직접 조달하는 자금조달시장이다. 즉 돈이 모이는 곳이다. 돈이 모이는 곳에는 돈의 속성상 반드시 '이윤의 창출'이라는 목적성이 있다. IMF 이후 이 땅에 불어 닥친 '재테크' 열풍으로 증권시장은 '공인된 도박장(?)'으로 불릴 만큼 재테크의 차원을 넘어 '투기장화'됐다. 돈 놓고 돈 먹기식의 수익률 게임이 치열하게 전개되는 '살벌한 전쟁터'로 돌변한 것이다. 여기에는 정보장사인 언론의 선동도 기꺼이 한몫 거들었다.

‘정보’는 전쟁의 성패를 가늠하는 잣대가 된다. 적을 알고 나를 알면 백전백승이라 했다. 주식시장 또한 마찬가지다. 정보를 미리 알면 수익률은 이미 보장된 것이다. 언론은 정보를 독자에게 전하는 유력한 제도이다. 그런데 문제는 언론이 전하는 정보가 ‘디지털 경제시대’에 전혀 걸맞지 않는데도 대다수의 사람들이 그러한 언론에 의존할 수밖에 없다는 데 있다.

더구나 정보를 생산하는 언론기업이 직접 나서 주식투자, 아니 주식투기를 감행하고 있다. 이는 언론의 윤리를 논하기 이전에 인간의 상식에 대한 배반이다. 그 실상을 하나하나 밝혀보자.

디지털 경제를 주먹구구식으로 보도

디지털시대에 ‘아날로그 언론’이 전하는 정보가 무식하다는 것을 지적하지 않을 수 없다. <표 8>에서 한국언론이 전하는 내용을 보라. 독자들에게 제대로 알려 주고 있는가. 그렇지 못하다. 한국언론의 말만 믿고 주식투자를 했다간 삽시간에 쪽박을 차기가 딱 알맞다. ‘내가 언제 나쁜 주식을 사라고 했느냐’ 할지 모른다. 문제는 바로 그것이다. 한국언론이 제시하는 ‘공자님 말씀(?)’은 돈과 정보의 흐름이 첨예하게 부딪히는 자본시장에선 전혀 쓸모없는 정보에 불과하다.

조금만 눈치 있는 투자자라면 언론을 신뢰하지 않는다. 자본시장에서는 언론과 증권사에서 사라고 추천하면 팔고, 팔라고 하면 산다는 ‘청개구리식 주식투자’가 ‘성공투자의 길잡이’라는 말이 있다. 이는 웃을 일이다. 그러나 웃을 수만은 없는 심각한 일이다. 정상적인 정보의 체계가 건강하지 못하다는 말이기 때문이다. 적어도 증권에 대해서 문외한인 민중들이 언론과 증권사의 전문 에널리스트를 믿고 피와 땀과 같은 돈을 투자한다면 손해보지 않고 적정한 이윤을 얻어야 하는 것이 정상이다. 그런데 그 시스템이 오히려 불신의 대상으로 전락하고 있다. 이 말은 역으로 언론과 우리 자본시장에 대한 그 기능을 본질적으로 부정하고 있는 심각성을 지닌 말이라 아니 할 수 없다.

하지만 현실상 아직도 대다수의 투자자들이 한국언론과 에널리스트들을 믿고 주식시장으로 발걸음을 옮기고 있다. 그들이 자신의 자본운영에 필요한 정보를 손쉽게 접할 수 있는 방안이란 고작 열린 정보·공개된 제도뿐이다. 곧 언론이 그것이다. 민중들은 언론이 전하는 정보에 의존해 주식투자를 한다는 게 문제다. 그러니 민중들이 투자한 자본이 수익률을 내기란 '하늘의 별 따기'와 같은 것이다.

장밋빛 전망, 징고이즘 보도로 일관

언론이 지닌 여러 가지 기능 중에 권력을 감시하고 비판하며, 그 실상을 정확히 국민에게 알려 주어야 하는 것은 기본적인 상식이다. 언론이 무식하면 그 사명을 다하지 못한다. 보도자료를 리카피해 중계하는 단순한 정보거간꾼 노릇밖에 못한다. 언론이 경제위기를 보도하는 것은 경제에 대한 불안을 증폭시켜 우리 경제를 파탄 내려는 것이 아니라 그 실상을 정확히 알려 국민들에게 경각심을 주고 대응책을 마련하지는 뜻이다.

그런데도 언론은 여전히 재벌과 권력 그리고 관료와 합작, '태평가(?)'만 부르고 있다. 주가가 연일 곤두박질하고, 외국인들은 주식시장에서 'buy'가 아니라 'bye'하고 있는데도 권력과 공모, 주가 떠받치기 보도로 일관하고 있다. 이 글은 이와 같은 한국언론의 보도태도를 우리나라의 대표적 경제신문인 <한국경제신문(한경)>과 <매일경제신문(매경)>을 통해 알아보고자 한다. 분석의 기간은 4월 중순의 '블랙먼데이' 이후의 5월 1일부터 31일까지 한 달간을 대상으로 했으나 그 기간이 매우 짧아 전적으로 신뢰하기에는 미흡한 점이 있음을 미리 밝힌다. 주가의 실제 분석 대상은 김대중 정부의 '신경제' 가운데 그 핵심인 정보통신(IT)관련 업종으로 했다.

② 2000년 6월, 한국경제의 실상

대통령의 'IMF 졸업선언'에도 아랑곳없이 우리 경제는 구조조정 지연에 따른 금융시장 불안, 경상수지 악화, 정부의 위기관리 능력 부재 및 이에 따른 정책 표류,

경제 주체의 총체적인 모럴 헤저드(도덕적 해이)현상 등으로 이른바 'IMF3년차 증후군'에 시달리고 있다. 일각에서는 이러다간 국가적 비극을 초래했던 '제2의 IMF'를 맞는 게 아닌가 하는 조심스런 전망을 내놓기도 한다. IMF 3년차 증후군이란 IMF로부터 구제금융을 받은 후 2년간은 경기가 회복되고 경제도 안정을 찾아가지만 3년차에 접어들면서 경제 안정감이 급속히 떨어지는 현상을 의미한다.

　IMF 3년차 증후군을 가장 극명히 보여주는 것은 멕시코이다. 멕시코는 지난 82년 12월 IMF로부터 36억 달러 규모의 구제금융을 받은 이후 처음 2년간은 대대적인 금융구조조정과 재정긴축 등 경제개혁으로 '반짝 호황'을 누렸다. 그러다가 3년차인 85년 총선과 지방선거 등으로 개혁이 후퇴하면서 경상수지가 적자로 돌아섰고, 외채가 급증하면서 물가와 금리가 치솟았다. 이것이 빌미가 되어 95년에 다시 IMF의 구제금융을 신청하기에 이르렀다.

IMF 3년차 시한폭탄 경제난국

　한국경제가 멕시코경제를 한 치의 오차도 없이 빼 닮아 가고 있다. 금융부실을 정리하기 위해 공적자금을 투입하는 것만 보아도 그렇다. 멕시코는 95년 금융위기가 재연되자 공적자금을 투입하면서 18개 시중은행 가운데 10개를 외국인에게 매각하거나 다른 은행에 흡수합병 또는 정부은행으로 만들었다. 그럼에도 금융부실이 해결되지 않자 3년 후인 98년에는 5대 시중은행에 대해서도 해외매각을 허용하고 국내총생산액(GDP)의 15%에 해당하는 600억 달러의 공적자금을 다시 투입했다. 이는 멕시코 국민이 30년 동안이나 부담해야 할 규모이다.

　한국 정부가 투입한 공적자금 64조 원 규모 역시 멕시코처럼 GDP의 15%선인 세계 최고 규모이다. 여기에다가 숨겨져 있던 투신권, 제2금융권, 은행권 등의 금융부실규모가 속속들이 드러나면서 앞으로 103조 원 이상의 추가 공적자금이 소요되리라 한다. 그나마 올해 당장 20~30조 원이 추가 투입되어야 한다. 이렇게 되면 그 비율은 GDP의 20%를 상회하게 되어 우리나라는 외환위기 극복을 위해 가장 많은 비용을 들이게 되는 셈이다.

한국경제에 '제2의 IMF그림자'를 드리우는 가장 큰 위협요인은 경상수지 흑자기조가 급속히 무너지고 있기 때문이다. 우리나라의 수출은 IMF 이후 급속히 증가했다. 그것은 경제규모의 확대에 따른 정상적인 수출이 아니라 산업원자재, 설비 등 수입억제에 의한 흑자규모의 확대였다. 여기에다가 베럴당 30달러를 돌파한 고유가와 내수용 사치성 고급소비재의 수입 급증은 한국경제의 경상수지를 급속히 악화시키고 있는 것이다.

한국경제는 1,300억 달러의 외채를 안고 있으며, 이 가운데 500억 달러는 단기성 외채이고, 주로 증권 시장에서 투기자금으로 활용되는 것으로 추정되고 있는 핫머니는 약 1,000억 달러 규모로 추산되고 있다. 따라서 유·출입이 빈번한 이들을 방치하면 언제든지 '제2의 외환위기'에 몰릴 가능성은 언제나 상존하고 있어, 언제 터질지 모르는 '시한폭탄'을 안고 있는 형국이라 할 수 있다.

금융시스템 부실 현장경제 엉망

둘째, 금융시장 시스템이 총체적 부실로 전락해 있다는 점이다. 금융위기설의 요체는 시장불안과 제2차 금융구조조정설로 요약된다. 금융시장의 구성요소인 금리와 환율은 극도의 불안 속에 가까스로 안정세를 유지하고 있다. 한국은행은 시장의 상황에 따라 금리도 물 흐르듯 자연스럽게 조정되어야 한다고 주장하나, 재정경제부가 인위적으로 한자리수 금리를 고집하고 있다. 환율 또한 원화절상 압력이 크나 정부는 노골적으로 시장에 개입, 원화절상을 막고 있다.

은행권 짝짓기, 투신권 구조조정, 채권시가평가제 등을 앞두고 제2차 금융권 구조조정설의 소용돌이 한가운데에 있는 금융시스템은 공적자금을 빨아들이는 거대한 '블랙홀'로 작용하고 있으며, 시장에서 그 기능을 완전히 상실했다고 해도 과언이 아닐 정도로 심각하다. 대우사태 → 투신 및 종금사 부실 → 시장신뢰 추락 → 회사채 및 기업어음(CP) 매수여력 상실 → 현대그룹 유동성 위기 → 중견기업 자금난 → 연쇄부도설 확산 등으로 시중에는 통화가 넘쳐나고 있지만 기업엔 혹독한 '돈 가뭄'이 계속되고 있다.

셋째는 현장경제 또한 신뢰를 줄 수 없다는 것이다. 표류하는 2위 재벌 대우그룹의 처리 문제와 사실상 '부도'난 것과 다를 바 없는 재벌랭킹 1위 현대그룹의 파탄은 한국경제에 대한 불안감과 불신감을 증폭시키는 요인으로 작용하고 있다. 비행기와 조선에서 목장갑까지 독점 생산하던 이들 재벌그룹의 붕괴는 그 짐을 고스란히 국민에게 떠넘기고 있다. 교묘한 숫자놀음으로 분식회계를 통해 IMF 이후에도 문어발 확장에 여념이 없었던 독점재벌 현대그룹의 황제경영은 부실과 탐욕의 폐단만을 고스란히 국민경제·국가경제에 떠넘기고 있는 것이다. 그런데도 정부와 채권단은 금융시장의 불안을 불식시키는 데만 급급한 나머지 재벌개혁은커녕 오히려 싸고돌기에 급급하고 있다.

이 밖에 현실화되고 있는 고물가와 공공요금의 줄줄이 인상, 인플레이션의 압력 등에 대한 경제정책 주체들의 무능과 대응 미숙 등도 우리 경제의 발목을 잡고 있는 요인으로 작용하고 있다. 한국경제를 둘러싼 내외 여건의 현실은 이처럼 그다지 장밋빛이지 않다. 오히려 짙은 먹구름에 휩싸여 있다. 언론은 실상보도를 외면하고 불안해소 보도에 논점을 맞추고 있다. 단기적으로는 그것이 비록 '당의정'이 될지 모르겠지만 장기적으로는 우리 경제를 좀먹는 '암'과 같다고 할 수 있다.

③ 외국인과 주식시장

우리나라의 주식시장은 외국인이 지배하고 있다. 외국인들은 우리나라 상장주식 값어치의 3분의 1가량을 갖고 있다. 증권거래소와 금융감독원에 따르면 6월 2일 현재 거래소시장에서 외국인 투자자들이 보유하고 있는 상장주식의 시가총액은 78조 653억 원에 이르러 상장주식 전체 시가총액의 28.5%에 이른다. 외국인은 코스닥에서는 그리 많은 주식을 갖고 있지는 않지만, 그래도 4조 5천억 원어치의 주식을 보유해 전체 시가총액의 4.8%에 달한다.

미국의 다우지수와 국내 거래소 종합지수의 상관관계를 표시하는 수치를 보면 97년에는 0.18에 불과했지만, 주식시장이 전면 개방된 98년 5월 이후 하반기에는 0.51,

99년 하반기에는 0.91까지 올라갔다. 미국의 나스닥지수와 국내 코스닥지수의 상관관계도 98년에는 0.13에 불과했으나, 99년 하반기에는 0.84까지 상승했다. 상관관계가 1이면 완전히 똑같이 움직이는 것을 뜻하는데 이 정도면 거의 동일하게 움직이고 있다 해도 과언이 아니다.

국내 주가가 미국 주가에 따라 같이 움직이는 현상을 '주가의 동조화'라 한다. 우리 주식시장은 미국의 주가 움직임으로부터 결코 자유롭지 못한 것은 한국경제의 대미 의존도 때문이다. 최근 2~3년간 미국은 사상 유례없는 호황으로 세계경제를 이끄는 '성장의 엔진'으로 기능했다. 냉전체제 붕괴 이후 유일한 강대국인 미국의 경제지배력이 높아지는 상황에서 한국경제가 미국에 대한 의존도가 높아지면 높아질수록 주가 동조화가 심화되는 것은 어찌 보면 당연한 현상인지도 모른다.

외국인 주식투자는 '두 얼굴의 야누스'

외국인들의 주식투자는 '두 얼굴의 야누스' 그 자체이다. 지난 97년 9~11월 IMF 쇼크 직전 외국인 투자가들은 불과 2달 사이에 서울 증시에서 1조 8,500억 원 정도의 돈을 대거 회수함으로써 주가폭락과 원화 환율 상승을 심화시켰다. 그러나 IMF 이후 외국인들은 증권시장에서 막강한 자금동원력을 과시하며 올 상반기에만도 10조 5천억 원어치의 주식을 매입함으로써 우리 경제를 이만큼이라도 세우는 데 결정적인 역할을 했다. 하지만 국내 금융시장이 조금만 불안할 것 같으면 안면몰수하고 주식을 내다 팔아 위기를 증폭시키는 무서운 면도 갖고 있다.

5월 말 현재 국내에 투자 등록한 외국인 투자자(기관 및 개인 투자자)는 모두 1만 693명이다. 국적별로는 미국이 4,208명으로 전체의 39%를 차지했고, 영국(994명)·일본(878명)·캐나다(454명)·말레이시아(419명) 등의 비중도 높다. 미국계는 투자자 수는 40% 정도지만, 움직이는 자금은 70% 정도를 차지해 가장 영향력이 높다.

투자 등록한 외국인 중에는 개인도 있지만, 대개 기관투자자들이다. 전세계적으로 1,500억 달러(180조 원)를 굴리는 캘리포니아 공무원 퇴직연금(캘퍼스)을 비롯한 대형 연기금(年基金)도 있고, 한국의 투자신탁회사와 비슷한 각종 뮤추얼펀드, 헤지펀드들이 있다. 헤지펀드의 양대 산맥으로 꼽혔던 조지 소로스의 퀀텀 펀드와 줄리안 로버트슨의 타이거 펀드도 92년 증시 개방 직후부터 한국시장에 들어와 막강한 영향력을 행사한 바 있다.

외국인의 영향력은 단순히 자금력에서만 발원하는 것은 아니다. 외국인 투자자들은 국내 투자자들보다 한 수 높은 정보력과 분석 능력을 갖고 있어 그들이 어떤 종목을 사고파느냐 하는 정보 자체가 큰 영향력을 행사한다. 특히 IMF 이후에는 미국의 스탠다드 앤 푸어스(Standard & Poor's)나 무디스(Moody's) 등과 같은 신용평가 기관들이나 유명 증권사들의 리포트가 국내 주식시장에 그 영향력을 급속히 확대하고 있다.

서울증시 외국인 추종 날로 심화

외국인의 영향력이 커지는 만큼 서울 증시에선 외국인 추종 현상도 날로 심화되고 있다. 요즘 웬만큼 주식을 아는 주식투자자들은 하루 종일 외국인 동향을 분석하는 데 상당한 시간을 투자하고 있다. 시장이 열리기 전에는 뉴욕시장 동향을 점검하느라 새벽잠을 설치고, 시장이 열리면 이번에는 서울시장의 외국인 동향을 파악하느라 바쁘다. 증시 전문가들은 서울시장에서 외국인들의 영향이 날로 커지는 데는 사대주의도 한 몫 한다고 지적한다. 삼성증권 이남우 상무는 "국내 투자가들은 똑같은 얘기도 국내 애널리스트가 말하면 긴가 민가 하다가도 외국 애널리스트가 자료를 내면 맹신한다"고 꼬집었다(이지훈, 「증시 뒤흔드는 외국인 파워」, 주간조선, 1610호, 2000년 7월 6일자, 58~60쪽).

<표 5>는 언론의 증시보도가 외국인의 매도·매수 동향에 집중되고 있음을 보여준다.

〈표 5〉 시황보도에 반영된 외국인의 투자형태

기간: 2000년 5월 3일 ～ 5월 31일 현재

날짜 (일)	거래소 코스닥	시황보도 내용	
		한국경제신문	매일경제신문
3	거래소		
	코스닥		기관 사자 힘입어 160선 돌파 거래대금 2조 넘어…외국인 200억 순매도
4	거래소	외국인 관망속 증권주 오름세	
	코스닥		
9	거래소		외국인 순매수 강세장 이끌어 금융·의복 제외 대부분 오름세 770.24로 마감
	코스닥		소형기술주 강세 170선 회복 외국인·투신 순매도…보안주 급등
10	거래소		외국인 팔자…차익 매물 쏟아져
	코스닥	'개인 매수세' 강보합 방어 외국인·투신 227얼 순매도	나스닥 급락불구 약보합 외국인·기관 순매도…바이오칩 초강세
13	거래소		주도주 없고 거래부진 급락 외국인 매도공세…하락종목 '상승'의 3배
	코스닥		외국인 순매수 반전…약보합
16	거래소		
	코스닥		기관 505억 순매도 하락 부채질 외국인 소폭 순매수…거래대금 4조 돌파
17	거래소	외국인 '사자'…통신 4인방 강세	"너무 빠졌다" 반발매…막판 급등 외국인 이틀째 사자
	코스닥		기관·외국인 순매도 4P 하락 개인만 저가매수…다음 상한가
18	거래소		
	코스닥	하락 353종목…연중 최저치 외국인·기관 매도공세 지속	
19	거래소		
	코스닥	130대 추락…하한가 215개 외국인 순매수 7억대로 급감	

날짜 (일)	거래소	시황보도 내용	
	코스닥	한국경제신문	매일경제신문
20	거래소		외국인 중심 반발매 큰폭 올라 은행·종이·권 등 379개 종목은 하락
	코스닥		개인 매수로 급락세 진정 기관·외국인 순매도…새롬 등 대형주 강세
23	거래소	외국인 '팔자'…블루칩 급락	외국인 무차별 매도 697종목 하락
	코스닥		12P 하락 130선 붕괴외국인 소폭 순매수… 275종목 하한가
24	거래소		외국인 770억 순매도 11P 내려
	코스닥		8일째 하락 120 무너져 외국인·개인 순매수…다음·하이텔 상한가
25	거래소		외국인·개인 매도속 금융주 폭등
	코스닥	외국인·개인 '사자' 낙폭줄여	
26	거래소		
	코스닥		상승종목 463개 사상 최다 10일 만에 반등…기관·외국인 순매도
27	거래소		투자심리 "꽁꽁" 전업종 하락 기관 차익매물 쏟아져 외국인 매수 역부족
	코스닥	외국인 매수 확대불구 약세 마감 한통프리텔 등 대형통신주 강세	거래소 급락에 4P 하락 외국인, 한통프리텔 등 통신주 집중 매입
30	거래소		외국인 144억 순매수 소폭 내려
	코스닥		외국인 220억 순매수 약보합 기관 311억 순매도…금융주강세
31	거래소		
	코스닥		매수세 확산…130선 회복 427개 종목 상승…외국인·기관 순매도

<한경>은 3일자 증권면 톱기사에서 「외국인 매수세 되살아나나」라고 하여 외국인들의 주식투자동향을 살피고 있으며, <매경>은 5일자에서 「"현대처리 지켜보자" 관망 / 외국인·기관 매도우위 증권·제약 강세」라며 외국인들이 관망하는 자세를 보이고 있다고 전한다. <매경> 8일자 증권면은 「외국인 우량주 '편애' 심해져 / 10개종목이 매매비중 80% / 3번중 한 번은 삼성전자 사고팔아 / 주가 급락에도 손실률 10%

밑돌아」라고 하여 외국인들의 부정적인 투자패턴을 머리기사로 보도하고 있다.

　외국인들은 절대로 부도 위험이 없고, 꾸준히 좋은 실적을 내는 소수 블루칩(우량주)에만 집중 투자한다. 올 들어 6월 22일까지 거래소시장에서 외국인이 가장 많이 사들인 종목은 삼성전자로 무려 4조 2,477억 원어치를 순매수했다. 이는 이 기간 중 외국인 전체 순매수 금액의 46%에 이른다. 외국인은 또 현대전자를 2조 4,650억 원 순매수했으며, 삼성전기·SK텔레콤·한전도 각각 4천~5천억 원 정도씩 순매수했다. 외국인 전체 순매수 금액 중 이들 5개 종목의 비중은 무려 89%에 이르고 있다. 코스닥에서는 한통프리텔·한솔엠닷컴 등 지수선도종목을 집중적으로 매입했다.

　외국인들의 이와 같은 투자패턴은 주식시장에서 왜곡을 초래하기 쉽다. 즉 특정 종목을 집중적으로 매수하게 되면 주가가 급등하게 되고, 뒤늦게 개미 투자자들이 이를 따를 때 매도로 돌아서면 주가가 하락한다. 그러면 또다시 매수가 이어지는 악순환이 거듭되는 것이다. '돈 놓고 돈 먹기'식 투자인 셈이다. 결국 이 순환고리에서 깨지는 것은 자본과 정보력이 취약한 개인 투자자들뿐이다.

　9일자 <한경>의 코스닥면은 「기술주 조정지속 '몸조심' / 손절매 타이밍 놓쳐 반등 때마다 매물 / 개인매매 비중높아 주가 '급등락' 부담」이라고 하여 6일째 순매도로 돌아서는 외국인들의 속사정을 톱기사로 전하고 있다. 흔히들 외국인하면 장기투자의 대명사라고 생각하고 있지만, 외국인 중에는 개인투자자 못지않게 단타 매매나 투기성 매매를 즐기는 사람도 적지 않다. 지난 1~2월 서울증시의 화제가 됐던 이른바 '홍콩 물고기'도 그중 하나이다. 계좌명이 물고기 이름으로 돼 있다고 해서 홍콩 물고기란 별명이 붙었던 이 외국인 투자가는 거액의 자금으로 주로 선물시장에서 단타매매를 즐기며 서울증시를 롤러코스터처럼 요동치게 한 적도 있다.

나스닥만 쳐다보는 코스닥 시장

　한국증시의 글로벌화와 함께 주식시장에서 외국인들의 영향력이 커지면 커질수록 우리 증시는 외국인들이 투자패턴의 기준을 두고 있는 미국의 나스닥에 영향을 받을 수밖에 없는 구조이다. 한국언론은 이러한 본질적 구조는 외면하고 필요에 따라 어떤 때는 동조화를 찾고, 또 어떤 때는 자주화를 부르짖어 투자자를 혼란케 한다. <한경> 10일자 증권면은 「나스닥 보면 외국인 매매 보인다 / 정보통신주 연관성 높아 동조화 심화 / 당분간 방향성 없어 '널뛰기 행보' 예상」이라는 톱기사에서 투자자들에게 나스닥의 추이를 주시하라고 권한다.

이 날짜 <매경>의 코스닥면 박스기사는 인터넷을 이용한 정보검색, 전자상거래, 통신, 보안, 소프트웨어 분야에서 나스닥은 이달 초(1일)에 비해 8~12% 폭락한 데 비해 유사한 업종의 코스닥 종목은 오히려 오르거나 2~4% 하락에 그친 것으로 나타났다며 「나스닥·코스닥 주가 동조화 깨진다 / 보안주 미 8% 하락불구 한 16% 상승」이라고 하여 나스닥과 코스닥의 연계를 부인한다. 12일자 증권면 「나스닥 연이은 급락…국내증시 파장 우려 / 조정 불가피…투자심리가 변수 / 수급 취약 개인 동요 땐 조정길어 질 듯 / "금리 등 이미 반영 급락없다" 전망도」라는 톱기사 역시 나스닥의 급락 불길이 국내 증시에 영향을 미칠 것을 우려했다.

<한경> 13일자 1면 「미 '110개월 호황' 후유증 싹튼다 / OECD 등 경기과열·인플레 잇단 경고 / 금리인상 촉발 세계 경제에 부담」이라는 톱기사는 미국이 호황국면을 진정시키기 위해 금리인상 등을 검토하고 있음을 보도했다. 만약 미국이 금리인상을 단행하면 국내에 투자했던 외국인들이 주식을 대거 처분에 나설 것이고, 그러면 주가가 폭락할 것을 우려한 한국언론은 '세계경제에 부담'이라 하여 미국의 대응을 부정적으로 보고 있다. 이어 증권면 「과거 사례로 본 주가영향」이라는 톱기사는 「"미 금리 인상후 주가 올랐다" / 사전에 반영…발표 3일 전부터 상승 많아 / 추가 인상 없을 땐 투자심리 안정효과도」는 미국의 금리가 올라도 주식에는 오히려 주가상승요인이 되며 투자심리 안정효과도 있다며 사실을 심각하게 왜곡하고 있다.

외국인 눈에 따라 롤러코스트 행보

20일자 <매경> 코스닥면 2단 박스기사는 「한·미 증시 동조화 무너졌다 / 나스닥 올라도 코스닥 떨어지고 / 내리면 더 떨어져」라고 하여 총체적 붕괴로 치닫고 있는 국내 경제여건을 무시하고 단순히 수치상으로만 나스닥과 비교하여 보도함으로써 시장상황을 왜곡하고 있다.

<매경> 22일자 증권면 「외국인이 보는 향후 증시」라는 톱기사는 「"투신 구조정후 본격 상승" / 동남아 환율불안 한국엔 영향 작을 것 / 쟈딘플레밍, 연내 900선 회복 전망」이라는 기사는 연일 연중 최저치로 폭락하고 있는 주식시장을 장밋빛 보도를 통한 심리적 안정을 도모하고 있다. 23일자 1면 톱기사 「세계기술주 동반 폭락 / 국내 주가 700붕괴 원화 급락 1130원」과 25일자 1면 박스기사 「세계기술주 동반 폭락 / 벤처지수 24P 하락…주가는 4P빠져」, 3면 해설면의 「인터넷·기술주 추락하는 이유 / 버블기업 많고 펀드 손절매 때문 / 매물부담·자금이탈…세계증시 악순환 / 코스닥은 수급불안 겹쳐 하락폭 더 커」라는 기사는 국내 증시의 폭락 원인을 대외적 요인으로 돌리고 있다.

<한경> 24일자 1면 「한국 '위험상황' 아니다 / 월가 경제전문가·주한 외국인 진단 / 현 금융시장 불안은 내부요인 때문」이라는 톱기사는 '한국경제의 모멘텀이 견실하다'는 김대중 정부의 입장을 외국인의 시각을 빌려 대변하고 있다. 코스닥면의 「외국인·기관 팔만큼 팔았다 / 매도물량 절반이하 급감 / 외국인 소폭 순매수 전환」이라는 머리기사는 외국인도 순매수에 나선 만큼 주식매도의 자제를 호소하고 있다. 27일자 증권면 「잇단 '쇼크'에 투자자 탈진 / 외국인 순매수…지나친 비관 '금물' / 시장신뢰 회복할 구조조정 서둘러야」 역시 외국인의 입을 빌어 개미 투자자들에게 주식투매의 방지를 권하고 있다. 한마디로 정부의 입맛에 맞추기 위해 투자자들에게 기꺼이 손해를 떠맡으라는 주문인 것이다.

④ 이동통신과 IMT-2000 보도의 문제점

언론보도는 주가에 직접적인 영향을 미친다. 예를 들면 그동안 증권가에서는 이동통신의 짝짓기가 무성하게 나돌았다. 그 핵심은 한솔엠닷컴(018)이었다. 한솔엠닷컴은 한통프리텔(016)과 LG텔레콤(019)을 오가며 몸값 흥정에 여념이 없었다. 그것은 한솔엠닷컴은 회사의 자산가치를 올려서 좋았고, 이동통신사에 주식투자를 한 언론사는 주가가 올라 막대한 수익을 올려서 좋았으며, 기자들은 취재 아이템이 풍부해서 좋았다. 한마디로 '누이 좋고 매부 좋은 머니게임'이었던 것이다. 물론 문제는 한솔엠닷컴에 낀 거품이, 언론사의 불로소득이 고스란히 국민들의 몫으로 떠맡겨진다는 점만 빼고 말이다.

그러던 차에 셀룰러쪽의 SK텔레콤(011)이 신세기통신(017)을 전격 인수하자 PCS쪽의 합병도 급물살을 타게 됐다. 3월 22일 M&A 소문이 나면 곧장 '부인공시'가 나왔던 '짝짓기'가 <한겨레신문>에 의해 공식 보도되었다. <한겨레>는 23일자에서 한국통신이 한솔엠닷컴의 최대 주주인 밸캐나다인터내셔널(BCI)과 제3대 주주인 아메리칸인터내셔널그룹(AIG)과 지분인수에 관한 협의를 마치고 대금지급 방법, 대금산정 등의 협의가 끝나는 대로 이르면 4월 말께 한솔엠닷컴 인수를 최종 발표할 것이라고 보도했다.

잇따른 짝짓기 보도 '주가 띄우기' 의혹

이는 사실이 아니었다. 추락하는 증시에서 주가를 떠받치기 위한 '작전'의 일환이 아니었나 하는 의구심으로부터 자유롭지 않았다. 올 증시 개장 때 연중 최고가인 250,500원과 63,300원으로 출발했던 한통프리텔과 한솔엠닷컴은 코스닥의 거품론이 제기되면서 연일 추락, 21일에는 각각 연중 최저가를 기록했다. 이때 언론에 보도된 M&A 재료는 주가상승의 더없이 긴요한 호재였다. 양측은 M&A를 언론에 슬쩍 흘려 적절히 재미를 본 것이 아닌가 하는 의구심을 갖게 했다. 한솔엠닷컴의 공식 부인이 있자 주가는 다시 곤두박질하는 것만 봐도 이를 증명한다. 언론보도를 믿고 주식을 산 사람은 결과적으로 엄청난 덤터기를 쓴 꼴이 되었다.

4월 11일, 연일 추락하던 코스닥 시장에서 이번에는 <매일경제>가 다시 한통프리텔의 한솔엠닷컴 인수설을 보도하자 그 이튿날 양사의 주식은 또 껑충 뛰어 올랐다. 언론에 의해 M&A 호재가 뻥튀기 된 것이다. 언론을 맹신한 투자자는 다시 한번 '바가지'를 쓰게 되었다.

5월 1일. 이번에는 <한국경제>가 LG텔레콤이 한솔엠닷컴을 인수한다고 보도했다.

한솔엠닷컴은 '사랑은 움직이는 것'이라면서 양쪽을 오가며 몸값 흥정의 기대치를 즐겼다. 주가가 시장에서 모처럼 만에 상한가를 기록했다. 이번에도 언론보도가 엉터리였음이 밝혀지자 언론은 한솔엠닷컴의 M&A에 대해 짜증 섞인 반응을 보인다. 특히 한통프리텔의 주요 주주인 <한경>은 5월 4일자 코스닥면 톱기사에서 한솔엠닷컴의 M&A가 결렬되어 또다시 원점으로 돌아감에 따라 투자자들이 실망, 매물을 쏟아냄으로써 PCS 3인방의 주가가 시들해지고 있다고 원망 섞인 보도를 했다.

〈표 6〉 016·018의 주가변동 추이

* 기간은 3월 20일에서 3월 24일까지

날짜 (일)	지 수			한통프리텔		한솔엠닷컴		비 고
	종합	KOSPI 200	코스닥	종가	등락	종가	등락	
20	850.51 −5.06	105.75 −0.56	230.82 −18.73	84,100	▽4,400	35,600	▽2,050	
21	863.41 +12.90	107.92 +2.17	219.27 −11.55	75,200	▽8,900	32,400	▽3,250	016, 018 주가 연중 최저치
22	862.42 +19.02	110.21 +2.29	232.64 +13.37	82,700	▲7,500	35,100	▲2,700	한겨레, 018 M&A 보도
23	867.62 −14.81	108.28 −1.93	231.96 −0.68	92,600	⬆9,900	39,300	⬆4,200	한솔엠닷컴, M&A 부인 공시
24	889.24 +21.62	111.15 +2.87	232.68 +0.72	91,400	▽1,200	37,300	▽2,000	

이번엔 뻥튀기보도로 주가부양 시도

이동통신의 M&A를 통한 주가부양 전술이 한솔엠닷컴의 부인으로 잇따라 실패하자 언론은 집중적인 '뻥튀기 보도'를 통해 주가부양을 시도한다. 그것은 어느 특정 종목을 집중적으로 매입하여 부양 후, 이를 되팔고 나오는 외국인들의 투기방식과 절묘한 궁합을 이뤄 시장의 안정을 가져오게 했다. 즉 코스닥 시장이 붕괴되기 직전인 5월 22일 42,300원과 13,450원을 기록하던 한통프리텔과 한솔엠닷컴의 주가가 3주만에 89,000원과 30,200원으로 100% 이상 오른 것은 언론과 외국인의 궁합이 절묘하게 맞아 들어간 것이라 하겠다. 여기서 언론의 '주식시장의 안정'을 통한 '경제의 안정'이란 빗나간 애국심은 곧 김대중 정부가 바라는 '경제안정'의 실체이기도 하다.

증권가에는 한통프리텔의 적정가는 주당 19,000원이라는 보고서가 발표될 것이라는 루머가 나도는 가운데 정통부가 휴대폰 보조금 지급금지를 내달부터 폐지키로 했다는 연례행사성 발표를 <한경>은 24일자 1면 미들기사로 보도했다. 이를 신호탄으로 이동통신 주가는 일제히 폭발적인 상승 행진에 돌입했다. 그 타깃은 두말할 나위 없이 코스닥에 상장된 한통프리텔과 한솔엠닷컴이었고, 매수주체는 앞서도 얘기했듯이 외국인들이었다. SK텔레콤은 외국인 투자자들로서는 주가조작을 통한 차익실현이 불가능할 정도로 주가가 버거웠다. 따라서 코스닥의 선도주인 한통프리텔과 한솔엠닷컴은 적당한 재료였던 것이다.

5월 22일부터 26일까지 외국인들은 한국시장에서의 주식투자금액을 평소의 투자보다 70% 이상을 감소시켰을 뿐 아니라 그 투자금액의 85% 이상을 한통프리텔과 한솔엠닷컴에 쏟아 부었다. 이 기간 동안 외국인들은 한통프리텔은 115만 주(667억)를 사고 5만 주(30억)를 팔았으며, 한솔엠닷컴은 83만 주(126억)를 사고, 11만 주(17억)를 팔아 시세를 상한가 국면으로 끌어 올렸다.

최후의 카드 'IMT-2000'으로 불을 지펴라

<매경>은 코스닥면에서 한통프리텔은 IMT-2000에 1조 5천억 원을 투자하기 위해 DR발행을 계획하고 있는 등 재원조달기사를 미들기사로 보도했다. 29일자에서는 단말기 보조금 폐지로 한통프리텔은 3천억 원의 비용절감 효과를 가져와 올 순익 목표를 2천억 원으로 상향조정했다는 홍보성 기사를 코스닥면 박스기사로 내보냈다. 또 30일자 역시 코스닥면 박스기사에서 IMT-2000에 대해 주파수 부분경매제 도입이 예상됨에 따라 ING 등 외국계 증권사들이 한통프리텔과 한솔엠닷컴 등 통신주의 매수의견을 제시하고 있다고 보도했다. IMT-2000에 대해 주파수 부분경매제가 도입되면 이들 기업의 초기투자 부담금이 오히려 시장진입에 크게 장벽이 되는데도

어떻게 해서 매수의견을 내게 되었는지에 대해서는 언급이 없다. 이는 외국인이라는 공신력 있는 사대주의를 빌미로 한 전형적인 왜곡·조작보도라 하겠다. 31일자에서도 코스닥면 박스기사를 통해 단말기 보조금 폐지를 앞두고 가입자가 폭증해 PCS 3사의 이 달 매출이 4천억 원을 넘어 급증했다고 보도했다.

이 뿐만 아니라 언론은 또 IMT-2000을 통한 주가부양책을 시도한다. IMT-2000에는 '차세대 꿈의 이동통신', '디지털 경제의 촉매'라는 등의 수식어가 늘 따라 다닌다. 21세기 지구촌 사람들의 꿈과 소망을 담은 IMT-2000은 이름 그 자체보다 '차세대 꿈의 통신망'으로 우리에게 더 친숙해 있다. IMT-2000이란 언제, 어디서나, 하나의 단말기로 음성, 데이터, 영상 서비스를 이용할 수 있는 차세대 멀티미디어 이동통신서비스를 의미한다. IMT-2000이 상용화되면 이용자들은 고품질의 음성뿐만 아니라 고속 인터넷 및 데이터, 온라인뱅킹, 영상전화, 주문형 비디오(*video on demand*) 등의 서비스를 이동 단말기를 통해 이용할 수 있는 21세기 신인류의 통신수단이 바로 IMT-2000이다.

정부는 올 3월에 국내 표준을 정하고, 6월에 사업자 및 선정방식을 결정할 예정이다. 9월에 사업자 허가신청서를 접수하고 12월에는 사업자를 선정한다는 것이다. 그러나 현재에는 이 가운데 결정된 것이 아무것도 없다. IMT-2000 사업티켓이 몇 개가 될지, 어떤 조건을 사업자 선정의 기준으로 삼을지 등 사업의 핵심적 내용 어느 것 하나 정한 바 없다.

정부가 IMT-2000 사업자 선정기준에 대해 아무런 기준이나 조건을 제시하지 않았지만 국내 기업들의 관심은 온통 이곳으로 집중되고 있다. 유·무선 정보통신사업자와 장비제조업체들은 물론 정보통신과 관련이 없는 기업들도 IMT-2000을 향해 걸음을 재촉하고 있다. 증권시장에선 'IMT-2000 수혜주'라는 수식어가 어느 덧 상한가를 향한 '골든 벨'처럼 자리 잡았다.

SK텔레콤(＋신세계통신)을 비롯해, 한국통신(＋한통프리텔＋한솔엠닷컴), LG그룹(＋데이콤＋LG정보통신), (가칭)한국IMT-2000주식회사(하나로통신＋온세통신＋중소 정보통신기업들) 등은 연말 대권경쟁을 앞두고 유력 후보집단을 형성해 기업들로부터 초미의 관심이 되고 있다. 그러나 언론에 의해 IMT-2000은 그 보도의 초점을 기존 이동통신사로 국한함으로써 이미 그 대상과 범위가 정해져 버렸다. 이에 따라 한국IMT-2000주식회사는 시장 진입에의 원천 기회조차 박탈당하고 말았다.

탈진한 증시에 "IT주 유망" 합창

4일자 <한경>은 IMT-2000의 기술표준을 미국식인 동기식과 유럽식인 비동기 방식을 동시에 채택키로 했다고 2면 머리기사로 보도했다. 정부가 전세계 이동통신 시장의 80% 이상을 장악하고, 또 기술도 한 단계 더 발전한 유럽식을 제쳐두고 굳이 미국식을 끼워 넣겠다는 것은 대미외교의 종속과 정치권력의 자주성 부재 때문이었다. 그런데도 언론은 이에 대한 국민설득 한마디도 없었다. <매경> 또한 이 날짜 증권면 2단기사에서 연말께 IMT-2000 사업자 선정을 함에 따라 정보통신 관련 주가 유망하다고 보도했다.

8일자 <매경>은 증권면의 코스닥 분석기사에서 "정보통신주의 주가수익비율이 미국기업의 4분의 1수준에 불과해 거품이 아니다"라고 보도함으로써 연일 추락하고 있는 정보통신(IT) 관련주의 주가 떠받치기에 동조하고 있다. 9일자 코스닥면에서도 「로커스·한통프리텔·한솔엠닷컴·텔슨전자 등 / "무선 인터넷업체 투자유망"」하다는 대신증권과 하나증권이 분석한 보고서를 인용, 머리기사로 내보내 죽은 코스닥을 살려내기에 안간힘이다. <한경> 역시 12일자 코스닥면 박스기사에서 외국인들은 "한국 IT주에 여전히 매력을 느끼고 있다"고 보도함으로써 코스닥의 활성화에 기여라는 목적달성을 추구하고 있다.

정부의 미국 눈치보기로 IMT-2000 기술표준에 대한 확정이 늦어짐으로써 업계에서 투자계획을 세우지 못하는 등 문제점을 학계와 업계 등에서 제기하자 <매경>은 13일자에서 한국 IMT-2000의 기술표준을 잡기 위해 미국과 유럽이 로열티 깎아주기 경쟁을 벌이고 있으며, 정부는 기술표준 결정을 최대한 늦춤으로써 실리추구를 도모하고 있다고 3면 해설면에서 친절하게 전했다. 16일자 코스닥면은 유무선 인터넷·IMT-2000·데이터저장이 코스닥의 신 테마주를 형성할 것이라고 보도했다.

17일자 <한경>과 <매경>은 나란히 1면과 3면에서 「IMT-2000 주파수 경매제 검토」라는 정통부장관의 기자간담회 내용을 주요 기사로 보도하면서 주파수 경매제를 도입하면 업계의 초기진입비용을 과다하게 해 그 부담은 결국 소비자의 몫으로 돌아온다는 업계의 시각을 대변하고 있다.

주요언론사 IMT-2000주주 물밑교섭

이처럼 공정하고 객관적인 위치에서 사업자 선정절차를 지켜봐야 할 언론이 IMT-2000에 필요 이상의 이상한 눈독을 들이고 있다. 그것은 국가 중대사인 만큼 언론의 관심이 집중되는 것은 지극히 자연스런 일이겠지만 문제는 그 이면에 숨겨진 '사심'이다. 정보통신업계에서는 몇몇 중앙일간지들이 IMT-2000 사업자 유력 후보 기업들에게 온갖 구애작전을 펴고 있다는 소문이 파다하다.

통신사업권을 두고 중앙 언론사들의 '사심'을 엿볼 수 있는 대목은 개인휴대통신(PCS) 사업자들의 주주명부다. 지난 96년 PCS 사업자 선정 당시 국내 내로라하는 중앙언론사들이 예비사업자 컨소시엄에 참여해 마침내 사업권을 따내게 하는 데 중요한 구실을 했다.

현재 통신기업 지분참여형태로 발을 담그고 있는 언론사는 <대한매일>, <디지틀조선>, <한국일보>, <서울방송>은 LG텔레콤에, <동아일보>, <중앙일보>, <한국경제신문>은 한국통신프리텔에, <MBC>는 한솔엠닷컴에 주주사로 참여하고 있다. 이들은 지금도 PCS 사업자들의 주주로 어엿이 등재돼 있으며 올 하반기 IMT-2000 사업권 획득 경쟁의 또 다른 변수가 될 전망이다.

일반 기업은 물론 온 국민에 IMT-2000에 관심을 쏟는 것은 IMT-2000사업에 투자를 하고 있는 언론의 '바람잡이 보도'도 그 원인이라 할 수 있다. 이미 이동통신사업에 대한 투자로 대박을 맛본 언론기업은 IMT-2000을 과대포장 보도함으로써 또 한 번의 '대박'을 꿈꾼다. 그 속셈에서 IMT-2000은 참여자 모두에게 엄청난 수익과 미래를 안겨줄 것이란 기대를 부풀리고 있다.

IMT-2000이 '황금알을 낳는 거위'가 되기 위해선 수많은 난관을 극복하여야 한다. 하지만 현실을 조금만 냉철하게 살펴보면 이런 기대가 일부 '꿈'에 지나지 않음을 쉽게 알 수 있다. 차세대 꿈의 통신망으로서의 청사진은 시작도 하기 전에 빛이 바랬으며 그 안에 숨겨진 20세기 소망 역시 21세기 먼 후일에나 실현 가능할 것으로 보이기 때문이다.

〈표 7〉 매체기업의 이동통신사 주식투자 현황

통신사명	매체사명	보유주식	평가액
LG텔레콤	대한매일	100만주(0.73%)	800억
	디지틀조선	44만3,000주	355억
	한국일보	112만주(1.0%)	800억
	SBS	240만주(2.1%)	1,600억
한통프리텔	동아일보	174만주(0.65%)	2,600억
	중앙일보	62만주(0.43%)	800억
	한국경제	57,000주(0.1%)	80억
한솔엠닷컴	MBC	100만주	460억

한탕주의 투기에 '언론정신'은 실종

IMT-2000을 둘러싸고 '이상'과 '현실'이 교차하는 상황에서 가장 문제가 되는 것은 '투기조짐'이다. 투기판에서는 지는 자에게는 뼈아픈 손실이 반드시 발생하게 마련이다. 현대, 삼성, LG, SK 등 4대 재벌들은 모두 IMT-2000 사업 참여를 일찌감치 선언해 놓고 자존심을 건 한판 승부를 벌이고 있다. IMT-2000 사업자 선정 경쟁에서는 재벌들간 중복·과잉투자 지양, 핵심역량 위주로 사업재편, 차입경영의 지양과 같은 재벌개혁 과제들이 발붙일 틈이 없다. 중견그룹이나 중소기업 중에서도, 일단 지분참여를 해서 나중에 본격적인 IMT-2000 서비스경쟁이 벌어질 때 이쪽저쪽 사업자한테 기웃거리며 한몫 챙기자는 속셈으로 참여하는 데가 적지 않다.

언론사의 이런 투기 현상은 이보다 더 큰 우려를 빚어내고 있다. 한쪽이 웃으면 다른 한쪽은 반드시 울어야 하는 정보통신시장의 생리상, 언론의 치우친 시각과 방향이 소비자와 정책 결정권자 모두를 혼란에 빠뜨릴 수 있기 때문이다. 정보를 생산하는 언론기업이 지면을 통해 투자에 유리한 온갖 환경을 조성해 놓고 주식투자를 하는 것은 정당하지 않으며, 바닥난 언론윤리의 한계를 드러내는 것이다. 한국언론의 '통신부 띄우기'에는 언론 자신이 '주식투기'로 '대박 한방'을 기도하려는 속셈에서 기인한다(김윤경, 「IMT-2000, 그 숨겨진 거품」, 한겨레21, 제308호, 2000년 5월 18일자, 54~55쪽).

⑤ 왜곡 보도의 숨은 뜻

한국언론의 주가전망 보도는 한마디로 장밋빛 보도로 일관한다. 그것은 대개 정보의 철저한 과학적·합리적 분석·해석에 의해서가 아니라 막연한 판단·두루뭉술한 근거에 의해 뻥튀기 보도를 통해서 구체화된다. 이를 통해 정부의 '증시 안정', '시장 띄우기'라는 정책의 연착륙에 기여하게 된다. 한마디로 정부의 경제정책 선전원 노릇을 마다 않는 것이다. 이를 언론의 사명이라 여기는 것이 한국언론의 경제저널리즘 현실이다. <매경>의 2일자 증권면 「전문가들이 보는 5월 증시」라는 톱기사는 「"투신 개혁 속도가 장 좌우" / 추가급락 가능성 작아 750선서 등락 / 실적호전 블루칩 저가매수 기회활용」이라고 전망했다.

〈표 8〉 한국언론의 주가전망

날짜 월　일	한국경제신문	매일경제신문
5　1	「재료로 본 5월 증시」 바닥 확인 후 상승희망 싹틔운다.	「5월 증시 전망」 초반 혼조 중반께 반등시도 구조조정·미 금리인상 변수…하순께 780~800 기대 「코스닥 5월 장세 전망」 실적호전주 테마 형성 가능성 나스닥 안정 예상 증자물량 많아 수급불균형 여전

날짜 월 일	한국경제신문	매일경제신문
5 8	「주간 증시전망대」 수급불균형 '숨통' 트일 듯 투신 구조조정작업 가닥…매물압박 줄어 실적장 기대불구 고객예탁금 감소부담 「주간 코스닥전망대」 실적·재료주 '각개약진' 투신 순매수 전환 거래회복 '청신호' 180선 저항선 작용 공격매수자제를	「증권시장 이번 주 재료 점검」 투신 불안감 진정 반등 시도 내수 수급불안, 미 금리인상 등 악재 여전 「코스닥 시장전망」 투자심리 안정…150~180선 등락 나스닥 움직임 주목 낙폭 큰 기술주 저점 매수 고려
5 15	「주간 증시전망대」 미 금리인상−실적발표 '맞대결' 유가·환율 상승 부담…외국인 행보 촉각 주 중반까지 720~760 박스권 강세 「주간 코스닥전망대」 중소형 개별주 장세 지속 개인, 코스닥으로 이동 '수익률 게임' 신규 종목·엔터테인먼트주 노려볼만	「거래소 전망」 주도주 없어 당분간 횡보 수급불안속 반등 관련종목 관심 커져 「코스닥 전망」 재료 보유종목 기대 나스닥 안정속 대형주 강세땐 200선 가능성도
5 22	「주간 증시전망대」 당분간 박스권 장세 이어질 듯 정부 부양책 기대…주초에 제한적 반등 낙폭 과대주 분할 매수 단기매매 바람직 「주간 코스닥 전망대」 고강도 시장대책 나올까 주목 매수주체세력 되살릴 '뾰족수' 기대 '저점매수' 위험 커 보수적 접근 유리	「거래소 장세 전망」 정부대책 투자심리 회복 기대 금융불안·수급불균형 여전…큰폭 반등 어려워 「코스닥 장세 전망」 단기급락 따른 반발매 일 듯 인터넷 등 성장주 반등여부 관심…수급불안 여전
5 29	「주간 증시전망대」 외국인 행보 살피며 일단 '관망' 급등락 장세 예상…650선 지지여부 관심 시장 안정되면 금융주 등 재부상 가능성 「주간 코스닥전망대」 지수관련주 주가향방 '주시' 외국인, 현대쇼크 불구 순매수 전환 '눈길' 일반 투자심리 안정여부 따라 출렁일듯	「거래소 전망」 '현대쇼크' 진정땐 기술적 반등 개인투자자 투자심리 위축 수급불안은 여전 「코스닥 전망」 초반혼조…120전후 등락 나스닥 폭락않고 테마주 나오면 기술적 반등가능

주가가 750에서 770에 이른 9일자 <한경> 증권면은 「기술로 본 장세전망」이라는 톱기사에서 「20일선 돌파…800탈환 파란불 / 780~800 매물 적지만 '갭 메우기' 부담 / 거래량 더 늘어야 본격 상승 추세 반전」이라고 하여 주식투자의 확대를 권하고 있다. 이 날짜 <매경> 증권면도 「오늘의 이슈」를 통해 투신권의 자료 악화, 수급불안 등이 여전하지만 증시가 계속 상승하려면 "780 매물벽 뚫어야 지속적으로 상승할 것"이라며, 주식매입을 권하고 있다. 그러나 주식시장은 언론의 주문과는 달리 큰 폭의 내림세로 돌아섰다.

<매경> 11일자 1면 박스기사는 「나스닥 연일 하락불구 / 코스닥 꾸준한 상승세」라고 보도하고 있다. 5월 들어 코스닥은 꾸준한 상승세는 고사하고 널뛰기 장세를 보이고 있는데도, 별 근거도 없이 꾸준한 상승장세라고 포장하고 있는 것이다.

12일자 <한경> 코스닥면 톱기사 또한 사실을 왜곡하고 있다. 「현주가 흐름 2월 상승랠리 때와 닮은 꼴? 엇갈린 시각」이라는 제하 아래 「"재도약 시동" 상승에너지 충전 / 거래량·대금 급증세 나스닥 영향도 무디어져」와 「"이벤트 장세" 3무 현상 지속 / 주도주·매수주체 실종 추세전환 모멘텀 없어」라는 기사의 포인트는 거품을 빼며 추락하고 있는 코스닥을 '재도약 시동'을 위한 상승에너지 충전 중이라는 데 두고 있다. 코스닥은 '상승랠리'는 고사하고, 날개가 없이 곤두박질하는 장세로 이어졌다. 이 날짜 <매경> 코스닥면 톱기사는 「코스닥 대표주 거품 빠졌나 / 거래소 동종기업과 PER격차 크게 좁아져 / 3월 고점에 비해 로커스 48%, 새롬기술 74% 하락」이라고 하여 마치 코스닥의 정보통신 기술주 거품이 이제는 얼추 다 빠졌으므로 투자에게 안심해도 좋다는 메시지를 전하고 있다.

16일자 <한경> 증권면 톱기사 「오늘 1분기 실적 공식 발표 / '사상 최대 실적' 약발 받을까」는 다음날 한차례의 상승에 기여했을 뿐 더 이상의 주가 떠받치기는 약발은 미치지 못했다.

<매경> 17일자 증권면 「오늘의 이슈」는 「조정증시 언제까지」라는 전망기사에서 「바닥확인 저점 높여갈 듯 / 수급개선되는 3·4분기부터 본격 회복 / 연초에 낙폭커 추가 하락 가능성 적어」라고 보도했다. 그러나 증권시장은 3·4분기는 고사하고 22일부터 외국인들이 코스닥에서 한통프리텔과 한솔엠닷컴을 집중 매입하는 것을 시작으로

상승 붐을 조성하고, 30일부터는 거래소에까지 확대해 6월 초에는 5월 초의 주가를 회복하였다. 또한 연초에 비해 낙폭이 커서 추가하락 가능성이 적다고 보도한 시점부터 주가는 29일까지 큰 폭으로 빠지는 기현상을 보였다. 이 날짜 코스닥면 톱기사 「코스닥지수 어제 한때 연중 최저 / 바닥권 근접 급락 가능성 적어」라고 보도했으나 지수는 25일까지 무려 45.94P나 빠지는 대폭락을 기록했다.

18일자 <한경>과 <매경>은 1면과 코스닥면에서 「코스닥 150선 턱걸이」란 기사를 통해 더 이상 멈추지 않을 것이라고 보도했다. 시장은 언론의 바람대로 멈춰지지 않고 한때 115.46까지 빠지기도 했다.

시장구조 왜곡서 가격조작 나서기도

한국언론은 소극적인 시장구조의 왜곡보도에 그치지 않고 때론 적극적으로 시장의 가격조작에 동원되기도 한다. <한경> 19일자 1면 「주가 한때 700 붕괴 / 14P내려 712, 코스닥은 연일 급락 올 최저치」라는 톱기사에 이어 3면 해설면 「주가 폭락의 원인과 처방」이라는 기사에서는 '수급악화·구조조정 지연이 불안의 요인'이라고 진단하고 '금리·유가상승 등 악재가 겹쳐 더 동요하고 있다'고 보도했다. 이 기사는 '수급개선과 시장의 신뢰회복이 연일 추락하는 주가를 막을 수 있는 관건'이라고 말하고, 이것이 여의치 않을 경우 주가 침체가 장기화될 것이라고 전망했다. 또 증권면 톱기사는 「원화 하락 외국인 이탈 우려 / 환차손 염려로 매수강도 약화될 듯 / 매입종목도 반도체·정보통신에 국한」이라는 외국인들의 투자동향을 전하고, 「급락증시 언제까지」라는 전문가 진단에서는 「700까지면 매수세 유입 / 은행·투신 구조조정 수급악화 부추겨 / 본격장세 전환 7~8월께 가능할 듯」이라고 하여 금융시장이 불안한 가운데 전체가 거대한 부실덩어리로 들러난 투신권이 자금확보를 위해 주식을 내다 파는 것이 주가하락의 원흉이라고 비난하고, 이의 자제를 요구하고 있다.

<매경> 19일자 1면 「끝없는 증시 침체 / 이대로 경제 '침몰' / 주가 700 붕괴 위기… 코스닥 두달새 반토막」이라는 톱기사에 이어 3면 해설면은 「날개없는 추락…장세 긴급진단 / 정부 '팔짱'에 투자자 이탈 가속 / 경기·기업실적 둔화…투자 위축 / 당분간

조정…7월후 상승 전환」이라고 보도하고, 이어 「정부대책 뭔가」에서는 투신권의 정상화를 통한 금융시장 신뢰회복이 시급하다는 정부측 시각을 전하면서 증시가 침체됨으로써 기업과 금융의 구조조정에 차질을 빚고, 급기야 '국가신인도'에도 불똥이 튈 것을 우려했다. 「어떤 종목 하락했나」에서는 통신·인터넷·은행주 등의 반토막이 속출하고 있다고 보도했다. 증권면의 「수급구조로 본 증시」라는 톱기사는 「투신매물 압박에 '고사위기' / 내달 중순까지 뮤추얼펀드 최대 640억 대기 / "오르면 팔겠다"…수익증권 13조 환매 기다려」라는 톱기사 또한 기업의 생존을 위해 '클린화'를 모색하는 투신권의 매도공세를 비난했다.

부실 투신권 클린화에 비난 포문

이헌재 재경부장관이 증권회사 사장단과 만나 증시대책을 논의하면서 자율과 시장논리를 표방하던 김대중 정부의 논리를 뒤집고, "기관투자가 투매자제를" 요구함으로써 시장개입을 통한 관치금융화를 노골적으로 드러냈다. <한경>은 20일자 3면 해설면에서 이를 지원했다. <한경>은 22일자 1면 머리기사에서 이 장관·이용근 금감위의장이 투신사 사장단과 간담회를 통해 한국투자신탁(한투)·대한투자신탁(대투)에 공적자금 투입을 앞당기기로 했다고 보도하고, 3면 해설면에서는 5~6월 만기 뮤추얼펀드의 연장 문제 등 증시회생을 '세 갈래 방향'으로 나누어 입체적으로 조율했다고 전했다. 사회면에서는 「추락한 증시…맥빠진 투자자…한숨 쉰 벤처 / 전국에 株울증 / 여의도 유흥가 '한파' / 사회전반 스트레스 우려」 라고 하여 주가하락이 사회에 미치는 영향을 짚었다.
　23일자 <한경>은 정부가 투신사에 공적자금 2조원을 조기투입하는 등 증시대책 7개항을 시장에 내놓았음에도 금융시장의 불안을 해소하지 못하고 여전히 주가가 39P나 폭락, 700선이 붕괴되자 3면 해설면에서는 '속빈 대책'이 실망감만 안겨 줘 금융불안이 더 증폭되고 있다며 새로운 대안을 주문하고 있다.
　25일자 <매경> 증권면 「주가 바닥에 근접했나」라는 전문가 진단 톱기사는 「"상승 반전엔 시간 더 필요" / 공적자금 투입 6월 말께 상승기대 / 바닥근접 불구 보수적

투자 필요」라고 하여 시장상승의 시기를 제대로 예측하지 못했다.

<한경> 26일자 코스닥면 톱기사도 이미 코스닥이 외국인들의 한통프리텔·한솔엠닷컴 집중매입으로 인해 폭등장을 넘어 투기장으로 변했는데도 「10일 만에 상승전환 / 일시적 반등 성격…추가상승 일러 / 기관·외국인 매도진정 / 내부 악재도 상당 해소 / 미 증시 향방 아직 변수 / 모멘텀 형성 시간 필요」라고 해 시장 상황을 제대로 보지 못했다.

⑥ '현대재벌'과 'DJ노믹스'

IMF 이후에도 구조조정은커녕 김대중 정부와 유착, 기아자동차·LG반도체 인수 등을 비롯하여 소 떼 방북 등을 통해 문어발·족벌경영으로 치닫던 '현대'라는 공룡이 마침내 잡식성 소화불량에 걸려 유동성 문제가 불거지고, 그룹 전체가 거대한 부실덩어리로 나타났다. 김대중 정부가 출범하자 재벌은 IMF의 주범으로 몰려 구조조정을 통해 해체되거나 축소되었으나, 현대그룹은 유일하게 각종 특혜를 누리며 타의 추종을 불허하는 몸집을 불려나갔다.

그것은 현대재벌이 DJ정권의 대북사업 협력 파트너로 선정되었기 때문이었다. DJ 정부하에서의 현대그룹은 '금강산 관광'과 '개성공단 조성', '남북정상회담 추진' 등에 있어서 대북창구 역할을 담당했다. 현대그룹은 김대중 정부에 있어서 무소불위의 재벌권력으로 기능했으며, 그것은 과거 정권에서의 '대마불사', '공룡재벌' 그 자체였다.

그런 현대그룹이 사실상 거덜 나자 정부를 상대로 "배 째려면 째라"는 식의 '오리발'로 일관했다. 다른 한편으로는 '왕회장'의 아들들은 '왕자의 난'을 통해 대권 싸움으로 기업의 신뢰도를 떨어뜨렸다. 김영삼 정권이 한보그룹과 기아자동차 사태로 IMF를 맞아 몰락하는 것을 본 김대중 정부는 그보다도 수백 혹은 수천 배나 더 큰 폭발잠재력을 지닌 현대그룹의 사태에 대해 철저하게 발목 잡혔다.

현대재벌의 몰락은 곧 김대중 정부의 몰락을 의미한다. 왜냐하면 김대중 정부와 현대그룹은 일심동체였기 때문이었다. 김대중 정부는 온갖 비난을 무릅쓰면서 '현대 살리기'에 나서고 있으나 문제는 현대그룹의 미래가 밝지 않다는 사실이다. 현대그룹은 시장에서는 세계를 제패하는 상품이 하나도 없고, 중저가 싸구려 제품을 생산하는 잡동사니 공룡기업에 불과하다. 여기에다 후계자 싸움으로 경영권조차 안정되지 못한 기업이 정부를 대행해 밑 빠진 독에 돈을 쏟아 부어야 할 북한 투자를 주도하고 있으니 시장에서의 불신은 당연했다.

언론통한 '현대 살리기' 시장이 외면

현대그룹과 유사한 대우그룹을 '시장경제'라는 명분 아래 퇴출시켰던 김대중 정부는 현대에 대해서는 직접 나서서 챙기지 않을 수 없었다. 현대그룹의 시장퇴출은 곧 DJ정부의 정치적 몰락을 의미하기 때문이었다. 그래서 은행·투신사 등 모든 금융기관을 동원, 현대그룹에 자금을 지원하라고 독려했다. '관치금융의 재현'이라는 비난에도 아랑곳없이 정부가 직접 나설 수밖에 없었던 저간의 사정은 앞서도 말한 바와 같이 현대그룹과 김대중 정부가 '위장결혼'을 한 내연의 관계였기 때문이었다. 그리고 국민들에게 "현대는 대우와 다르다"는 이데올로기를 확대재생산해 위기를 극복한다는 것이었다. 언론은 DJ정부의 현대그룹 잡기에 동원되었다.

현대와 대우가 다른 건 무엇이 다른가. 현대는 수익을 내는 기업이고 대우는 수익을 내지 못하는 기업이라고 선전하지만, 그 본질에 있어서는 조금도 다른 것이 없다. 다만 김대중 정부 들어 현대는 김영삼 정권하에서 핍박받았다는 이유 하나만으로 '정경유착'되었고, 대우는 그렇질 못했을 따름이었다. 대우와 현대의 보다 근본적인 차이는 현대는 DJ정부의 대북사업 창구로 선정되었고, 대우는 여기서 탈락한 것이다. 이것이 보다 적나라한 그 실상이라 하겠다.

<한경>은 5일자 머리기사에서 현대그룹이 현대투신의 정상화를 위해 정부에 1조원의 공적자금 지원을 요청하면서 현대오토넷·현대정보기술·현대택배 등 비상장기업의 주식을 담보로 제출하며 현대투신 정상화 방안을 내놓자 「현대 1조7,000억 담보 / 정몽헌 회장 비상장주 전량 현물출자 / 현투 정상화 방안 발표…정부서 수용」이

라고 하여 현대그룹을 옹호하는 보도를 했다. 3면에서는 「'현대쇼크' 사재·담보 동원 진화」에 나섰다며 현대투자신탁(현대투신·현투)의 정상화 방안에 대한 의미와 내용을 되짚었다. 현대그룹은 애초 현대투신의 정상화를 위해 내놓을 게 없다며 시장에서 버티기를 하다가 여론의 집중포화와 정부의 강경방침을 감지하자 뒤늦게 정몽헌 회장의 사재출연 방안을 내놓았다. 하지만 이는 애초부터 장부상의 숫자놀음에 의한 허구에 불과했으며, 진실과는 거리가 먼 것이었다. 현대그룹을 포함한 전경련 소속의 재벌기업 자본인 <한경>은 「시장 일단 신뢰…상승추세 기대」라는 증권시장의 반응을 전하고, 4면에서는 「투신 구조조정 큰 가닥 잡혔다」고 현투 정상화 방안 발표 이후의 업계 영향을 보도했다.

역시 재벌의 입장을 보도하는 데 있어서 둘째가라면 서러워할 <매경>도 5일자 증권면에서 「현투파동 진정…증시영향 / 투신개혁 가닥 시장안정 기대 / 단기적으론 투자심리 호전될 듯 / 현대그룹 자구노력 성과 거둬야」라는 톱기사로 처리해, 현대의 시각을 받들었다.

외국인 Buy 현대, 016·018만 집중 매입

현대투신에 이어 현대그룹의 주력기업인 현대건설과 현대상선 등의 자금난이 증권시장에서 소문으로만 떠돌다가 마침내 사실로 밝혀지자 우리 경제에 '제2의 IMF 망령'이 드리우는 게 아닌가 하는 우려가 쏟아졌다. 27일자 <한경>은 1면에서 「현대쇼크 주가 폭락」을 머리기사로 보도하고, 3면 해설면에서 「"현대 자금사정 문제없다" / 구조조정 과정서 일시적 자금난 / 지배구조 개선·계열사 처리 시급」이라고 하여 채권단의 현대문제 해법과 구조조정 방향에 대해 되짚었다. 이어 '일부 사에서 자금난이 악화되어 시장에서 불신을 초래했다'는 정몽헌 회장의 진단을 게재하고, 「현대 재무개선 어떻게」라는 박스기사는 「계열사 9월까지 22개로 / 부채규모 21조 이상 감소 / 차 분리 땐 CP·사채발행 여유 / 투자줄여 자금 2조 추가확보」할 예정이라고 보도했다. 이는 정부의 현대사태 처리방침을 홍보하는 것이었다.

27일자 <매경> 1면은 「현대 4300억 지원 / 정 명예회장 그룹경영서 손떼 / 이 금감

위장 "자금 적극지원"」 등을 머리기사로 전하고 현대쇼크로 주가가 42P나 폭락했다고 보도했다.

<한경> 30일자 증권면에서는 「"대우와 다르다" 외국인 순매수 / '일시적 위기일 뿐' 3일째 매수행진 / 투신 '위기는 아직 잠복' 928억 순매도」라고 하여 외국인들이 한국시장에서 '사자'에 나서고 있다고 보도했다. 이는 본질을 왜곡하는 것이었다. 외국인들이 보는 '대우와 다르다'는 것은 김대중 정부의 현대사태 처리방침이 대우와는 다르다는 것이지 현대그룹의 부실이 대우그룹의 부실과 다르다는 것은 아니었다. 외국인들은 이를 보고 주식투자에 나섰으며, 시장에서는 이미 현대사태가 불거지기가 무섭게 외국인들은 현대관련 주식을 대거 처분하고 난 뒤였으며, 현대주식을 휴지조각으로 보는 시점이었다. 이 당시 외국인들이 산 주식의 85% 이상은 한통프리텔과 한솔엠닷컴뿐이었다. 언론은 이를 간과하고 마치 외국인들이 현대사태를 낙관적으로 보고 있으며, 주식투자를 하는 것처럼 왜곡하고 있는 것이다.

31일자 <한경>의 1면 미들기사는 「현대 "유동성 6조 조성" / 자구책 발표 보유주식 담보제공」이었다. 이 기사는 이로써 현대사태가 급속히 안정을 찾고 있으며, 시장에서도 긍정적인 평가를 받아 주가가 35P 급등하여 691, 코스닥도 7P 상승하여 130을 기록했다고 적고 있다.

7 결론

우리 경제에 심각한 주름살을 안겨 주었던 'IMF'를 가져온 원흉 가운데 하나로 지목됐던 무식한 한국언론이 그동안 얼마나 반성하고, 개선되었는가. IMF 3년차를 맞아 한국경제는 전형적인 'IMF 3년차 증후군'을 보이기 시작했다. 그런데도 관료는 '경제의 펀더멘틀(경제의 기초, 여건)이 괜찮다'고 우기고 있고, 언론은 '장밋빛 보도'로 일관하고 있다. 이는 IMF 직전과 상황이 너무나 유사하다. 당시에도 그와 같았다. 여·야에 의한 수평적 정권교체를 불러올 만큼 50년 동안 '만년 여당'을 '야당'으로 내쫓은 제2의 IMF를 우려하지 않을 수 없다.

IMF는 대체로 관료와 정치권의 무능 및 부정부패, 금융시스템의 부실경영, 기업의 과다한 외자도입과 방만한 경영, 국민들의 무절제한 과소비가 그 직접적 주범이라면 정치권력과 행정관료, 언론의 대응 미숙은 하나의 간접적 종범이라 하겠다. IMF 당시 한국언론은 경제위기에 대한 사태의 본질파악 능력과 전문성이 결여되어 있었고, 또 뉴스원이 제공하는 자료에 대한 분석·비판능력이 부족하여 발표저널리즘에 의존하는 보도행태를 보이고 있었다.

이는 아직도 유효하다. 즉 한국언론은 IMF 이전이나 오늘이나 여전히 그러하다는 것이다. 일반적으로 언론은 위기(비상사태)가 발생하면 대개 실상파악 → 원인분석(진단) → 전망 → 대책제시 등의 순서로 보도한다. 한국언론은 이와 같은 이성적인, 체계적인 보도를 하지 못하고 있다.

IMF 이전과 다를 바 없는 경제보도

우리 경제는 현재 금융권의 구조조정과 이에 따른 부실문제, 국내 재벌랭킹 1위인 현대그룹의 유동성 위기와 경영난, 중견기업들의 자금난, 고물가·고유가 등에 따른 물가인상 등의 경제난, 관치금융으로 상징되는 인위적인 저금리 정책, 경제개혁 주체의 무능과 비전부재, 날로 악화되는 무역수지, IMF 3년차 증후군에 이어 또다시 고개 드는 호화사치 풍조의 만연 등등 한마디로 총체적 난국이다.

언론은 정부에서 발표하는 각종 보도자료를 베끼기에 바쁘며, 이를 국민들에게 중계방송하기에 급급하고 있다. 언론의 이러한 보도태도는 경제 본질에 대한 근본적인 인식이 부족하기 때문이다. 한국을 대표하는 유수한 경제지가 그 현실을 정확하게 인식하지 못하고, 무조건 장밋빛 보도로 일관하는 것은 IMF때처럼 국가와 국민을 어느 일순간에 몰락과 파탄의 늪으로 떨어뜨릴 매우 중대한 직무유기라 아니 할 수 없다.

언론이 자체 검증능력을 상실한 채 권력의 대국민 캠페인에 종사한다면 언론의 존재의의를 상실하는 것이다. 언론은 스스로 이를 검증할 수 있을 때 언론으로서의 정당한 자리매김을 할 수 있다. 경제는 정치·사회·문화 등의 모든 요소가 한곳에 응축적으로 집약돼 얽힌 것으로서 매우 복잡하다. 단순한 흑백논리나 쾌도난마식, 양자택일식으로 풀 수 있는 성질의 것이 아니다. 그렇다고 하여 언론이 근거 없는 낙관론 보도로 일관하는 것은 더더욱 곤란하다.

물론 위기가 아닌 것을 과장하여 확대왜곡·침소봉대하는 것 또한 축소왜곡·은폐 조작에 못지않게 심각한 부작용을 초래할 수 있다. 그러나 최소한 위기의 경각심을 미리 알려 대비토록 한다는 점은 긍정적 요소로 봐야 한다. 위기를 해소할 책임과 의무는 정부에 있다. 언론은 기본적으로 이를 보도할 따름이다. 언론이 위기를 수습하는 주체는 아니다. 언론은 객체로서 위기의 실상을 국민들에게 정확하게 알려 주면 된다. 그것이 언론의 역할이다. 언론이 친절하게 정부의 몫까지 책임지겠다면 필연적으로 그 부작용이 따르기 마련이다. 곧 권력의 실정을 은폐하거나 조작하는 것이 그것이다. 언론은 정부의 몫까지 책임지겠다는 자세가 아니라 언론 본연의 사명인 보도기능을 통해 진실을 알려 권력을 감시하고, 비판하는 데에 모든 역량을 기울여야 한다.

균형감각 지닌 전문언론인 양성이 과제

결국 이번 증권파동의 전후를 조감해 볼 때 언론은 IMF 이전의 패러다임에서 한 치도 벗어난 적이 없다. 이는 국가나 국민, 언론 모두를 위해서 불행이다. 한국언론은 이 시점에서 정치권력과 행정관료, 독점재벌에 편향되는 보도관행을 지양하고, 시장경제의 논리에 대한 이해와 함께 전문성을 높이는 것이 시급하다. 이를 위해서 무엇보다도 보도의 시각을 국민의 눈으로 취재하고 보도하는 균형감각을 지니지 않으면 안된다. 이는 경제위기를 극복하는 과정에서 언론이 제 역할을 다하기 위해서도 그렇지만, 나아가 국민을 위한 언론으로 거듭나가 위해서도 반드시 실현되어야 할 절실한 과제이다.

언론은 하루빨리 경제보도의 전문성과 대중성을 확보하여야 할 시점이다. 경제의 특정 분야에 대해 분석력과 비판능력을 지닌 우수한 전문기자·대기자를 확보하여, 이들에게 지면을 맡겨야 할 때이다. 뉴스원이 발표하는 자료의 진위를 정확하게 판단하기 위해서는 다양한 뉴스원을 발굴하여 다각적으로 검증할 수 있는 제도적 장치와 기자의 개개인적 능력을 극대화할 수 있도록 기자교육에 투자하여야 한다.

그러기 위해서는 언론인의 양성에 투자하여야 한다. 언론은 무슨 문제가 있으면 무작정 외부에서 경제 전문가를 영입하거나 이들에게 의존한다. 이는 능사가 아니다. 그래도 현실적인 차원에서는 기존 언론사 내부의 구조와 조직체계 및 문화와 조화될 수 있는 전문가를 충원하는 방법과 기존 인력을 전문가로 양성하는 프로그램이 당분간 공존할 수밖에 없을 것이다. 여기에는 물론 막대한 돈과 시간이 걸린다. 그래서 대부분의 언론사들이 외부전문가의 기고나 임시적 자문으로 '땜질식 처방'을 하고 있다. 이는 장기적으로 언론의 발전을 저해하는 제도적 요인이 된다.

21세기 언론의 미래는 언론인에 대한 인적투자에 달려 있다. 전방위 경쟁시대의 유일한 생존전략은 얼마만큼 언론인에 대해 투자하고 육성했는가에 달려 있다. 언론경영주가 이를 인식하는 것만이 언론의 미래를 담보하고 있다.

≡ 2000. 6. 30.

정치기자와 언론장악음모 보고서 파문

언론장악 보고서 파문을 통해 실종된 언론인의 윤리문제를 지적했다. 아무리 막가는 세상이라 할지라도 언론과 언론인은 막갈 수 없다. 왜냐하면 언론은 사회를 비추는 거울이기 때문이다. 독자들은 이 글을 통해 일그러진 우리 언론인의 실태를 확인할 수 있다.

1 언론장악음모 보고서 파문 전말

지난 10월 25일 한나라당 정형근 의원은 국회 본회의 대정부 질문을 통해 「성공적 개혁추진을 위한 외부환경정비 방안」이라는 A4용지 7쪽 분량의 문건을 전격적으로 공개하며 여권의 언론장악 음모가 드러났다고 주장했다. 제16대 총선을 앞두고 <조선>·<중앙>·<동아일보> 등 세칭 '빅3' 신문 가운데 하나를 친여지로 만들어야 한다는 내용 등이 적힌 이 보고서는 언론장악을 위한 광범한 언론대책을 담고 있어 충격적인 내용이었다. 야당의 '정보통'이라 자임하는 정 의원은 "문건작성자는 이강래 전 청와대정무수석이며 여권 핵심실세를 거쳐 김대중 대통령에게까지 보고되어 시행되었다"고 폭로했다.

국민회의는 즉각 정 의원의 "자작극"이라며 부인했다. 그 근거로 정 의원의 폭로문건은 형식에서도 '김 대통령'이라고 지칭한 것은 국민의 정부 출범 이후 '대통령님'이라고 통일하여 사용하고 있으며, '반정부적'이라는 어구는 '정부에 비판적'이라는 표현으로 사용하고 있고, 문서의 형식 또한 본문의 활자크기가 12포인트, 제목이 16포인트로 되어 있으나 대통령에게 보고되는 보고서는 본문이 16포인트, 제목 17포인트를 쓰고 있으며, 문건작성자의 이름, 날짜 등이 없고, 시제 또한 문건은 '지난해 대선', '안기부' 등이라고 하고 있으며 이는 '재작년 대선', '국가정보원'이라 해야 옳다며 정 의원의 공작정치에서 비롯된 완전히 조작된 자작극 허위문서라고 맞섰다.

문건작성자로 지목된 이강래 전 수석은 곧 이를 부인했지만 의혹은 가시지 않았다. 김대중 대통령도 26일 그와 같은 문건을 보고 받은 바 없다고 발표했다. 국민회의는 다음날 문제의 문건은 <중앙일보>를 휴직하고 북경에서 유학 중인 문일현 기자가 작성한 것이라고 공개했다.

휘황찬란한 말의 성찬이 시작됐다

사건을 종합하면 언론장악문건 파동은 6월 20일 평소 이종찬 국민회의부총재와 가까웠던 문 기자가 이 부총재와 전화통화를 하게 되면서 이 부총재가 당시 정국을 걱정하는 얘기를 듣고 문 기자 자신의 '개인의 소신'을 정리해 6월 24일 3쪽 분량의 사신을 첨부, 서울 여의도 이 부총재 사무실에 팩스로 보내주면서 시작됐다. 지난 92년 대통령선거 당시 이 부총재 진영을 맡아 취재하면서 이 부총재와 가까워진 문 기자는 그 이후에도 친밀한 관계를 유지해 왔다.

한편 부인이 한나라당 이회창 총재의 딸과 대학동창으로 막역한 관계를 맺고 있는 <평화방송> 이도준 기자는 7월 초 이종찬 부총재의 사무실에 들렀다가 신원철 비서관의 책상에서 문제의 문건을 발견하고 "5공 때의 보도지침사건을 능가하는 엄청난 특종"이라 생각, 슬그머니 팩스용지로 된 문건 원본을 들고 나와 자신의 사무실에서 발신지 번호가 찍힌 윗부분을 가린 채 문건을 복사했다. 이 기자는 이어 회사 간부에게 문건입수 사실을 보고하고 기사화하려 했으나 출처가 불분명하고, 자료의 신빙성이 없다는 이유로 기사화가 보류되자 9월 초 국회 정형근 의원 사무실에 들려 이 문건을 정 의원에게 복사해 주었다는 것이다.

이도준 기자는 평소에 이종찬 부총재와는 먼 인척관계라고 자랑하고 다녔으며, 이 부총재측은 이 기자에게 사무실을 맡기고 통째로 비울 수 있는 막역한 관계로 알려지고 있다. 이 기자와 정형근 의원 사이는 중앙대 80학번 출신인 이 기자가 천주교정의평화위원회란는 재야단체에 근무하며 민주화운동에 관여할 때인 90년대 초반, 안기부 대공수사단장으로 근무하던 정 의원과 관계를 맺은 이래 돈 1,000만 원을 스스럼없이 달라고 할 정도로 친밀한 관계라 했다.

언론장악 음모서 프락치 논쟁까지 번져

이 문건은 국정의 기조를 흔들 만큼 엄청난 파고를 몰고 왔다. 그리고 국정의 최고 책임자인 대통령에게 보고되어 시행되었는가가 최대의 이슈로 떠올랐다. 사건의 한가운데 서 있는 이 부총재는 "문건을 전혀 본 사실이 없다"고 한 걸음 물러섰다. 이 부총재의 비서관인 최상주 씨도 "이 부총재에게 보고하기 위해 편철해 놨는데 문건이 없어졌다"고 발뺌했다. 7월 초 방학을 맞아 잠시 귀국해 이 부총재, 이필곤 전 서울시행정부시장, <중앙일보> 이양수 차장 등과 함께 저녁식사를 했던 문건의 작성자 문일현 기자 역시 "문건을 보낸 뒤의 일은 전혀 모른다"고 말한다.

정형근 의원은 "문건을 건네받을 때 이도준 기자가 '이 부총재가 나를 불러 이강래 전 수석이 만든 문건인데 잘못된 부분이 있으면 고쳐달라고 해 고쳐줬다. 나중에 이 부총재로부터 이 문건이 대통령에게도 보고됐다는 말을 들었다'고 밝혔다"고 주장했다. 이 기자는 "그런 얘기는 한 적이 없다. 내용상 국정원이나 청와대에서 작성한 것으로 보인다는 말은 했다. 국정원에서 전임 원장 예우차원에서 보내온 것이 아닌가 하고 추측했다"며 정 의원의 주장을 반박했다.

10월 26일 문일현 기자가 문건작성자라는 사실을 확인한 국민회의는 27일 이 사실을 공개했고 이강래 전 수석은 정 의원을 명예훼손혐의로 검찰에 고소했다. 국민회의는 "문 기자가 문건작성 과정에서 회사 간부와 상의했으며, <중앙일보> 모 간부를 통해 정 의원에게 유출됐다"며 '정 의원−중앙일보' 커넥션을 제기했다. 이종찬 부총재도 이날 비공개로 열린 의원총회에서 "문 기자가 문건작성 과정에서 회사 간부와 상의했다는 말을 했고 이를 녹취한 자료를 갖고 있다"고 주장했다.

문 기자는 이 같은 사실을 부인했다. <중앙일보> 측도 즉각 부인했다. 이 과정에서 <중앙일보>는 '역공작설'로 비화시키며, 국민회의의 이영일 대변인 등을 명예훼손혐의로 검찰에 고소했다. 국민회의 측의 <중앙일보> 개입주장은 하루 뒤인 10월 28일 문건전달자가 <평화방송> 이도준 기자라는 사실이 밝혀지면서 근거가 없는 것으로 드러났다. 국민회의는 <중앙일보>에 유감의 뜻을 밝히며 사과했다.

국민회의 이종찬 부총재측은 이날 오전 이 기자를 불러 문건 유출 경위를 캐물었다. 이 과정에서 이 기자가 정 의원으로부터 1,000만 원을 받은 사실이 드러났다. 이 기자는 문건유출 사실을 일단 부인한 뒤 곧바로 한나라당 이회창 총재를 찾아가 문건제보자가 자신임을 밝히고 "정 의원이 너무 앞서가는 것을 막아달라"고 요청했다. 이 기자는 이 자리에서 정 의원으로부터 금전적 도움을 받은 사실도 밝혔다. 이 부총재측을 비롯한 여권에서 이미 문건제보자를 파악하고 있는 것으로 판단되자 정 의원은 이날 밤 문건제보자가 <평화방송> 이도준 기자라는 사실을 전격적으로 공개, 선수를 쳤다.

10월 30일 여권 관계자를 통해 문건제보 전에 이 기자가 정 의원으로부터 거액의 돈을 받은 사실이 공개되면서 당초 언론장악음모 의혹으로 시작됐던 이번 사건은 '정보매수' 공방과 '정치기자' 논란으로 변질되기 시작했다. 더구나 이 기자는 오래 전부터 자신이 얻은 정보를 "제 능력이 다하는 한 최선을 다해 언제나 옆에서 모시고 싶다"고 서약한 정 의원에게 제공해 온 것으로 밝혀져 '프락치' 논쟁까지 불러왔다. 검찰은 11월 1일 이도준 기자를 절도혐의 등으로 구속하고 이 부총재와 정 의원 등을 소환키로 하면서 사건의 공방은 새로운 국면을 맞게 됐다.

언론자유냐 언론윤리냐 검찰이 심판

문건작성과 유출경위 등 사건의 윤곽은 대강 드러났으나 이 과정에서 음모, 폭로, 거짓말, 말바꾸기, 덮어씌우기 등이 난무했다. 여권은 여러 차례 정 의원의 자작극 음모설을 제기했고 한나라당과 정 의원은 문건작성자와 전달자가 드러난 이후에도 계속해서 여권의 언론공작음모설을 주장했다.

특히 이종찬 부총재의 석연찮은 행동은 많은 의혹을 증폭시키고 있다. 우선 이 부총재는 문 기자가 팩스로 보내온 문건을 '보지 않았다'고 주장하지만 이는 상식적으로 앞뒤가 맞지 않다. 그는 7월 초 잠시 귀국한 문건작성자를 만났는데, 바로 10여 일 전에 전달됐던 문제의 문건에 대해 한마디 얘기도 없었다는것은 설득력이 없다. 더구나 국기를 뒤흔들 정도로 파괴력을 지닌 '메가톤급 핵병기' 문건을 주고받은 사이에서 아무런 얘기가 없었다는 것은 억지 주장이라 아니 할 수 없다. 그는 또 10월 28일 국민회의 의원총회에서 녹취록이 "있다"고 했다가 그 다음날에는 돌연 "없다"고 말을 바꾸었다.

   사건의 폭로자인 정 의원도 문건의 출처, 용도, 신빙성 등에 대해 나름대로 충분한 확인절차를 기울였는지에 대해서는 언급하지 않고 있다. 이는 자칫하면 한 건의 폭로주의에 휩쓸릴 소지가 있는 절차상의 매우 중대한 문제다.

〈표 9〉 사건 일지

월	일	내 용
6	24	중앙일보 문일현 기자, '언론장악문건'을 국민회의 이종찬 부총재 측에 팩스로 전달.
	말경	평화방송 이도준 기자, 이 부총재 사무실에서 문건 입수.
9	초순	이도준 기자, 한나라당 정형근 의원에게 문건 전달.
10	25	정형근 의원, 국회 대정부질문에서 문건을 폭로하면서 이강래 전 청와대정무수석이 문건작성자라고 주장.
	26	김대중 대통령, 언론장악문건 보고받은 사실 없다고 발표.
	27	△ 국민회의, 중앙일보 문일현 기자가 문건작성자라고 공개. △ 이강래 전 수석, 정 의원을 명예훼손 혐의로 검찰에 고소.
	28	△ 한나라당, 국민회의 이만섭 총재권한대행 등 4명을 명예훼손혐의로 검찰에 고소. △ 문일현 기자, 중국 베이징에서 기자회견 갖고 문건 작성 경위 해명. △ 정형근 의원, 기자회견 갖고 문건 전달자가 평화방송 이도준 기자라고 공개.
	29	여야, 국정조사권 발동 합의.
	30	국민회의, 정 의원이 문건입수 직전 이도준 기자에게 1,000만 원 줬다고 폭로.
11	1	검찰, 이도준 기자를 절도혐의로 구속
	2	국가정보원, 국민회의 이종찬 부총재 사무실 현장조사 실시
	3	검찰, 이종찬 부총재, 정형근 의원 출두 요청
	4	한나라당, 부산집회 강행. 정부의 언론장악 음모를 맹비난
	5	검찰, 국민회의 이종찬 부총재 소환 조사
	6	국민회의 "빨치산 수법" 운운으로 색깔론 제기한 정형근 의원의 발언에 대해 사법대응 검토 발표
	8	한나라당, 문일현 기자와 청와대 비서관 사이의 전화통화 의혹 제기
	9	검찰, 북경서 귀국한 문일현 기자를 밤샘조사

월	일	내 용
11	10	검찰, 문일현 기자의 노트북을 북경서 공수, 삭제된 파일의 복구에 착수
	11	검찰, 문일현 기자가 노트북 하드디스크를 교체해 진상규명이 어렵다고 발표
	12	검찰, 중앙일보 문병호 논설위원을 문건 작성 제3자 개입여부를 알아보기 위해 참고인 자격으로 소환.
	13	검찰, 문 기자의 하드디스크 원본을 입수, 분석에 돌입.
	15	검찰, 문 기자 노트북 원본 하드디스크 복구에 실패, 수사 마무리 방침 발표.

② '빅3' 조중동의 보도태도

10월 26일자, '빅3' 아전인수 왜곡보도로 일관

언론장악음모보고서 파문이 발생하자 공작 대상으로 지목된 <조중동>은 객관보도를 팽개치고 각기 자사에 유리한 아전인수식 왜곡보도를 했다. 먼저 자타가 한국 최대의 신문이라고 일컫는 <조선일보>는 「"신문 빅3중 한 곳 친여지로 만들어야"」라는 1면 톱기사 아래 4면 종합면에서는 '문건' 요지를 보도하며 「"언론사 조사 첫 번째 '조선'택해야"」를 제목으로 선택하고, 작은 제목도 「"현정권에 비판적 입장을 견지한 조선에 이어…"」라고 뽑았다.

재벌의 탈세혐의로 사주가 구속됐던 사건을 두고 김대중 정부의 언론탄압이라고 저항했던 <중앙일보>는 홍 사장의 구속사태를 연상시킬 수 있는 내용을 제목으로 처리했다. 1면에서는 「"총선전 언론장악 위해 언론사주 사법처리해야"」를 표제로 뽑고, 3면 종합면에서는 「"언론정책 재검토…장악력 높여야" / "설마 언론사주 잡아넣겠느냐는 허찌르면 긴장감 부를 것"」이라는 보고서 내용을 정리하고, 4면에서는 "전격 사법처리·국세청 활용" 등의 보고서 내용과 "<중앙일보> 사태가 놀랄 만큼 일치"하고 있다며 「언론장악 '시나리오' 의혹」을 제기했다.

언론재벌 <조선일보>에 밀리고, 재벌언론 <중앙일보>에 밀려 제3지로 전락한 족벌언론 <동아일보>는 1면에서 「"동아·조선·중앙일보 빅3중 한곳은 친여지로 만들어야」라 뽑고, 3면 종합면에서는 「"동아 비판논조에 타지 동요"」라 처리함으로써 마치 <동아일보>가 '권력감시 기능이 투철했음'을 역선전하고 있다.

10월 27일자, 각사에 따라 문건·사건명칭 달라

<조선일보>는 정형근 의원이 폭로한 문건의 명칭을 '언론대책보고서'라고 명명했다. 1면에서는 '자작극'이라는 여당측 주장과 '언론장악음모'라고 맞서는 야당의 공방을 사이드 톱으로 올리고, 3면에서는 "정형근식 공작정치", "정권퇴진 사유된다"는 여야의 공방을, 4면에서는 '언론대책보고서'를 누가 왜 만들었는지를, 5면에서는 "언론문건은 조작"이라는 국민회의와 "현상황과 부합"된다는 한나라당의 공방을 싣고 있다.

「'언론장악 음모' 철저히 가려야」라는 사설은 대명천지 '국민의 정부' 치하에서 언론장악 음모가 발생될 수 있는지 소름끼치는 일이라고 지적하고, 언론사주의 구속과 유력지 간부에 대한 그간의 압력의혹 등의 '현실성'을 감안하면 이 문건은 권력과 언론에 정통한 사람이 아니고선 작성하기 어렵다며 그 실체를 밝힐 것을 촉구하고 있다.

<중앙일보>는 '언론장악음모보고서'로 보고 있다. 1면은 '보고서'의 파문이 확산되고 있다는 소식을 머리기사로 게재하고, 3면에서는 전면전으로 치닫고 있는 정국을 살펴보고 있다. 4면에서는 보고서를 둘러싼 여야간의 조작·진본 공방을, 8면에서는 정 의원이 공개한 '성공적 개혁추진을 위한 외부환경 정비방안'이라는 보고서 문건의 전문을 싣고 있다.

이 날짜에 게재된 김영희 대기자의 「닉슨을 잊었는가」라는 '투데이 칼럼'은 닉슨이 언론길들이기를 시도했던 것처럼 권력이 <중앙일보>를 손보기 위해 보고서를 작성한 양 아전인수하고 있다. 「'언론장악' 문건의 충격」이라는 사설 역시 "그동안 <중앙일보> 사태와 관련해 시중에 떠돌던 정부의 언론통제 시나리오가 이 문건의 내용과 일치하는 대목이 많다"며 '조작'이라고 발뺌만 할 것이 아니라 진실규명에 나서야 할 것이라고 역설하고 있다.

<동아일보>는 '언론장악문건'으로 규정했다. 1면과 3면에서는 '날조된 괴문서'라

는 여당측과 '언론장악 음모'라는 야당측의 문건 진위공방을 보도하고 있다. 4면에서는 문건 출처의 미스터리를 집중 추적하고 있으며 「'언론장악 음모' 사실이라면」이라는 사설은 "그러잖아도 과거 권력의 '언론조정'과 정도에서 일탈된 일부 언론의 행태가 맞물리면서 언론을 보는 국민의 눈길이 부드럽지만은 않은 터에 이런 문건이 공개되어 언론과 권력에 대해 국민들의 불신이 가중될 것을 우려한다"며 명명백백하게 진실을 들춰내 밝혀야 한다고 주장하고 있다.

10월 28일자, 작성자는 중앙일보 문일현 기자

문건의 작성자가 밝혀지자 <조선일보>는 1면에서 '언론장악보고서'는 <중앙일보> 기자가 작성했다는 소식을 머리기사로 전하고, 3면에서는 <중앙일보>의 개입 여부를, 4면에서는 <중앙일보>의 입장표명, 정형근 의원의 추가폭로, 이종찬 부총재의 해명 등을 싣고, 5면에서는 국민회의·청와대·한나라당 등의 표정을 담고 있다. 특히 31면에서는 「기자가?…부끄러운 언론」이라는 제하 아래 시민·언론단체 등의 반응을 상보했다.

지난 15대 대선 당시 한나라당 '이회창 후보의 경선전략의 문제점과 개선방향'이라는 문건을 작성, "<중앙일보> 편집국 = 이회창 후보 선거참모부"라는 인식을 심어줬던 <중앙일보>는 이번 문건 역시 자사 기자가 작성한 것으로 드러나자, 또 그때처럼 1면과 2면의 <중앙일보> 입장을 밝히는 글에서 "개인의견"을 강조함으로써 <중앙일보>와 관련 없음을 역설하고 있다. 3면에서는 문서유출의 경위에 대해 '여권의 권력암투가 빚은 가능성'일 수도 있다고 조감하고, 4면에서는 문건 공개를 둘러싼 정치권의 동향을, 5면에서는 정 의원이 추가로 폭로한 문건의 요지를 게재했다.

「'언론문건' 국정조사하라」는 사설은 이번 사태의 본질이 언론자유와 정부의 언론장악 기도라고 지적하고 여야가 더 이상 말싸움만 할 게 아니라 진실을 밝히는 데 나설 것을 촉구하고 있다.

빅3 가운데 유일하게 이날부터 「언론문건 파문확산」이라는 고정컷을 사용하기 시작한 <동아일보>는 이 사건을 가장 적극적으로 보도한다. 1면에서는 문건의 작성 및 유출경로, 여야 및 <중앙일보>의 입장을 나타내는 기사를 도표와 함께 머리기사로 올리고, 3면에서는 △문일현 기자 왜 작성했을까 △여권 어떻게 작성자 밝혀냈나 △어떻게 유통됐을까 △정형근 의원의 입수경위 △정 의원 왜 이강래 씨를 지목했나 등 5대 미스터리를 짚어보고 있다. 4면에서는 여권이 파악한 내용과 주장, 5면에서는 반격과 재역공 등 폭로로 일관하는 정치권의 동태를, 30면에서는 정 의원의 면책특권 논란을, 31면에서는 분노한 시민단체의 목소리를 담고 있다.

「'자작'인가 '주문생산'인가」라는 사설은 "현직 언론인이 정권에 언론을 장악하라고 구체적인 시나리오를 써줬다니 놀랍고 개탄스럽다"고 말하고 "자발적으로 '연애편지'를 쓴 것인지 권력측의 요구에 따른 '주문생산'인지를 밝힐 것"을 요구하고 있다.

10월 29일자, 전달자는 평화방송 이도준 기자

<조선일보>는 1면에서 문건전달자가 <평화방송> 이도준 기자라는 정형근 의원의 발표를, 3면과 4면에서는 이 기자와 이종찬 부총재, 정형근 의원의 일문일답을, 5면에서는 여야의 표정, 31면에서는 "정치공작 언론인 국민 앞에 사과하라"는 분노한 시민들의 질타를 싣고 있다. 「권·언유착」이라는 사설은 반전에 반전을 거듭하면서 증폭되는 의혹의 해소를 촉구하고, 기자는 기사로 말해야 한다며 일탈한 언론인을 꾸짖고 있다.

<중앙일보>는 이날부터 이 기사에 대한 보도의 양을 줄이기 시작했다. 1면에서는 역시 문건제보자가 밝혀졌다고 보도하고, 2면에는 국민회의 이영일 대변인 등을 명예훼손혐의로 고소했다는 소식을 2단기사로 전하고 있다. 3면에서는 초강경으로 치닫고 있는 문서정국을, 4면에서는 <중앙일보> 간부 개입설을 밝힌 뒤 "바깥엔 밝히지 말라"는 국민회의 이종찬 부총재의 미심쩍은 태도를 지적하고 있다.

「'언론문건' 당략으로 규명되나」라는 사설은 "작성자가 무슨 동기나 배경에서 문건을 만들었는지, 과연 혼자 했는지, 문건은 왜 이 부총재측에만 전달했는지, 유포과정에서 개작이나 보완은 없었는지, 그리고 이 문건의 여러 대목과 유사하게 진행된 최근의 언론계 사정과 문건과는 어떤 상관관계가 있는지를 밝혀야 하는데도 국

민회의는 정쟁의 차원으로만 보고 있다"고 비판했다.

<중앙일보>의 보도양 축소와는 달리 <동아일보>는 「언론장악문건 파문확산」이라고 고정컷을 바꾸고 문건파문을 집중적으로 보도하기 시작했다. <동아일보>의 보도확산 이면에는 이번 기회에 <중앙일보>의 부도덕성을 최대한 독자들에게 각인시켜 신문시장에서의 유리한 입지구축 속셈이 내포되어 있었다.

아무튼 문건제보자를 1면 머리기사로 보도한 <동아일보>는 4면에서 문서입수 경위 관련 3인(정 의원·이 부총재·이 기자)의 엇갈리는 말을 들어보고, 5면에서는 풀린 의문점과 남은 의문점을 살펴보고 있다. 이어 6면에서는 여권에서조차 궁지에 몰린 이 부총재의 정치적 위상을 가늠해 보고, 29면에서는 다시 국회의원의 면책특권 한계논란을 거듭 게재함으로써 정 의원의 사법처리를 위한 정지작업에 동원된 것이 아닌가 하는 의구심을 자아냈다. 31면에는 역시 언론과 정치권을 싸늘한 눈으로 바라보는 시민단체·네티즌의 반응을 스케치하고 있다.

7면의 「언론장악문건과 정치현실」이라는 고려대 임상원 교수의 '시론'은 언론개혁을 위해 개인적 소신을 적었다는 문일현 기자의 파탄난 도덕적 몰염치를 개탄하고 있다. 「기자의 길, 언론의 길」이란 사설도 "국민의 알권리란 공익보다 언론사의 사익이나 기자의 사리에 매달려 권력과 정치권에 영합하고 야합한 경우가 없었는지 뼈를 깎는 아픔으로 돌아봐야 할 때"라고 언론윤리를 강조하고 있다.

칼럼은 언론윤리를, 사설은 언론자유를 언급

정형근 의원이 이도준 기자로부터 문건을 받기 전에 1,000만 원을 줬다는 사실이 국민회의에 의해 밝혀진 30일자부터 언론의 의제설정은 교묘하게도 이도준 기자를 '권력의 끄나풀'로 자리매김시키면서 그의 부도덕성에 초점을 맞춘 데로 흘러가기 시작한다. 물론 '권력추종형 정치언론인'인 문일현 기자가 문건을 작성했다는 사실이 밝혀지면서 언론은 한차례 바닥난 정치기자윤리를 질타했지만 그것은 어디까지나 본질이 아닌 부수적인 의제로서였다. 그러나 곁가지가 본말을 전도시키는 전형적인 한국언론의 물타기 수법이 이날부터 조직적으로 시도되고 있지 않았나 하는 의구심을 자아내게 했다. 물론 그렇다고 언론윤리 문제가 논의의 대상이 아니라는 것은 아니다. 하지만 그것은 어디까지 2차적인 문제일 뿐이다. 아무튼 칼럼은 언론인들의 윤리를 질타하고, 사설은 언론장악음모 분쇄라는 언론자유에 초점을 맞추어 논지를 전개하고 있다.

「'언론'을 장난하는 '정치'」(30일자)라는 <조선일보> '김대중칼럼'은 언론과 정치의 유착은 결국 언론을 망가뜨릴 것을 경고하고 있다. 「이종찬씨가 답할 때」(30일자)라는 사설은 문일현·이도준 기자와 청와대로 이어지는 삼각교차로의 한복판에 이 부총재가 서 있다며 이제는 그 진실을 밝히라고 촉구하고 있다. 「국민회의와 이종찬씨의 책임」(30일자)이라는 <중앙일보>의 사설 역시 이종찬 씨의 투명하지 않는 처신과 말 바꾸기를 질타하고 있다. 「진실규명 이제부터다」(30일자)라는 <동아일보>의 사설은 "이번 사건의 본질적 의혹은 문건의 언론장악 시나리오가 실제 현정권의 언론대책에 활용됐느냐는 점"인데 실체적 진실은 간데없고, 여야 각 당의 당리당략에 따라 정략적으로 이용되고 있다고 비판하고 있다.

<중앙일보>의 「맹목정치의 집단 히스테리」(11월 1일자)라는 장기표 신문명정책연구원장의 '시론'은 말 바꾸기로 사태의 본질을 호도하는 집권여당과 권력의 주문에 맞춰 엉터리 논리를 구사하기에 여념이 없는 언론, 언론탄압과 정치공작을 일삼아 왔던 야당의 과거행태 등을 싸잡아 비판하고 있다. 7면의 「'왕따' 당하며 객관보도」(1일자)라는 유석춘 연세대교수의 '옴부즈맨 칼럼'은 이번 사건이 '언론장악을 위한 표적수사'가 본질인데도 다른 언론은 '관·언유착'으로 일관하고 있다고 비판하고 <중앙일보>는 '언론탄압'관련 주요 쟁점의 당사자이면서도 의연한 태도를 보여줬다고 자화자찬하고 있다. 「본질이 흐려져선 안된다」는 <동아일보>의 1일자 사설은 '권력지향적 정치브로커' 같은 기자 아닌 기자는 마땅히 퇴출되어야 한다고 말하고 '언론장악 시나리오'가 어떻게 작성되었으며, 또 구체적으로 실행에 옮겨졌는지를 밝히라고 거듭 촉구하고 있다.

<조선일보> 2일자 7면 「언론인의 부끄러운 초상」이라는 강대인 계명대교수의 '시론'은 '권력의 꼭두각시', '평범한 봉급생활자'로 전락해 가는 언론인의 윤리불감증을 개탄하고 있다. 「사건의 본질은 '문일현－이종찬'」(2일자)이라는 사설은 '언론장

악 음모'의혹사건의 핵심이 문일현과 이종찬에서 정형근―이도준의 부도덕 관계로 옮아가고 있다고 지적하고 '문건' 때문에 '금품'이 가려져서도 안 되지만, '금품' 때문에 '문건'이 가려져서도 안된다고 말하고 있다. 「첩보정치」(2일자)라는 <중앙일보> '송진혁칼럼'은 한나라의 정치가 첩보로 좌우되는 것은 비극이라고 진단하고 이번 사건 역시 첩보로 흐르고 있는 것을 개탄했다. 「국정조사 시간 끌지 말라」(2일자)는 사설은 당리당략에 얽매여 시간만 끌 것이 아니라 하루빨리 국정조사에 착수해 사건의 실체를 파헤칠 것을 주문하고 있다. 「'핵심'캐는 국정조사를」이란 2일자 <동아일보> 사설은 샅바싸움, 기세싸움만 하는 여야를 비난하고 국정조사를 통해 '누가 어떤 동기에서 이 문서를 만들어 어떤 경로로 여당 부총재 사무실로 전달되었으며, 또 어떻게 처리됐는지'를 밝혀야 한다고 지적하고 있다.

「한발씩 이성으로」라는 3일자 <중앙일보> 김영희 대기자가 쓴 '투데이칼럼'은 언론인의 윤리적 각성과 바람직한 권언관계의 재정립을 촉구하고 있다. 「이종찬씨의 공문서 반출 문제」(3일자)라는 사설은 이씨의 국정원 공문서 반출은 그에 따른 비판과 책임에서 자유로울 수 없다고 했다. <동아일보>의 「사신 3장의 '비밀'」(3일자)이란 사설은 문 기자가 이 부총재에게 보낸 사신 3쪽이 이 사건의 본질을 푸는 키워드라고 말하고, 당사자들은 이에 대한 진실을 밝혀야 할 것을 주문하고 있다.

사설 두 꼭지 모두를 이번 사태와 관련된 문제로 게재한 <조선일보> 4일자 「여당은 국정조사를 성사시켜야」는 사태의 진상규명을 위해 여당은 문씨의 귀국 독촉 등 성의 있는 자세를 보여야 한다고 역설하고 있다. 「이종찬씨의 국정원 문서반출」(4일자) 역시 이씨의 문서반출은 도덕적으로나 법률적으로도 문제가 있는 사안이라고 비난하고 있다. 「'이종찬 미스터리'를 벗겨야」라는 <중앙일보>의 4일자 사설은 의혹의 실체는 이종찬 씨라고 말하고 도마뱀 꼬리 자르듯 해서 사태의 확산을 막으려다간 국민 저항에 부딪힐 것이라고 경고하고 있다. <동아일보>의 4일자 「기자는 공인이다」라는 서정우 연세대 언론홍보대학원장의 '시론'은 사회정의와 진실을 먹고사는 언론이 공인의 신분을 버리고 권력의 주구가 된 기자윤리를 개탄하고 있다. 「이종찬―정형근씨가 해야 할 일」(4일자)이라는 사설은 '언론장악 음모'의혹사건의 두 중심축 인물인 이들이 검찰의 소환에 응해 사실을 밝히지 않고 있는 것은 책임 있는 행동이 아니라며 비판하고 있다.

11월 5일자, '빨치산' 발언 여권에 반격빌미 제공

언론장악음모보고서의 불길이 문일현-이종찬 커넥션의 '작성과정'에서 이도준-정형근 커넥션의 '폭로과정'으로 옮겨가고 있는 가운데, 장외로 뛰쳐나간 한나라당은 '부산집회'를 통해 정형근 의원이 "언론장악 문건은 DJ작품, 없는 사실 조작 빨치산 수법"이라는 독설을 퍼부으며 공세를 폈다. 한나라당의 '색깔론'은 일파만파를 불러와 수세에 몰려 있던 여권으로 하여금 반격의 빌미를 제공했고, 야권의 언론탄압에 수긍하던 시민단체를 한 발짝 물러나게 했으며, 사태의 본질을 곁가지로 희석시키는 결과를 초래하게 했다.

5일자 <조선일보>는 이종찬 부총재가 전날 밤늦게 검찰의 참고인 조사를 받은 사실을 1면 미들기사로 게재하고, 3면에서는 검찰의 수사속보를, 4면에서는 뭔가를 터뜨릴 듯하다가 움츠려드는 이종찬 씨의 조사내용을, 5면은 한나라당의 부산집회 스냅기사를 보도하고 있다.

<중앙일보>는 문건정국의 파행을 1면 미들기사로 싣고, 4면에서는 언론탄압을 원색적으로 성토한 한나라당 부산집회 기사를, 5면에서는 검찰조사를 받고 나온 이종찬 씨의 인터뷰를 보도하고 있다. 「장외집회와 진상규명」(5일자)이라는 사설은 장외로 뛰쳐나간 야당을 나무라고 있다. 사건의 확대를 원치 않고 있는 <중앙일보>의 속내로 알 수 있는 대목이다.

<동아일보>는 김대중 대통령의 언론장악 음모 의혹을 밝히라는 한나라당의 부산집회를 사진과 곁들여 1면 미들기사로 보도하고 3면에서는 이종찬 씨의 검찰출두를, 4면에서는 정형근 의원의 빨치산 색깔론에 대해 "청산되어야 할 민주주의의 공적"이라는 국민회의의 반박을 게재했다. 5면에서는 문건수사 담당검사인 정상명 서울지검 2차장검사와의 일문일답을 싣고 있다. 「'해프닝'으로 몰아선 안된다」(5일자)는 사설은 검찰조사에서 '보지도 듣지도 못했다'는 이 부총재의 진술은 납득할 수 없다고 말하고, 야당은 장외로 떠돌게 아니라 원내에 들어와 사건의 실체적 진실을

밝히는 데보다 진지한 자세를 보여야 할 것이라고 주장했다.

요란한 '깃털' 소리에 사라져 가는 '몸통'

6일자 <조선일보> 5면 「'해프닝'으로 끝나는가」라는 류근일 논설주간의 '칼럼'은 명백한 '언론장악 음모'가 결국은 정부 여당의 본질 파헤치기 외면으로 인해 '문일현-이도준 해프닝'과 '정형근 잡기'로 흐르고 있다고 비판했다. 사설 「'문건' 결국 미궁 속으로?」도 실체적인 진실에는 접근하지 못한 채 본질 문제는 '영구 미제'로 빠져들고 있으며, 결국 상대방에 대한 정치적 '보복'만 남게 되는 상황이라고 비판했다. <동아일보> 6면의 「"이젠 정치를 그만 두시지요"」라는 어경택 논설실장의 칼럼은 말 바꾸기와 불투명한 처신으로 일관하고 있는 국민회의 이종찬 부총재의 정치적 행태를 신랄하게 꼬집고 있다. 「국회에서 풀어라」는 사설은 야당의 장외집회를 비판한 다음 원내 복귀를 촉구하고 있다.

<중앙일보> 8일자 「언론문건 '본체' 파헤쳐라」는 사설은 "문건의 작성배경과 권력층에의 보고·활용 여부가 사건의 본질인데도 일부에서는 폭로과정의 문제점이나 기자의 금품수수 등에 관심을 집중하려는 기색마저 엿보이고 있다"고 다시 강조하고, 정치권은 의혹의 본체인 문일현-이종찬-'윗선'과의 연결고리를 파헤칠 것을 주문하고 있다.

11월 9일자, 문일현 기자 귀국에 온 나라 관심집중

사건 발생 직후 중국에서 잠적, 의혹을 불러일으켰던 문건작성자인 <중앙일보> 문일현 기자가 8일 귀국, 검찰에 소환돼 밤샘조사를 받았다. 문 기자를 찾아 중국을 방문했다가 빈손으로 돌아온 한나라당 진상조사단은 문 기자가 여권 실세들과 여러 차례 통화를 하며 "깊은 얘기"를 나눴다고 주장했다. 국민회의 측은 즉각 "근거 없는 정치공작"이라고 반박했다. 문 기자는 잠적한 이래 주중대사관의 법무협력관인 구본민 검사와 수차례 만난 것으로 알려졌다. 문건 사건을 수사하고 있는 검찰 주변에서는 문 기자를 조사하기에 앞서 이미 "놀랄 일이 없을 것"이라는 말이 공공연히 나돌기 시작했다. 이에 야권에서는 검찰수사가 "짜맞추기 수사"에 돌입한 것 아니냐는 의혹을 제기하고 있는 실정이다.

<조선일보>는 1면 머리기사에서 문 기자가 중국서 귀국, 참고인으로 검찰에 출두하여 밤샘조사를 받고 있다고 보도했다. 3면과 4면에서는 문 기자의 조사내용을 살펴보고, 5면에서는 문 기자가 여권에 소나기 통화를 시도한 내막을 머리기사로 보도하고 있다. 「언론윤리와 언론자유」(9일자)란 제임스 캐어리 미 컬럼비아대 언론학 교수의 '해외기고문'에서는 언론윤리를 지키지 못하면 언론자유 또한 지킬 수 없다고 지적하고 있다.

<중앙일보> 역시 문 기자의 검찰조사를 1면 머리기사로 보도하고, 3면은 자고 나면 불어나는 '문일현 미스터리'에 검찰이 곤혹스러워하고 있다는 것을 상자기사에서 해설하고 있다. 4면에서는 독설과 고발로 맞서는 정치권의 '등 돌린 정국'을 보도하고 있다.

<동아일보>는 1면 머리기사로 문 기자의 검찰조사를 상보하고 3면에서는 풀어야 할 3대 의혹으로 △문건작성의 동기와 경위 △제3자 개입 여부 △갑자기 귀국한 배경 등을 살펴보고 있다. 이어 4면에서는 정형근 의원의 처리에 목청을 높이고 있는 여권과 해명에 나선 야당의 대응을 보도하고 있다.

숨길 것 없다면서 노트북 하드디스크 파손

「문일현씨 조사에 유의할 점」이란 중앙일보의 10일자 사설은 검찰의 문씨 수사에 대해 "특검제를 적용하라"는 등의 뒷말을 한마디도 듣지 않게끔 철저히 사실관계를 파헤칠 것을 요구하고 있다. <동아일보>의 「'문 기자의 진실' 밝혀질까」(10일자)라는 사설은 귀국하기 전의 아리송한 행보, 귀국하게 된 경위 등을 짚어보면 진실이 밝혀질지 의문이라고 말하고 적어도 핵심적인 의문인 문건과 사신의 행방만이라도 최소한 밝혀져야 할 것이라고 강조했다.

<조선일보>의 11일자 사설 「왜 컴퓨터 파일 없앴나?」는 문 기자의 노트북 하드디스크 파손은 명백한 '범죄행위'로 간주할 수 있다고 말하고 과연 그는 '정치적 식

견’ 못지않게 컴퓨터 전문가인지, 제3의 조력자는 없었는지, 귀국 전 며칠 동안의 잠적기간 중 어디서 누구와 무엇을 했는지, 그리고는 왜 갑작스레 귀국을 결심했는지, 도대체 여권의 인사들에게 왜 그처럼 많은 국제전화를 해야 했는지 한 점도 숨김없이 죄다 밝혀야 한다고 상기하고 있다. <중앙일보>의 「난마정국 이대로 둘 것인가」(11일자, 7면)라는 심지연 경남대 교수의 ‘시론’은 폭로와 단독국회 으름장, 장외집회와 고소·고발사태로 이어지는 문건정국은 ‘권력만능의 여당’과 ‘무책임한 야당’의 평행선이 빚어낸 사태라고 진단하고 결자해지의 차원에서 여당이 풀어야 한다고 충고하고 있다. 또 이 날짜 「국정조사로 매듭을 풀어라」(11일자)는 사설은 문 씨가 사건해결의 열쇠인 노트북 하드디스크를 파기함으로써 검찰에서의 진상규명은 어렵게 됐다고 규정하고 국회의 국정조사를 통해 진실을 규명하라고 촉구하고 있다.

「통화자들 왜 조사 안하나」라는 <조선일보> 13일자 사설은 작성자도 기자, 전달자도 기자, 참고인도 기자라는 식의 검찰 수사는 의구심만 더할 뿐이라며 문 기자와 통화했거나 통화를 시도했던 사람들도 마땅히 조사하여야 한다고 주장하고 있다. 「정치권 왜 수사않나」(13일자)라는 <중앙일보> 사설 역시 문 기자와 관련된 정치인이나 청와대 인사부터 조사하는 게 순서인데도 중앙일보 간부를 소환하는 등 검찰수사가 상식으로 납득할 수 없는 방향으로 흐르고 있다고 비판했다.

11월 15일자, ‘혹시나’ 수사 ‘역시나’로 끝나

<조선일보>는 검찰의 수사가 마무리 단계로 접어든 15일자 1면에서 정 의원의 ‘빨치산 발언’ 사과를 단신으로 처리하고, 3면에서는 문건수사가 종착역에 이르렀으나 문 기자가 파일을 지운 이유는 여전히 ‘안개 속’이라고 보도했다. 이어 4면에서는 “각본대로 짜맞춘 수사”라는 한나라당 이회창 총재의 기자간담회 소식을 1단 박스기사로 보도하고 있다. 사설 「결국 ‘서일필’ 해프닝이라?」는 ‘언론장악’이라는 ‘알맹이’에는 접근도 못한 의혹투성이의 검찰 수사를 비판했다.

<중앙일보>는 1면에서 검찰이 하드디스크의 복구에 실패함에 따라 문건수사가 의혹 속에 마무리될 방침이라고 머리기사로 보도했다. 3면에서는 △결정적 단서인 언

론장악 문건 원본과 문 기자의 사신 3쪽의 행방이 오리무중인 것 △이종찬 국민회의 부총재가 문건을 전달받은 시점이 오락가락 번복되고 있는 점 △문 기자의 급작스런 귀국 의혹과 노트북 하드디스크 복구과정에서의 <중앙일보>측 인사 배제 미스터리 △문건 작성시점(6월 23일)을 전후한 문 기자의 통화기록을 조사하지 않은 점과 문 기자가 통화한 여권 인사를 소환하지 않은 점 △문 기자가 이 부총재측으로부터 금품수수의혹이 제기됐으나 수사하지 않은 점 △이 부총재 사무실을 압수수색하지 않은 점 등을 들어 「문건 6대의혹…안푸나 못푸나」라는 제하 아래 보도하고 있다. 4면에서는 검찰이 확보한 문 기자의 하드디스크가 "껍데기"로 판명되자 문 기자가 원본을 다른 곳에 숨겨 두었을 가능성에 대한 의혹이 강하게 제기되고 있다고 머리기사로 전하고 있다. 「이렇게 덮고 넘어가서는 안된다」(15일자)라는 사설은 '혹시나'했던 수사가 '역시나'로 끝났다고 비판하고, 국정조사를 통해 반드시 진상규명이 이뤄져야 한다고 주장했다.

<동아일보>는 검찰이 정형근 의원의 소환을 위해 다각도로 추진하고 있다고 1면에서 2단으로 보도하고, 3면에서는 문 기자가 파일을 지운 속셈, 수사진행 전망, 검찰의 '하드디스크 복원' 소동, 이회창 총재의 4대 의혹제기 기자간담회 등을 싣고 있다. 「권력·검찰·정의」(15일자)라는 사설은 검찰이 권력의 전위대, 권력의 파수꾼이라는 비난은 검찰 스스로의 손에 달려 있다고 지적하고 언론장악 음모라는 본질은 간 곳 없고 명예훼손만 붙잡고 있는 검찰의 수사로는 국민적 의혹이 해소되기 어렵다고 비판했다. 사설은 이어 하나에서 열까지 상식과 법리에 맞게, 곁가지보다는 실체를 당당히 캐는 모습을 보여야 권력도 검찰도 살고 정의도 살아 숨 쉰다고 충고하고 있다.

③ 보고서의 내용과 실제상황 비교

'언론장악 음모 보고서'를 폭로한 정형근 의원과 한나라당, 그리고 언론계 일각에서 제기하는 보고서의 내용과 실제상황을 비교해 보면 상당한 유사점을 보이고 있어, 문건이 현실화되지 않았나 하는 의혹을 풍기고 있다. 이를 보면

〈표 10〉 문건 내용과 실제 상황 비교표

문건 내용	실제 상황
"충격요법으로 8월 이전에 문제가 가장 심각한 언론사주 또는 고위간부를 전격적으로 사법처리하는 방법을 고려해 볼 수 있다. '설마 언론사주를 잡아넣겠느냐'는 심리의 허를 찌를 경우 상당한 긴장감을 불러 일으켜 현재와 같은 반DJ정서 부추기를 지속할 수 없을 것"	6월 29일 보광그룹에 대한 전격적인 세무조사 뒤 홍석현 사장에 대한 구속 가능성이 8월 초순 여권 핵심에서 흘러 나왔다. 정치권·청와대·검찰 주변에서 "YS정권 때도 못했던 언론사주 구속까지는 하지 않을 것"이라는 관측이 우세했다. 국세청은 지난 9월 17일 홍 사장을 탈세 등 혐의로 검찰에 고발했고, 10월 2일 결국 구속되었다.
"최근까지 각 언론사가 상습적으로 자행하고 있는 탈세, 누세, 부당 내부거래 등에 대한 강력한 시정을 요구하고, 위반할 때는 상응하는 대가를 치르도록 해야 한다. 자율적 시정을 요구한지가 1년여가 지난 이상 이를 명분으로 내세워 유력지를 필두로 관계기관의 내사를 진행한다." "언론개혁에 참여할 수 있는 관계기관은 감사원, 국세청, 공정거래위원회, 금융감독위와 각 언론사가 위치해 있는 구청(또는 이를 총괄할 수 있는 시청) 등과 함께 청와대, 안기부, 검찰, 경찰 등이 총망라되어야 한다." "〈조선〉·〈중앙〉 등 언론사들은 공통적으로 부가세 탈세(광고단가 산정 시는 유가부수를 대폭 늘려 고액의 광고비를 받는 대신 세금계산 시는 유가부수를 낮춰 잡아 실질적으로 부가세를 탈세하는 등의 고전적 수법), 은행으로부터의 특혜금융, 사주의 공금유용 등 법규위반 사례는 비일비재한 상태"	국세청은 5월 말 〈세계일보〉, 6월 말 보광그룹 등에 대해 특별세무조사에 착수했으며, 또 세무조사 결과가 그동안의 관례에 비해 이례적으로 공개됐고, 〈중앙일보〉가 언론탄압 의혹을 제기하자 공정위가 10월 6일 〈중앙일보〉에 대해 불법 무가지 살포혐의로 '부당 내부거래' 조사에 착수했다. 또한 박지원 문화관광부 장관, 박준영 청와대 공보수석을 중심으로 한 특별대책팀 구성의혹이나, 〈중앙일보〉가 국제언론인협회(IPI)에 보낸 편지가 국정원에 의해 도청됐다는 의혹제기도 '관계기관 총망라'의 필요성을 강조한 언론장악 시나리오와 유사하다는 것이다.
"주요 언론사내에 포진해 있는 반개혁 세력은 현 정부에 대해 악의적 비난을 확산시키는 주체세력이기 때문에 제작에서 격리시키는 작업을 병행해야 한다. 그 방법은 언론사 스스로 이들을 격리하는 것이 바람직하나 자율적인 개혁을 기대하는 것은 무리이므로, 특단의 대책이 요구된다…이들의 비리에 대한 확실한 증거와 자료를 수집한 뒤 언론외곽단체 등에 흘려, 이를 근거로 사법당국이 수사에 착수하여야 한다"	〈동아일보〉 이현락 주필의 땅투기 의혹이 6월 17일에, 역시 〈동아일보〉 이도형 정치부장의 세풍자금 수수설이 〈미디어오늘〉 7월 8일자에 보도되었다. 〈조선일보〉 김대중 주필은 9월 17일자 자신의 칼럼에서 도청과 계좌추적이 이뤄지고 있다고 주장했다. 9월 2일 이상회 전 세계일보사장이 출국금지됐으며, 미국 라스베가스에서 불법 도박한 44명의 '로라 최' 명단아 공개되면서 장재국 한국일보회장의 186만 달러 불법유출과 카지노 도박혐의 고발인 조사가 8월 1일 실시됐고, 이에 따른 관련 기사가 〈말〉지 8월호에 게재됐다.
"〈조선〉·〈동아일보〉는 탈세, 특혜금융 등 언론사가 안고 있는 공통적인 문제점에 대한 조사와 함께 오너 일가의 불법, 탈법행위 등에 대해서도 철저한 조사를 병행할 필요가 있다. 언론사에 대한 대응방식은 조사는 한꺼번에 시키되, 첫 번째 대상은 〈조선〉을 택할 필요가 있으며, 〈조선〉이 마무리 된 후 〈중앙〉 등 다른 언론사로 옮겨가는 것이 바람직하다"	야당과 〈중앙일보〉는 이에 대해 정권이 〈조선일보〉와의 전면전을 비껴가고, 대신 〈중앙일보〉를 만만하게 여겨 사정의 대상으로 삼았다고 주장했다.

　제도언론의 이 같은 주장은 본질을 호도하기 위한 오비이락의 '물타기'라고 할 수 있다. 그러나 김대중 정부는 오얏나무 아래서는 갓끈을 매지 말라는 말을 명심할 필요가 있다. 괜스레 오해를 살 만한 행동을 하지 말라는 뜻이다. 그리고 정말로 김대중 정부가 이 언론문건과 아무런 관련이 없다면 언론사에 대해 취하는 모든 조치를 전 언론사에 법대로 공평정대하게 적용하면 된다.

④ 문제점과 대안

　이 문건에 따르면 권력이 언론을 장악하기 위한 새로운 수법과 접근방식을 드러내고 있다. 과거에는 안기부·검찰 등 권력의 촉수를 동원했으나 현재는 국세청·공정위·금감위 등을 동원해 압박을 가하고 있는 것으로 나타났다. 또 언론계 외곽단체 등을 통해 비판적 성향의 언론사 간부 및 오너일가의 탈법행위 등을 슬쩍 흘려 비판여론을 조성한 다음 인적 청산을 시도하고 있는 점이다. 비리의혹 사전 분위기를 조성하여 사회적 이슈로 만들고 이를 바탕으로 제거하는 수법을 통해 언론을 길들인다는 것이다. 그 밖에 권력이 인기주의에 영합해 '좋은 게 좋다'는 식의 관계만 유지하면 언론장악력은 급속히 떨어진다면서 언론장악을 위한 '인재의 양성'을 강조하고 있는 것도 새로운 언론통제 수법의 하나이다.

　문일현-이종찬 커넥션이 사건의 본질

　이번 사건은 문일현-이종찬 커넥션과 이도준-정형근 커넥션이 정반합의 어지러운 결합과 연쇄분열을 하면서 파문의 파장을 만들어 내고 있다. 여기서 소위 '빅3'로서 언론공작 대상이 된 <조선>·<중앙>·<동아일보>의 보도태도를 분석하면 보도와 칼럼 등은 대체로 여당이 주장하는 '이도준-정형근의 폭로과정'에 충실히 따라가고 있으나 사설은 '문일현-이종찬의 작성과정'에 초점을 맞추고 있다.

　폭로과정은 여야의 공방과 검찰의 이도준 기자의 구속 등으로 어느 정도 실체가 잡혀가고 있다. 그러나 작성과정은 갈수록 '미궁'으로 빠져들고 있다는 양상이다. 작성과정과 관련해 현재까지 드러난 경위는 △중국 북경에서 연수 중이던 <중앙일보> 문일현 기자가 누구와의 상의나, 누구의 주문도 없이 홀로 개인의 의견을 정리해 이종찬 부총재에게 보낸 '사견'이고 △이 부총재는 이 사실을 알지도 보지도 못한 채 이도준 기자에게 도둑맞았다는 것이 전부이다.

국정조사가 실시되면 그때 귀국해 검찰조사를 받겠다며 잠적했다가 느닷없이 귀국한 문 기자는 사건의 실체를 밝혀 줄 노트북의 하드디스크를 파기하고 그 이유에 대해 "밝힐 수 없는 사생활 때문"이라고 둘러대고 있다. 이는 설득력이 없다. 자신의 말대로 '사견'을 정리했으면 이를 증명할 '자료'를 파기할 근거가 전혀 없다. 따라서 이는 이번 사건을 정치적으로 몰고 가 실체가 없는 소모적인 논쟁으로 만들어 유야무야시키려는 발상 때문이라 아니 할 수 없다.

사건발생 초기 '공신력'을 지닌 여권 핵심인사들과 문건을 전달받은 국민회의 이종찬 부총재는 다른 '작성과정'이 있었음을 확신케 할 여러 '정황증거'들을 쏟아내다가 28일 오후부터 갑자기 자신들의 말을 뒤집는, 그래서 권력측의 '은폐의도'로 밖에 볼 수 없는 태도를 보이고 있어 의혹을 부채질하고 있다. 따라서 문일현-이종찬 라인의 커넥션은 국민의 알권리인 언론자유를 담보하고 있는 본질적인 문제이다.

언론의 자유를 억압하고 침탈하는 권력은 '독재정권'이다. 김대중 정부가 지나온 군사독재정권을 비난하는 도덕적 정당성을 지니려면 언론에 재갈을 물렸던 박정희·전두환 정권과는 달라야 한다. 권력의 정체성에 대한 자각도 없이 무턱대고 지난 정권을 매도하며 차별화를 꾀하는 것은 구호뿐인 허상에 가득찬 권력의 '현란한 말장난'이라 아니 할 수 없다. 김대중 정부가 군사독재정권의 언론장악음모와 같은 문건의 실체에 대한 명백하고도 철저한 해명 없이는 언론의 자유를 보장하고 있다고 말하기 어렵게 됐다.

사주의 전격적인 사법처리, 언론사의 탈세수법, 보도태도의 변화, 대응방법 등 '언론장악음모보고서'의 방대하고도 치밀한 내용으로 보아 일개 언론사 기자 혼자가 작성했다고 보기엔 무리가 따른다. 여기에는 '전문가 그룹'의 참여와 자문이 있었을 것으로 추측된다. 이 부총재측의 필요에 따른 말 바꾸기와 노트북 하드디스크를 파기한 문 기자의 이해할 수 없는 행동이 그와 같은 추측(?)을 오히려 실재(?)로 믿게 한다.

프락치 언론인 비난받아야 마땅

이도준–정형근 커넥션은 '언론윤리'란 문제를 낳고 있다. 자신이 출입하는 취재원으로부터 문서를 훔쳐 사리를 채우는 데 골몰한 <평화방송>의 이도준 기자는 누구인가. 프락치인가. 언론인인가. 정당원인가. 기자인가. 권력의 망원인가. 정보브로커인가. 정권의 공작원인가. 아니면 타락한 정보장사꾼인가. 그의 도덕적 윤리적 신분은 어지럽기 짝이 없다.

오늘날 정치인들은 국민들에게 자신을 알릴 수 있는 최상의 도구로 기자들을 이용하려고 든다. 그들의 말 한마디와 글 한 줄에 따라 유능한 정치인으로, 혹은 무능한 정치인으로 비칠 수 있기 때문이다. 따라서 정치인들은 기자들에게 촌지나 권력으로의 유혹 등을 통해 정치적 동반자로서의 관계를 맺고자 시도한다. 이를테면 자신의 정치적 행보를 포함해 정국의 흐름 등에 대한 조언을 구하는 등 일종의 자문그룹으로 기자들을 활용한다. 기자들은 정치인들의 요구에 협력함으로써 고급정보를 얻어내 기사를 쓴다. 정치인과 기자는 악어와 악어새와 같은 존재를 형성하는 것이 현실이다.

하지만 현실이 이와 같다 하더라도 기자가 낮에는 언론인. 밤에는 정치인 노릇을 하는 '이중첩자' 생활을 하는 한 자존 높은 언론의 정도를 갈 수 없음은 자명하다. 기자는 어디까지나 권력의 영원한 아웃사이더가 되어야 한다. 정치인으로 인사이더가 되고자 한다면 기꺼이 직업을 바꿔야 한다. 아무리 정치기사 취재시스템이 기자의 일과 정치인의 일을 구분할 수 없게 한다하더라도 기자는 기자로서의 최소한의 마지노선을 지켜야 한다. 그것이 기자의 직업정신이다.

어느 정치인은 "국회의원이 되는 가장 빠른 길은 곧 기자가 되는 것"이라고 했다. 그래서인지 '언론고시'란 말도 거리낌 없이 받아들여지고 있다. 그러나 '언론고시'가 제아무리 문턱이 높다고는 하나 '기자'라는 면허증을 주는 것은 아니다. 기자는 하나의 천직이다. 그렇기 때문에 어떤 전문직보다 높은 직업정신이 요구되는 것이다. 그것은 두말할 나위 없이 권력으로부터의 독립을 전제로 한다. 기자가 자신의 사명과 역할에 대해 뚜렷한 인식을 갖지 않으면 권언유착의 폐해는 고스란히 국민에게로 돌아간다.

진부한 이야기이지만 한국언론사는 언론자유를 쟁취하기 위한 투쟁의 역사였다. 멀리 조선조의 선비들은 벼락이 떨어지고 목에 칼이 들어와도 서슴지 않고 할 말은 다하는 언론정신으로 이 땅의 역사를 이어 왔고, 가까이는 독재정권이나 군사정권 시절 언론의 자유를 지키려다 직장에서 쫓겨나고, 나아가 기꺼이 영어의 몸이 되면서까지도 정론을 사수해 왔다. 언론의 자유는 결코 거저 주어지는 것이 아니라 본질적으로 투쟁의 산물이었고, 그런 만큼 언론의 자유에 따른 막중한 책임도 국민으로부터 부여되는 것이다.

굴곡진 한국현대사에서 언론이 늘 정론과 직필의 길만을 걸어 온 것은 아니다. 때로는 무지막지한 독재정권의 폭력으로부터 침묵과 곡필과 왜곡과 조작을 강요당하기도 했다. 하지만 언론인들의 마음속에는 늘 언론의 자유라는 양심적인 등불을 망각한 것은 아니었다. 이는 그 형극의 가시밭길을 마다 않고 정론의 길을 묵묵히 걸어온 자유언론들의 투쟁사가 이를 증명한다.

그러나 '권력지향적인 정치브로커' 문일현 기자와 '언론계에 위장취업한 프락치' 이도준 기자의 초상화를 보라. 언론의 자유를 위해 언론의 자유를 침해하는 모든 요소로부터 투쟁하고 쟁취해야 할 언론인이 오히려 권력에 앞장서서 언론의 자유를 짓밟으라고 유혹하고, 또 이를 절취해 돈 받고 팔아넘기는 '작태'에서 상업적 기회주의에 찌든 우리 사회와 우리 언론의 자화상을 들여다볼 수 있다.

대개는 대통령을 비롯한 집권여당의 흠구를 포함하고 있는 민감한 정치적 현안을 보도할 때 한국언론에게는 일정한 공식이 있다. 사건이 발생하면 언론은 먼저 이를 대대적으로 집중 보도한다. 무분별하게 쏟아내는 언론의 융단보도에 이어 검찰이 즉각 개입한다. 대통령 또는 검찰수뇌부는 "지위 고하를 막론하고 성역 없는 수사를 지시"한다. 언론은 검찰의 수사진행 상황을 상세히 서술하며, 수사의 뒷얘기로 지면을 메운다. 검찰수사가 끝나면 정치권은 다른 이슈를 제기하며 더 이상의 공론화를 기피한다. 언론은 "다소 미비한 점이 있다"는 지적을 하면서 사건의 마무리에 접어든다. 그 이후로는 어떠한 경우에도 이를 다시 공론화하지 않는다.

언론의 자유를 침탈하는 언론공작의 '음모'가 짙게 배어나는 이번 파문도 이렇게 처리될 전망이다. 여야가 이 사건을 둘러싸고 국정조사에 합의했고, 검찰도 수사를 벌리고 있지만 후련하게 사건의 실체를 밝혀내기보다는 일부 정치기자들의 일그러진 행태만 부각되고 마무리될 가능성이 높다는 게 정치권 주변의 전망이다. 여기에 무엇을 더 이상 기대할 수 있겠는가. 다만 한 가지 분명한 것은 언론인의 기자정신이 양지에서는 '정론기자'를, 음지에서는 '권력에 줄대기'를 기도하는 한 이 땅의 도덕적 가치관이 바로 서지 못하고 바람 부는 대로 나부낄 것이라는 점이다.

언론개혁은 부역언론인 청산부터

두말할 나위 없이 언론은 권력집단을 감시하고 비판하는 데서 그 존재의 이유를 찾는다. 그것은 국민의 입장에 서서 시시비비를 명확하게 가리는 공정한 보도를 담보하고서만이 가능하다. 그러기에 언론은 언론다워야 하며, 개혁이라는 미룰 수 없는 시대적 소명이 절실한 이 시대에서 정치권력은 언론에게 스스로의 자율적 개혁을 요구하고 있는 것이다.

언론개혁의 첫 출발은 정치권에 부역하는 '권력형 언론인'의 인적 청산을 시도하는 것부터 비롯되어야 한다. 물론 여기에는 '계보기자'를 통해서만이 취재가 가능한 현재의 정치보도 시스템의 개혁을 전제로 하고서 말이다. 이에 앞서 여전히 '동교동 벙커팀', 'YS장학생' 등 언론계에 심어진 정치권의 '프락치·망원'을 속아내 언론으로부터 추방하지 않고서는 오염을 막을 수 없다. 언론을 정치권으로 가기 위한 권력의 지름길로 인식하는 '정치기자'들을 퇴출시키지 않으면 언론윤리는 설자리를 잃는다. 언론윤리를 상실한 언론은 언론으로서의 존재 가치를 잃게 된다.

다시 말하거니와 국민의 알권리란 공익보다는 언론사의 사익이나 기자의 사리에 매달려 권력과 정치권에 영합하고 야합하는 언론인을 색출해 '정리'해야 한다. 여든 야든 권력이나 정치권과 내통하는 개인이나 조직이 남아 있는 한 언론개혁은 모래

위에 성을 쌓는 것과 다를 바 없다.

　언론이 바로 서지 않고서는 우리 사회의 미래가 없다. 왜냐하면 언론은 민주주의의 초석이며, 사회를 비추는 거울이기 때문이다. 대들보가 곰팡이에 감염되어 있다면 그 건물이 무너지는 것은 시간상의 문제이다. 거울이 맑지 못하면 비추는 사물이 일그러져 보임은 상식이다. 지금 우리 언론이 바로 그러하다.

☲ 1999. 11. 11.

'흔글'과 MS 그리고 언론

흔글 사태를 계기로 살펴본 한국언론과 정부 당국자의 구호뿐인 정책과 그 실상, 허상. 입으로만 국민을 외치는 정치권력의 허위의식과 강대국에 끌려 다니는 권력의 사대주의를 낱낱이 파헤쳤다.

① 문제의 제기

우리는 흔히 21세기를 정보화 사회라고 한다. 이에 따라 정부는 가정의 TV로도 인터넷과 PC통신을 이용할 수 있는 인터넷 전용 인텔리전트TV를 개발하고 수능시험에도 컴퓨터 과목을 신설하며, 1인 1 PC와 1 ID를 갖도록 한다는 등 '정보대국 기반구축을 위한 정보화 선도사업'을 마련했다. IMF로 온 나라와 국민들이 허리띠를 졸라 매고 있는 가운데서도 정부가 막대한 재원을 투자, 정보화를 추진하는 것은 그것이 우리 사회의 미래를 담보하고 있기 때문이다.

정보화 사회의 주춧돌 SW산업

정보화 사회의 경쟁력은 소프트웨어(*Software · SW*)에서 비롯된다. SW산업의 진흥 없이 정보화는 없으며, 정보화 없이 나라의 미래는 없다. 더구나 '국가부도'라는 IMF의 '경제식민통치'를 받고 있는 우리가 하루빨리 자주적인 '독립'을 쟁취하기 위해서는 활발한 벤처기업의 진흥과 역동적인 SW산업의 활성화밖에 없다.

하지만 현실은 SW산업이 뿌리째부터 심각하게 흔들리고 있는 실정이다. 육성이라는 말은 있으나 행동이 따르지 않는 구호뿐인 정부의 지원정책, 선진기술력 부족과 영세한 자본, 과당경쟁 등으로 인해 방향감각조차 잡지 못하고 있는 업계, 상품가치 인식부족에서 비롯되는 이용자들의 마구잡이식 불법복제 등으로 국내 SW산업계는 고사 직전에 놓여 있다.

SW산업을 포기하기에는 너무나 잃는 것이 많다. SW산업의 추락은 곧 우리의 미래가 나락으로 떨어지는 것과 진배없다. 최근에 전개되고 있는 한글과컴퓨터사(한컴)의 '아래아 한글(흔글)' 포기 사태는 모순적인 국내 SW산업의 현주소를 극명하게 드러내고 있다.

② 흔글 위기와 DJ정부

한컴 이찬진(李燦振) 사장은 지난 6월 15일 서울 롯데호텔에서 기자회견을 갖고 "극심한 불법복제로 인해 '흔글'로는 자금난을 극복하기 어려워 미국 마이크로소프트사(MS)로부터 1,000만~2,000만 달러의 자본을 유치하는 조건으로 이 사업을 포기한다"고 선언했다. 국내 컴퓨터 워드프로세서 시장의 80% 이상을 독과점한 한컴의 흔글 포기는 SW산업의 포기를 넘어 문화적 충격을 몰고 왔다.

MS의 제국주의에 맞선 흔글붕괴

전세계 컴퓨터 관련 소프트웨어 시장을 거의 독점하고 있는 마이크로소프트(*Microsoft* · *MS*)사는 워드프로세스 시장에서 지구상에서 유일하게 한국과 일본에서만은 시장을 지배하지 못했다. 일본의 워드시장 선두업체인 저스트시스템사의 '이치타로(一太郎)'에 밀려 점유율 20%에 머물던 MS는 지난해 이 회사에 자본 참여와 동시에 단숨에 60%를 넘는 시장을 장악했다.

거대공룡 MS가 왜 아이들의 푼돈조차 안 되는 200억 원 규모 남짓한 국내 워드시장을 장악하지 못해 안달일까. 그것은 워드프로세서가 컴퓨터 프로그램의 '인프라'로서 컴퓨터 응용프로그램 가운데 가장 많이 쓰이며 컴퓨터 초보자라면 누구나 거쳐야 하는 일종의 '관문'이고, 따라서 컴퓨터 초보자에겐 워드가 곧 컴퓨터로 인식되기도 하는 매우 중요한 프로그램이기 때문이다.

국내 워드시장에서 6.7%의 점유율밖에 보이지 못하고 있는 MS는 그동안 흔글을 잡기 위해 전국 초중고교에 1,000억 원대에 이르는 MS워드 100만 카피를 무료 배부하는 것을 비롯하여 수천 억 원의 자금을 쏟아 붓는 등 안간힘이었다. 그러나 흔글은 의연하고 꿋꿋했다. 그것은 흔글이 단순한 소프트웨어가 아니라 초국적 기업인 MS사의 정보제국주의, 패권주의, 개방압력에 대항하는 유일한 국산 소프트웨어이자 9년 동안 300여만 장 이상이 팔려나가 1,000만 한국인이 사용해 왔던 국민적 소프트웨어였으며, 만들 수 있는 한글의 모든 글자와 잊혔던 고어조차 척척 써냈던 한국인의 워드프로세서였기 때문이었다. 흔글은 민족적 양심이자 자존심이었으며 긍지였고, 문화였기 때문이었다. 따라서 한컴의 흔글 포기는 어느 한 기업의 문제가 아니라 온 국민의 문제였던 것이다.

"톰슨 인수 좌절"처럼 온 국민이 일어나야

한국벤처기업협회·대학생벤처창업연구회·용산전자단지상점가진흥조합·청소년학회·고구려연구회 등을 비롯하여 나모인터랙티브·와쏘텔레콤·비트정보기술 등 한컴 협력사들과 PC통신 네티즌들의 모임인 흔글사랑회 등은 즉각 '흔글살리기국민운동본부'를 결성하고 정품사용하기, 국민주모금운동, 대체 프로그램 개발 등을 통해 흔글지키기에 착수했다.

이들은 성명서에서 정부에 대해 국가기관조차 불법 복제해 쓰고 있는 소프트웨어의 폐기와 동시에 흔글 정품구입을 촉구하고 금융기관은 국민운동이 결실을 거둘 수 있도록 한컴사에 대한 대출연장 및 동결을 요청했다. 또한 대우가 프랑스의 톰슨사 인수시도 경우에서 보듯이 국가적 손실이 없음에도 불구하고 오로지 국민정서의 저항에 부딪혀 무산된 사례를 상기하며 온 국민이 흔글살리기에 나설 것을 호소했다.

흔글을 지키려는 사람들은 또 "시장점유율이 80%가 넘는 제품이 사업성이 없다는 것은 말도 안된다"며 "특히 1,000만 명이나 되는 사용자들의 뜻을 도외시한 채 특정기업이 국민의 재산인 흔글의 퇴출을 결정할 권한이 없다"고 주장하고 정부와 관련기관의 사태수습 등을 촉구했다.

전문가들은 흔글이 불과 140억~280억 원에 MS로 넘어갔을 때 재교육 시간을 1인당 10시간으로 보고 시간당 10,000 원씩만 잡아도 재교육 비용이 3,000억 원에 이르며, 정부 공식문서의 전환 비용이 1,000여 억 원, 국내 PC보급 대수가 연간 200만 대라고 가정할 때 워드 한 카피에 50,000 원씩 계산해도 1,000억 원, 향후 비싸게 구입해야 할 추가비용 등을 감안하면 그 경제적 손실은 상상조차 할 수 없다고 한다. 그들은 흔글이 최소 5,000억 내지 1조 원 이상의 가치를 지닌 것으로 평가하고 있다. 따라서 한컴의 거래는 밑져도 보통 밑지는 장사가 아니란 것이다.

"앞잡이"(?) 정통부에 규탄 목소리 비등

사태를 책임지고 수습해야 할 주무부처인 정보통신부는 이와 같은 국민들의 질타에도 불구하고 지난 6월 23일 흔글살리기 반대입장을 표명했다. '숭미사대주의' 망령에 젖은 김대중 대통령의 뜻을 좇아 정통부는 나아가 '흔글살리기운동'이 현실적 판단이라기보다는 국민적 자존심 차원의 감정적 대응이라고 본질을 왜곡·폄하·훼손함으로써 국민들의 분노와 불신을 들끓게 했다. 특히 우리나라가 '흔글'을 사용함으로써 국제화·세계화에도 낙오되고 있다는 '궤변'과 '망언'을 늘어놓아 국가기관으로서의 정통부의 정체성과 공무원들의 정신상태 마저 의심스럽게 했다.

정통부의 한 관리는 "한컴의 경영악화는 불법복제와 경기침체 때문이기도 하지만 근본적으론 제품 경쟁력 상실, 영업전략 실패 등 내부요인에서 비롯된 것"이라고 지적하고 "MS사 투자에 대한 적대감정은 외자유치에 악영향을 줄 것이라며 '흔글'살리기로는 필요자금을 모으기 어렵고, 중소개발사 위주의 제2흔글 개발도 시장상황으로 보아 실현가능성이 낮다"며 국민들의 흔글지키기 운동을 힐난했다.

배순훈 정보통신부장관도 이에 앞서 지난 8일 기자회견에서 "국내기업이 MS사와 경쟁하는 것은 사실상 무리이기 때문에 세계시장을 주도하는 MS사의 운영체제를 따라가는 게 바람직하다”고 말해 MS의 손을 들어주었다. 대우전자회장 출신인 배 장관의 이 같은 사고는 외자유치를 제1의 경제정책으로 내세우는 김대중 정부의 정책노선을 대변하는 것이어서 국민들의 분노를 자아내게 하고 있다.

대한민국의 고급 고위공무원이, 정책 결정권자인 대통령이 국가와 국민의 이익보다는 미국과 미국기업의 이익옹호에 혈안이 되어 날뛰는 형국이다. 국민들은 정통부가 정녕 책임 있는 대한민국의 정부인지, 아니면 미국 MS사의 한 부서인지를 묻지 않을 수 없게 됐다. 이 나라를 대표하는 ‘국민의 정부’라면 흔글을 지키려는 국민들을 격려하고 도와주어야 마땅하다.

그런데도 김대중 대통령조차 한컴사태 발생 직후인 18일 청와대에서 미국 마이크로소프트사의 빌 게이츠 회장을 만나 “빌 게이츠 회장은 세계가 낳은 보배”라고 치켜세운 다음 “미국과 당신 중 선택하라면 당신을 선택하겠다”고 말해 ‘스스로 MS의 신도’가 되겠다고 밝혔다. 김 대통령은 한컴에 대한 MS사의 자본참여에 대해 “한컴이 실패한 것은 소비자들이 불법복제해서 쓴 탓”이라고 지적하고 “이런 것들을 철저히 단속했어야 하는데 연구결과를 지키지 못한 우리 사회와 정부의 책임이 가장 크다”고 말했다. 김 대통령은 나아가 “나는 자본소유가 누구든 우리나라에서 기업을 하면 환영한다”고 말해 MS의 투자를 ‘환영할 일’이라고 평가했다.

한나라의 대통령이 일개 기업인에게 외교적 찬사를 넘어 비굴하다 할 만큼 사대주의적 발상을 보이자 집권여당인 새정치국민회의는 대통령과 국민들의 여론 사이에서 책임 있는 대안을 제시하지 못하고 어중간한 태도를 보이고 있다. 국민들의 불같은 반MS 정서를 의식하지 않을 수 없는 국민회의는 “국민정서를 앞세워 민간기업이 스스로 결정한 투자협상을 가로막으면 국제 신인도에 문제가 있을 수 있다”고 주장하고 “아래아 한글을 살려야 한다는 국민정서도 무시할 수 없으므로 업계 일각에서 추진하고 있는 대체 SW개발을 적극 지원할 필요가 있다”는 어중간한 의견을 모았다.

특정사 문제 아닌 우리 문화의 문제

국민과 함께 문제의 해결을 모색하기는커녕 오히려 쪽박을 깨려들고 있는 정통부의 ᄒᆞᆫ글살리기운동 반대입장에 대해 ᄒᆞᆫ글사용자와 SW업체 관계자들은 "국내 언어문화와 SW산업에 심각할 악영향을 미칠 ᄒᆞᆫ글의 포기에 대해 정부가 안이하게 대처하고 있다"고 비난하고 "정부가 한컴과 MS의 계약을 허용하면 안된다"고 분노했다. 네티즌을 중심으로 결성된 ᄒᆞᆫ글살리기운동협의회도 성명을 발표하고 "정통부가 ᄒᆞᆫ글 문제를 시장논리로만 접근하고 있어 문제 해결을 더욱 어렵게 만들고 있다"고 주장하며 정통부장관의 탄핵운동을 비롯해 강력한 항의 활동을 전개하겠다고 밝혔다.

ᄒᆞᆫ글지키기운동본부도 반박 성명을 통해 "특정 사업의 포기를 전제로 한 이번 한컴과 MS의 계약은 전혀 사정이 다르다며 명백한 공정거래법 위반인데도 정통부가 외자 유치에 미칠 악영향만 우려해 이 같은 결정을 내린 것은 유감"이라고 밝히고 "정통부가 이를 계기로 국내 SW시장 환경을 바로잡을 생각은 하지 않고 MS와 한컴만을 두둔하기에 급급하고 있다"고 비판했다.

정통부가 'MS의 정부' 노릇을 하고 있는 사이 문화관광부는 느닷없이 ᄒᆞᆫ글 개발 중단은 국어생활을 포함한 우리 문화의 자주성을 훼손하는 것이라며 ᄒᆞᆫ글살리기에 나서기로 해 그 저의에 대해 의구심을 자아내게 했다. 한글학회·국어정보학회·한국바른말연구원 등 6개 국어관련 단체들도 23일 모임을 갖고 ᄒᆞᆫ글에 대한 정부의 지원과 MS사의 계약포기를 촉구하는 결의문을 채택했다. 이들 단체는 결의문에서 "ᄒᆞᆫ글 개발 독자 중단으로 우리나라 말 표현의 자유를 상실하고 문화식민지로 전락하게 되는 것을 크게 우려한다"며 "한컴과 MS사의 계약은 단순한 상거래가 아닌 만큼 이를 인정할 수 없으며 공정거래위원회는 이 계약의 불공정성을 철저히 조사하라"고 촉구했다.

ᄒᆞᆫ글의 퇴장은 우리말글살이에도 심각한 영향을 미친다. 현재 ᄒᆞᆫ글은 자음과 모음을 따로 불러 하나의 글자를 만드는 조합형을 채택해 키보드에서 곧바로 아래아·반치음·여린히읗 등 고어도 곧바로 입력할 수 있는 유일한 프로그램으로써 한글 11,172자를 모두 표현할 수 있다. 그러나 MS워드는 이미 완성된 글자 2,850자밖에

쓸 줄 모른다. 뿐만 아니라 MS워드는 한자쓰기에도 한계를 나타낸다. 한글에서는 확장한자도 16,000자까지 쓸 수 있지만 MS워드는 기본한자인 4,800자밖에 못쓴다.

이 같은 문자의 사용제한은 문자처리 전산화가 빠른 속도로 진행되고 있는 정보화 사회에서 우리말글의 생명력을 위협한다. 한 번 시장을 장악한 워드프로세서 프로그램이 지원하지 않는 글자는 점차 사용이 제한되고, 사용되지 않는 언어는 곧 생명력을 잃고 도태되며, 그것은 결국 우리말글살이를 불구로 만든다. 이 때문에라도 흔글은 살려야 할 가치가 충분한 것이다.

재벌의 외면에 국민의 분노 더해

재벌 또한 비난의 대상에서 자유롭지 못하다. 한컴의 이찬진 사장은 MS에 백기투항하기 직전 국내 컴퓨터 제조업체에 흔글을 담보로 한 투자를 요청했다. LG-IBM, 삼보컴퓨터, 대우통신, 삼성전자 등 재벌은 한마디로 거절했다. 그동안 'MS워드'를 묶음 판매해 온 LG-IBM과 삼보컴퓨터는 MS의 눈치를 살필 수밖에 없는 위치라 하더라도, '아래아 한글'을 판매해 온 대우통신과 시장점유율 12%가량을 점유하고 있는 '훈민정음'을 제조하는 삼성전자의 외면은 그 변명이 궁색하기 짝이 없다.

대우와 삼성은 "중소기업 업종에 재벌이 참여할 수 없으며, 시장성 또한 없다"는 논리를 표명했다. 꽃집에서 주유소, 면장갑, 콩나물 공장까지 직접 경영하는 재벌이 언제부터 중소기업을 보호하는데 그렇게 관심이 있었으며 1,000여억 원을 상회하는 시장이 장사가 안된다는 것은 이해가 안되는 얘기다. 당시 대우통신은 MS의 투자를 '구애'하던 중이어서 MS의 신경을 거스를 때가 아니었다고 치자.

삼성은 그게 아니었다. 삼성은 흔글의 퇴출과 동시에 "MS의 독주를 막기 위해 훈민정음을 '제2의 흔글'로 육성해야 한다"는 논리를 펴며 발 빠른 판매전략에 나섰다. 프로그램의 판매보다는 자사 PC의 번들 제품 비율이 훨씬 더 높은 훈민정음은 흔글 및 MS워드와 호환성을 강화하고, 인터페이스(화면 메뉴나 단축키 등)도 흔글 사용자들에게 익숙한 형태로 바꿔 새 제품을 내놓겠다는 것이다.

훈민정음이 흔글을 살리자는 국민들의 목소리에 담긴 '완벽한 한글구현' 요구에 대해 전문가들은 회의적이다. 그것은 훈민정음이 기본적으로 MS워드와 동일한 체계를 지닌 워드프로세서이기 때문이다. 삼성이 "국수적인 애국심에 호소하기보다는 개발인력을 보강하고 훈민정음의 성능을 개선하여 다른 SW와의 호환성을 높여 세계적인 워드프로세서로 육성해 나가겠다"는 것에 대해 사용자들은 "삼성은 기술력이 아니라 시장의 우월적 지위를 이용해 흔글을 죽이는데 일조한 기업"이라며 "초상집에서 장사하겠다는 삼성의 행태가 MS보다 더 얄밉다"고 꼬집었다.

③ 언론의 보도 내용

흔글사태는 단순히 어느 소프트웨어 하나가 죽고 사는 것이 문제가 아니라, 정보화 사회의 신경인 SW산업이 죽느냐 사느냐의 문제이며, 한글문화의 생사가 달린 문제이자 국민적 자존심의 문제였다. 따라서 언론이 이러한 문제점을 제대로 인식하고 독자들에게 그 진실을 제대로 전해 주고 있는지는 흔글지키기운동에서 매우 중요하다. 이 글은 국내 언론시장을 70% 이상 독과점하고 있는 4대 종합일간지(조선·중앙·동아·한국일보)와 국민주신문인 <한겨레신문>, 빅3 종합경제지(한국경제·매일경제·서울경제), 그리고 업계전문지 <전자신문>의 보도내용을 점검해 본다.

종합지는 소극적 경제지는 활발

흔글 퇴출 선언이 공식화된 이래 이번 사태를 보도하는 4대 언론의 보도태도는 우선 양적으로 <중앙일보>가 상대적으로 활발했으며, <한국일보>가 소극적이었다. <중앙일보>는 삼성그룹과의 특수한 관계를 의식, 불법복제 문제의 제기와 훈민정음의 대체 육성에 초점을 맞추었으며, <조선일보>는 흔글 퇴출이 공정거래법 위반소지가 있지 않느냐는 보도태도를 통해 간접적으로 비판적 여론에 무게 중심을 두었다. 이에 비해 <동아일보>는 상대적으로 객관보도를 유지함으로써 결과적으로는 외자유치에만 관심이 있는 김대중 정부와 MS가 의도하는 바에 동조하게 됐다. <한겨레>는 이 사태에 대해 많은 관심을 보였다. 「창 미래」라는 주간단위 고정란을 통한 간지 기획특집 두 번을 비롯하여 우리말글살리기 차원에서의 보도, 언론비평적인 측면에서의 보도 등이 이어졌다.

경제지는 종합일간지에 비해 보다 많은 양의 정보로 이 사태를 커버하고 있다. <한국경제>는 흔글몰락의 원인을 불법복제에서 찾았고, <매일경제>는 불법복제와 경영난에서 찾아 숭미사대주의 정권인 김대중 정부를 노골적으로 지지했다. 그러나 <서울경제>는 경제현실에 밀려 한국의 자존심을 버렸다고 흔글 포기를 비난했다.

자식과도 같았던 흔글을 버릴 수밖에 없었던 한컴 이찬진 사장은 그 원인을 소비자들의 불법복제와 시장성을 들었다. 한국SW산업협회가 최근 조사한 자료에 따르면 국내 SW시장에서 PC판매상의 70%, 기업체 35%, 학원의 63% 이상이 불법 복제한 SW를 사용하고 있는 것으로 나타났다. 세계사무용SW연합회(BSA) 및 SW출판협회(SPA)가 집계한 우리나라 소비자들의 불법 복제율은 67%에 이른다. 이는 미국 27%, 영국 31%, 호주 32%, 일본 33%, OECD 가입국 평균 30~40%에 비해 월등히 높다. 우리의 경쟁상대국인 싱가포르 56%, 대만 63%보다도 높다.

SW의 불법복제는 소탐대실의 전형이다. 소비자들은 공짜라는 재미에 불법복제를 하게 되고, SW개발업체는 악화가 양화를 구축하듯 정품이 복제품에 밀려 투자비도 건지지 못하고 후속버전 개발을 포기한 채 시장에서 퇴출하게 된다. 자본력을 바탕으로 시장을 독점한 SW는 독점의 횡포를 자행하게 된다. 결국 소비자는 '되로 주고 말로 받는' 고가의 가격으로 SW를 사용할 수밖에 없다.

이를테면 MS는 흔글 퇴출 이후 한글의 특성을 최대한 살린 새로운 워드를 개발하겠다고 약속하지만 그것이 과연 지켜질지 의심스럽다. 한글사용 인구가 1억 명도 채 안 되는 한글시장은 그들의 표현대로 미미하기 짝이 없다. 따라서 매출 또한 보잘것없다. 기업활동의 목적은 자선사업에 있는 것이 아니라 이윤추구에 있다. 그렇다면 흔글이 퇴출된 이후 시장을 독점한 MS는 과연 거액을 들여 한국인을 위해 새로운 한글워드를 개발할 것인가. 어림도 없는 소리다. 소비자들은 흔글의 퇴출로 인해 결국 영어에 바탕을 둔 반쪽짜리 워드를 사용할 수밖에 없을 것이다. 이처럼 SW의 불법복제는 '너 죽고 나 죽자'는 식의 무지·무모한 행위다.

흔글 실패는 경영상의 문제

흔글의 실패는 무엇보다 먼저 한컴 경영진의 무능한 경영실패에서 찾아야 한다. 결코 불법복제와 열악한 시장이 먼저 일 수는 없다. 이찬진 씨는 뭐니 뭐니 해도 흔글을 통해 한글과컴퓨터사를 일궈냈다. 그는 흔글의 성공신화를 발판으로 이 땅의 재벌이 그러하듯 문어발 기업확장에 열을 올렸다. 자연히 기술개발은 등한시했고, 사용자에 대한 애프터서비스와 후속버전 제공을 게을리 했다.

여기에 더하여 정부의 구호뿐인 SW육성 정책도 흔글죽이기에 한몫했다. 정부는 선진국이 PC구입 대금의 40%를 SW구입에 배정하고 있는 현실을 도외시한 채 겨우 10%를 SW구입에 사용하도록 하고 있다. 그나마 입찰이 최저 낙찰가 방식이어서 일부 대기업에만 그 혜택이 돌아갈 뿐, 결과적으로 덤핑경쟁으로 인한 정부 전산망의 부실만 초래하고 있다. 더군다나 문제는 배정된 그 예산마저 제대로 집행하지 않는 데 있다.

이와 같은 복합적인 여러 가지 원인으로 인해 흔글이 실패했다. 물론 불법복제가 여기서 자유로울 수는 없다. 그것 또한 하나의 커다란 원인임에는 분명하다. 그런데 언론은 이를 침소봉대해 왜곡하고 있다. 하나같이 불법복제와 열악한 시장타령을 하고 있는 것이다. 그것은 그렇게 몰아붙여야만 언론자신의 이익을 보호할 수 있기 때문이었다.

권언복합체인 언론은 권력의 의지로부터 결코 자유로울 수 없다. 김대중 정부가 지향하는 경제정책이 무엇인가. 외자유치다. 따라서 언론은 이러한 카테고리를 미리 설정해 둔 다음 보도를 통해 국익보다는 자신의 이익을 위해 여론을 조작한다. 그렇기 때문에 한국언론을 앵무새처럼 일제히 국민의 여론과는 전혀 다른 여론을 일제히 합창하게 된다. 흔글사태에서도 예외가 아니다.

국민여론 따로 언론여론 따로

<조선일보>는 「'흔글'의 침몰」이라는 17일자 사설에서 경영의 뒷받침 없는 흔글

의 침몰이란 있을 수 있는 일이라고 진단하고 그 원인을 불법복제에서 찾았다. <중앙일보>의 17일자 사설 역시 「‘흔글’의 퇴장」 역시 정부의 벤처기업 육성정책의 비효율성, 소비자의 비양심적 구매행위와 기업의 기술개발의 미흡을 원인으로 지적하고, 그 가운데 불법복제를 가장 큰 원흉으로 지목했다. <동아일보>의 「‘흔글’신화의 몰락」(17일자 사설) 또한 복제품이 난무하는 척박한 시장풍토를 개탄했으며, <한국일보>의 17일자 사설 「불법복제에 무너진 ‘흔글’신화」 역시 복제품을 선호하는 국민들의 각성을 촉구하고 있다. 「마이크로소프트에 무너진 흔글」이란 제하의 17일자 <한겨레>의 사설은 흔글 퇴출을 기정사실화하고, 정부의 SW육성 지원책을 촉구하고 있다.

재벌들의 입장을 대변하는 신문인 <한국경제(한경)>는 「무너진 한국SW의 자존심」이라는 제하의 사설(17일자)에서 한컴의 몰락은 소비자들의 불법복제 풍토 탓이라고 비판하고, 나아가 MS사의 ‘자본의 논리’에 맹목적인 반감을 가져서는 안된다고 강조했다. 그러면서도 다른 한편으로는 제2의 이찬진을 일궈내자고 횡설수설하고 있다. <매일경제(매경)>는 「‘한글’ SW의 사망」(17일자 사설)에서 흔글의 몰락을 제품의 품질저하에서 찾았으며, <서울경제(서경)>는 17일자 사설 「무너진 ‘아래아 한글’신화」에서 불법복제의 범람에 따른 판매부진이 그 원인이라고 지적했다.

언론의 이 같은 보도태도는 이찬진 씨의 논리에서 기인한다. 불법복제 때문에 더 이상 워드프로세서를 개발하지 못한다는 이씨의 말은 설득력이 없다. 불법복제가 그렇게 심각한 것이라면 그는 한글과컴퓨터사라는 회사조차 설립하지 못했을 것이다. 왜냐하면 9년 전의 불법복제 상황은 지금보다 더 열악했으면 열악했지 좋지는 않았기 때문이다. 그런데도 그는 흔글을 팔아 기업을 세웠고, 어설픈 재벌의 문어발 흉내를 내 다각경영을 시도했다. 따라서 이는 무능한 경영자의 자질 때문이지 결코 불법복제란 시장 탓이 아닌 것이다.

그런데도 언론이 흔글 몰락의 주원인을 여기에서 찾으면 앞으로가 걱정이다. 만에 하나 흔글이 살아나지 못했을 경우 시장을 장악한 고가의 반쪽짜리 워드가 뜻대로 잘 팔리지 않으면 그 원인을 불법복제에서 찾을 것이고, 미국은 슈퍼 301조를 전가의 보도처럼 휘두를 때 우리는 대안의 논리가 없게 된다. 그들은 협상 테이블에서

"'한국의 빌 게이츠'라는 이찬진이 그렇게 말했고, 너희들의 자존심이라던 흔글도 불법복제 때문에 망했다고 너희 언론이 떠들지 않았느냐"고 말하면 할 말이 없다. 그들의 요구를 고스란히 들어줄 수밖에 없게 되는 처지로 내몰리는 것이다.

권력의 뜻 침묵으로 받들어

네티즌들을 비롯하여 관련업계·단체 등에서 17일부터 일기 시작한 국민모금과 '흔글살리기운동'에 대해 업계 전문지인 <전자신문>을 제외한 일체의 언론은 침묵으로 일관했다. 언론이 국민적 관심사를 외면하거나 침묵함으로써 결국 힘을 가진 세력이 뜻하는 바대로 이뤄질 수 있도록 여론을 축소·왜곡·조작한다. 21일 공정거래위원회가 흔글 퇴출을 전제조건으로 한 MS의 한컴 투자가 공정거래법에 위반되는지의 여부에 대해 조사가 착수되고, 22일 흔글사용자모임·한국벤처기업협회 등이 '흔글지키기운동본부'를 결성하고 체계적인 활동을 전개하자 국민들의 거센 반대여론에 떠밀려 언론은 다시 간헐적으로 지면을 내어주기 시작한다.

「'흔글살리기' 국민주 운동」(23일자 조선), 「한 달 내 2백억 유치해야 회생」(22일자 중앙), 「'흔글' 단종땐 사회적 손실 1조 원」(23일자 동아), 「한컴·MS 투자유치협상 난항」(23일자 한경), 「아래아 한글 "포기땐 타격 너무 크다"」(22일자 매경), 「'한글신화' 붕괴…정부 책임도 크다」(24일자, 서경) 등에서 언론은 흔글 퇴출 이후의 문제점을 단편적으로나마 거론했다. <한겨레>의 흔글 특집 「무너지는 흔글 9년의 신화'」는 대체 SW개발, 퇴출 후의 문제점, 한컴의 3,337일 연혁 등을 게재함으로써 MS의 흔글 접수를 앞장서 나팔 불며 공인했다.

<중앙일보> 김종윤 기자의 「흔글과 한컴사는 별개」(24일자)라는 '취재일기'와 <매경>의 「'흔글'이 진정코 사는 길」이라는 24일자 사설은 열화와 같은 국민들의 흔글살리기운동을 폄하·훼손하고 있다. 김 기자의 기명칼럼은 시장원리에 따른 제2, 제3의 흔글개발을 강조함으로써 결과적으로 자신이 몸담고 있는 매체가 소속한 재벌(삼성)이 추진하고 있는(훈민정음의 제2흔글화) 바를 충실히 대변한 꼴이었다. 더욱 가증스러운 것은 "이름이야 MS의 워드일망정 '아래아 한글'의 표준을 세계무대에 올려

국익을 도모하는 것이 진정 우리말을 살리고 자신을 살리는 길"이라는 <매경>의 사설이다. 이는 흔글을 MS에 넘겨도 좋다는 것으로, DJ정부가 추진하고 있는 '세계화' 코드를 노골적으로 대변하는 논리였다.

MS의 흔글죽이기에 대해 간간이 문제점을 제기하던 언론은 정부가 한컴과 MS의 계약을 기정사실화하자 다시 침묵 속으로 빠져든다. 나모인터랙티브 등 일부 벤처기업이 대체품 개발 등의 이슈를 제공했음에도 불구하고 언론은 외면한다.

<동아일보>는 논설실장 김종심 칼럼 「한글의 운명」(27일자)에서 흔글의 퇴출을 기정사실화하고 정부에 대해 새 SW개발을 촉구하고 있다. 이는 제도언론의 전형적인 '물타기'를 통해 국민을 기만하는 여론조작 수법이다. 이어 「'제2흔글' 1년후 나온다」(29일자)를 통해 <동아일보>는 대체 한글의 개발기사를 통해 MS와 한컴의 계약을 묵인해 줬다. <한겨레>는 공정위가 불법복제물을 정품으로 교체한 사실을 보도(29일자)하고, 간지의 흔글기획에서는 우리 손으로 흔글을 살려는 흔글지키기 소식과 흔글 다음의 후속 SW문제, 흔글사용을 불편 없이 지원하겠다는 MS워드와 훈민정음의 발표를 싣고 있다.

<한경> 역시 새 워드 프로그램의 개발을 무게 있게 보도하고 있는 가운데 <서경>은 '흔글'의 전망기사(25일자), 대체품 개발(26일자), MS워드의 국내시장 장악실태(29일자) 등의 기사를 통해 흔글 매각에 따른 논란을 다각도로 조명했다.

<조선일보>의 29일자 사설 「'흔글' 살려야」는 흔글 파문 이후 모처럼 책임 있는 언론으로서는 논지가 가장 뚜렷한 논설이었다. 이 사설은 한컴과 MS의 계약은 미국에서조차 불공정 거래라고 판정할 사안이라고 지적하고 정부가 앞장서 흔글을 살려야 한다고 역설하고 있다.

이어 7월 7일 흔글지키기운동본부가 한컴 인수를 공식 제안한 이래 언론은 일제히 입을 다물고 있으나 <조선일보>는 8일자에서 '흔글' 생존 여부가 주내에 결정될 것 같다는 기사를 보도했다. 국민의 신문이라는 <한겨레>는 어이없게도 13일자에서 '흔글 프로그램에 대한 지나친 충성심을 버리고, 공개 SW개발에 힘 기울이는 것이 차라리 현명할 것'이라는 미국SW재단 스톨먼 회장의 이메일 인터뷰를 게재해 흔글 퇴출을 재촉하는 매판앞잡이 같은 보도태도를 보였다. <서경>도 미니해설(7일자)을

통해 한컴의 경영위기가 생각보다 심각해 회생 가능성은 50%라고 전망했다.

〈표 11〉 흔글 사태 일지

월 일	내 용
6 15	한컴·MS 흔글포기 전제로 투자유치 발표
16	PC통신 사용자 중심으로 흔글지키기 서명운동 시작
17	네티즌·업계·단체 등 '흔글살리기운동' 전개
18	사단법인 한국벤처기업협회 1만 원 모금 회원운동 착수
21	공정거래위원회 공정거래법 위반여부 조사
22	△ 벤처기업협회·한글학회 등 15개 단체 '흔글지키기운동본부' 결성. △ 정보통신부, 한컴·MS계약 사실상 인정
25	나모인터랙티브 등 흔글대체상품 개발 발표
7 6	흔글지키기운동본부, 한컴인수 공식제의
14	MS, '한컴'인수 공식신고
20	한컴, MS와 협상포기. 운동본부, 한컴과 흔글사업 공동추진 합의

④ 우리가 할 일

　무능한 정치권력과 오만한 관료독재, 그리고 부패한 재벌경제가 합작으로 빚어낸 IMF로 인해 온 국민이 커다란 고통을 겪고 있다. 20세기 지구촌의 마지막 축제인 월드컵에 나간 스물두 명의 태극전사들이 비록 실력은 뒤진다 하더라도 불꽃같은 한국인의 투혼을 발휘, 최선을 다해 주길 바랐다. 그러나 그들은 국민들의 염원을 헌신짝처럼 버리고 '동네축구'를 하다가 국제적 망신만 당하고 돌아왔다. 아프고 헤진 국민들의 가슴에 다시 한 번 '대못질'을 한 것이다.

　그것은 과시적인 실적에 급급한 정통부의 관료들과 일부 정치인들 또한 마찬가지다. 온 국민들이 흔글을 되살리려고 지혜를 모으고 있는 이때에 국민의 마름이어야 할 공복과 정치권력이 그 알량한 제자리를 지키기 위해 몽둥이를 들고 국민들의 염원을 짓밟기에 안간힘이다. 따라서 누가 흔글죽이기 세력의 앞잡이인지를 역사에

확인하기 위해 행정실명제, 정책실명제를 도입할 것을 촉구한다. 그래야만 어떤 공무원이 무슨 말을 했고, 정치권력이 국민을 위해 어떻게 일했는지가 두고두고 역사에 의해 낱낱이 밝혀짐으로써 국민을 위한 공복의 사명을 다하게 된다.

더욱 가증스러운 것은 '국민의 정부'라는 김대중 정권이다. 국민으로부터 '민주주의의 화신'인 양 행세하던 그 조작된 정체성을 적나라하게 팽개치고, '외자유치'라는 미명하에 미국놈의 앞잡이가 되어 흔글을 팔아먹기에 광분했다. 그러면서 말로는 '경상도 군사독재정권'을 저주하며, 그 대척점에서 국민들을 속이고 기만하기에 급급하다. 여기에 온 국민의 신문으로 출범한 <한겨레신문>이 그 주구가 되어, 권력의 비위를 맞추고 재롱 피우기에 급급하고 있다. <한겨레>는 국익과는 상관없이 오로지 DJ정권을 대변하는 시녀가 되어 흔글죽이기의 선봉 노릇을 마다 않았다. 흔글사태는 사이비 민주정권의 본질과 사이비 국민언론의 허상을 극명하게 보여줬다.

어떠한 일 있더라도 흔글 살려야

흔글살리기운동본부와 온 국민들이 흔글을 지키기 위해 각 방면으로 애를 쓰고 있다. 그러나 현실적으로 흔글의 생명을 쥐고 있는 것은 한컴의 이찬진 사장이다. '흔글'과 동의어인 그에게서 흔글 없는 이찬진은 이미 이찬진이 아니다. 그것은 아무런 의미가 없는 이름일 뿐이다. 이찬진도 살고 흔글도 사는 그런 길을 찾아야 한다. 그것은 차제에 흔글을 명실 공히 국민의 워드프로세서로 키우고 가꾸는 것이다.

운동본부는 국민성금을 바탕으로 흔글에 투자하고, 한컴은 이를 통해 경영난을 해결하며, 동시에 흔글정품 사용운동을 전개해 국민가격인 10,000~20,000 원 정도로 온 국민들에게 공급한다. 그와 같은 해결의 실마리는 누구보다도 먼저 이 땅의 행동하는 양심에게 기대할 수밖에 없다. 이것이 진정한 흔글지키기운동이다. 여기에는 이찬진 씨는 물론 온 국민이 다같이 참여하여야 할 의무가 있다.

아울러 제2의 흔글개발도 진지하게 검토해야 한다. 흔글이 국민적인 노력에도 불구하고 만에 하나 MS로 넘어갔을 경우 흔글사용자들은 마땅히 흔글의 대를 이을 제2의 흔글을 개발해야 한다. 그러기 위해서는 흔글지키기 못지않은 더 많은 돈이 투자되어야 하며, 그 공백 기간 동안 MS의 시장 침투력이 만만치 않을 점도 감안해야 할 것이다.

따라서 최선의 방안은 흔글을 지키고 가꾸는 방안이다. 그러기 위해서는 지금의 시점에서 제2의 흔글개발은 소리 소문 없는 침묵의 아우성으로 물밑 그늘에서 은밀히 진행되어야 한다. 자칫 잘못하면 흔글매매론자에게 매매의 기정사실화만 굳히게 할지 모르기 때문이다. 흔글을 지키고 있다가 나중에 성능이 더 뛰어난 제2의 흔글이 나오면 그때 가서 이를 드러내면 된다.

이와 함께 특히 문화부 등 정부·정치권 등 일각에서 추진하고 있는 '새 한글 SW 개발'에 대해 비판적인 시각을 갖고 예의 주시하여야 한다. 국민들의 거센 흔글매각 반대여론 때문에 흔글매매론자들이 권력을 장악하고 있는 정부가 궁지를 모면하기 위해 국민을 기만하기 위한 속임수 정책일지도 모르기 때문이다.

흔글 매각은 제2의 국치이다

세계의 유수한 언어학자들은 이구동성으로 한글이 가장 과학적인 언어라고 극찬한다. 뿐만 아니라 우리 민족은 세계에서 스스로의 필요에 의해 언어를 창조한 유일한 민족이며, 자국의 언어를 갖고 있는 몇 안 되는 나라 가운데 하나이다. 이와 같이 세계적으로도 우수한 한글의 창제정신을 21세기 정보화 사회에서 제대로 계승한 워드프로세서가 한글과컴퓨터의 흔글이다. 그런데 그 흔글이 사라질 위기에 처해 있다. 한컴이 MS의 투자를 받아들이는 조건으로 흔글죽이기에 합의했기 때문이다.

미국에서는 불문율 같은 신화가 있다. 그것은 MS에 반하는 세력에게 투자하지 않는 것이다. 왜냐하면 그것은 곧 패망을 의미하기 때문이다. 정보화 사회가 진전되면 진전될수록 MS와 빌 게이츠의 영향력은 그만큼 확대되고 강력해질 것이다. 흔글은 이 같은 신화의 광풍을 온몸으로 막아낸 우리의 자존심이자 긍지였다.

1910년 경술국치로 조선은 일본의 속국이 됐다. 그리고 1998년 한컴과 MS의 협정으로 한국어는 MS어의 속어가 됐다. 우리가 흔글을 외면하면 이와 무엇이 다른가. 우리가 붙잡고 있는 것은 어찌 보면 흔글이 아닌지도 모른다. 그것은 IMF라는 미증유의 국난을 맞아 이를 극복하기 위한 민중들의 몸부림이 아닐까. 이 땅을 딛고 사는 국민의 언론이라면 결코 이를 간과하여서는 아니 된다.

5 덧붙이는 글

이 글을 쓴 직후인 1998년 7월 20일 한글과컴퓨터사(사장 이찬진)와 흔글지키기운동본부(본부장 이민화)는 오전 11시 서울 롯데호텔에서 기자회견을 갖고 한컴은 △MS와의 투자유치 협상을 중단하고 △운동본부로부터 100억 원의 투자를 유치하며 △운동본부와 공동으로 SW정품사용 및 100만 회원가입운동을 추진키로 합의했다고 발표했다. 이로서 지난달 15일 한컴의 흔글개발 포기로 야기된 흔글파문은 범국민운동이 MS의 정보패권과 DJ정권의 숭미사대주의 노망으로부터 국민적 SW를 지켜냄으로써 국민들의 자존심을 지킬 수 있게 된 채 막을 내렸다.

이를 계기로 명실상부하게 흔글은 국민적 SW로, 한컴은 국민기업으로 거듭나야 한다. 소비자들도 차제에 불법복제를 근절하고, 정품사용하기운동을 지속적으로 전개하여야 한다. 뿐만 아니라 정부 또한 구호만이 아닌 실질적인 SW산업 육성정책을 실시하여야 한다.

이번 사태는 김대중 정부의 경제정책을 가늠할 수 있는 잣대였다. 대부분 언론재벌이거나 재벌언론인 한국언론은 자본의 성격상 권력으로부터 자유롭지 못하다는 사실을 확인했다. 정권과 언론은 이익을 공유하는 동일체인 것이다. 언론은 이 파문을 그와 같은 자세에서 보도했다.

흔글지키기가 확정된 직후인 21일자 언론의 보도내용을 보면 대부분의 언론이 기사의 중요성에 비해 축소보도로 일관했다. 그동안 흔글살리기에 비교적 호의적이었던 <조선일보>는 해설기사에서 제목을 「신제품을 1만 원에 살 수 있다」고 뽑아 흔글의 가능성에 무게를 두었다. 삼성그룹의 '훈민정음'의 선전선동대인 <중앙일보>는 「살긴 살았지만 살길 험난」이라고 보도해 끝까지 불편한 심기를 드러냈다. <동아일보> 또한 「'흔글' 완전 회생까진 "산 넘어 산"」이라고 보도, 흔글의 운명을 부정적으로 보았다. 흔글사태에 대해 침묵함으로써 김대중 정부가 추진하던 '기업 팔아먹기'를 지원하던 <한국일보>는 역시 「돌아온 흔글 재기 가능할까?」라고 보도함으로써 흔글의 부활을 탐탁찮게 여기고 있다. 시종일관 흔글을 팔아먹어야 한다는 입장이었던 <한겨레>는 제도언론처럼 태도를 돌변, 이번에는 3면 해설기사에서 「1조 사회비용 해소한 소비자운동의 승리」라고 흔글의 극적 회생을 추겨 세웠다.

흔글회생과 관련 21·22일자에 게재된 사설을 보면 <중앙일보>의 「'흔글' 진정 되살려면」(21일자)과 <동아일보>의 「'흔글' 살리려면」(22일자), <한국일보>의 「제2의 '흔글' 신화 창조하자」(21일자), <한겨레>의 「'아래아 한글'의 회생과 숙제」(21일자)라는 사설 등은 한결같이 MS와의 투자협상 철회로 한국기업의 신뢰도와 외국자본 유치에 악영향을 미칠 우려한 다음, 그러한 악영향을 무릅쓰고 흔글이 부활한 만큼 훌륭하게 키우고 가꿔야 할 것이라고 다짐하고 있다. 이러한 시각은 MS사의 관점에서 바라본 시각일 뿐이다. 대우그룹의 톰슨전자 인수를 프랑스 정부가 직접 막았다. 이에도 아랑곳없이 외국기업의 프랑스 투자는 이어졌다. 이에 비해 한국 정부는 공개적으로 MS를 지지했다. 따라서 MS의 좌절은 한국민이 쟁취한 자주적인 주권과 자존심의 승리이지 결코 배타적인 외국기업의 몰아내기가 아닌 것이다.

22일자에 게재된 <한경>의 「흔글 살리는 건 좋지만」과 <서경>의 「흔글 되찾아왔지만」 등의 사설 또한 경제성과 시장논리로 일관하고 있다. 특히 <매경>의 「한글과컴퓨터의 선택」이란 사설은 '지구촌에서 우리만 아직도 모든 것을 나 혼자 내 소유로 해야 하고, 또 나 이외에는 모두 적이라는 획일적이고 폐쇄적이며 경직된 사고에서 벗어나지 못하고 있는 것은 아닌지 반성해 볼 일'이라고 강조함으로써 흔글지키기운동을 국수주의적인 행동으로 비하하는 자세를 드러냈다. 경제지의 이러한 사설은 <전자신문>의 「결실맺은 '흔글살리기'」(22일자)와는 사뭇 대조를 이룬다. 이 사설은 흔글을 어렵게 지킨 만큼 불법복제의 근절과 정품사용운동의 전개, 정부의 실질적인 SW산업 육성 등을 촉구하고 있다.

<한경>은 또한 21일자에서 흔글지키기본부의 한컴 인수의미와 파장을 상보하고 손희식 기자의 「한컴사태가 남긴 교훈」이라는 '취재여록'을 통해 그동안의 논조와는 달리 구조조정이라는 이름 아래 기업을 외국에 내다 팔려는 움직임을 비난하고 있

다. <매경>은 흔글매각 백지화를 3면에 3단 미니박스로 게재하고, 국내기업의 외자
유치에 부정적 영향을 미칠 것이라고 축소보도 했다. 언론의 면피용 보도에 그친
것이다. <서경>은 종합해설면에서 「'국민여망이 흔글 지켰다'」며 선장 교체로 한컴
의 새 항해가 시작됐다고 보도했다.

 흔글파문을 보도하는 언론의 이중적인 보도자세는 지양되어야 한다. 보도의 철학
은 고사하고 마치 이중인격자처럼 필요에 따라 언론의 논조를 바꾸기 일쑤이다. 이
를 건강한 언로라 할 수 없다. 민주주의의 발전을 가로막는 교언영색일 뿐이다. 옳
건 그르건 간에 언론은 언론다운 목소리를 지녀야 한다. 언론이 자기의 목소리를
잃고 기득권 세력의 입장만을 대변할 때 언론은 스스로 언론이기를 포기하고, 앵무
새이자 마름머슴이기를 자처하는 것이다.

☰ 1998. 7. 21.

월드컵과 언론

프랑스 월드컵을 계기로 한국언론의 냄비보도와 결과중심주의 보도가 낳은 폐해를 지적했다. 2002년 월드컵 16강을 위해 한국축구가 월급 1억 원과 하룻밤 숙박비가 수백만 원씩 드는 초호화판 호텔 숙식을 제공하면서까지 모시는 히딩크 감독은 과연 한국축구의 숙원을 이룰 수 있을 것인가. 그 해답이 여기에 있다.

① 여는 말

오늘날 스포츠는 더 이상 개개인의 자아실현 가능성을 위한 가치중립적 행위에 머물지 않는다. 현대사회에서 스포츠는 정치이자 권력이며, 국력이고 문화이기도 하다. 스포츠를 통한 '건강한 육체에 건전한 정신'이라는 교육적 도구는 빛바랜 지 오래이다. 스포츠는 자본에 의해 매매되고, 권력에 의해 지배되며, 언론에 의해 공명(共鳴)되어 상품화된다.

현대사회에서 스포츠는 여가선용이나 체력단련이라는 단순한 목적을 떠나 개인적인 부(富)의 추구, 민족의 우월성 확인, 국민적 단합의 성취와 같은 준거의 틀에 그 목적을 둔다. 스포츠는 신체적·정신적 건강의 유지나 증진뿐 아니라 집단의식과 인간형성에 크게 기여하고 있다. 한 걸음 더 나아가 스포츠는 국력의 신장, 사회적 협동 그리고 애국심을 고취하는 활동으로 간주되고 있다.

개인 차원 떠나 사회적 현상으로

통상 '월드컵'이라 일컫는 '월드컵 축구'는 인류가 창조한 지구상에서 가장 인기 있는 스포츠 이벤트이다. 무게 410g, 지름 22cm, 둘레 68cm의 공이 빚어내는 마력으로 인해 전쟁마저 마다하지 않을 정도로 전 세계인들의 피를 들끓게 하고, 때로는 희망의 나라로 끌어올리며, 또 때로는 절망의 나락으로 떨어뜨리기도 한다. 축구는 남녀노소·인종·민족을 초월해 UN에 가입된 185개국보다 더 많은 나라가 FIFA에 가입되어 있는, 육상과 더불어 가장 보편화된 스포츠이다. 따라서 축구는 곧장 국가대항 이데올로기로 전환되며, 일제시대 식민지 조선인들이 그라운드에서 일제를 때려 뉘였던 스포츠로서 우리나라에서는 국기(國技)로 인식되기도 한다.

축구는 인간의 원초적인 본능을 자극하는 스포츠이다. 너비 64~75m, 길이 100~110m의 직사각형 경기장에서 22명의 선수들이 반으로 나눠, 공을 머리나 발로 차서 상대편 골문 안에 넣기만 하면 된다. 축구는 많은 인기 구기종목 가운데 룰이 이처럼 가장 간단하다. 때문에 많은 사람들이 쉽게 접할 수 있으며 축구에 열광한다.

98프랑스월드컵도 개최국 프랑스가 우승함으로써 막을 내렸다. 아시아 국가로서는 유일하게 4회 연속 월드컵 본선에 나가고, 더군다나 축구의 새 천년을 여는 2002년 차기 대회 주최국인 한국은 이번 대회를 통해 '월드컵 1승'과 '16강 진출'을 목표로 했다. 우리는 금세기 지구촌 인류의 마지막 스포츠 축제인 월드컵을 통해 IMF난국으로 온 국민이 실의에 젖어 있는 현실을 딛고 자신감의 회복과 미래에 대한 희망, 재기의 용기를 찾고자 했다.

축구대통령 "선수 탓" 책임회피 급급

그러나 한국은 월드컵 진출팀 답지 않게 '동네축구'를 하다가 1무 2패로 예선 탈락했다. 우리가 목표로 했던 1승과 16강 진출의 좌절은 무엇보다 먼저 하석주의 백태클 퇴장이 결정적 직접원인이었으며, 총체적인 패인은 차범근 감독의 허술한 대표팀 관리와 용병술 실패로 집약되고 있다. 따라서 1차적인 책임은 차 감독의 몫이라 아니 할 수 없다.

기독교 신자인 차 감독은 예선전에서 승리는 "주님이 주신 선물"이라며 그 영광을 하나님께로 돌렸고, 본선에서의 패배는 "선수들의 능력부족이자 운이 나빴던 탓"으로 돌렸다. 그의 이러한 사고는 선수단에 특정한 종교적 갈등을 불러와 팀 내의 단합과 화합을 저해했으며, 책임을 부하에게 뒤집어씌우는 파렴치한 사고에서는 지도자의 자질로서 의구심을 불러일으키기에 충분한 것이었다.

둘째는 국가를 대표하는 조직체의 구성원이라는 책임감과 의무를 망각한 선수들에게 있다. 국가를 대표하는 선수는 이미 개인이 아니다. 공인이다. 그렇다면 이에 따르는 책임과 의무를 다해야 한다. 또한 개인적으로는 월드컵이라는 무대를 활용해 자신의 기량을 다 보임으로써 외국의 유명 프로팀으로부터 스카웃의 대상이 되어 국위도 선양하고, 부를 축적할 기회도 스스로 만들어야 했다.

셋째는 권력에 젖어 있는 무사 안일한 축구협회의 행정 또한 문제가 아닐 수 없다. 우물 안 개구리 식의 주먹구구 행정으로는 월드컵 1승과 16강 진출이 요원하다. 개혁의 무풍지대인 협회는 그동안 국가대표팀 구성 등에 있어서 파벌의 나눠먹기에 의한 감독 및 선수단 관리 등으로 일관해 왔다. 이를 타파하지 않고는 한국축구의 미래가 없다.

기술위원회는 세계축구의 흐름을 파악하고 이를 한국축구에 접목해야 했다. 심판위원회는 뇌물스캔들에 휩싸일 게 아니라 심판에 대한 처우개선 등을 통해 자질을 향상하고, 객관적이고 공정한 권위를 확보하여 축구발전을 운동장에서 직접 견인하여야 한다. 경기위원회는 선수들이 100% 제 기량을 발휘할 수 있도록 만전을 기해야 했다.

총체적 부실은 '헐크언론'에서 기인

한국축구를 둘러싼 이 같은 모순덩어리가 집약되어 결정적인 순간에 패배했다. 그것은 마치 한국 정치·경제의 몰락과 흡사하다. 축구를 둘러싼 문제점은 이미 수 없이 제기되고 지적된 사항이다. 그런데도 여전히 시정되지 않고 있다. 그 출발점에 대한 처방은 축구 전반에 대해서 진행되어야 하나 이 글에서는 한국언론이 지닌 문제점에 대해 논거의 틀을 두고 여론의 절대치인 <조선>·<중앙>·<동아>·<한국일보> 등 4대 언론을 중심으로 글을 전개해 나가고자 한다.

② 몸 말

여론을 창출하고 선도해 가는 언론의 영향력을 논하기에는 새삼스럽다. 오늘날 언론은 스포츠를 오락산업화로 승격시켰을 뿐 아니라 상품화함으로써 언론 자신도 수익의 증대를 꾀한다. 언론에 의해 상업적으로 채색되고 분식된 스포츠는 더 많은 관중을 끌어들이게 되고, 언론은 독자가 요구하는 정보를 제공함으로써 판매와 광고수익을 올리게 된다. 언론과 스포츠는 악어와 악어새처럼 동반자적 공생관계를 유지한다. 특히 월드컵은 민족주의적 감정으로 용해돼 상품선전도 국가단위로 이뤄진다. 언론으로서는 황금어장이나 다를 바 없다.

언론은 월드컵을 상업적으로 활용하기 위해 상당부분 선정적으로 보도하기 일쑤이다. 한국언론의 보도는 '도' 아니면 '모'식의 흑백보도 전형을 보여준다. 이기면 '영웅'이고, 지면 순식간에 '역적'이 된다. 이건 숫제 도덕성과 가치관이 붕괴된 보도를 하고 있는 것이다. 이를테면 언론은 차범근 감독을 '축구대통령'으로까지 '영웅'시 했다. 하지만 프랑스월드컵에서 실패하자 '대표팀 감독으로서의 자질'을 들먹이며 '인격적 살인과 모독'을 서슴지 않고 있다. 언론의 이와 같은 차범근 신화 '만들기'와 '죽이기'가 거듭되는 한 한국축구의 개혁은 모래 위에 쌓는 성과 다를 바 없다.

언론의 인물보도·결과보도가 문제

축구는 본질적으로 11명의 선수가 공격과 수비에서 조화를 이룬 팀워크의 경기이다. 공격과 수비가 조화를 이룰 때 강팀이 되며, 승리를 쟁취할 수 있다. 한국팀에는 수비가 없다. 모두 공격뿐이다. 그러므로 한 번 무너지기 시작하면 걷잡을 수 없이 순식간에 와르르 무너진다. 그것은 팀워크가 없기 때문이다. 뿐만 아니라 선수가 지녀야 할 기본적인 개인기를 개인주의로 오인하여 패스를 하지 않는다. 특히 상대방의 득점사정권인 문전처리 지역에서는 더더욱 그러하다. 너도나도 골게터가 되겠다며 드리블하다가 결정적인 순간에는 기회를 놓치거나 공을 상대편에게 빼앗기기 일쑤이다.

그 원인은 언론이 인물보도·결과보도를 하기 때문이다. 언론은 골을 넣는 선수만 '영웅 만들기'에 나선다. 누구하나 묵묵히 공격수를 뒷받침해 주는 수비수를 조명하지 않는다. 그러니 누가 수비수를 하겠는가. 너도나도 골잡이가 되겠다고 나서는 것은 당연하다. 어디 그뿐인가. 일테면 국내 프로리그에서 "공격축구를 안 해서 재미가 없다", "골이 나지 않아 관객이 들지 않는다"는 등의 수비축구를 맹비난한다. 그러다가 국제대회에서 한국이 지면 으레 부실한 수비문제를 또 집중 성토한다. 도대체 이 땅의 축구선수들은 한국언론이 무책임하게 주장하는 주문에 어떻게 대응해야 할지 헷갈리게 한다. 이는 역으로 언론이 축구를 보도할 만큼 능력을 지니지 못하고 있다는 것을 의미한다.

언론이 속성상 플레이어 위주의 인물보도, 경기결과 위주의 보도를 할 수밖에 없다 해도 이는 정당한 보도태도가 아니다. 더구나 한국언론에서는 또 정작 가장 중요한 과정이 생략되고 있다. 스포츠맨십은 민주주의이며, 민주주의는 과정의 정치이다. 따라서 스포츠는 누가 이겼느냐 보다 어떻게 이겼느냐가 더욱 중요하다. 한국언론에는 '어떻게'는 없고 '누가'만 강조된다.

언론에 민감할 수밖에 없는 선수들은 매스컴을 타기 위해 결과만 좇는다. 이른바 스타가 되면 돈과 명예가 함께하기 때문이다. 자기 분야의 최고선수가 되기보다는 누구나 다 골게터가 되겠다는 것이다. 수비수는 아무리 잘해도 본전이다. 단 한 번의 실수라도 곁들여지면 온갖 비난을 받아야 한다. 이에 비해 공격수는 골을 넣을 찬스를 열 번 놓치다가 단 한 번만 성공하면, 언론에 의해 하루아침에 국민적 영웅으로 포장된다. 언론이 인물에 초점을 맞춘 이러한 보도를 지양하지 않는 한 어설픈 개인주의가 만연한 한국축구의 미래는 여전히 암담할 수밖에 없는 구조다.

우열논리보도로 팀워크 경기력 실종

여기에 더하여 언론의 일방보도도 문제다. 무릇 어떤 사안이건 간에 보도의 대상에는 양자가 있기 마련이다. 한국언론은 어느 일방만을 집중적으로 보도하고, 다른 일방은 철저히 무시한다. 그것은 대개 힘을 가진 집단을 우선시한다. 가령 검찰과 경찰, 그리고 피의자와의 관계에선 개인의 인권은 아랑곳없이 검찰이나 경찰의 발표를 진실인 양 보도한다. 관과 민간에선 관의 입장을 집중적으로 옹호·선전하며, 재벌과 중소기업에서는 재벌을 대변한다. 심지어 미국과 한국의 입장이 충돌할 때에는 한국의 이익보다는 오히려 미국의 이익을 옹호하기도 한다.

한국언론의 이러한 편향성은 진실을 알 수 없게 하고 사물을 우물 안 개구리 식의 눈으로 보게 한다. 국제관계에서는 상대편의 질서나 체계를 아전인수로 해석하고, 자의적인 잣대로 보도한다. 그렇다 보니 보도가 정확할 리 없으며, 추측보도가 진실인양 난무하게 된다. 이는 한국이 국제무대에서 협상력이 떨어지는 가장 큰 이유이다.

이번 월드컵에서도 언론은 추측·왜곡보도로 일관했다. 한국축구에 대한 정확한 진단도 없이 국민들의 기대에 편승해 월드컵 16강 진출이 눈앞에 있는 양 호들갑을 떨었다. 멕시코를 이길 수 있는 약팀으로, 네덜란드를 넘을 수 없는 강팀으로, 벨기에를 비길 팀으로 미리 재단해 놓고 경기를 보도했다. 물론 그 근거는 축구협회나 대표팀 감독으로부터 기인한다. 따라서 그와 같은 목표는 지극히 주관적인 사항일 뿐이다. 그럼에도 언론은 이를 절대적으로 객관화하고, 여기에 상대적인 가치를 부여한다. 때문에 그 목표를 달성하지 못했을 경우는 엄청난 비난과 매도, 돌팔매를 던진다.

언론의 이 같은 이중성은 결과만 좇다가 생기는 필연적인 산물이다. 경기에서 이기면 온갖 미사여구로 찬사를 쏟다가도 지면 사정없이 매도한다. 이기고 지는 게 다반사인 스포츠의 세상에서 한국언론은 언론이 제시한 보도의 데드라인만을 강조하는 것이다. 어느 누구하나 패인에 대해 책임지는 사람이 없다. 감독은 "선수 탓"으로, 선수들은 "운이 나빴던 탓"으로, 협회는 "잔디밭 시설 탓"으로, 언론은 "떠넘기기"로 책임을 회피한다. 어느 누구하나 "내 탓"이 아닌 것이다. 아무도 책임지는 사람이 없으니 발전은 요원하다.

경기 전에는 선전선동으로 일관하고, 경기 후에는 일제히 돌팔매질에 나서는 언론의 무책임한 보도태도는 시정되어야 한다. 차범근 감독은 뭐니 뭐니 해도 이번 대회에서 기고만장했다. 지도자로서의 자질도 의심스럽게 했다. 1차전에서는 90분 동안 뛰지도 못하는 선수를 주전으로 기용하더니, 생전 처음 해 보는 전술로 본선 무대를 실험해 보는 무지한 용병술을 썼다.

경기 전엔 선전선동 경기 후는 돌팔매질

한국축구의 개혁은 야누스와도 같은 한국언론의 두 얼굴적 보도를 극복하는 언론개혁에서부터 시작되어야 한다. 언론은 멕시코전을 앞둔 13일자에서는 일제히 국민들의 기대치만 잔뜩 부풀리기 보도로 일관했다. 「김도훈 원톱' 멕시코 허 찌른다」(조선), 「김도훈 원톱 '깜짝카드'」(중앙), 「김도훈 '원톱'…헤딩으로 승부」(동아), 「오늘 '1승의 밤…멕시코를 넘어라 / 김도훈 원톱 "리옹돌풍 두고보라"」(한국) 등으로 보도했다.

어느 신문하나 김도훈 원톱이 지니는 문제점에 대해 지적하지 않고 있다. 컨디션 난조와 경험부족 등을 이유로 부동의 스트라이커 최용수를 빼고 김도훈은 기용한 것은 차 감독이 실패한 가장 큰 원인으로 지적된다. 김도훈은 자신보다 키가 작은 멕시코 수비들을 상대로 한 번도 머리에 볼을 제대로 맞히지 못하는 등 한국의 공격을 책임진 골게터다운 면모와는 거리가 멀었다. 뿐만 아니라 하석주가 퇴장 당해 10명이 뛰고 있는 후반 70분께부터는 다리에 쥐가 나 제대로 뛰지도 못했다. 실질적으로 9명이 뛴 한국의 역전패는 당연한 결과였다.

멕시코에 3대 1로 패한 15일자에서 언론은 일제히 비난의 포문을 열기 시작했다. 「"최용수 어디갔나" 이해못할 선수기용」(조선), 「'생각하는 축구'가 아쉽다」(중앙), 「"한국의 작전은 정상이었나"」(동아), 「무모한 용병술 "차감독 완패"」(한국) 등 보도내용을 달리함으로써 독자들로부터 면죄부 챙기기에 나선 것이다.

누가 누구에게 돌을 던질 수 있으랴

차범근 감독은 2차전에서는 목표를 비기기에 두고 나가 싸울 것을 주문했다. 상대가 비록 우리 팀보다 객관적으로 실력이 앞서 있다 할지라도 절대강자도 절대약자도 허락하지 않는 것이 스포츠이다. 더구나 공은 둥글다. 최선을 다하다 보면 좋은 결과가 나오기 마련이다. 그런데 감독부터 주눅이 들어 있었던 것이다. 결국 34년 만에 국제대회 출전사상 가장 큰 스코어차인 5대 0으로 대패하자 언론은 국민들의 분노를 차 감독에게만 뒤집어씌우기에 몰입했다.

경기 전에는 차 감독의 비기기 작전에 대해 입을 다물고 격려를 아끼지 않던 언론이 경기가 끝난 다음날인 22일자에서는 「한국, 대회 최다 실점/개인기 중시하는 세계조류 못따라」(조선), 「5명에 5골…뻥 뚫린 가슴 / ‘오렌지 군단’에 수모…한국축구 ‘블랙 먼데이’ / 뒷걸음질하는 ‘아시아 최강’ / 냄비열기·열악한 환경이 빚어낸 총체적 부실」(중앙), 「져도 이렇게 질수가… / 정신력도 뒤져 전반에만 2실점」(동아), 「기술도 전술도 매너도 졌다 / 감독 전술부재·용병술 실패의 값비싼 대가 / 잦은 포지션 이동으로 전력 극대화 꾀하지 못해 / “네덜란드전 무승부 목표” 선수들 사기 떨어뜨려」(한국) 등에서처럼 역시 책임전가에 급급하고 있다. 언론이 제구실을 다했으려면 그와 같은 문제점을 사전에 보도했어야 했다.

네덜란드전은 선수들 스스로가 다짐했듯 ‘불가능은 없다’라는 패기와 자신감으로 한판 맞붙어야 했다. 그런데도 선수들은 무기력했다. 감독의 뜻대로 이길 마음이 전혀 없으니 졸전을 할 수밖에 없었다. 공격수들은 자신감 있는 돌파작전에 나서지 못했으며, 수비수들은 또 퇴장 당할까봐 지레 겁부터 집어먹고 적극적인 방어전을 펴지 못했다. 개인기도 큰 차이가 있는 데다 조직력에서도 밀리고 한국축구 특유의 투지마저 찾아볼 수 없었던 것이다. 져도 최선을 다해 깨끗하게 진 것이 아니라 더럽게 진 경기였다.

③ 닫는 말

축구는 축구 이상도 이하도 아니다. 그러나 다른 한편으로는 인간의 원초적인 승부욕과 집단적 우월감을 자극하는 정치, 그리고 사회적·민족적 이벤트이다. 골문을 가르는 공은 총이 되기도 하고, 선수들이 누비는 그라운드는 민족감정을 달구는 용광로가 되기도 한다.

월드컵은 민족저력 응집하는 용광로

프랑스의 스포츠전문 한 일간지는 월드컵의 과열열기를 '마약'에 비유했다. 월드컵 축구가 대중의 현실도피 심리를 부추겨 당면한 국가, 사회적 현실을 잊게 하고 삶과 동떨어진 '몽환'의 세계에 빠지게 한다는 것이다. 그 예로 인도네시아 국민들이 개혁을 잊고 텔레비전 앞에 앉아 마약중독자처럼 월드컵 경기에 넋을 잃고 있다고 설명했다.

국민들은 이번 월드컵에서 1승과 16강 진출을 염원했다. 그것은 더욱 간절하고 절실한 것이었다. 축구를 통해 IMF구제금융시대의 고통과 시름을 떨치고 이를 계기로 사회적 통합의 컨센서스를 형성, 난국 극복의 지렛대 구실을 해 주길 바랐다. 사실 지금 우리 사회에서 가장 절실한 것은 미래에 대한 자신감의 회복과 희망이다. 국민들은 월드컵에서 그것을 찾고자 했다. 월드컵 대표팀은 54년 월드컵 첫 출전 이래 최악의 졸전만 벌이다가 예선 탈락했다. 국민들에게 오히려 '스트레스'만 심어 주고 돌아온 것이다.

2002 성공위해 한국축구 부활시급

2002년 차기 월드컵을 한국과 공동 주최하고 있는 일본 또한 이번 대회에서 3전 전패하고 물러났다. 월드컵에 첫 출전한 일본은 승점은커녕 첫 득점에 만족해야 했으나 일본축구는 실패한 축구라 하지 않는다. 그것은 일본이 예선경기를 다해 일본

축구가 갖고 있는 진면목을 관중들에게 다 보여준 경기를 했기 때문이다. 일본은 져도 최선을 다해 깨끗하게 진 것이다.

이에 비해 2002월드컵 공동 개최국인 한국은 자만에 빠져 '동네 축구'를 하다가 국제적 망신만 당했다. 이와 같은 마음가짐으로는 자칫 2002월드컵이 일본을 위한 요란한 '들러리 잔치'가 되지 않을까 하는 우려를 자아내게 하고 있다. 일본의 축구협회·감독·선수·심판·언론 등이 이번 대회에서 보여준 축구인식이 그와 같은 것을 뒷받침하고 있다.

뿐만 아니라 월드컵 대표팀의 졸전은 차기대회 주최국으로서 유일하게 16강에도 들지 못하는 것이 아닌가 하는 의구심을 들게 하고 있다. 그것은 우리가 과연 이 시점에서 2002월드컵 개최가 꼭 필요한지 의심을 갖게 하는 대목이기도 하다. 주최국이 16강에도 들지 못할 경우 나라가 부도난 형국에도 막대한 돈을 쏟아 부어 월드컵을 여는 의미가 없기 때문이다. 이는 손님을 위해 빚을 내 걸쭉한 잔치를 벌이는 것과 다를 바 없다.

한국은 월드컵 전적 14전 4무 10패로 11골을 넣고 43골을 잃었다. 되로 주고 말로 받은 것이다. 이것은 또 월드컵 본선 경기를 열 차례 이상 치른 나라 가운데 단 1승도 못 올린 유일한 국가이다. 결국 아시아에서는 월드컵 본선에 가장 많이 나간 단골 멤버로서 다른 나라의 부러움을 받고 있지만 국제무대에서는 '바지저고리'밖에 안된 것이다.

과정 중시하는 언론개혁 절실

한국축구의 부활에 대한 논의가 분분하다. 협회를 개혁하고, 유능한 감독을 영입하고, 기량을 지닌 우수한 선수를 육성·발굴하며, 경기장 시설을 보완하고, 한국 특유의 조직력과 기술을 개발·접목하는 것 등은 구구절절 절실하고 옳다. 그러나 이에 앞서 경기의 결과만 쫓는 상업적인 한국언론의 냄비보도에 대한 근본적인 개혁 없이는 말짱 헛것이다.

언론이 여전히 골을 넣은 선수와 경기에서 이긴 감독을 중심으로 인물보도를 하고, 경기의 승패결과만을 보도할 때 한국축구가 무너지는 것은 일순간이다. 왜냐하면 경기란 이기고 지는 게 다반사이기 때문이다. 공격축구를 주문하면서, 동시에 수비축구를 질타하는 한국언론의 냄비보도가 계속되는 한 한국축구의 발전은 요원하다. 그라운드에서 공만 잘 찬다고 축구가 발전되는 것은 아니다. 여기에는 국민적 성원과 지지가 뒤따라야 한다. 언론은 국민의 성원을 선수들에게 전하는 바로미터이다. 그런데 이 중계자가 여론을 왜곡하여 전한다면 어떻게 될 것인가. 공격수가 아무리 날고뛴다 해도 한순간에 수비수가 무너지면 경기의 흐름, 의욕, 투지는 순식간에 날아가 버린다. 따라서 수비수도 공격수처럼 한국언론에 의해 공정하게 대접받을 수 있을 때 한국축구는 발전하게 된다.

진정한 스포츠맨십과 민주주의는 과정을 중시한다. 결과에만 집착하는 언론의 보도태도는 도덕성이 실종된 정치권력과 부패한 탐관오리, 정경유착·부실집단의 재벌을 용인하는 것과 다를 바 없다. 민주주의는 결과의 제도가 아니라 철저한 과정을 중시하는 제도이다. '건전한 정신에 건전한 육체'라는 스포츠정신 또한 여기에서 비롯된다. 스포츠정신은 얼마만큼 룰을 지키며 최선을 다해 정정당당히 겨뤘느냐가 관건인 것이다.

언론이 이를 도외시하는 것은 언론 또한 부패문화의 일원이자 공범자이기 때문이다. 따라서 과정을 중시하는 언론개혁 없이는 어떠한 난관에도 포기하지 않고 최선을 다하는 한국축구의 부활은 없다. 뿐만 아니라 민주주의를 위협하는 결과 제일주의를 청산하지 않는 한 이 땅의 민주화는 요원하다.

≡ 1998. 7. 25.

※ 보론; 2002 한일월드컵, 한국 4강 신화 창조

2002한일월드컵에서 한국은 월드컵 역사상 최초로 첫 승은 물론, 세계 4강에 올라 전 세계를 놀라게 했다. 한국의 월드컵 4강은 '축구 쿠데타'를 넘어, 세계축구사에 있어서 '전설'과 같은 '신화'로까지 회자되었다. 2002월드컵은 또 축구뿐만 700만 시민들이 '붉은 옷'을 입고 거리로 나와 "대～한민국"을 연호하며 "짜자짝짝짝!!!" 박수를 치고, "오! 필승 코리아"를 통해 '축구를 매개로 한 내셔널리즘'이라는 패러다임을 낳았다.

2002년 6월, 한국·한국인들은 그렇게 뜨거운 여름을 민족적인 용광로에 녹여내며 한국인의 '신명'을 전세계 지구촌 가족들에게 유감없이 발휘했다. 지구촌 가족들은 한국인들의 위대한 열정에 존경과 함께 찬사를 쏟아냈다. 나아가 월드컵이라는 인류의 축제에서 "대～한민국"은 기꺼이 지구촌 가족의 '문화 트렌드'로 자리매김하게 하고 있다.

그러나 이는 겉으로 드러난 '월드컵 4강 신화'일 뿐, 그 속내에 잠재된 '진실'은 사뭇 우리를 슬프게 한다. 먼저 한국인들이 월드컵을 즐기기 위해서는 하룻밤 경비로 수십만 원을 거뜬히 지출할 만큼 경제적으로나 사회적으로 삶에 그만큼 여유를 지녀야 한다. 현실적으로 4,300만 한국인 가운데 월드컵을 관람스포츠로 즐길 수 있는 여유를 지닌 사람들은 전체 국민의 10%도 채 안된다. 90% 이상의 국민들은 IMF의 파고를 고단한 삶이 가로 놓여 있었다. 대부분의 한국인들은 TV를 통해 중계되는 시청자로 축구를 통해 위무받았으며, 5,000 원짜리 T셔츠를 입고 거리로 뛰쳐나와 집단적인 응원을 통해 월드컵 참여자로서의 대리만족에 그쳐야 했다.

한국에서의 월드컵은 대한민국의 모든 신문·방송·인터넷 등 온갖 미디어가 총동원되어 연출된 국가적 이벤트였다고 할 수 있다. 여기에 온 국민들이 하나 되어 참여한 퍼포먼스였다. 수조 원이 투입된 2002월드컵에서 한국이 진실로 얻은 것이 있다면 '세계 4강'이라는 채색된 신화가 아니라, 혈연·학연·지연을 배제하고 오로지 실력 있는 선수에게 공정한 기회를 제공했던 거스 히딩크 감독의 인재 용병술과 한국인의 신명이 자발적으로 도출될 때 우리는 무엇이든 해 낼 수 있다는 소중한 자신감이라 할 수 있다.

2002월드컵 4강은 더 이상 국제사회에서 한국적인 '꼼수'가 통하지 않는다는 것을 여실히 보여줬다. 정정당당하게 대도(大道)를 떳떳이 걸어갈 때 비로소 세계 4강도 가능하다는 것을 98프랑스 월드컵에서 자신의 조국 네덜란드를 이끌고 한국을 5대0으로 격파했던 히딩크는 여실히 보여줬다. 한국이 '차범근'식으로 일관하다가는 세계 4강은 고사하고 월드컵 첫 승도 여의치 않을 것임을 절실히 깨달아야 한다.

== 2002. 7. 14.

제4부 TK언론의 합창

대구예술을 말살한 지방언론의 횡포
서해안 교전사태와 TK언론 감상법
지역감정에 기생하는 지방언론
대중언론의 여론조작과 왜곡실태

사람의 언론은 옳은 것은 옳다, 그른 것은 그르다고 말하는 데 있다. 옳은 것을 옳다고 하면 듣는 사람이 기뻐하고, 말하는 자도 기분이 좋아지므로 사람들이 모두 즐겨 말한다. 그러나 그른 것을 그르다고 하면 흔히 듣는 자가 기뻐하지 않게 되고, 말하는 자에게도 해(害)가 따르기 일쑤이다. 옳은 것을 옳다고 하는 논설은 반드시 아첨하는 데로 돌아가므로, 이는 그른 것을 그르다고 하여 바로잡기를 바라는 것만 못하다. 옳은 것을 옳다고 하여 기쁘게 하는 것도 두려운데, 그른 것을 옳다고 칭찬할 수야 있겠는가. 옳은 것을 옳다고 말하는 자가 그른 것을 그르다고 말하는 사람보다 많은 것은 장차 나라가 어지러울 징조이다. 하물며 옳은 것을 옳다고 말하는 자만 있고, 그른 것을 그르다고 말하는 사람이 없으면, 이는 그 멸망이 박두한 것이다.

— 李瀷, 『星湖僿說』 卷16, 「人事門」, 直言極諫條.

대구예술을 말살한 지방언론의 횡포

지역예술을 말살하는 토호언론의 횡포를 고발. 남이 잘되는 것은 결코 못 보는 한국인의 고약한 심성과 뒤틀린 심보를 이 글에서 볼 수 있다.

① 들어가는 말

흔히 21세기를 '문화의 세기'라 한다. 요한 갈퉁(*Yohan Galtung*)은 1960년대 초에 이미 '문화제국주의'의 등장을 예견했고, 앨빈 토플러(*Alvin Toffler*)는 정보사회의 도래를 예견했으며, 피터 드럭커(*Peter Drucker*)는 지식사회의 도래를 예언한 바 있다. 정보사회와 지식사회의 도래는 넓은 의미에서 보면 결국 문화사회의 도래를 의미한다고 말할 수 있다. 최근에 와서 새뮤얼 헌팅턴(*Samuel Huntington*)은 21세기 인류 문명이 당면할 과제로서 '문화충돌'의 위험성을 경고한 바 있다.

문화란 무엇인가? 인간의 총체적인 삶의 모습이 농축된 정신활동의 정수를 문화라 한다. 문화의 본질은 곧 인간의 심성에 내재된 아름다움을 밝히는 예술에서 기인하기 마련이다. 오늘날 C&C(*Computer & Communnication*)의 발달로 인해 물리적인 국가의 개념이 급속히 붕괴되고 온 인류의 지구촌화·세계화·글로벌화가 전개되고 있는 이즈음, 각국은 문화를 통한 이데올로기와 헤게모니의 장악을 위해 예술의 진흥을 도모하고 있다.

21세기 세계화·지방화 시대라는 시대사조에 정면으로 반하는 극단적인 자해·자학조치가 대구시의회에 의해 내려졌다. 대구시의회는 지난해 12월 16일 2001년도 새해 예산안을 확정하면서 사단법인 한국문화예술단체총연합회 대구광역시지회(대구예총)가 발행하는 <월간 대구예술>의 발행지원비 1억 2,000만 원을 전액 삭감했다. 이로 인해 재정적 자립의 바탕을 지니지 못했던 <대구예술>은 휴간할 수밖에 없는 처지에 놓이게 됐다. <대구예술>은 250만 대구시민에게 문화예술에 대한 관심을 일깨우고, 또 예술이란 무엇인가를 생각할 수 있는 장을 마련해 줌으로써 지역의 문화예술 발전과 성숙을 도모했던 대구 유일의 고급 문화예술지로서 지난 1982년 12월 연간지로 창간된 이래 18년 동안 계간, 격월간, 월간을 거치며 2000년 12월 현재 지령 106호를 기록한 유서 깊은 예술전문 교양지였다.

불투명한 예총집행부 비리의혹 해명해야

물론 대구시의회가 <대구예술>의 예산을 삭감한 데는 그 원인이 있다. 그것은 <대구예술> 지원금에 대한 대구예총의 예산 전·유용 의혹 등이 전 편집장 하창수 씨(39)에 의해 외부에 유포되면서였다. 더구나 대구예총은 지난 98년 말에도 <대구예술> 인쇄비 지출 내역이 상당부분 허위이거나, 일부 사업비는 영수증도 제대로 첨부하지 않는 등 예산 전·유용 의혹으로 말썽을 빚어 지난해 1년간 발행이 중단되기도 한 전력마저 지니고 있었다. 대구예총이 그러한 전과(?)를 지녔으면 개과천선(?)하고, 예산집행에 있어서 한 점 의혹도 없이 투명하고 맑게 처리했어야 했다. 이에 대한 비난과 책임은 어떠한 경우에도 대구예총 집행부는 면치 못한다.

대구시의회가 <대구예술>의 예산안을 삭감한 이유는 하씨의 주장에서 따른 논란 때문인 듯하다. 이는 아이가 선천성 장애를 지니고 태어났다고 부모가 임의대로 무참히 살해한 것과 다를 바 없다. 비록 대구시의회가 부모라 할지라도 대구예술을 대표하는 잡지인 <대구예술>을 그렇게 일방적으로 잔인하게 죽일 수는 없다. 만일 하씨의 주장이 사실이었다면 시의회는 감사와 청문회 등을 통해 대구예총 집행부의 비리의혹을 밝혀내고, 잘못이 있었다면 관련법에 따라 처리하면 된다. 그런 다음 대구예술을 진작시키기 위한 <대구예술>의 예산이 올바르게 집행되도록 관련부처 등에 제도적으로 그 방안을 마련하여 시행토록 관리 감독을 제대로 하면 된다. 이것이 시의회가 할 일이었다. 그러나 시의회는 행정편의주의에 젖어 예산을 원천 삭감하는 만행을 저질렀던 것이다.

② 지방언론의 사명과 보도태도

언론이 창조적인 문화예술의 발전과 진흥에 기여해야 함은 언론에 부여된 사명이다. 그런데도 지역여론을 배타적으로 독과점한 독점언론이 무지와 졸속으로 지역의 문화예술을 말살하는 데 기여하고, 어떤 의미에서는 오히려 북 치고 장구 치며 이를 선동하고 있다면 21세기 문화의 시대를 맞으면서 우리는 어떻게 해석해야 할까.

결론을 말하면 TK언론은 대구예술을 학살하는 대구시의회의 무지한 만행을 분쇄하고 저지하지는 못할망정 오히려 공범자가 되어 이를 찬양·고무·지지했다. 이는 누워서 침 뱉은 격이다. 이 글은 예술에 대해 TK적인 발상을 버리지 못하는 대구언론의 무지와 언론비판의 사각지대에 기생하면서 민중 위에 군림하며 무소불위의 언론권력을 무책임하게 휘둘러 남발하고 있는 지방 토호언론의 언론횡포를 적나라하게 드러내는 데 그 목적을 둔다.

토호언론 횡포에 죽어가는 지역예술

<대구예술>은 전국 57개 예총 기관지 가운데 최고 수준의 편집과 알찬 내용을 담고 있다. 전국의 많은 예총이 <대구예술>을 기본모델로 삼아 예술잡지를 발행하려고 ‘자료 제공’을 요청하는 등 <대구예술>은 우리나라 예술계를 선도하는 잡지였다. 비록 발행지가 지방에서 나오는 잡지라 하더라도 결코 서울에서 발행되는 어느 예술잡지 못지않게 경쟁력을 지닌 잡지였던 것이다. 이런 의미를 지닌 <대구예술>이 어느 날 갑자기 사라진 배경에는 지방토호언론의 무책임이 도사리고 있다.

<매일신문>은 9월 20일자 17면 문화면에서 「예총 대구시지회 또 예산전용 의혹」

이라는 톱기사를 통해 <대구예술>예산 전용 의혹을 보도했다. <대구문화방송(대구 MBC)>도 10월 9일 방송된 「시사포커스 오늘」이란 프로그램을 통해 이 문제를 심층적으로 다뤘다. 언론이 비리를 파헤쳐 보도함으로써 정의사회를 구현하려는 것은 언론으로서는 마땅히 해야 할 의무라 하겠다. 따라서 이를 나무랄 수는 없다.

언론이 문제점을 지적했으면 지속적인 후속보도와 언론활동을 통해 비리와 의혹이 징치될 때까지 보도해야 한다. 이번 사태를 보도하는 대구언론의 보도태도는 유감스럽게도 그러한 것이 아니었다. 문제점만 떠벌리고 대안보도는 외면하여 결국은 대구예술의 문화인프라를 허물고 만 것이다. 이는 문화마인드에 무지한 언론이 상업적 기회주의로 처신한 왜곡보도의 전형이었다.

대구언론의 이러한 보도태도는 '사생아'를 낳아 놓고서도 방기하는 것과 다를 바 없다. 아무리 세상의 도덕과 윤리와 강상이 허물어지고 있는 '막가파 세상'이라 하지만 사생아를 낳아서는 안된다. 하지만 부득이 낳았으면 끝까지 책임을 다하는 게 양식을 지닌 인간의 도리이다.

전국에서도 몇 안 되게 대구를 대표하는 경쟁력을 지닌 <대구예술>이라는 유수한 잡지가 죽어 가는데도 대구언론은 문제점만 잔뜩 지적해 놓고는 책임 있는 후속보도는 철저히 '나 몰라라'로 일관했다. 또한 어느 매체건 <대구예술>에 대한 선악의 시비나, 당위성, 대구예총의 개혁방안, 문제점에 대한 대안의 제시 등에 대해 '모르쇠'로 처신했다. 모름지기 지역문화의 창달이라는 지방언론의 사명을 자각하는 언론이라면 비리의 원인을 밝혀내 질타하고, 체제와 제도의 지속적인 개혁을 통해 문제점 있는 지역예술이 바로 설 수 있도록 애정 어린 보도를 해야 하는 것은 상식이다.

TK적인 시의원 발상 얼씨구나 맞장구

어디 그뿐인가. 또 하나 지적되어야 할 것은 언론인들이 지역민에 대한 봉사자로서가 아니라 민중 위에 군림하는 언론기관적인 사고에 젖어 있는 제도언론인으로서의 타성과 마음가짐, 관과 철저하게 밀착된 유착적인 보도태도가 그것이다. <매일신문>의 「대구예총 독자생존 가능할까」라는 제하의 기사(2001년 1월 10일자, 17면)는 관언유착의 실상을 극명히 보여주고 있다. <매일신문>은 대구시의회의 대구예총 지원예산 삭감 배경기사에서 올해 <대구예술> 발행비 전액을 삭감한 것은 '예산 전용잡음에 대한 문책성 조치'로서 '대구예총의 자생력을 촉구하기 위한 의미'를 담고 있다는 시의회의 입장을 상보하고 있다. <매일신문>의 이 기사 어디에서도 대구예총과 대구예술의 바로 세우기에 대한 지적이나 대안, 고민은 조금도 엿볼 수 없다. 다만 "대구예총이 관변단체로 전락해버린 만큼 자성과 개혁이 시급하다"는 대구시의회 하종호 의원의 일갈만을 중계방송하고 있을 뿐이다. 아직도 시의회가 민간단체에 대해 간섭하고, 지도하겠다는 반민주적인 발상을 하는 TK적인 사고방식이 놀라울 뿐이며, 이에 부화뇌동하는 반언론적인 TK언론은 더더욱 충격적이다.

이는 개혁의 사각지대에서 음습하게 자라 독버섯화된 지방토호언론이 마구 휘두르는 언론권력의 남용이며 횡포요 폭력이라 아니 할 수 없다. 여기에는 무지함에서 비롯되는 대구언론의 오만과 편견이 도사리고 있다. 즉 대구문화예술회관에서 펴내는 <월간 대구문화>와 <대구예술>을 동일시하는 것이 그것이다. <대구문화>는 대구시 산하기관인 문예회관에서 펼쳐지는 각종 문화예술의 행사나 공연을 안내하기 위해 펴내는 문화예술 정보지이고, <대구예술>은 대구예총의 기관지로서 지역의 예술문화 전반을 아우르는 품격 높은 공익적 고급 문화예술 전문교양지이다. 물론 대내외적인 여건으로 인해 <대구예술> 종사자의 수준이 <대구예술>이 지향하는 그와 같은 잡지의 목적 달성에 미흡했던 것은 사실이다. 그러나 정작 중요한 것은 <대구예술>이 어제보다는 오늘이, 오늘보다는 내일이 점점 더 향상되어 가고 있다는 점이다. 그렇다면 대구언론은 마땅히 이를 북돋워주고 격려해야 할 처지가 아닌가.

③ 마치는 말

금호강이 환경오염 때문에 썩은 악취를 풍기고 있다. 어떻게 할 것인가. 원천적으로 강의 오염원을 차단하여 금호강을 환경오염으로부터 방지하는 길밖에 없다. 그런데도 금호강이 오염됐으니, 강을 없애버리면 된다는 사고를 상식적으로 정당화할 수 없다. 마찬가지로 대구예술이 썩었다면 썩은 부분을 도려내고 개혁해서 이를 되살려야지 통째로 잘라낸다는 것은 '빈대를 잡으려다가 초가삼간을 태운 격'이라 아니 할 수 없다. 이를 유식한 말로는 교각살우(矯角殺牛)라고도 한다. 소의 뿔을 바로 잡으려다가 소를 죽인다는 뜻으로 결점이나 흠집을 고치려다가 수단이 지나쳐서 도리어 일을 그르침을 이르는 말이다.

빈대 잡으려다 초가삼간 태운 격

대구시의회가 대구예술을 압살한 문화적 폭거가 저지르는 해악은 눈앞에 당장 나타나지는 않는다. 그것은 연탄가스처럼 아주 서서히, 조금씩 대구시민을 점진적으로 마취시킨다. 그리하여 어느 날 갑자기 250만 대구시민의 정신을 황폐화시켜 마침내 정신적 불구자로 만들어 낼 것이다. 오늘날 대구사회가 오늘과 같은 'TK문화'의 몰골을 하고 있는 것은 550만 대구경북 시도민들의 문화정신, 곧 사회적 의식이 피폐해졌기 때문이다.

정치를 정치로, 행정을 행정으로, 경제를 경제로, 문화를 문화로 해결하려 들지 않고 뭐든지 정치적으로 해결하려 드는 TK문화는 '경상도 기질', '반골정신'으로 대표되는 긍정적인 문화라기보다는 부정적인 기회주의 문화로 각인된다. TK문화의 모태는 일부 지식인들이 군사독재정권에 빌붙어 출세를 도모하는 해바라기 근성에 기인하고 있다. TK문화는 불법적인 쿠데타로 권력을 탈취한 이래 32년 동안 이 땅을 통치하면서 민주주의를 파괴하고, 민중들의 건강한 자주의식을 말살하는데 하수인 노릇을 했던 일부 소수의 대구경북 출신 인사들이 '독재자'와의 혈연·지연·학연 등을 통해 권력에 빌붙기를 도모한 전형적인 '어용문화'의 총칭이다.

대구사회는 '정치적'이라는 미명하에 이러한 풍조가 만연되어 있는 것이다. 여기에는 정의도, 진리도 없다. 불법이건 뭐건 간에 상관없다. 민주주의의 기본요소라 할 절차와 과정은 필요 없고 오로지 결과만이 있을 뿐이다. 그런 의미에서도 <대구예술>의 폐간은 대구사회의 미래를 암울하게 한다. 물론 여기에는 앞서도 얘기한 바와 같은 현실을 직접적으로 초래한 대구예총 집행부의 책임을 전제로 하여야 한다. 현재의 대구예총 집행부는 자신의 임기동안 <대구예술>을 두 번씩이나 발간하지 못했다는 불명예와 오욕에서 자유로울 수 없게 됐다.

하지만 그에 못지않게 대구사회에서 지도층이라 할 시의원과 언론이 공모하여 <대구예술>을 학살한 그 만행을 개탄하지 않을 수 없다. 지도자를 잘못 뽑으면 온 국민이 고생한다. 우리가 역사를 통하여 부도덕하고 부패한 지도자를 뽑았다가 그 덤터기를 뒤집어쓴 예는 하나 둘이 아니다. 언제나 친숙하게 대하던 잡지를 어느 날 갑자기 볼 수 없게 된 것은 문화예술에 대해 무식한 시의원을 뽑은 대가이다. 이는 우리의 자업자득이다.

무지한 시의원 퇴출은 독자들의 몫

독자가 빼앗긴 알권리를 되찾는 길은 다음 선거를 통해 예술문화를 말살한 대구 시의원을 국민의 이름으로 심판하는 길밖에 없다. 우리는 <대구예술>의 예산 삭감 에 동의한 대구광역시의회 의원의 퇴출을 강력히 주장한다. 왜냐하면 그들은 21세 기 문화예술의 시대에 대구의 발전을 가로막는 암세포이기 때문이다. 이는 <대구예 술>이란 월간잡지 하나의 문제가 아니다. 우리 지역사회에서 '보수'라는 미명하에 토호권력으로 군림하면서 대구사회의 진보적 발전을 가로막는 그 세력의 척결 없이 는 우리의 미래가 없기 때문이다.

아울러 오늘날 대구사회에서 부패한 TK문화가 만연하게 된 것은 지역언론이 썩었 기 때문임을 명심하고 자각하여야 한다. 언론이 무지몽매한 지역사회의 '보수성'이라 는 매너리즘과 현실안주적인 패러다임에서 허우적거리는 한 대구사회의 각성은 없다. 현대사회에서 언론은 '사회를 비추는 거울'이자 '사회의 목탁'이라는 소리는 진부하게 들리지만 대구사회에서는 그 말이 아직도 유효하다. IMF 이후 대구사회가 총체적으로 붕괴되고 있는 것에 대한 대구언론의 보도태도는 단순히 실망을 넘는 것 그 자체였다.

언론이 독자보다 깨어 있지 못하면 언론 구실을 할 수 없게 됨은 상식이다. 대구언 론은 그러한 지경에까지 이르렀다. 21세기를 담보할 <대구예술>이 사라져 감에 있어 서도 대구언론의 무감각이 이를 증명한다. 이런 언론에 우리의 미래를 맡길 수 없다.

≡ 2001. 1. 15.

서해안 교전사태와 TK언론 감상법

일부 중앙지의 안보상업주의를 어설프게 흉내 내는 지방언론의 위기관리보도에 대한 문제점을 적시했다. 자기만 아는 전형적인 우물 안 개구리 보도의 실태가 드러난다.

① 여는 말

김대중 정부가 출범 1년 6개월 만에 심각한 레임덕 현상을 보이고 있다. 마치 권력의 말기증상에 이른 것 같다. 3·30 재·보선에서의 50억 원 살포의혹, 고관 집 절도사건 미스터리, 고급 옷 로비의혹, 검찰의 조폐공사 파업유도설, 서해안 교전에서의 신북풍설 등에서 보는 바와 같이 김대중 정권은 국정운영에서 총체적인 딜레마에 빠져들고 있다.

대통령과 국민 이간질시키는 언론

김영삼 정권으로부터 '부도난 국가'를 인수한 김대중 정부는 IMF경제신탁통치를 벗어나기 위해 지속적으로 개혁·개방을 추진해 왔다. 일부에서는 'DJ노믹스'에서 정작 가장 중요하고도 핵심적인 DJ노믹스가 빠졌다고 비판한다. 또한 DJ노믹스가 '고질라' 현대를 비롯해 LG의 반도체 빅딜에 대한 보답성 특혜 등으로 '30대 재벌 죽이기'를 통한 '5대 재벌 키우기'로 전락했다고 비판하기도 한다.

다른 한편으로는 보수적이며 수구적 집단인 자민련과의 연합정권이라는 핸디캡을 딛고 집권 18개월 만에 '과열'을 얘기할 정도로 경제를 되살린 점을 감안하면 김대중 정부의 개혁정책에 대해서는 칭찬과 격려를 아낄 필요는 없겠다. 김대중 정부의 개혁은 일정부분 성공을 거두고 있는 것이다. 그런데 문제는 이질적인 권력의 합종연횡으로 인해 김대중 정부의 국정개혁이 제도적으로 시행되는 것이 아니라 대통령 1인에 의해 '원맨쇼'처럼 진행되고 있다는 사실이다.

여기에 더하여 거대한 언론권력 또한 김대중 정부의 개혁을 가로막는 세력으로 등장하고 있다. 보수·우익·반공이데올로기로 무장한 언론권력이 사사건건 대통령의 개혁정책을 물고 늘어질 때 대통령과 국민 사이에는 커다란 힘의 공백이 생긴다. 언론은 대통령과 국민을 이간질시킴으로써 발생하는 공백을 차고 앉아 자본의 확대재생산을 기도한다.

이 글은 서해안 교전사태를 통해 개혁을 가로막는 저항세력으로서의 언론의 자화상을 들여다보고자 한다. 이는 마땅히 영향력 있는 유수한 한국언론 전반을 대상으로 하여야 하나 이 글에서는 대구언론의 초상화를 통해 이를 그려보고자 한다. 그 실태를 그림에 있어서는 글의 대상분석 기간이 사건이 발생한 사흘간에 한정해 있어 이 글이 단편적이고 표피적이며, 때로는 정확하지 않고 부적절하거나 왜곡되어 있을 수도 있음을 미리 고백한다.

② 지방언론의 실태

지방언론의 실태는 언론재벌이라 할 기존의 제도언론과 재벌언론이라 할 창·복간된 사이비언론, 그리고 6공 이후 창간된 쓰레기언론으로 구성되어 있다. 이는 대구지방 언론만 그러한 게 아니라 우리나라 지방언론의 실태가 대부분 그러하다. 이러한 점을 상기하면서 글을 풀어나간다.

먼저 지방언론을 실질적으로 지배하고 있는 것은 대개 '5공언론'을 이어받은 '제도언론'이다. 대체로 석간과 세로쓰기 체제를 유지하고 있는 이 신문은 제1중대 언론으로서 지방언론의 바로미터가 되고 있다. 보수·우익·반공이데올로기로 무장한 이 신문은 '지방판 언론재벌'로서 대개 그 지방의 1등신문의 위치를 구가하고 있다.

'제2중대 언론'은 6공들어 창·복간된 사이비언론이다. 그 지방 토호나 자본가·지주의 자본이 투자된 이 신문은 언론기업주 혹은 자본주의 이익을 위해 봉사하는 기능을 수행한다. 이 신문은 '지방판 재벌언론'으로서 상대적으로 우위에 있는 자본력을 바탕으로 지방언론의 물량공세를 주도함으로써 언론의 상업적 경쟁을 촉진한다. 제1중대 언론의 오만과 권위의식, 특권의식을 고스란히 물려받은 이 사이비언론은 열악한 자본력의 군소신문을 사이비언론으로 매도함으로써 자신을 제도언론에 비견하는 언론임을 자임한다.

세 번째 부류는 언론정상배·언론모리배가 주도하는 '쓰레기언론'이다. 이 신문은 대개 조간이며, 가로쓰기 형태를 띠고 있다. 법원 주변의 브로커로부터 빌린 자본을 바탕으로 법인을 설립하고, 등록증을 교부받은 후 지사·지국 보증금으로 신문을 창간, 광고영업으로 신문사를 운영하다가, 물주를 만나면 적당한 가격으로 신문사를 팔아넘긴다. 그뿐 아니라 신문을 자신의 사업적 방패막이로 악용하기도 한다. 쓰레기언론에 의해 지역사회에서 '언론=쓰레기, 언론인=악질·저질'로 전락되기 일쑤이다.

쓰레기언론이 뿌리는 해악을 더 이상 방치할 수만은 없는 지경에 이르렀다. 권력은 툭하면 사이비언론을 단속한다. 광고 강매, 금품 갈취, 간행물 강매, 이권 개입, 기자증 판매, 지사·지국 보증금 사취, 협찬비 강요 등을 일삼는 사이비언론은 마땅히 단속되어야 한다. 그러나 단속은 좀도둑만 겨냥해서는 안된다. 사이비언론의 경영에도 단속의 손길이 마땅히 미쳐야 한다. 언론종사자들의 임금착취를 바탕으로 기생하고 있는 쓰레기언론의 발호를 더 이상 방치하는 것은 언론의 육성을 포기한 정부의 직무유기라 아니 할 수 없다.

독자들 '쓰레기언론'에 비난 봇물

지방언론이 쏟아내는 이데올로기는 '지방판 1등신문'을 본받아 하나같이 보수·우익·반공이데올로기에 근거하고 있다. 냉전적 시각과 이분법적 사고에 젖은 이들은 북한을 평화통일의 협상대상자가 아니라 힘으로 단호히 응징하고 타도해야 할 대상으로 인식하고 있다. 이러한 사고는 무책임하기 짝이 없는 주장이다. 현실적으로 우리가 북한을 흡수 통일한다면 그에 따른 막대한 통일비용의 부담으로 한국경제는 사실상 파산할 것이라는 게 전문가들의 한결같은 진단이다. 그러므로 최선의 방안은 강력한 자주국방의 실현으로 북한이 남침할 마음을 먹지 못하도록 우리 체제의 개혁을 다진 바탕 위에 북한체제의 개혁·개방을 지원함으로써 점진적으로 통일에 이르는 것이다. 이러한 면에서도 김대중 정부가 추진하고 있는 '햇볕정책'은 현시점에서 유용하고도 적절한 정책으로 평가된다.

그러나 제도언론은 정부의 햇볕정책에 의문을 제기하며 북한에 대해 강경정책을 취할 것을 주문하고 있다. 그 속셈은 나라가 곧 절단날 것처럼 위기를 조장함으로써 국민들의 관심을 끌고, 그 기회를 활용해 '신문'을 팔아먹겠다는 얄팍한 속셈이 그 저변에 도사리고 있는 것이다. 제도언론의 햇볕정책에 대한 딴지걸기의 본질적 속셈은 두말할 나위 없이 언론자본의 확대재생산에 국가안보를 활용하려는 상업성 때문이라 할 수 있다.

③ 지역언론의 보도내용

지난 6월 15일 오전 9시 25분께 발생한 서해안 교전사태를 보도하는 대구언론의 자세에서도 제도언론이 지닌 그와 같은 속성에서 벗어나지 못했다. 서해안 북방한계선(NLL)을 넘어 우리 영해를 침범, 꽃게어장에서 불법 조업하는 북한 어선을 보호한다는 명분으로 북한 경비정과 함정 등은 9일째 영해침범을 감행해왔다. 우리측은 해군 고속정의 '박치기' 공격으로 남하를 저지, 북측 경비정을 퇴각시키는 전략으로 맞섰다. 그런데 이날 북측이 돌연 기관포 공격을 자행해 우리측 해군도 즉각 응사, 14분간 교전이 오갔다. 이 사건으로 북한측 어뢰정 1척이 침몰하고 경비정 4척이 크게 파손되었으며, 최소한 17명 이상의 북한군이 사망했고, 우리측은 고속정과 초계함 2척이 일부 파손되었고 7명이 부상당한 것으로 알려졌다.

'찻잔 속 태풍' 위기관리보도 허점 노출

휴전 협정 이후 남북한 당사자가 직접 무력충돌한 이 사건으로 한반도는 갑자기 전운의 긴장감이 감돌았으나, 북쪽으로 퇴각한 북한군이 더 이상 영해침범을 자제함으로써 사흘 만에 거짓말처럼 언제 그랬느냐는 듯이 '찻잔 속의 태풍'으로 진정되었다.

석간인 <매일신문>과 <영남일보>는 사건이 발생하자 연일 대대적으로 보도했다. 6월 15일자 <매일신문>은 1면 전면을 할애해 「남북함정 10분간 교전」이라는 제목으로 먹컷 처리하고, 「오늘 오전 서해 북 경비정 기관포 공격…해군 즉각 함포 응사 / 침몰중 북 1척 예인 도주 / 해군 고속정장 등 둘 부상 / 장성급회담 정상적 개최」로 부제를 달았다. 또 <연합뉴스>에서 제공한 북한 어뢰정 P−6과 긴급대피하는 우리 측 꽃게잡이 어선 사진을 게재했다. 2면에서는 사건이 발생한 연평도 현지표정과 정치권 반응을, 3면에서는 청와대와 국방부의 표정을 상보하고 피격된 북한측 어뢰정의 성능을 <연합뉴스>에서 전재하고 있다. 이어 사회면인 27면에서는 경악과 충격에 쌓인 지역민들의 반응을 스케치했다.

<영남일보>도 15일자 1면 톱 「남북함정 서해서 교전」이라는 제하 아래 부제를 「오늘 오전 침범 저지하자 북 선제공격 / 우리군 즉각 응사 북 어뢰정 1척 명중 / 장성급회담도 무산」이라고 보도하고, 역시 <연합뉴스>에서 제공한 꽃게잡이 어선의 긴급대피하는 사진을 상보했다. 3면에서는 정치권 반응, 청와대 표정, 사회면인 27면에서는 시도민의 반응을 실었다. <영남일보>는 이날 판문점에서 비공개로 열린 장성급회담이 무산되었다고 보도했다. 이는 오보다. 같은 <연합뉴스>를 게재한 <매일신문>은 정상적으로 열린다고 보도했다. 그것은 아마 <영남일보>가 <매일신문>보다 더 빠른 <연합뉴스> 제1신을 게재했기 때문이 아닌가 한다.

뒷북치는 구문, 그나마 "전쟁났다" 오보

문제는 조간이다. 사건 발생이 만 하루가 지난 조간은 당연히 전날의 석간에 비해 보다 진전된 기사를 게재해야 한다. 3개 조간지 가운데 유일하게 <연합뉴스>를 게재하는 <대구일보>는 1면 머리기사를 「남북함정 서해서 교전」이라는 사건 발생기사를 게재함으로써 전날 석간신문이 보도한 내용을 답습했다. 더구나 1면 제목을 전날 <영남일보>가 보도했던 내용과 같게 처리했다. 뿐만 아니라 부제 내용 또한 「북 경비정 선제 기관포 공격…해군 자위권 차원 응사 / 북-어뢰정 1척 침몰 경비정 4척 손상 / 해군-고속정 등 2척 일부파손 7명 부상」이라 하여 전날 <매일신문>과 <영남일보>의 부제를 조합한 듯했다. 사건 발생 첫날에 비해 이튿날의 진전된 소식은 한미연합사의 대응태세와 국가안전보장회(NSC)의 및 청와대·국방부의 움직임 등이 있다. 그런데도 <대구일보>는 3면의 긴급했던 교전 당시의 상황, 북한 측의 총격배경·의도분석, 4면의 NSC 발표문, 5면 오늘의 포커스 해설기사, 6면 교전사태가 경제에 미치는 영향, 19면 지역민과 각계의 표정 스냅기사 등 사건발생에 초점을 둠으로써 앞서가는 조간이라는 장점을 살리지 못하고 뒷북치는 구문을 게재하는 데 그쳤다. 이는 <대구일보>의 신문제작 능력이 <매일신문>이나 <영남일보>에 비해 자질이 떨어지는 것을 보여주는 것이었다.

<대구일일신문>은 이 사건을 2면과 3면의 통상적인 서울 정치권 기사 게재면에 밀어 넣었다. 이는 신문제작 기준을 어디 두고 있는지 그 양식이 의심 가는 편집태도라 하겠다. 아무리 지방화시대의 지방화 신문을 지향한다고 하나, 이 사건이 지닌 뉴스의 가치를 감안하면 당연히 1면 머리기사로 올려 역사를 기록해야 했다. 그런데도 <대구일일신문>은 이를 평상시의 뉴스기사로 처리했다. 이는 언론으로서의 뉴스감각이 무지에 가까운 것임 드러내는 것이었다. 그렇다고 이 신문이 순수 지방지냐 하면 그게 아니다. 어정쩡한 반전국지 흉내를 내는 신문임은 여전하다. 아무튼 <대구일일신문>은 지역언론사로는 유일하게 자사의 기자가 합참에 출입, 취재했다는 기사를 「남북경비정 10분간 교전 / 어제 오전 서해서 북 어뢰정 공격받고 즉각 응사…2척 침몰 / 해군고속정 2척 파손…대원 등 2명부상 / 함정 20척 긴급출동 비상작전체제 돌입」이라는 제목 아래 2면 전면을 할애하여 관련기사로 채우고 있다. 이어 3면에서는 북한의 포격 배경과 의도, 정치권 반응을 게재하고 14면·15면에서는 차분히 상황변화를 주시하고 있다는 지역민의 반응을 전하고 있다. 이 신문은 북한

측 경비정이 2척 침몰했다고 과장보도를 하고 있다. 이날 침몰된 것은 북한측 어뢰정 1척이 침몰하고 경비정 4척이 손상을 입고 북으로 퇴각한 것이다.

<영남투데이>는 1면 통단 먹컷 기사 아래 「전군 전시상태 돌입」이라 하여 온 나라가 마치 전쟁에 휩싸인 듯 보도하고 있다. 부제 또한 「데프콘Ⅲ·워치콘Ⅱ 발령 남북해군 교전…북함정 2척 격침 / 우리 고속정·초계함 2척 일부 파손 / 북 공격대비 전함정 비상출동 / 주한미군사, 정보수집 강화 긴급지시」라 처리함으로써 상황이 '전쟁'에 걸맞게 돌아가고 있음을 표현했다. 이는 저급한 상업적 센세이셔널리즘을 추구한 데 따른 보도태도라 하겠다. '데프콘Ⅲ·워치콘Ⅱ'는 적의 군사적 동향이 의심스러우면 군 작전상 발령하는 경계태세의 일환임을 감안하면 "전쟁났다"는 이 신문의 보도는 무리라 아니 할 수 없다. 더구나 정작 본질이라 할 기사 또한 전날 발표된 합참의 브리핑 기사를 토대로 하고 있으며 사진은 <매일신문>에 게재되었던 북한 어뢰정 P-6와 꽃게잡이 어선의 대피사진을 싣고 있어 전쟁과는 아무런 관련이 없다. 이 신문은 2면에서는 남북 군사력 비교와 국방부 대변인 성명, 영해침범서 교전까지의 일지, 3면 교전 당시의 긴박했던 상황, 총격 배경·의도 분석기사, 4면 정치권 반응과 확전될까봐 충격과 불안에 떨고 있다는 시민들의 반응 등을 「남북함정 교전」이라는 자극적 컷 아래 싣고 있다. 교전사태에도 불구하고 주가는 여전히 오르고 있으며, 생필품 사재기가 없는 등 시민들의 반응이 차분한 데 비해 이 신문은 오히려 주가가 폭락하고 있으며 시민들이 하던 일도 멈추고 언론사에 문의가 쇄도하고 있다고 전하는 것은 이 신문이 선정주의를 추구하기 때문이라 아니 할 수 없다. 뿐만 아니라 이 신문은 북한측 함정이 2척이나 격침되었다고 뻥튀기 보도를 하고 있다. 이는 어뢰정과 함정도 구분 못하는 무지에서 비롯된 오보이다. 이날 침몰된 북한측 피해상황은 어뢰정 1척일뿐이다.

국익실종 언론윤리 바닥 헤매

사건발생 이틀째인 16일자 석간은 일제히 북한 도발에는 초당적으로 대처키로 했다는 여야총재회담 기사를 1면 머리기사로 보도하고 있다. <매일신문>과 <영남일

보>는 북한 함정이 어선을 앞세워 다시 남하할 가능성이 있어 긴장이 다시 고조되고 있다고 주요 기사로 보도했다. <매일신문>은 「서해교전」이란 컷 아래 2·3·4·5·25·26·27면에 지면을 확대해 여야 수뇌 회동의 의미, 부상 장병들이 전하는 전황, 우리군의 대응전략, 시민들의 표정 등을 담고 있다. <영남일보>도 2·3·4·7·26·27면에 「6·15서해교전」이라는 컷을 달고 미군의 전력증강 배경과 규모, 남·북측의 피해상황, 해외반응 등을 싣고 있다.

<대구일보>는 다시 하루전 신문인 <매일신문>과 <영남일보>가 보도했던 것을 뒤쫓아 이미 구문이 된 여야총재회담을 1면 머리기사로 올리고, 2면에서는 북한 남침시 한미 양국의 대응 시나리오, 5면에서는 16일자 석간이 게재했던 일본과 러시아의 반응을 17일자 조간에서 재탕해 싣고 있다. <대구일일신문> 또한 여야총재회담을 2면 머리기사로 보도하고, 3면에서는 여야수뇌회동의 내용과 의미를 분석하고 있다. 전쟁이 났다고 난리 법석이었던 <영남투데이>는 1면에서는 여야총재회담을 3단기사로 게재하고, 2면에서는 여야수뇌회동 의미 분석 기사를, 3면에서는 국방부와 합참의 표정, 5면에서는 남북경협에는 이상이 없다는 관련업계의 움직임을 게재해 오락가락했다. 편집 관점이 실종된 지면 제작이었다. 이는 <영남투데이>를 구성하고 있는 편집국의 인력이 언론을 만들기에는 빈약하다는 것을 역설적으로 웅변해 주는 것이었다.

전날만 하더라도 일촉즉발의 긴장이 고조되고 있다던 언론은 하루 만에 보도태도를 180도 싹 바꾼다. 국방부가 북측의 도발움직임이 이틀째 보이지 않고 있어 이번 사태가 사실상 종결되었다고 발표하자 <매일신문>은 이를 1면 머리기사로 올렸다. 2·3·4·25·26면에 「서해교전 이후」라는 컷으로 관련기사를 게재한 <매일신문>은 2면에서는 남한인사의 평양방문을 제한한다는 조국평화통일위원회(조평통)의 성명을, 3면에서는 성명의도를 분석한 내용과 미국의 한반도 전력증강 해설기사, 4면에서는 정치권에서 논란을 빚고 있는 햇볕정책에 대한 기사를, 25면에서는 금강산 관광객들이 본 북한표정을, 26면에서는 기상악화로 대치국면이 소강상태를 보이고 있다는 기사를 상보하고 있다.

<영남일보> 또한 북한 경비정·어선이 이틀째 침범을 하지 않아 남북대치가 진정

국면에 접어들었다는 1면 머리기사를 비롯하여 2·3·4·10·26면에 관련기사를 게재했다. 3면에는 「교전 이후」라는 컷 아래 교전책임을 우리측에 떠넘기는 조평통의 성명을 분석하고 있으며, 4면에서는 군당국의 표정을, '더 이상 모험 말라'며 한반도의 전력강화에 나선 미국의 전력증강 기사를, 10면에서는 지역의 대북협력기사를, 26면은 분쟁으로 얼룩진 서해의 역사를 게재했다.

<대구일보>는 18일자 1면에서 북한이 격침당한 선체 인양을 위해 북방한계선을 넘어오겠다면 이를 허용할 용의가 있다는 조성태 국방장관의 국회 국방위 답변을 톱기사로 게재하고, 3면에서는 서해 교전사태의 진정국면 배경과 그 의미 및 성과를 싣고 있다. 이어 4면에서는 국회 국방위의 서해안 교전사태를 둘러싼 여야의 공방과 북풍조작에 경험을 가진 야당이 제기한 '심증은 있지만 물증이 없다'는 소위 '신북풍론' 공방을 게재했다.

<대구일일신문> 역시 남북대치가 소강국면에 접어들었다는 국방부 발표기사를 2면 머리기사로 싣고, 3면에서는 한나라당에서 제기한 신북풍론 공방과 서해교전의 진정국면 배경과 전망을 조망하는 기사를 게재하고 있다. <영남투데이>는 서해교전사태가 마무리 단계에 들었다는 국방부 발표를 1면 미들기사로 게재하고 3면에서는 신북풍론을 박스톱 기사로 보도했다.

보수우익 이데올로그로 햇볕정책 질타

대구언론은 이 사태를 보도함에 있어 기사의 내용을 전적으로 <연합뉴스>에 의존했다. 따라서 보도시각은 천편일률적으로 획일화될 수밖에 없었다는 한계를 지니고 있다. 그러나 사태를 보는 자사의 의견이 개진된 칼럼과 사설이 앵무새처럼 하나같이 보수·우익·반공이데올로기에 의존해 DJ정부의 햇볕정책을 질타하고 있다.

<매일신문>은 「햇볕정책 운용에 문제 있었다」라는 사설(16일자)에서 그동안 북한의 각종 도발에 대해 단 한 번도 제대로 응징하지 못했다며 정부의 대북정책을 비판했다. 김채한 논설위원이 쓴 17일자의 현학적인 칼럼 「세풍-만파식적 어디 없소?」는 서해안에서는 포성이 자욱한데 동해안에서는 금강산 관광 다니는 것은 희극이라

고 하여 대북교류에 부정적인 울분을 토로해 내고 있다. 최창국 논설위원이 쓴 칼럼 「야고부－햇볕정책과 서해교전」에서도 ‘제 것 주고 뺨 맞은 격’이라 하여 정부의 햇볕정책을 노골적으로 비판하고 있다.

<영남일보>는 이번 사건과 관련 연일 사설을 내 보냈다. 「서해의 남북교전」이라는 사설(15일자)은 햇볕정책을 유보하라고 촉구하고 있으며, 「북의 실체 드러낸 서해교전」이라는 다음날의 사설(16일자)에서도 역시 햇볕정책을 재고하라는 주장하고 있다. 이는 <영남일보>가 마치 햇볕정책이 일방적으로 우리가 북한에게 베푸는 시혜정책으로 오인하고 있는 것이 아닌가 한다. 햇볕정책은 앞서도 얘기했듯이 장기적으로는 한반도의 통일부담 비용이며, 단기적으로는 남북한 군비축소를 완화하여 국방비의 절감을 가져오는 정책이다. 이러한 점을 감안하면 현시점에서 통일비용이 가장 싸게 먹히는 현명한 정책이라 할 수 있다. 아무튼 <영남일보>의 대북 강경 주문은 「북의 ‘보복’ 경계해야」라는 17일자 사설에도 이어져 서해안에서는 교전까지 벌였는데도 비료를 보내고, 관광객과 그에 따른 달러를 보내는 것은 대다수 국민정서와 동떨어진 것이라고 정부의 햇볕정책을 비판했다.

<대구일보>는 「도발에는 응징뿐」이라는 16일자 사설에서 북한의 도발을 좌시하지 말고 철저히 응징해야 한다고 대책도 없는 확전을 주장했다. 「초당적 안보, 국내문제도」라는 사설(17일자)은 내우외환에 부딪혀 여야가 머리를 맞대고 국난극복에 합의한 것은 환영할 만한 일이라고 평가했다. 그러나 18일자의 「가당찮은 ‘신북풍 의혹’」이라는 사설은 야당이 제기한 신북풍론은 근거가 없는 무책임한 정치공세라고 공박했다. 이는 3면에서 보도한 야당의 주장을 정면으로 뒤엎는 것이어서 사설과 보도태도가 일치하지 않음을 보여주고 있다.

<대구일일신문>은 「서해의 남북대치」라는 16일자 사설에서 교전이 남북장성급회담을 무산시키고 긴장분위기를 조성해 남북차관급회담에서 실리를 챙기려는 속셈에서 비롯되었다고 뚱딴지같은 진단을 내렸다. 「남북교전과 꽃게잡이」라는 사설(18일자)에서는 느닷없이 군과 민이 목숨을 걸고 자기의 직분을 다하는 것에서 자주안보를 이룰 수 있다고 보고, 그들의 노고와 희생이 헛되지 않도록 우리 사회의 불평등과 부패를 혁파하는 일에 더욱 힘써야 한다고 강조했다.

서해안 전쟁을 기대(?)했던 <영남투데이>는 「남북한 경비정 교전」이라는 사설(16일자)에서 즉각 햇볕정책의 미련을 버리고 단호한 대처를 주문함으로써 확전을 촉구하고 있다. 그러나 기대대로 전쟁이 일어나지 않자 상업적 센세이셜리즘을 다시 발휘, 이번에는 면피용 사설을 게재했다. 즉 「안보의 성숙한 협력방안」이라는 사설(17일자)을 통해 이 사태를 '안보정국'으로 활용하려는 정치권을 경고한 다음 여야가 정쟁을 중지하고 국난극복에 나서라고 질타한 것이 그것이다.

④ 닫는 글

이번 사태를 보도하는 지역언론의 문제점을 분석하면 첫째 하루치 기사를 앞서가야 할 조간이 오히려 석간을 추종함으로써 대부분의 기사가 하루씩 늦은 구문을 게재하고 있다는 사실이다. 이는 석간신문의 보도내용을 보고 이를 답습함으로써 우리도 게재했다는 면피용 자세에서 비롯된 것이라 보인다. 그것은 또한 조간신문의 제작인력이 석간인 언론재벌과 재벌언론의 인적자원 요소만큼 자질을 담보하지 못해 신문제작기준을 석간신문의 포맷에 두고 있는 것이 그 원인이기도 하다. 특히 조간신문은 기사의 제목과 부제목마저 양대 석간신문의 내용을 짜깁기함으로써 언론인으로서의 최소한의 양심마저 포기하는 파렴치함을 드러냈다.

둘째, 독자를 기만하는 마비된 언론인의 윤리의식을 적나라하게 드러내고 있다. 대체로 석간신문은 기사의 바이라인과 <연합> 크레디트를 제대로 달고 있으나 조간 3사를 그렇지 못했다. 조간지 중 유일하게 <연합뉴스>를 받고 있는 <대구일보>는 16일자에서 3면의 교전상보 뉴스, 총격배경·의도 분석기사, 국방부 및 합참 표정 스냅기사, 18일자 3면의 교전사태 진정국면 해설기사, 서해 교전의 의미 및 성과 기사 등에 대해 얼굴 없는 기사로 일관하고 있다. 이는 제작상 단순 실수라고 보기는 어렵다. 마치 자사의 기자가 취재한 내용인 것처럼 하여 독자들을 기만하는 것이다. 따라서 이는 개연성이 내포된 의도된 왜곡이라고 보아야 한다.

<대구일일신문>은 과연 언론인의 윤리의식이 있는 신문사인지 묻고 싶다. <연합>

크레디트를 달지 않는 것이 단순 절도라면 <연합뉴스>의 기사를 도둑질하여 버젓이 자사 기자가 취재한양 자사 기자의 이름을 다는 것은 윤리의식이 바닥난 것이라 아니 할 수 없다. 즉 <대구일일신문>은 16일자 2면의 머리기사를 비롯하여 3면의 북 포격 배경과 의도 분석기사, 17일자 2면 여야총재회담 기사와 3면의 여야수뇌회동 내용과 의미 분석기사, 18일자 2면의 국방부 발표 머리기사와 3면의 서해교전사태 진정국면 배경기사, 서해교전 의미 및 성과분석 기사에 대해 자사 기자의 취재물인 양 바이라인을 달고, 15일자 3면의 서해교전사태를 보는 정치권 반응 등은 <연합뉴스>를 도용, 얼굴 없는 기사로 처리하고 있다.

<영남투데이> 또한 16일자 1면의 머리기사부터 3면의 교전상황 기사에 이르기까지 서해안 교전사태 관련기사 전부를 비롯한 17일자의 관련기사, 18일자의 관련기사 전부를 얼굴 없는 도용기사로 지면을 도배질했다. 이들 언론사는 해적질한 '유령기사'로 신문을 제작하고 있다. 이는 언론인의 윤리를 운운하기에 앞서 언론수용자의 알권리를 침해하는 언론범죄임을 명심하여야 한다.

도용기사가 버젓이 내 기사로 둔갑

셋째, 오보를 남발하고 있다는 점이다. 이번 사태를 보도함에 있어 <매일신문>과 <대구일보>만이 비교적 정확한 보도를 했다. 신문의 생명이 정확한 보도임은 두말할 나위 없다. 그런데도 <영남일보>는 남북장성급회담이 무산되었다고 하여 오보를 냈으며, 자사 기자가 직접 취재했다는 <대구일일신문>은 북한측 경비정 2척이 침몰하였다는 과장보도를 자행했다. <영남투데이>는 여기저기서 기사를 마구잡이로 무단복제·퍼오기로 지면을 제작하다가 무식하게도 함정과 경비정을 구분하지 못해 북한측 함정 2척이 격침되었다는 오보를 내기에까지 이르렀다. 오보는 언론에 대해 독자들의 불신을 초래한다. 따라서 언론은 사실 확인의 노력을 게을리 하지 말아야 한다. 아무리 뉴스를 통신에서 전재했다고 하나 그 책임의 조각까지 통신에 있는 것은 아니다. 결국 정확한 뉴스를 독자에게 직접 전할 책임은 뉴스를 전재한 언론에 있음을 명심해야겠다.

넷째, 보도의 기준을 '중앙언론의 베끼기'에 두고 있음을 드러내고 있다. 예컨대 야당이 제기한 '신북풍설'의 일과성 보도가 그것이다. 신북풍설은 결코 가볍게 다룰 사안이 아니다. 국가안보를 정권안보에 활용한 그것이 만일 사실이라면 김대중 정부는 설 땅을 잃을 정도로 권력의 도덕성을 가늠하는 잣대이다. 더구나 '총풍' 등으로 북풍을 정권안보에 활용했던 전력이 있는 야당이 자신들의 경험상에 비춰 제기한 '혐의'라는 점에서 언론은 이를 신중하고 심도 있게 다루어야 할 사안이었다. 그런데 지방언론은 '해프닝' 정도로 보는 중앙언론의 보도태도를 추종, 심층보도를 포기했다. DJ정부가 그토록 마음에 들지 않았다면 지방언론은 감정적·우회적으로 이를 비판할 것이 아니라 객관적인 사실에 입각하여 여야 가운데 누가 거짓말을 하고 있는 지를 끝까지 추적, 보도해야 했다. 사사건건 정부의 개혁정책에 대해 "딴지"만 거는 것은 책임 있는 언론이 취할 태도는 아니다.

이번 사태의 보도에서 보는 바와 같이 획일화된 언론제도에 대해 진지하게 생각해 보아야 할 때에 이르렀다. 사람의 말길이 오로지 '우향우'로만 편향되면 우리의 사고는 기형적일 수밖에 없다. 오늘날 한국인의 품성이 '냄비'처럼 된 것은 결코 획일화된 언론과 무관하지 않다. 민주주의 사회가 다원화된 다양화 사회라는 점을 감안하면 획일언론의 타파는 시급한 문제가 아닐 수 없다. 우리는 정부의 햇볕정책이 '그르다'고 외치는 신문도 있어야 하는 반면, '옳다'고 주장하는 언론도 있어야 한다. 그것이 언론의 존재이유다.

≡ 1999. 6. 25.

지역감정에 기생하는 지방언론

무식한 지방언론이 살아남기 위해 무조건 반대를 위한 반대를 하고, 그것도 모자라자 지역감정으로 덧칠하는 작태를 비판한다.

① 푸는 말

'행동하는 양심' 김대중 씨가 '호남대통령'에서 마침내 '전국대통령'이 됐다. 비록 '유신본당'인 김종필 씨와 손을 잡은 '반쪽짜리 대통령'이기는 하나 그의 집권은 적잖은 의미를 지닌다. 그것은 무엇보다 먼저 50년 만에 여·야에 의한 수평적 정권교체를 일궈냈다는 점이다. 이는 우리나라가 민주주의를 할 채비를 갖췄음을 뜻한다. 한 번 여당은 평생 여당이고, 한 번 야당은 만년 야당이라면 민주주의는 없다. 그것은 일당지배에 의한 독재일 따름이다.

따라서 김대중 정부에 거는 국민들의 기대는 사뭇 남다르다. 그것은 대통령에 당선된 김대중 씨 자신이 언제나 '민주화'를 주창해 왔고, 또 그는 이 땅으로부터 소외당해 왔던 '전라도' 출신으로써 늘 '지역감정'의 타파를 신념처럼 표방했기 때문에 국민들은 참다운 '동서화합'을 기대했었다. 그는 이 땅의 민주화를 견인했던 야당의 지도자로서 늘 박정희·전두환·노태우 정권과 김영삼 정권이 추진한 '호남고립'이라는 지역감정 정책을 비판하고 '인재지역할당제'와 '지역등권론' 등을 주장해 왔다.

김대중 정부의 출범은 이 땅의 역사를 바꾸는 '새 정치의 장'으로 기대를 모았다.

그러나 그 자신이 그토록 투쟁해 왔던 대상인 박정희·전두환·노태우·김영삼 정권의 행태를 고스란히 답습하고 있다면 이를 어떻게 이해하고 해석해야 할까. 현재 영남권을 지배하고 있는 지역감정의 실체는 바로 이것이다. 이는 다시 말해 그가 늘 신념처럼 표방해왔던 민주화와 화합을 스스로 실천한다면 영남권에서 팽배한 '반DJ정서'는 물안개처럼 걷힐 성질의 것이란 것이다.

"TK·PK정권과는 달라야 한다"

지역적으로 박정희·전두환·노태우 정권이 TK정권이었고, 김영삼 정권이 PK정권이었다면 김대중 정부는 호남을 기반으로 한 충청과의 연합정권이라 할 수 있다. 권력을 어느 한 특정지역과 몇몇 소수가 독점하는 것은 바람직하지 않다. 왜냐하면 그것은 곧 독재로 이어지기 때문이다. 김대중 정부는 세기 말과 세기 초의 역사적 과도기에 처해 있다. 따라서 그 역할의 중요성은 여느 역대 정권에 비할 바 아니다. 이 땅의 장래를 내다보면 김대중 정부는 반드시 성공하여야 한다.

성공의 첫걸음은 자신이 입버릇처럼 말해 왔던 TK정권과 PK정권을 닮지 않으면 된다. 그럴 때만이 김대중 정부는 도덕적으로 정당성을 지니게 되고, 정권교체의 명분을 갖게 되며, 이를 통해 개혁을 일궈 낼 수 있다. 그러나 현실은 김대중 정부가 '인사가 망사'였던 TK·PK시대와 다를 바 없다는 지적이 일고 있어 우려를 자아내게 하고 있다. 실체가 이러함에도 불구하고 김대중 정권은 TK와 PK정권 때와는 다르다고 강변한다. 오로지 권력에 자아 도취돼 '나 홀로'만이 '지역감정에서 해방된 민주적 정권'이라는 꿈속을 헤매고 다니는 것이다. 최고 권력자의 이러한 현실인식이 문제점을 낳는 원인으로 대두되고 있다.

권력이 바뀌면 필연적으로 자기 사람을 데려다 쓸 수밖에 없다. 이를 지나치게 비판하거나 부정적으로 여길 것만이 아니다. 대통령의 개혁의지를 적극 뒷받침할 주체세력은 반드시 필요하다. 문제는 김대중 정부의 인사는 과거 영남정권보다 더 지역차별에 기초하고 있다는 지적이다. 사정과 안보, 정보기관의 핵심포스트는 물론 경제요직까지 호남출신에 의해 장악되었다. 산술적인 측면에서는 어느 정도 지역균형이 이뤄졌지만 실질적인 면에서는 '싹쓸이'라는 표현이 전혀 이상하지 않을 만큼 호남출신이 압도적이라는 지적도 있다.

대통령학을 전공한 고려대 함성득 교수는 "지금 시점에서 가장 좋은 모델은 호남 대통령 아래 영남사람들이 주체세력으로 등장하는 것이다. 김 대통령은 불행하게도 TK·PK정권의 잘못된 점을 고스란히 답습했다"고 말했다. 문제는 대통령이 새로운 주축세력을 만들려 하는 데에 있는 것이 아니라, 그 '방법론'에 있다고 했다(동아일보사, 뉴스플러스, 1998년 3월 26일자).

지역감정이 짙게 깔린 우리나라의 현실에서 개혁을 위해 형성한다는 주체 세력이 특정지역 인맥으로 국한될 경우 그 개혁은 성공할 수 없다. 경제회생, 정의실현 등 새 정부가 내건 국정목표를 달성하기 위한 전제가 화합임은 대통령 스스로도 취임사에서 강조한 대목이다. 이를 말로만이 아닌 진실하게 실천하여야 할 때인 것이다.

영남인들은 대한민국 50년 헌정사상 40여 년을 지배해 왔던 권력의 공백기를 맞아 허탈감에 시달리고 있다. 그러나 그 실체는 호남지역 사람들을 '증오'할 만큼 의도적인 것은 아니다. 그것은 부패하고 썩은 일부 TK·PK가 정치·경제·사회적으로 자신들의 생존을 위해 지역주민들을 선동하고, 지역언론이 이에 놀아나기 때문에 나타나는 현상이다.

이 글은 IMF난국을 극복하기 위해 김대중 정부가 추진한 '빅딜'(사업자간의 기업교환)을 통해 지역감정에 기생하고 있는 지역언론의 실태를 TK언론 중심으로 살펴본다. 현재 지역에는 <매일신문>을 비롯하여 <영남일보>, <대구일보>, <대구일일신문>이 발행되고 있으나 그나마 언론구실을 하고 있는 것은 <매일신문>과 <영남일보>뿐이다. 따라서 이 두 신문을 텍스트로 하여 빅딜에 대한 지역의 여론이 본격적으로 지면에 담기기 시작했던 99년 1월 달을 기준으로 분석했다.

② DJ노믹스의 허와 실

김영삼 정권의 무지와 무능으로 인해 온 나라는 마침내 '국가부도'에 이르렀고,

'IMF경제신탁통치'라는 '국난'을 맞게 됐다. 이는 대통령 '4수생' 김대중 후보에게는 '하늘이 낸 기회'로 작용했다. 그는 선거기간 동안 내내 이를 집중적으로 캠페인화함으로써 국민들로부터 심정적인 지지를 얻었다. 국민들은 이른바 '준비된 대통령'에게 국난수습을 맡겼던 것이다.

김대중 정부는 '개혁'이라는 화두를 안고 'IMF극복'이라는 실천적 과제를 지닌 채 출범했다. 그는 대통령에 취임하면서 '민주주의와 시장경제의 병행 발전'을 다짐했다. 경제의 '효율'과 '형평'이라는 두 마리의 토끼를 한꺼번에 잡아 당면한 '경제난'을 해결하겠다는 것이다. 이는 구호에 그칠 가능성이 십상이다. 효율과 형평은 이론적으로나 역사적으로나 '병행 발전'이 아니라 '선택의 문제'이기 때문이다.

시장경제의 효율을 통해 민주주의를 달성하려는 DJ노믹스는 재벌개혁과 민영화를 통한 외국자본의 유치를 내용으로 한다. 이 가운데 김대중 정부가 추진하고 있는 해외매각을 통한 외국자본의 유치는 경제종속화로 치닫는 지름길임을 지적하지 않을 수 없다. 김대중 정부는 "경쟁체제를 도입해 효율성을 높인다"는 게 민영화의 명분이지만, 그 실제적인 속셈은 해외매각을 통한 재정적자의 보전이라 하겠다. 김대중 정부의 이 같은 대외의존도로 인해 IMF가 성공적으로 수습된다 하더라도 한국 사회가 초국적인 금융·산업자본에 의한 남미형 종속경제의 길을 걸을 것이라는 어두운 전망을 내놓는 것은 외국자본의 국내기업 인수·합병이 주로 금융업·유통업 및 알짜배기 공기업에 집중되고 있는 것만 보아도 그렇다는 것이다(한겨레신문사, 한겨레21, 1999년 1월 14일자).

재벌개혁 또한 본말이 전도되고 있다. IMF을 유발한 재벌은 김영삼 정권과 더불어 나라를 망하게 한 주범이다. 따라서 재벌은 마땅히 개혁되어야 한다. 그러나 김대중 정부는 재벌개혁의 방안으로 △상호지급보증 해소 △결합재무제표 작성 △사외이사제 도입 △소액주주권리 강화 등을 골자로 하고 그 실천적 방안으로 재벌그룹간 사업교환인 빅딜, 업종전문화를 통한 전문대기업 육성 등을 들었다.

재벌개혁의 핵심은 크게 '소유와 경영의 분리'와 '선단식 문어발 경영의 해체'로 요약된다. IMF를 초래한 재벌개혁은 마땅히 그 책임을 묻는 것부터 비롯되어야 한다. 그러기 위해서는 총수와 몇몇 소유경영자들이 의사결정과정을 통제하는 독단적인 기업지배구조를 전면적으로 뜯어고쳐야 한다. 이를 위해 필요할 경우 총수의 경영권 박탈, 지분소각 등 그 책임을 엄격히 물어야 한다.

재벌개혁을 달성하기 위해서는 기업이 지고 있는 부채를 금융기관이 주식으로 바꿔 그 기업에 출자하는 부채출자전환을 단행하면 된다. 이를 통해 자기자본이 잠식 상태에 있는 기업의 재벌총수 주식 몫은 완전 소각, 그렇지 않는 기업의 경우에는 부분 소각하는 등 감자 뒤 출자전환을 통해 총수중심의 기존 기업지배구조를 대체하는 데로 모아져야 한다. 이를 소홀히 할 경우 정부가 개혁방안으로 내세우는 사외이사제 활성화, 소액주주권한 강화 등은 요식행위에 그칠 것이라는 게 일반적인 중론이다.

김대중 정부의 재벌개혁은 후자에 초점을 맞추고, 빅딜을 통해 이를 달성하려는 데 집중하고 있다. 소유와 경영의 분리에 치중하기보다는 선단식 경영의 고리를 끊고 부실계열사를 정리해 전문업종 중심의 기업군으로 바꾸자는 것이다. '집권 1년만에 IMF를 졸업하겠다'는 선정적인 대선공약을 내세웠던 김대중 대통령은 가시적인 개혁성과의 상징으로 빅딜에 지나치게 매달리고 있다. 이에 따라 마치 빅딜이 재벌개혁의 전부인 양 이해되고 있다. 빅딜은 재벌개혁의 시작일 따름이다. 그렇다면 현재 진행되고 있는 김대중 정부의 빅딜 본질을 살펴보자.

③ 빅딜과 지역감정

중복과잉투자 해소를 통해 경쟁력 있는 기업을 만들어 내자는 빅딜은 재벌개혁에서 반드시 필요하다. 또 시급히 추진해야 할 사안이기도 하다. 그 과정에서 부실기업 정리특혜로 변질돼 재벌총수들이 낳은 부실경영의 손실을 메워주는 방안이 되어서는 안된다. 김대중 정부의 빅딜은 부채탕감 등을 통해 재벌총수들의 부실경영 손실을 재정자금, 즉 국민들의 세금으로 메워주고 있다.

김대중 정부의 재벌개혁은 5대 재벌의 '몸집 불리기'와 군소재벌의 '해체'를 특징으로 한다. IMF라는 구조조정의 칼바람 속에서도 5대 재벌은 자신들끼리 주고받는 빅딜을 통해 부실의 짐을 덜어내고, 상대적으로 나은 자금동원력을 활용, 시중자금을 싹쓸이하면서 산업·금융·공기업은 물론 예술·문화·스포츠 등에까지 '문어발 촉수'를 뻗고 있다. 그리하여 5대 재벌은 지난해 매출액 기준으로 국내총생산액을 40~50%를 점유했으나 올해에는 60~70%에 이를 전망이다.

오로지 '현대'를 위한 빅딜파티

그 가운데 김대중 정부의 빅딜은 오로지 불가사리 '현대'를 위한 파티라 해도 과언이 아니다. IMF 이후 모든 기업이 내실 위주로 축소경영을 지향하고 있는 데 비해 유독 현대그룹만은 저돌적인 확대경영을 시도하고 있다. 그것은 아마도 현대그룹의 정주영 명예회장이 '대마불사'가 아니라, '공룡불사' 신화를 확신하고 있기 때문이 아닌가 한다. 아무튼 현대는 재벌의 구조조정에 순응하기는커녕 오히려 역행하여 족벌경영 체제를 더욱 강화함과 동시에 '덩치 키우기'를 주도하고 있다.

현대는 국민기업인 자산 10조 원대의 기아자동차그룹을 먹은 데 이어, 울산의 백화점 등을 인수함으로써 유통업계의 정상이었던 롯데를 밀어냈다. 현대는 또 자산 3조 원대인 한화에너지를 흡수함으로써 생산능력을 업계 2위인 LG칼텍스정유를 간발의 차이로 따라 붙었고, 한남투신을 비롯하여 강원은행 등을 흡수·합병함으로써 '현대은행'의 출범을 앞두고 있다. 뿐만 아니라 현대는 100억 달러 이상이 드는 금강산개발사업을 독점적으로 진행함과 동시에 자산 8조 원대인 LG반도체 마저 집어삼킴으로써 IMF이전에 비해 매출은 15조~20조 원, 보유자산은 100조 원에 이르는 부동의 1위 재벌로 우뚝 서게 됐다. 2위 삼성과의 자산규모 격차도 올해 10조 원에서 내년에는 30조 원 이상으로 커지는 것이다. 명실 공히 '현대공화국'의 제2전성시대가 도래한 것이다.

현대는 석유화학·철도차량·발전설비·우주항공 등 일부 사업을 빅딜 차원에서 내놓았다. 이들 기업의 매출액이나 자산은 다 합쳐봐야 5조 원도 안된다. 현대는 또 현대해상화재보험을 비롯하여 금강개발·한무쇼핑 등 10개 회사를 분리한다. 매출액 다 합쳐도 5조 원 미만의 이들 회사는 그나마 정주영 명예회장의 아들에게 맡겨진다. '위성재벌'이 탄생하는 것이다. 그룹분리를 구실로 사실은 아메바처럼 끝없이 확대 팽창하는 것이다. 구조조정에 따른 고초는 국민들이 겪으면서도 그 과실은 현대가 독점한다는 비판이 설득력을 얻고 있다(한겨레21, 1999년 1월 7일자).

'고질라' 현대가 망하면 대한민국이 망하게 됐다. 재계랭킹 14위였던 한보와 서열 7위였던 기아자동차의 부실로 '국가부도'가 난 것이 우리 경제이다. 현대는 기아자동차나 한보가 합친 것보다 차원이 다르다. 한국경제에서 현대가 '울트라사우루스'라면 기아자동차＋한보는 '모기'에 불과하다. 따라서 현대의 파산은 곧 '주식회사 한국'의 파산을 의미한다.

어쩌면 현대의 초상화는 한국의 자화상인지도 모른다. 국내에서는 최정상의 기업임에도 불구하고 세계시장에서는 제대로 된, 값어치를 인정받는, 경쟁력 있는 제품을 하나도 내놓지 못하고 있는 현대. 중저가 싸구려로 근근이 버텨 가는 현대를 국내에서는 감히 어느 누구도 손 못 대는 공룡이 됐다. 우리 경제의 위기는 여기서 비롯된다 아니 할 수 없다.

그 위기의 조짐이 이미 나타나고 있다. 현대의 재무구조는 이들 부실기업을 인수하기 전에도 그다지 우량한 편이 아니었다. 지난해 6월 말 현재 현대의 매출액 가운데 금융비용비율이 7.2%에 이르러 지난해 말보다 2.7%포인트나 상승했다. 절대적인 비율뿐 아니라 그 상승률도 5대 재벌 가운데 대우에 이어 두 번째로 높다. 더 큰 문제는 이러한 금융비용비율이 영업이익률보다 2.0%포인트나 높다는 사실이다. 말하자면 1천 원어치의 물건을 팔면 52원의 영업이익이 생기지만, 이자로 72원을 지출해야 하기 때문에 20원의 적자를 보게 된다는 것이다. 이런 상황에서 부실기업을 더 떠맡았으니 금융비용부담이 커지고, 경영수지나 재무구조는 더 악화될 것이 불 보듯 뻔하다(한겨레21, 1999년 1월 7일자).

재계는 올 3·4월 위기설과 함께 현대에 대해 경계의 눈빛을 보이고 있다. 현대가 소화불량에 걸려 자리에 눕지는 않을까 하는 우려이다. 현대는 내달 25일까지 기아·아시아차에 대한 신주 인수대금 1조 1,782억 원을 납입하는 등 그동안 부실덩어리를 삼킨 대가를 지불해야 할 시점에 이른 것이다. 눈덩이처럼 폭증하는 자금수요를 대처할 별다른 뾰족한 대안이 없다는 데 문제의 심각성이 있다. 현대는 그룹계열사의 대규모 유상증자를 통해 자금수요를 조달할 예정이었으나, 최근 주식시장의 침체로 주가가 계속 떨어지면서 대량 실권사태가 명약관화하다.

김대중 정부 출범 이후 현대의 '천하제패'에 대해 '새로운 정경유착'이 고개를 든다. 정주영 현대그룹 명예회장이 현 정부 고위층과 여러 차례 만나면서 현대가 햇볕정책을 수행하는 대북창구가 됐다는 등의 얘기가 확인도 되지 않은 채 나돌고 있다. 금강산 관광을 비롯한 북한과의 거래에서 현대가 사실상 독점권을 부여받은 것은 이런 소문에 날개를 달아줬다. '돈으로 권력을 사겠다'는 오만한 금권정치·재벌정치를 시도했던 것이 김영삼 정권에 의해 좌절된 이후 '미운 털'이 박혔다는 이유 하나만으로 김대중 정부 들어 부실 덩어리를 인수하는 현대의 행보를 보면서 성급한 국민들은 '새로운 정경유착의 의혹'을 제기하고, 벌써 차기 정권에서의 청문회를 입에 담고 있다.

빅딜피해 고스란히 노동자에게 전가

삼성자동차와 대우전자, 현대전자와 LG반도체의 빅딜은 지역경제계에도 빅딜 태풍을 몰고 왔다. 김영삼 정권과 결탁, 정치적 특혜로 태어난 삼성자동차는 우리나라 자동차산업의 중복과잉투자를 초래해 IMF를 유발한 기업 가운데 하나이다. 정경유착의 사생아 삼성자동차는 삼성그룹으로서는 21세기 신수종 전략산업이었으나 국가경제적으로는 국내 자동차산업을 궤멸시킬 거대한 우환덩어리였다.

삼성은 노태우 정권 당시부터 자동차산업 진출을 시도했다. 그 당시 삼성은 대구 성서공단에 최첨단 자동차 공장을 짓겠다며 대구시와 상공회의소 등을 통해 치열한 로비를 했다. 삼성은 대구시로부터 공단 부지를 헐값으로 분양받는 한편 공장 짓는 데 드는 비용을 마련한다면서 대구시내 중심부에 위치해 공원녹지부지로 지정되었던 제일모직 터를 상업용지로 용도변경했다. 대구시는 이에 그치지 않고 대구 중심의 노른자위 반월당에는 엄청난 교통유발을 초래하는 삼성금융빌딩 신축허가를 내주는 등 각종 특혜를 베풀면서까지 21세기 대구산업을 이끌어 갈 '삼성자동차 유치'를 벌였다.

삼성자동차는 노 정권에 의해 좌절되었고, 결국 김영삼 정권에 의해 허용됐다. 대구에서와 똑같이 "삼성자동차 아니면 부산의 미래는 없다"는 전방위 로비를 폈던 삼성은 부산에 '공약'대로 자동차공장을 짓게 되었다. 삼성차를 '짝사랑'하던 대구는 '닭 쫓던 개 지붕 쳐다보는 격'이 됐다. 삼성은 250만 대구시민이 속았다며 분개하자 이를 달랠 속셈으로 창원공단에 있던 삼성중공업 상용차공장의 일부 라인을 뜯어와 상용차공장을 지었다.

중앙정부는 재벌의 대표적 중복과잉투자의 표본이 된 삼성의 자동차산업을 마땅히 퇴출시켜야 하며, 이건희 회장에게는 경영실패에 대한 책임을 엄격하게 물어야 했다. 지방정부는 250만 대구시민을 기만하고, 삼성에는 온갖 특혜를 베푼 문희갑 시장을 시민의 이름으로 응징했어야 했다. 그러나 김대중 정부의 빅딜은 이러한 개혁조치와는 전혀 별개로 엉뚱한 방향에서 전개되었다.

우리나라의 자동차산업은 3사 체제가 가장 바람직하다. 기아는 그룹을 축소한 후 자동차전문 국민기업으로 남아야 하며, 현대자동차가 삼성자동차를 인수하고, 대우자동차의 외자유치가 이상적인 모델이었다. 하지만 빅딜은 기아를 포드에 매각해 외자를 유치하고, 삼성차를 현대에 넘기며, 대우차는 존속이라는 틀로 논의되었다. 삼성은 기아차 인수를 시도하면서 삼성차＋기아차, 현대차, 대우차 체제를 꿈꿨다. 기아차의 국제입찰 결과 현대가 기아차를 인수하자 현실은 삼성차, 현대차＋기아차, 대우차 구조가 됐다.

삼성차는 존속의 명분도, 기반도 사라졌다. 지난해에만 4,000여억 원의 적자를 낸 삼성자동차는 삼성그룹 나아가 국가경제의 애물단지가 되었다. 삼성자동차는 거대한 '블랙홀'이 되어 삼성그룹을 빨아들이고 있던 것이었다. 그 속에서 빠져나올 구멍을 모색하던 삼성은 자금난은 겪는 대우의 빅딜 제의에 얼씨구나 호응했다.

대우전자는 대우의 '세계경영'을 주도하는 백색가전 전문기업으로서 연간 200여억 원의 순이익을 내는 우량기업이었다. IMF 이전부터 무리한 사업확장을 주도해오던 대우는 자금난에 시달리자 느닷없이 대우전자를 정리기업으로 내놓았다. 대우는 백색가전은 이미 한계사업에 이르렀다고 판단했다. 우선은 비록 조그마한 돈이 되고 있으나 미래의 성장가치가 암울한 기업을 팔아서 당면한 자금난을 해결하고,

성장성이 높은 자동차사업을 인수하는 것은 그다지 손해 보는 장사가 아니라는 것이다. 더구나 빅딜과정에서 소요되는 막대한 자금은 세제감면과 부채탕감 등을 통해 해결하면 명분도 챙기고 실속도 차릴 수 있다는 것이었다.

삼성과 대우의 이와 같은 속셈에 의해 전격적으로 빅딜이 진행되었다. 하지만 그 직접적인 피해는 고스란히 노동자에게 전가되었다. 빅딜은 중복과잉투자를 해소하는 특단적인 조치이다. 필연적으로 조직과 인원의 구조조정이 따르기 마련이다. 어느 날 갑자기 생존권의 위협을 받게 된 노동자들이 이에 저항하는 것은 당연하다. 잘못된 경영으로 기업을 망친 재벌총수는 건장하고, 뼈 빠지게 죽도록 일만 해 온 노동자의 밥그릇을 빼앗아 가는 빅딜에 대해 대우전자 구미공장 노동자들과 성서공단의 삼성상용차 노동자들이 생존권 사수를 위한 투쟁에 나서는 것은 당연했다.

대우는 재빨리 성난 대구의 민심달래기에 나섰다. 삼성상용차의 인수를 거부하는 것이었다. 이는 자동차산업의 빅딜의미를 본질부터 훼손, 변질시키는 것이었다. '격동하고 있는 영남권 민심'을 우려하던 김대중 정부도 결국 이에 동의했다. 그리하여 자동차 빅딜은 노동자들의 희생을 전제로 국가경제를 위해서가 아니라 재벌들의 나눠먹기식 파티로 전락하고 말았다.

한편 반도체 빅딜도 첫 단추가 잘못 꿰인 빅딜이였다. 반도체 빅딜은 김대중 정부의 강력한 '편들기'로 말미암아 현대전자의 한판승으로 막을 내렸다. 반도체 빅딜의 원 계획은 삼성전자＋LG반도체였으나 결과는 엉뚱하게도 현대전자＋LG반도체로 나타났다. 현대와 LG의 반도체 통합은 빅딜의 효과가 의문되었다. 양사의 체제라인이 달라 통합의 시너지효과를 기대하기가 어렵다는 것이다. 그런데도 형식상 미 ADL사를 내세운 현대와 정부의 '밀어붙이기식' 빅딜에 의해 LG는 '황금 알을 낳던 알짜배기 기업'을 내놓을 수밖에 없었다.

IMF에도 불구하고 잘나가던 기업 LG반도체 구미공장은 하루아침에 그 생존의 전망조차 매우 불투명하게 되었다. 졸지에 자신들의 삶터를 잃을지도 모르게 된 LG반도체 구미공장 노동자들이 "이래선 안된다", "못 살겠다"고 아우성치는 것은 생존을 위한 인간의 절규였다. 노동자들의 이 같은 처절한 외침을 그동안 철저히 외면하고 축소·왜곡·조작해 오던 언론이 어느 날 '동지'처럼 다가왔다. 이제 언론의 그

꿍꿍이 속셈을 살펴보자.

④ 지역신문의 보도태도

지역언론은 빅딜을 지역주민의 눈치를 살피는 선정적인 보도태도로 일관해 지역갈등을 부추기고 있다. <매일신문>과 <영남일보>는 우선 양적으로 빅딜을 활발하게 보도하고 있다. <매일신문>은 빅딜 분석기간 동안 신문사의 공식입장인 사설을 4차례나 게재했으나 재벌언론인 <영남일보>는 사설을 1차례밖에 게재하지 않아 눈길을 끌었다.

<매일신문>은 재벌의 빅딜과 관련 지역에 해당하는 기사로 9차례나 1면에, 2면 종합면에 2차례, 해설 3차례, 경제면 1차례 주요 기사로 게재하는 등 이틀에 한 번 꼴인 15차례 게재했다. <영남일보>도 1면에 7차례, 2면 종합면에 2차례, 해설기사 1차례, 경제면 4차례, 사회면 3차례 등 17회를 보도했다. 보도내용을 보면 <매일신문>은 빅딜을 정치인들이 지역감정에 이용하는 기사가 5차례, 노동자들의 생존권 투쟁기사가 3차례, 지역경제 우려기사를 3차례, 사설 4차례 보도했다. <영남일보>도 각각 4차례, 7차례, 5차례, 1차례 보도했다.

여기서 한 가지 흥미로운 것은 <매일신문>은 여론조성 기능인 사설 등을 중심으로 빅딜의 정치성을 강조한 반면 <영남일보>는 보도기사를 중심으로 노동자들의 생존권 투쟁 등 경제적인 측면에서 바라보고 있다는 점이다. 또한 지역언론은 구미지역 빅딜은 주로 노동자들의 생존권 투쟁에, 대구 성서공단의 삼성상용차 문제는 경제적 논리에 초점을 맞추고 보도하는 것이다.

구미지역 빅딜 생존권 투쟁에 초점

지역신문들은 스트레이트 기사의 제목에서부터 빅딜의 부당성을 제기하고 있다. 그 양상은 국가경제적인 측면에서 본질적인 그 문제점을 제시하는 것이 아니라 노동자들의 생존권 투쟁을 불모로 한 지역감정 부추기 차원에서 정부의 빅딜을 비판하고 있다. 여기에는 한결같이 지역경제가 불모로 등장한다. 구미지역의 빅딜관련 기사를 보면 <매일신문>은 「구미 대우전자 노조원 3900명 대구서 빅딜반대 대규모 시위」(8일자, 1면 두 번째 기사), 「지역경기 최악…일거리 찾아 타지로 / 대구인구 줄어든다 / 98년도 인구통계조사」(12일자, 1면 머리기사), 「대규모 결의대회…'공단사수' 총력전 / 구미 '반빅딜 투쟁' 강도 높인다 / 대우전자 협력사도 동참 / 시한부 상가 철시등 검토」(15일자, 1면 머리기사), 「대우전자·LG반도체 조업중단 큰 파장 / 협력업체 도산 위기 / 구미인근지역 1200여개사 부도 직면 / 해외생산법인 폐쇄 외교문제 소지도」(29일자, 1면 머리기사) 등이다. 이 가운데 <매일신문>은 특히 12일자 1면 머리기사에서 98년도의 인구통계조사를 보도하면서 대구인구가 줄어드는 것을 최악의 지역경기 탓으로 돌리고 '일거리 찾아 타지로 떠난다'고 제목처리 함으로써 그 원인이 마치 '빅딜'에 있는 것처럼 과장메시지를 전하고 있다.

<영남일보>는 「구미공단 빅딜파문 확산 / 대우전자 직원 3천여명 대구서 규탄대회 / LG반도체 근로자도 비상대책위 구성 / "지역경제 앞날 어둡다" 불안감 커져」(8일자, 1면 4단기사), 「대규모 공장 타지이전·근로자 3년내 절반감축 등 / 구미공단 유언비어로 "술렁" / 관련단체·업체 "사실무근" 진화 서둘러」(8일자, 사회면 머리기사), 「대우전자 노조원 97% 파업찬성 / 구미공단 '빅딜' 강경투쟁 / 구미공장 내일 8천여명 참가 집회 / LG반도체 비대위도 "단체행동 불사"」(14일자, 사회면 머리기사), 「대기업 빅딜 대형 노사분규 불씨 우려 / 대우전자 비대위·노조 공동투쟁 합의 / LG반도체 준법투쟁 돌입…생산차질」(22일자, 경제면 머리기사), 「LG반도체·대우전자 구미공장 전면조업 중단 / '빅딜파문' 손실 "하루 100억" / 400여 협력업체도 타격…우려 높아」(26일자, 1면 머리기사), 「구미 대우전자·LG반도체 무기한 조업중단 / 협력업체 무더기 도산 "공포" / 매출·가동률 절반이하 "뚝" / 재고 쌓이고 자금난 심각 / 대출금 상환연기·특별자금 지원등 대책호소」(27일자, 사회면 머리기사) 「빅딜업체 수출전선 비상 / 구미 LG반도체·대우전자 조업 중단 장기화…납품기일 못맞춰 / 국제신인도 하락·계약위반 불이익 우려」(29일자, 1면 머리기사) 등이다.

지역기업의 이익옹호를 대변해오던 <영남일보>의 보도태도 돌변은 눈길을 끈다.

지역의 독점재벌자본 계열언론사로서 <영남일보>는 그동안 노동자들의 생존권 투쟁을 적대시해 왔다. 그러나 IMF 이후 모기업인 갑을의 워크아웃 등 몰락에 따른 영향력 감소에 비례하여 <영남일보>는 '빅딜반대 데모 키우기 보도'를 통해 정부에 불편한 '심기'를 전달하려는 게 아닌가 한다. 그것은 이 신문이 △광주에 1천만 평 이상의 공단이 조성돼 구미공단을 통째로 옮긴다 △무기한 휴업에 들어간 OB맥주 구미공장의 생산기계를 뜯어 광주로 옮겨갔다 △코오롱 구미공장을 다른 지역으로 이전한다 △올해 말까지 문 닫는 구미공단 업체수가 30% 넘을 것이다 △LG반도체와 대우전자 빅딜 이면에는 정치적 흑막이 깔려 있다 △구미공단 근로자 수가 3년 내 절반 이하로 줄어든다는 등 시중의 유언비어를 여과 없이 사회면 머리기사(8일자)로 올린 데서도 그 저의를 엿볼 수 있다.

지역감정에 편승한 보도 활발

지역감정을 불모로 한 정치권의 빅딜파문 악용과 관련하여선 <매일신문>은 「"더 험악해지기 전에…" 여·야 모두 구미 민심달래기에 나섰다」는 해설기사(13일자)를 비롯하여 「"LG반도체 고용승계 최소 5년간 100% 보장"」하겠다는 김원길 국민회의 정책의장의 기사(19일자, 2면 머리기사), 지역감정에 편승한 한나라당의 마산집회(25일자, 1면 주요 기사 및 해설기사), 「"대구경북민심 우리 곁으로…" / 여야 '대구보듬기' / 김종필총리 "국론분열행위 없어져야" / 이회창 총재 정부·여당 실정 집중거론」(30일자, 1면 머리기사) 등을 통해 정치권의 주문에 놀아났다.

<영남일보>도 「'구미살리기' 정치권 나서 / 자민련 정책위의장단 내일 구미서 긴급 대책회의 / 국민회의·한나라당도 현지방문 등 대책마련 방침」(13일자, 1면 머리기사), 「김총리·이회창 총재 오늘 대구 방문 / 여야 영남 민심잡기 총력전」(30일자, 1면 머리기사 및 해설기사), 「"LG반도체 직원 100% 승계 명문화" / 현대·LG 합의」(30일자, 1면 2단기사) 등을 통해 정치권이 보는 빅딜 파문을 보도했다.

눈 앞 이익 급급 멀리 내다 못봐

이에 비해 삼성상용차 문제는 지역이기주의에 발목 잡힌 철저한 경제적 논리로 일관했다. 삼성상용차는 앞서도 얘기했듯이 하루하루 연명하면 연명할수록 국가적 손해이며, 지역경제에도 마이너스이다. 삼성상용차는 경제성이 없기 때문이다. 지역언론은 이를 간과했다. 오로지 지역의 생존논리에 근거해 삼성상용차의 부활을 주도했고, '영남권 민심'이라는 지역감정의 굴레를 인식한 정치권의 묵인·방조하에 삼성상용차는 유령처럼 되살아나 지역경제에 붙어 있게 됐다.

이와 관련 지역언론의 보도를 보면 언론재벌 <매일신문>보다는 재벌언론 <영남일보>의 보도가 활발하다. 이 역시 우연이 아니다. <매일신문>은 「빅딜 삼성상용차 수출·내수 큰 피해 / 최종 결론없이 해 넘겨 / 잇단 선적보류·구입기피」(20일자, 1면 두 번째 기사), 「빅딜파문 이후 판매끊겨 조업중단 / 삼성상용차 존폐기로 재고 눈덩이 독자생존여부조차 불투명 / 종업원 곧 전면재파업 정부대책 요구」(27일자, 1면 머리기사), 「삼성상용차 존속비쳐 / 김총리 대구방문」(30일자, 2면 종합면 주요 기사) 등이다.

영남일보는 「삼성상용차 독자생존 구체화 / 외자유치·OEM수출 등 성사 눈 앞」(5일자, 1면 2단기사), 「삼성·대우 빅딜 가속도 / 양그룹 총수회동…조기성사 최대협력」(25일자, 2면 종합면 머리기사), 「빅딜파문 계약취소 속출…외자유치 애로… / 삼성상용차 "악화일로" / 지난달 이후 2천8백 대 수출계약 펑크 / 가동률 급락…월120억 손실배상」(25일자, 경제면 머리기사), 「삼성상용차 빅딜서 사실상 제외 / 관계당국 "삼성·대우서 알아서 할 일" / 양사, 유리한 협상위해 공식발표 자제」(28일자, 경제면 머리기사), 「대우 "삼성승용차만 인수" 결정 / 상용차 빅딜제외 공식화 시급 / 계약포기·외자유치·애로 등 피해 줄여야」(29일자, 경제면 두 번째 기사) 등이다.

오락가락 논조로 독자들 우롱

<매일신문>의 사설내용을 보면 빅딜이 지닌 본질을 제대로 파악하지 못해 논조가

오락가락한다. 「반도체 빅딜 다음 문제들」(7일자)에서는 미국 ADL사의 공정성을 이유로 현대전자에 통합경영권을 넘겨줄 수 없다고 버티던 LG반도체의 빅딜수용을 환영하고 있다. 「구미공단 살리는 대책을」(11일자)이라는 사설은 전날 논조와는 정반대로 반도체 빅딜로 '지역경제는 치명적 타격을 입고 수도권만 살아나 수도권 집중이 강화될 것'이라며 빅딜을 반대했다. 25일자 「걱정스런 '빅딜' 노사갈등」은 "기업의 구조조정은 어차피 인원감축 효과를 동반하기 마련인데도 '구조조정은 하되 감원은 말라'는 것은 마치 인체에 살을 도려내되 피는 흘리지 말라는 주문과 진배없다"고 말해 생존권 투쟁을 부르짖는 노동자나 빅딜을 강요하는 정부를 양비론으로 비판했다. 「빅딜후유증 조기 수습을」(29일자)이라는 사설은 "애초 빅딜은 적절한 것이 못되었으나 되돌릴 수도 없는 것인 만큼 그 후유증의 조기 수습에 나서야 한다"고 강조함으로써 빅딜의 기정사실화를 인정했다.

「빅딜 빠를수록 손실적다」(27일자)라는 사설을 실은 <영남일보>는 보도를 통한 반빅딜 캠페인과는 달리 "근로자들은 무리한 요구를 자제하고, 정부와 기업은 고용안정을 도모하고 대국적인 협력과 포용으로서 근로자들의 불안을 해소시켜 구조조정을 속히 매듭지어야 한다"고 말함으로써 빅딜을 고무·격려해 독자들을 당혹스럽게 했다.

이처럼 지역언론은 그 자체가 지역감정을 일으키게 하는 원인은 아닐지라도 마치 국가 간의 뉴스유통에서 자국 중심의 뉴스선별, 뉴스의 재해석이 이루어지는 것과 같이 자기 지역 중심의 게이트키핑 과정을 통해 사안을 설정하고 정의하게 되며, 그 과정에서 의도적이거나 또는 비의도적인 편파성과 지역주민에의 동조적 태도를 보이게 된다. 이것이 지역 주민들의 지역감정에 적지 않는 영향을 주게 됨은 두말할 나위 없다.

≡ 1999. 2. 16.

대중언론의 여론조작과 왜곡실태

제15대 대선을 계기로 살펴본 경마저널리즘의 본질. 16대 대선은 다를까? 답은 불행히도 조금도 다르지 않다 이다. 그 이유는 무엇일까. 해답은 이 글에서 찾을 수 있다.

① 머리말

언론은 민주주의를 실현하는 가장 강력한 제도이다. 민주주의는 사람들로 하여금 더불어 살아가는 생활방식이다. 민주주의의 원리는 주권재민의 원칙에서 비롯된다. 따라서 민주주의는 국민에 의한, 국민을 위한, 국민의 정치를 의미한다. 이러한 민주정치에서 언론은 권력을 감시하고 비판함으로써 권력의 남용과 독재를 배격하고 민의에 따른 정치를 가능케 한다. 그러기에 언론을 흔히 '제4부'라고도 한다. 그것은 언론이 국민의 기본권을 지키는 파수꾼 기능을 하기 때문에 붙여진 별명이다. 즉 언론의 자유는 하늘로부터 부여받은 국민의 생존권으로써 민주주의의 뿌리로 인식된다. 특히 민주주의가 국민의 직접선출이라는 권력창출 과정을 반드시 거쳐야 하는 절차의 정치라면 언론의 중요성은 더욱 강조된다.

민주주의의 실현과 발전을 위해서는 공공의 문제에 대해서 잘 아는 유식한 국민과 그러한 국민의 적극적인 정치참여가 전제된다. 특히 선거에서 국민들이 후보자의 자질이나 정책에 대해 잘 알고, 그러한 앎에 기초하여 투표에 적극적으로 참여해야 한다. 선거에서 후보자의 자질이나 정책을 비롯하여 공공의 문제에 대해 국민을 유식하게 만들고 국민의 적극적인 정치참여를 이끌어 내야 할 사회적 임무를 부여받는 것이 언론이다. 공공의 문제에 관한 언론의 보도적 역할, 특히 선거에서의 언론의 기능은 민주주의 실현과 발전을 위해 매우 중요하다.[1]

오는 12월 18일 실시될 제15대 대통령 선거는 역대 어느 대통령 선거와는 사뭇 다른 의미를 지니고 있다. 영욕의 20세기를 마감하고 21세기의 새 역사를 여는 제15대 대선은 자본주의의 패권다툼과 정보화 사회의 진행으로 이전에 경험해 보지 못한 질서를 강요당하고 있는 가운데 민족의 지도자를 선출하는 것이다. 더구나 한반도는 여전히 남북이 분단된 냉전 이데올로기라는 낡은 망령에 사로잡혀 헤어나지 못하고 있다. 그러므로 이번 대선에서 유권자들의 투표행위는 단순히 현행 헌법상의 향후 대통령 임기 5년간의 국정 책임자를 선출하는 것만이 아니라 새롭게 전개되고 있는 무한경쟁의 경제대전쟁이라는 국제질서 속에서 '세계화'를 달성하고, 더불어 민족통일이라는 시대적 숙원을 실천할 민족적 지도자를 뽑는 것이다. 여기에 97년 대선이 지닌 상징적이며 함축적인 의미가 있다.

이처럼 중대한 선거를 맞아 언론은 유권자가 후보자를 선택하는 데 유용한 정보를 진실하고 공정하게 전달해야 한다. 그것은 언론에 주어진 책임이자 의무이다. 다시 말해 언론은 후보자의 자질, 정강정책, 공약, 선거부정 등 선거보도 전반에 대해 정직하고 공정한 정보를 제공해야 한다. 그런데도 실제로 한국언론은 선거보도에서 진실하지 못하다거나, 유용하지 못하다는 비난을 받아왔고, 지금도 받고 있다.

한국언론은 그동안 선거라는 국민들의 정치 행위를 보도함에 있어서 이루 헤아릴 수 없는 다양한 방식으로 국민들의 주권을 왜곡·조작해 왔다. 자본의 확대재생산이라는 상업적 목적에서 자행하는 한국언론의 그러한 보도태도는 민주정치의 발전을 저해하는 암적 요소라 아니 할 수 없다. 한국언론은 선거를 보도함에 있어 주로 불편부당을 가장한 객관주의, 양시양비론에 기초한 경마저널리즘, 여론조사를 위장한 현실반영 등으로 국민들의 정당한 정치적 의사를 왜곡·조작한다. 이 가운데 이 글은 불편부당성 신화와 경마저널리즘을 살펴보고 대구지역 언론의 실제적인 보도태도를 점검해 본다.

---

1) 이효성, 「선거보도의 원칙과 강령」, 『언론, 선출되지 않은 권력』, 한울, 1992, 8쪽.

② 기회주의 상업언론의 선거보도

① 겉 다르고 속 다른 한국언론의 특성

한국언론의 특성을 한마디로 표현하면 언론자본의 확대재생산을 가장 우선적 가치로 하는 기회주의적 상업언론이라 하겠다. 이에 한국언론을 흔히 생태적으로 카멜레온언론, 코뿔소언론, 하이에나 언론, 앵무새언론, 갈대언론, 복사기언론, 냄비언론, 떼거리언론, 촌지언론 등으로 부르기도 한다. 또한 내용적으로는 언론의 사명과 본질적 기능이 심각하게 왜곡되고 실종된 껍데기언론을 사회적 커뮤니케이션 체계를 갖고 있다. 현재 우리가 안고 있는 현대사회의 모순은 이 같은 커뮤니케이션 체계의 왜곡에서 비롯되었다 해도 과언이 아니다. 그러면 한국언론의 생태적 실태와 내용적 특성을 간단히 살펴보자.

한국언론을 시류에 따라 변신이 능수능란한 카멜레온에 빗댄다면, 카멜레온이 기분 나빠할지 모른다. 강자에겐 약하고 약자에겐 무지막지한 해바라기성언론을 갈대언론이라 하기에는 순진한 표현이다. 뿐만 아니라 '붉은' 색깔과 관련된 사안이라면 앞 뒤 상황을 가리지도 않은 채 무조건 저돌적으로 돌진하는 '반공언론'의 코뿔소 습성은 말로는 통일언론을 부르짖고 있으나 실제로는 반통일적인 언론으로 기능해 국민들의 가치관마저 왜곡시키고 있다.

언론의 자기 기만적인 이중성은 권언유착으로 권력에 아부하다가 새 정권이 들어서면 곧 구정권에 달려들어 그 시체마저 갈기갈기 찢는 하이에나언론으로 둔갑한다. 어디 그뿐인가. 당국의 발표라면 진실의 실체를 규명하지도 않은 채, 떼거리로 우르르 몰려가 발표내용을 모범답안지처럼 베껴낸다. 그리하여 앵무새언론, 복사기언론, 냄비언론이라 부르며, 보다 심각한 것은 아직도 언론이 촌지에, 광고에 매수되어 부패로부터 자유롭지 않다는 데 있다.

내용적 특성으로는 한국언론에는 사태의 껍데기를 혹독하고 매섭게 질책하는 소리는 있으나, 그 본질을 파헤치고 비판하는 정신이 없다는 것이다. 두말할 나위 없이 언론정신의 핵은 비판정신에 있다. 비판정신이라 함은 어떤 사실이나 사상 또는 행동의 진위·우열·가부·시비·선악·미추 등을 판정하여 그 가치를 밝히고 평가하는 인간 고유의 고등적인 활동을 의미한다. 맹자(孟子)는 '시비지심 지지단야(是非之心 智之端也)'라 하여 옳고 그름을 따지는 마음이 슬기라는 인간 본성의 실마리가 된다고 했다. 이때의 시비지심이 곧 비판정신이다.[2]

비판정신은 애정에서 비롯된다. 이는 사랑하는 마음이 없으면 증오도 생기지 않는 것과 같다. 비판은 또한 자신을 돌아보게 하며 발전을 추동한다. 그러므로 어떠한 의미에서건 비판은 비판 그 자체만으로도 매우 값지고 소중하다. 막강한 군사력을 지녔던 소련이 붕괴된 으뜸가는 이유는 공산당·사회주의 언론이 비판성을 잃고 '찬양언론', '긍정언론'으로만 기능한 데 있다. 이에 비해 조선은 비록 전제주의의 제도언론이라 할지라도 대간들이 철저하게 비판성을 지니고 있어 500년 종사를 유지할 수 있었음과 대비한다면 비판정신이 얼마나 소중한 가치인지 금방 알 수 있다. 'YES언론'으로만 기능하는 제도언론의 '밝고 긍정적인 보도자세'(?)의 위험성을 제기하면서 이제 그 '긍정언론'의 실체를 밝혀보기로 하자.

② 회색언론의 불편부당 신화

오늘날 언론은 권력의 재편과정에서 기존체제를 유지하는 핵심적인 기능으로 작용한다. 이를 효율적으로 수행하기 위해 언론은 객관주의와 불편부당을 금과옥조처럼 내세운다. 엄밀한 의미에서 사실과 가치를 엄격히 구분하여 사실을 있는 그대로 전하는 객관보도란 있을 수 없다. 기사의 취사선택, 보도의 가치판단 등 언론행위에서 기능상 어떠한 경우에도 언론의 주관적인 가치는 불가피하다. 그런데도 언론이 객관주의·불편부당성을 내세우는 것은 특정한 정치세력이나 사회세력의 도구가 아니라는 점을 주장하는 데 유리하기 때문이다. 또 이를 표방함으로써 지배세력이나 강자에게 불리한 시시비비를 가리지 않고 적당히 넘어갈 수 있을 뿐 아니라 약자의 편을 들어야 하는 경우에도 양측의 주의, 주장을 동시에 게재하는 위선적인 방식으로 언론의 고유임무를 회피할 수 있다. 더구나 불편부당을 내세움으로써 언론은 모든 사람들에게

---

2) 김영재,『현대사회와 민주언론』, 사람출판사, 1997. 84쪽.

어필할 수 있고 따라서 더 많은 수용자를 끌어들여 상업적인 이득도 볼 수 있다. 결국 객관주의·불편부당성은 이론적으로는 불가능한 주장이고 실제적으로는 언론이 쉽게 접근할 수 있는 기득권 세력의 주장을 무비판적으로 전달하는 관행이라 할 수 있다.[3]

말하자면 언론이 표방하는 엄정한 객관주의와 공정성은 한마디로 상업성이 그 본질이다. 실제로 언론이 특정세력을 비호하는 것을 공공연히 표명했을 때 지역주의와 보수우익세력이 권력의 중추를 장악한 한국적 현실에서 그 언론은 여론의 뭇매를 맞아 좌초하기 십상이다. 그러나 현실에서 언론은 권·재·언 유착을 더욱 공고히 하면서 객관주의와 불편부당 등으로 위장하고 기득권 세력을 위한 보도전사의 기능을 충실히 수행한다.

한국언론의 불편부당은 보도태도에서 여당 중시와 여당 입후보자 중심의 편파보도로 나타난다. 그와 같은 왜곡·편파보도는 여당 입후보자가 야당 입후보자들에 비해 보다 '중요한 위치'와 '넓은 지면'을 할애받고 있으며, '뚜렷하게' 부각된다. 또 여당이나 여당 입후보자에게 득이 되거나 해가 되는 정도에 따라 확대되거나 축소하거나, 때로는 아예 취급하지도 않는 경향이 있다. 뿐만 아니라 언론의 여당 편들기는 선거를 앞두고 쏟아지는 정부의 '선심용 공약'을 '정책보도'라는 미명하에 무비판적으로 지면에 수용한다.

언론의 불편부당주의는 그나마 공정하게 적용되지도 않는다. 언론자본의 이해득실에 따라 부분적으로, 그것도 아주 편파적으로 적용된다. 이를테면 한국언론의 불편부당주의는 정치보도가 신한국당·국민회의·자민련 등 기존의 지배체제 중심으로만 이루어지고 있으며, 실질적으로 커다란 정치세력의 하나인 재야운동권이나 제4당인 민주당의 주장은 거의 대변되지 않거나 소홀히 취급된다. 이처럼 불편부당주의는 부분적으로 적용되는 것을 전체적으로 적용되는 것처럼 위장한다.

이와 관련 현재 전개되고 있는 언론의 여당 키우기 보도태도를 살펴보면 독자들은 의아해할 것이다. 그것은 무엇보다 먼저 현재의 정국구도가 과거와는 판이하다는 사실이다. 집권여당이 내홍에 쌓여 분열현상을 보이고 있어 정권재창출이 일사 분란하지 않고 삐걱거리고 있다. 야당후보가 여당후보를 앞서가고 있는 이 같은 정치상

---

3) 이효성, 『정치언론』, 이론과 실천, 1989. 68~76쪽 참조.

황은 한국정치 50년 사상 초유의 일이며, 언론은 여기에 당황하고 있다. 그러나 언론은 여전히 권력의 시그널을 기다리고 있다. 언론은 집권여당의 내분을 '애정 어린 시각'으로 보도하고 있으며, '반야 캠페인'은 교묘하다. 그리하여 어느 날 갑자기 한국의 모든 언론이 "정권교체는 위험하다. 야권은 수권능력이 없다"고 외칠 때 언론 스스로 조사한 '여론'은 또 한 번 깊은 좌절의 나락으로 떨어질 것임은 자명하다.

대중언론의 불편부당성은 기존체제 안에서만 작용하는 편파적인 원칙이기 때문에 기존체제의 변화를 가로막는 요인이라 아니 할 수 없다. 따라서 기존의 질서를 전제로 하는 가운데 한국언론의 정치보도를 부분적으로나마 개선하는 유일한 방법은 언론이 끈질기게 매달리고 있는 불편부당성 신화를 폭로하여 언론사 스스로 각자의 정치적 입장을 공개적으로 천명케 하는 것밖에 없다. 그렇게 될 경우 '여론조작'의 가능성이 약화되거니와 한국의 언론계는 '공개보도'라고 하는 지극히 추상적인 개념을 놓고 벌이는 '소모전'의 비용을 줄이면서 보다 생산적인 방향으로 나아갈 수 있을 것이다. 그러한 작업의 실천력은 광범위하고 끈질긴 언론비판으로부터 나올 수 있다고 하겠다.[4]

〈표 12〉 언론에 의해 증폭되는 합종연횡 논의에 의한 대통령 만들기

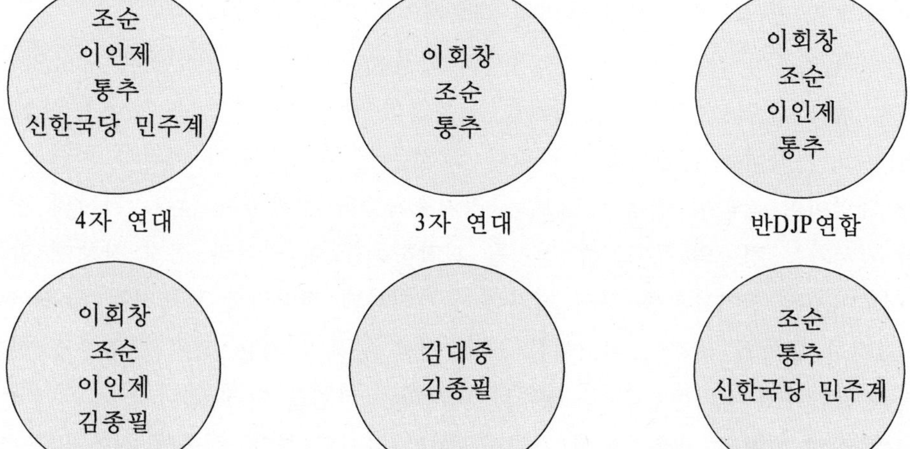

---

4) 강준만,『권력과 언론』, 학민사, 1993. 99쪽.

③ 민주주의 위협하는 경마저널리즘

선거는 민주주의의 필수적인 절차이며 민주주의 실현을 위해 필수 불가결한 요소이다. 그러나 그것은 이중적인 성격을 갖는다. 선거는 국민들의 정치의식을 함양할 수 있는 계기를 제공하고 민중의 참된 정치참여를 가능케 하는 긍정적인 수단이 될 수도 있지만 이와 반대로 부패한 정권이나 전제적인 정권의 집권을 합리화해 주는 부정적인 수단으로, 즉 우민정치의 수단으로 악용될 수도 있기 때문이다. 그 여부는 선거에서의 언론의 활동에 의해 좌우된다. 따라서 선거가 민주주의를 위한 긍정적인 수단이 되도록 하기 위해서는 선거보도가 무엇보다도 진실하고 공정하여 유권자가 더 나은 후보를 선택할 수 있도록 정직한 정보를 제공하여야 한다.

한국언론이 선거보도에서 가장 많이 애용하는 보도방식은 전형적인 경마저널리즘이다. 입후보자들 사이의 '당선가능성'을 전제로 한 '우열의 차'에 초점을 맞춘 경마식 보도는 누가 유리하고 누가 불리하고, 누가 우세하고 누가 열세이고, 누가 이기고 누가 지느냐, 누가 앞서고 누가 뒤지느냐는 문제만 있을 뿐 누가 어떤 이슈를, 어떤 정책을 구상하고 있는지에 대해서는 거의 외면한다. 선거를 한낱 '재미' 또는 '흥밋거리'로 전락시켜 본질의 의미를 왜곡시키고 있는 것이다.

경마저널리즘의 가장 큰 특징은 기사의 획일성에 있다. 모든 신문의 내용이 크게 다르지 않다. 선거를 취재하는 기자들은 분명히 각기 독립적으로 기사를 작성한다. 그러나 그 기사내용은 천편일률 똑같다. 그것은 정치를 오로지 이기기 위한 스포츠이자 게임이며 싹쓸이 전쟁으로 보는 정치중독증과 무관하지 않다. 기사의 취재방식이 앞서가는 경마의 주자, 즉 정치를 관찰하는 것이 아니라 정치 자체에 함몰되어 이루어지는 선거보도를 위해 기자는 불가피하게 정치인과 밀착하지 않을 수 없다. 그러한 밀착의 성격이 어떠하든 그 밀착을 통해 기자는 정치의 명분과 현실의 괴리를 절감하고 정치현실을 곧 정치로 이해하는 타협을 하게 된다.[5]

이를 소위 떼거리·개똥지빠귀 저널리즘이라 하기도 한다. 전화선 위에 앉은 개똥지빠귀는 한 마리가 날면 다른 새들도 날고, 하나가 앉으면 모두가 따라서 한 줄로

---

5) 강준만, 『권력과 언론』, 학민사, 1993, 113쪽.

내려앉는다. 이 새의 획일적인 습성은 떼거리 기자단의 취재방식과 다를 바 없다. 후보자를 따라 비행기에서부터 유세장에 이르기까지 취재기자들은 일단의 떼거리를 형성하여 그야말로 일사분란하게 행동을 한다. 취재편의를 위해 형성된 이 같은 떼거리는 점차 시간이 지남에 따라 집단사고를 낳게 하고 기자들은 또 떼거리에 속함으로써 낙종의 공포로부터 해방되는 안정의 욕구를 충족시키며 또 육체적 신체적 수고도 덜게 되는 것이다.6)

누가 출마하고 누가 앞서가며, 누가 승리할 것인가에 초점을 맞춘 경마식 보도의 또 다른 문제점은 그 객관적 기준이 지나치게 자의적이라는 데 있다. 언론은 이를 정당화하기 위해 여론조사를 객관적 근거로 내세운다. 선거를 앞두고 한국언론이 1천여 명 남짓한 인원을 조사해 발표하는 여론조사는 대체로 실상보다 허상에 가깝다. 본디 여론조사란 진정한 의미의 여론, 즉 민중에 의해 자발적이고 진지한 의견교환을 거쳐 산출된 합의가 아니라, 권력엘리트들이 그들의 일방적인 의사를 정당화하기 위해 언론매체를 통해 유포시킨 가식으로서 소수의 독단적인 의견일 뿐이다. 이런 의견은 진정한 사회적 이익을 표현하는 것이 아니며 소수의 기득권층 지배세력의 이익을 표현하기 마련이다. 여론은 조작의 대상이지 결코 반영의 대상은 아닌 것이다.7)

그렇다면 후보자는 언론의 구미에 따라 미리 재단된다고 할 수 있다. 예컨대 신한국당 대통령후보 경선에 출마했던 이수성 고문의 경우 그는 출마선언 전후 언론에 의해 여야는 물론 일부 재야세력까지 아우를 수 있는 '마당발', '잠룡'으로 인식되었으나 어느 날부터 '지렁이'로 나타났다. 결국 언론에 의해 과대 포장되었던 '신화'와 '전설'이 언론에 의해 벗겨지면서 그는 당내 경선에서 7룡 가운데 5위로 몰락하고 말았다. 언론학자들은 선거여론조사 보도에서 '근거 없는 해석', '과장 해석', '잘못된 해석', '특정 유목에 대한 비과학적 해석', '선거결과 예측조사의 부정확성' 등을 주된 문제점으로 지적하고 그 원인을 경마저널리즘에서 찾기도 한다.

이 같은 경마저널리즘은 일부 취재방식의 결함에서 비롯되기도 하지만 근본적으

---

6) 강준만, 『춤추는 언론 비틀대는 선거』, 아침, 1992. 15~16쪽.
7) 이효성(1989), 『앞의 책』, 108쪽.

로 언론의 상업성에서 기인한다. 언론에 있어서 경마저널리즘은 언론상품을 팔아먹기 위한 '판매촉진 수단'이다. 실제로 경마저널리즘을 변호하는 기자들은 경마저널리즘이 제공하는 '당의'가 없이는 독자들이 이슈를 수용하지 않으려고 할 것이라고 말하고 있다. 그러나 문제는 앞서도 애기했듯이 경마저널리즘이 이슈를 둘러싼 '당의'의 정도를 넘어 아예 이슈를 축출해 버리는 데 있다. 한국언론의 이러한 정치중독증으로 인해 언론에서 경마저널리즘을 추방하기란 연목구어와 같다.[8]

〈표 13〉 여야 3당 후보 지지율

조사일 후보	5월 17일 매일신문	6월 14일 매일신문	7월 21일 동아일보	7월 31일 중앙일보	8월 12일 한길 리서치
이회창(신한국당)	48.5	46.1	40.4	35.7	32.2
김대중(국민회의)	27.6	32.5	26.6	30.7	32.2
김종필(자민련)	11.2	4.8	7.1	13.8	9.6
무응답(미결정)	12.8	16.6	25.9	19.8	26.0

* 자료: 동아일보, 97년 8월 12일자 및 매일신문, 8월 13일자에서 재구성.

③ 대구언론의 대선보도 내용분석

대구경북지역에는 〈매일신문〉을 비롯하여 〈영남일보〉, 〈대구일보〉, 〈대구광역일보〉가 대구에서, 포항에서는 〈경북대동일보〉, 〈경북매일〉이, 구미에서는 〈경북시민일보〉가 일간신문을 발행하고 있다. 이 가운데 지역언론을 선도하고 있는 매체는 〈매일신문〉과 〈영남일보〉이다. 이들 매체는 최소한 이 지역에서는 언론재벌과 재벌언론으로서 당당한 영향력을 지니고 있으나 나머지는 언론으로서의 구실은 고사하고 대부분 명맥 잇기에도 급급한 유명무실한 언론이다.

따라서 지역여론을 보도하는 언론활동을 분석함에 있어서 이들 양대 언론에 한했

---

8) 강준만(1992), 『앞의 책』, 22쪽.

다. 하지만 이들 매체 또한 지방에서는 절대적인 영향력이 있으나 전국적이 범주로 확대하면 한 모서리 언론에 불과하므로 결코 한국언론의 전반적인 보도태도에서 자유로울 수는 없다. 이와 같은 점을 전제하면서 대구언론이 제15대 대선을 맞아 △조순·이인제의 출마 △신한국당 대구전당대회 △김대중 비자금 파문 등을 보도하는 내용을 살펴보기로 한다.

① '서울산신령' 조순의 경제대통령 출사표

현대의 선거는 매스미디어에 절대적으로 의존한다. 유권자들은 정보의 절대 양을 매스미디어에서 구한다. 언론이 쏟아내는 후보자에 대한 이미지는 매우 중요한 의미를 지닌다. 수용자는 언론이 가공해 낸 이미지에 지배되어 마침내 그 영향하에 주권을 행사한다. 오늘날과 같은 대중사회는 후보가 언론에 어떻게 이미지 메이킹 되느냐에 따라 선거의 결과가 이미 정해졌다고 해도 과언이 아니다.

선거공학의 하이라이트는 선택의 미학에 있다. 유권자는 최선이 아니면 차선이라도 선택해야 한다. '서울산신령', '포청천' 등이라 불리던 조순 서울시장은 마침내 3김 정치의 청산과 경제난 해결을 내세우며 출마를 선언했다. 그의 출마는 기존의 대선 구도를 뿌리 째 흔드는 폭발력을 지니고 있었다.

여름의 꼭대기인 8월 정국의 한가운데서 당시 여당후보자인 신한국당 이회창 후보는 당내 경선 휴유증과 장남의 병역기피 의혹, 정치적 정체성 결여 등으로 인해 후보로서의 면모조차 갖추지 못하고 있었다. 제1 야당인 국민회의 김대중 후보는 오로지 대통령이 되기 위해 거짓말을 밥 먹듯이 한 전력과 야권후보단일화를 위해 내각제 야합을 추진하는 것 등으로 인해 국민들로부터 곱지 않는 시선을 받고 있었다. 또한 군사독재의 제2인자로서 역사청산의 대상이어야 할 수구세력의 표본인 자민련의 김종필 후보는 DJP연합에 의한 내각제로 21세기 한국의 역사를 맡겠다고 나서는 형국이었다.

국민들은 이 같은 대선 구도에 염증을 내고 있었다. 더구나 우리 경제의 구조조정과 거품경제의 몰락에 따른 기아그룹의 부도유예, 중견기업의 잇단 도산 사태 등이 겹쳐 정치에 대한 모멸감이 깊어지는 상태였다. 이때 서울대 교수를 역임하고 한국은행 총재와 경제부총리를 지낸 다음 야당후보로 민선 서울특별시장에 당선되는 등 정치인으로서도 만만찮은 저력을 보인 조 시장의 '경제대통령' 출마선언은 여야를 긴장시키기에 충분했다.

특히 경제시장이 개방화·국제화·블록화되고 있는 21세기의 시장경제질서에서 후보자의 경제 마인드는 지도자가 갖추어야 할 매우 중요한 가치로 떠오르고 있다. 또한 군부 대 민간, 민주 대 반민주의 정치구도가 사라지고 각 정당 간의 정체성마저 퇴색해 가고 있는 시점에서 후보자의 경제비전은 그 어느 때보다 중요한 요소로 평가되고 있다. 뿐만 아니라 지역감정 대결이 첨예한 한국적 현실에서 그는 강원도 출신으로서 지역감정의 극복이라는 문제에서도 비교적 자유로운 입장이었다.

<동아일보>·한길리서치의 여론조사에 의하면 조순 시장은 이회창 23.9%, 김종필 5.7%를 따돌리고 24.8%로 김대중 27.8%에 이어 단숨에 2위에 랭크되었다. 이에 보수언론과 여야는 모처럼 만에 한 목소리로 '조순 때리기'를 합창했다. 여당은 서울시정의 행정공백을 비난했으며, 야당은 배은망덕한 정치신의를 들먹거렸고, 보수언론은 대선 구도의 불안정을 우려했다. 대구언론의 보도태도도 대체로 이와 같이 전개되었다.

<매일신문>은 8월 14일자 2면에서 '조순시장 대선출마 선언'이라는 2단 짜리 스트레이트 기사를 게재하고 , 3면에서는 "대선승리 충분히 가능하다"는 조 시장의 일문일답과 대선출마 이후의 행보에 관한 해설기사를 실었다. 그러나 이 날짜의 「대선정국의 혼미」라는 사설은 "출마가 정치적·도덕적 기준에 부합돼야 함은 물론이고, 명분도 뚜렷해야만 국민의 공감과 지지를 얻을 수 있다"고 지적하고, 지방자치단체장직을 신분상승의 기회로 이용하는 것은 국민을 실망시키는 것이라고 하여 조 시장의 출마를 비판적으로 보았다.

<영남일보>도 8월 14일자 1면에서 '조순씨 대선출마 선언'이라는 2단 스트레이트 기사를 상보하고 해설기사도 없이 「대선구도 변화를 주목한다」라는 사설을 통해 후보자의 난립은 선거과열로 이어지고, 낮은 지지율로 당선자를 낼 수밖에 없기 때문에 바람직하지 않다고 비난함으로써 조 시장의 출마를 부정적으로 보았다.

〈표 14〉 대선 후보별 지지율 변화

조사일 후보	8월 12일 조순 출마 전후	8월 28일 MBC토론 직후	9월 9일 이인제 출마 전후	9월 24일 추석 연휴 후	10월 1일 신한국당 대구전대 후	10월 8일 DJ비자금사건 후
이회창 신한국당	19.5 (13.3)	15.2 (15.3)	18.5 (18.5)	16.2 (21.4)	(22.2)	18.3 (23.6)
김대중 국민회의	23.4 (7.6)	25.2 (9.7)	30.2 (7.5)	32.1 (12.0)	(10.8)	34.8 (17.3)
김종필 자민련	8.7 (11.9)	7.9 (12.2)	5.3 (7.5)	3.7 (2.2)	(5.8)	6.1 (14.9)
조 순 민주당	14.8 (26.3)	16.5 (31.5)	13.3 (20.6)	9.7 (11.5)	(7.9)	7.0 (7.1)
이인제 국민신당	25.6 (32.6)	31.7 (28.7)	26.6 (37.5)	27.7 (39.7)	(24.9)	27.2 (34.3)
권영길 국민승리21					(1.0)	0.6 (－)
무응답 미결정 포함	8.1 (8.3)	3.4 (2.7)	6.1 (8.4)	10.6 (13.2)	(58.2)	5.9 (2.8)

* 단위는 %임, 괄호 안은 대구경북 지지율.
** 10월 1일자 조사치는 매일신문·대구MBC 공동조사 자료임.
*** 자료: 매일신문·리서치앤드리서치 공동조사.

② ‘박정희’ 자처한 이인제의 출마선언

언론은 독자를 광고주에게 판매하는 상품성을 지니고 있다. 언론은 구매력이 높은 중산층 이상의 독자를 확보하기 위해 논조의 틀을 여기에 맞춘다. 중산층의 시각과 이익을 대변하기 때문에 언론은 보수적 성향을 띠게 된다. 정치는 언론이 권·재·언 유착이라는 실체를 숨기고 중산층 독자를 은밀한 곳에서 유혹할 수 있는 매력적인 매개이다. 그래서 언론은 정치를 늘 ‘뜨겁게’ 보도한다. 제15대 대선도 언론이 신한국당 대통령후보 경선을 필요 이상으로 과열 보도하면서 시작되었다.

언론의 선거보도 조작은 먼저 국민들로 하여금 정치혐오증을 불러오게 하는 데 있다. 이는 선거보도의 숨은 뜻을 캐는 핵심적인 키워드이다. 언론은 ‘공명선거’를 지나치게 강조함으로써 정치에 대한 냉소주의와 무관심을 유발하고, 나아가 선악을 구분도 하지 않은 채 양비론을 마구 휘둘러 여야를 싸잡아 두들긴다. 또한 뉴스를 구조적으로 분석하고 비판하기보다는 인물중심으로 극화하고 파편화하는 선정적인 보도를 일삼아 정책이슈와 선거쟁점이 무엇인지 정확하게 파악하지 못하게 한다. 이와 함께 선거를 지나치게 후보간의 '갈등 및 대결구조'로 보도하고 있어 선거의 의미를 왜곡한다. 즉 입후보자 간에 승자와 패자를 가리는 식의 전장구도로 일관하고 있어 후보자 사이의 대결국면이 지나치게 부각되고, 이들의 갈등이 지연·혈연·학연 등으로 연계되어 엉뚱한 결과와 문제점을 낳기도 한다.

신한국당 경선보도는 이 같은 선거외적 분위기를 중시하는 한국언론의 보도내용이 압축적으로 나타났다. 이회창 대표는 '너도나도 대통령하겠다'는 일곱용과의 골육상잔을 뚫고 마침내 후보로 확정되었으나 집권여당사상 가장 저조한 지지율에 부딪쳤다. 이에 비해 경선 과정에서 '젊음'과 '세대교체'를 이슈로 무명에서 단숨에 2위로 부상한 이인제 경기도지사는 그 후 지지율이 이 대표를 추월하는 현상을 보였다. 그것은 김영삼 정권의 무능이 '박정희 전대통령'의 망령을 되살려 내 이 지사를 '젊고', '패기 있고', '유능한', '지도자'로 이미지 메이킹시켜 국민에게 다가왔기 때문이다.

권력으로부터 소외되었던 민정계에 의해 집권여당의 후보가 된 이 대표는 후보자신이 지닌 취약성으로 재기불능의 나락으로 떨어질수록 경선 2위였던 이인제 주자의 주가는 상대적으로 반등했다. 이 지사는 3김 청산과 세대교체라는 정치적 이윤뿐 아니라 현정권의 주류이면서도 권력재창출에서 좌절한 민주계의 지분까지 어부지리로 챙길 수 있었다.

9월 13일 이 지사는 '비록 경선에서 패배하더라도 당론에 승복하겠으며 절대 탈당과 독자 출마는 하지 않겠다'는 대국민 약속을 번복하고, 신한국당 탈당과 대선 출마를 선언했다. 그의 출마는 동기와 명분이 대의에 어긋나는 것이었다. 보수언론은 즉각 그의 출마는 그가 그토록 부르짖는 청산하여야 할 대상인 국민과의 약속을 파기하는 구태 정치, 3김 정치의 재연이자 민주주의를 파괴하고, 유린하며 정치타락을 부채질하는 권력욕만을 좇는 부나비 행동이라고 비판했다. 그러나 대구언론을 비롯한 한국언론은 그의 출마를 일시적인 감정으로 비난했으나 이성적인 비판은 가하지 않았다. 그것은 권력과 언론이 선거가 다자 구도로 전개됨으로써 가장 유리해지는 특정후보의 대통령 만들기에 나섰거나 아니면 3김 청산 대표주자로 이회창 후보보다는 그를 선택했기 때문이 아닌가 한다.

<매일신문>은 9월 13일자 1면에서 '이인제 지사 대선 출마 선언기사'를 중간 톱으로 비중 있게 다루고, 3면 「21세기 선택/97 대선」이라는 대선보도 고정기사란에서 이 지사의 출마로 대선 정국이 시계 제로 상황에 돌입했다고 출마배경과 정국추이를 살펴보았다. 이어 14일자 「21세기…」에서도 여당과 야당의 반응을 스쿠프기사로 게재하고, 「이인제씨의 출마선언」이라는 사설에서 그의 출마는 약속을 저버린 낡은 정치의 표본이자 민주정치의 발전을 저해하는 명분 없는 출마라며 비난했다.

<영남일보> 역시 9월 13일자 1면 미들기사로 '이인제씨 출마선언'기사를 스트레이트로 게재하고, 3면에서 출마의 변, 청와대와 이 대표측의 반응 등과 출마선언 배경 및 전망 해설기사를 실었다. 그러나 <영남일보>는 조 시장이 출마했을 때는 '조순 때리기'에 동참하는 사설을 게재했으나 이 지사의 출마선언 때에는 사설을 게재하지 않아 눈길을 끌었다.

③ "사랑해요 TK" 신한국당 전당대회

한국 현대정치사에서 TK는 권력창출의 중심지였다. TK의 정치권력은 5·16 군사쿠데타 이래 박정희, 전두환, 노태우로 이어져 오다가 지난 92년 '우리가 남이가'라며 PK에 세습되었다. 그러나 김영삼 정권은 권력 다지기에서 '토사구팽'을 자행함으로써 권력의 축에서 밀려난 TK는 현정권에 대해 '배은망덕'의 정서를 곱씹고 있다. 이것이 이른바 'TK정서'의 실체이다. 이러한 가운데 수구적인 권력집단이었던 'TK'는 제15대 대선을 '권력부활'의 계기로 삼았다. 그러기 위해서는 자체후보를 가져야 했으나 TK는 후보를 내지 못했다. 차선으로 선택된 것이 이회창이었다. 그러나 그는 TK지역에서 좀체 '뜨지' 못하고 있다.

한국정치에서 지연·혈연·학연은 선거를 좌우하는 핵심적인 3대 이데올로기다. 이 가운데 특히 불특정 다수를 상대로 한 지연은 당락을 결정짓는 가장 절대적인 요소이다. 지역성에 기초한 이러한 지역감정은 선거에서 정책대결을 사라지게 할 뿐 아니라 국민통합을 저해하는 요인으로 작용한다. 언론은 한편으로는 이를 경계하면서 다른 한편으로는 이를 조장하는 이중적 성향을 보인다.

이 같은 논거의 근저에는 소위 현실반영론이 자리 잡고 있다. 즉 언론은 있는 사회현실을 그대로 반영한다는 것이다. 이는 지배세력의 특수한 현실관을 유포하고 일반화하는 데 기여한다는 사실을 감추는 이데올로기이다. 언론은 현실을 있는 그대로 반영하는 것이 아니라 지배세력의 입장에서 파악한 현실을 제시한다. 언론이 현실을 반영한다면 그 현실은 기존 질서의 수혜자들이 본 현실이다. 말할 것도 없이 그들의 이해관계가 투영된 현실인 것이다.9)

따라서 후보자들은 권력획득에서 가장 손쉬우면서도 효율적인 '지역성'에 매달리게 된다. 더구나 권력을 창출했다는 자부심과 긍지로 인해 정치 지향적인 습성이 그 어느 지역보다 강한 TK는 후보를 배출하지 못한 권력공백의 허탈감에 빠져 있다. 이에 따라 후보자들은 여야를 가릴 것 없이 너도나도 'TK연가'를 부르고 있다.

한국현대사에서 1962년 5. 16이래 전통적인 진국 여도가 된 'TK'가 '반여'가 된 것은 두말할 나위 없이 '현 정권의 배은망덕(?)' 때문이다. 김영삼 정권의 'TK 죽이기(?)'는 달리 말하면, '개혁'은 분명 약간의 정치보복성은 있으나 역사의 당위이며 부정부패의 청산이다. 결코 의도적으로 자행한 TK 몰아내기만은 아니었다. 사법적 단죄를 받고 있는 전두환·노태우 두 전직 대통령은 '공'보다 '과'가 많았다는 것이 솔직한 기록이다. 먼 훗날 역사에 의해 연산군·광해군이 결코 영광스러웠던 임금으로 기억되지 않은 것처럼 '광주'와 '부패'라는 원죄를 안고 있는 전·노 두 대통령도 자랑스러웠던 대통령으로 얘기되지는 않을 것이다. 그런데도 TK권력에 기생했던 일부 정치세력은 김 대통령의 '역사 바로 세우기'를 자의적으로 왜곡 TK정서라는 신화를 만들어 내 자신의 정치적 생명을 연장하는 탯줄로 활용하고 있다.

이와 같은 지역적 분위기로 인해 김영삼 정권과 신한국당은 '배신자', '불만의 대상'으로 인식돼 '여도 TK'가 선거 때마다 급속히 여당은 반대하고 야당(DJ)은 안된

---

9) 이효성(1989), 『앞의 책』, 74쪽.

다는 '반여 비DJ'로 돌아서고 있다. 집권여당의 기반이 속속 무너지는 것과 때를 같이하여 그렇다고 야도가 되느냐 하면 그것도 아닌 것이다. 오로지 일부 훈구세력의 집단 온상지, 과거 정치권력의 주류를 이루었던 수구세력 잔당의 정치적 생존기반지로 회귀하고 있다. 이러한 정서로 인해 모든 후보들이 TK에 와서는 공·과에 대한 검증이 끝나지 않은 '박정희 전대통령'을 찬양하고, 특히 이인제 전 경기지사는 외모마저 닮은 "리틀 박"이라고 자랑하기에 급급하다.

단지 집권여당의 후보라는 사실 하나만으로 이 지역에서 고전하는 신한국당은 전당대회를 우리나라 정당 사상 최초로 지방에서 개최키로 하고 그 대상지를 '대구'로 정했다. 이에 따라 9월 30일 제3차 전당대회를 열고 김영삼 대통령을 명예총재로, 이회창 대표를 총재로, 이한동 고문을 당대표에 선출했다. 흐트러진 TK의 민심을 모아 정권재창출을 다지기 위해 마련된 신한국당 전당대회는 섬유산업의 고부가가치화·포항 영일만 신항만 건설 등 풍성한 지역개발 공약 보따리를 내놓으며 '한 표'를 호소했다.

<매일신문>은 30일자 1면 머리기사로 신한국당 대구전당대회 기사를 게재하고 3면 「21세기 선택 97 대선」란에서 이회창 총재 체제의 향후 전망이라는 해설기사를 실었다. 이어 4면에서는 이 총재의 기자간담회와 지역공약을 상보하고, 5면에서는 최고위원제를 도입하여 당내 화합을 모색하고 있다는 당 지도 체제 개편방향을 점치고 있다. 이어 10월 1일자 「이회창 체제의 극복과제」라는 사설은 집권여당의 계파싸움으로 지리멸렬한 가운데 치러지는 대선 그 자체가 파국이라고 말하고 이번 전당대회를 계기로 일사분란하게 당 체제를 정비해 민생문제를 걱정하는 정책정당으로 거듭날 때 대선은 해볼 만한 싸움이 될 것이라는 애정 어린 충고를 곁들였다.

<영남일보>도 30일자에서 1면 머리기사로 전당대회 소식을 전하고, 3면에서는 공격적 당 결속으로 YS와 차별화를 시도할 것이라는 이회창 체제의 진로 전망기사와 총재 취임사를, 4면에서는 겉으론 협조, 물밑선 결별 수순을 밟고 있다는 비주류의 행보와 전대 전야의 이모저모, 야권 반응 등을 스케치하고 있다. 이어 6면 「신한국당 새 모습 보여야」라는 사설은 먼저 경선에 불복하고 독자 출마한 이인제 전 경기지사와 그 추종자들의 비민주적인 행동을 비난한 다음 이를 아우르지 못한 이 총재

의 정치력 부재를 질타하고, 정권을 잡는 가장 효과적이고 확실한 방법은 국민의
신뢰를 회복하는 것이며, 그것은 정도를 떳떳이 걷는 길이라고 격려했다.

④ 이회창의 진검승부 DJ비자금폭로사건

대구언론을 포함한 한국언론이 권력 지향적이며, 야당보다는 여당, 재벌 등 힘을
지닌 기득권 세력의 편이라는 사실은 어제오늘의 일이 아니다. 선거에서도 마찬가
지다. 특히 언론의 집권 여당 편들기는 그리 노골적이지 않다. 적어도 내용전달·기
사편집·제목선택 등에서 정부여당에 편향된 '불공정'을 찾기란 그다지 녹녹치 않다.
언론도 때에 따라서는 권력의 요구나 주문에도 불구하고 정부여당을 매섭게 비판한
다. 그러나 그 비판은 대부분 양비론을 동원하여 정치권을 싸잡아 매도할 때 하는
것이지 본질적인 가치판단으로 원인을 비판하는 것은 아니다. 이처럼 한국언론은
겉으로는 중립적인 가치판단을 표방하나 실질적으로는 정부여당의 기관지 구실을
하고 있다.

그런데 문제는 그와 같은 해바라기적 편향성이 권력의 요구나 주문에 앞서 언론
스스로 시녀가 되겠다고 자처하고 나서는 데 있다. 언론이 자발적으로 '여당후보 대
통령 만들기'에 나서는 이유는 언론자본이 추구하는 목적이 같기 때문이다. 한국의
언론자본은 대개 재벌언론이거나 언론재벌이다. 언론자본의 재벌화는 사회개혁보다
는 현실안정을 추구한다. 현실안정은 언론자본의 고정적인 이윤을 지속적으로 확대
재생산시켜 줄 수 있으나 사회의 개혁과 변화는 이를 확실히 담보해 줄 수 없다.
언론의 재벌화는 이 같은 자본의 속성에 따라 언론을 보수화·귀족화·수구화로 치
닫게 해 언론의 본질적 사명인 진보성의 구현을 가로막는다, 권·재·언 유착을 통한
자본의 성장을 도모하는 언론은 오히려 보수화·수구화·반동화를 추구함으로써 안
정적 성장의 기반을 다진다. 언론은 이러한 모순을 불편부당·정론직필·춘추필법 따
위의 상업적 구호를 위장하고 독자 앞에 나타난다.

언론은 의사환경의 복제라는 기능을 갖고 있다. 언론에 의해 전달되는 내용은 실
재하고 있는 사실 그 자체가 아니라 사실의 복제에 불과하다는 것이다. 인간은 사물

을 대할 때 이미 그 사물에 대한 고정관념을 가지고 거기서 형성된 틀에 맞추어 인식하려고 한다. 이러한 고정관념을 스트레오 타이프(*Streo Type*)라 하는데 인간은 매스미디어를 통해 제공되는 의사환경을 이에 따라 선택적으로 받아들이게 된다. 결국 매스미디어는 인간과 객관적인 실재 사이에서 일종의 의사환경을 창출해 낸다.[10)

히틀러는 『나의 투쟁』에서 "끊임없이 반복해서 대중의 심리를 파악한다면 '네모꼴이 실제는 원'이라는 것을 논증하는 것도 불가능하지 않다"고 했다. 나치 독일의 선전상 괴벨스도 "모든 언론이 일제히 지속적으로 계속 검은 양이라고 외치면 대중은 결국 흰 양도 검은 양으로 믿게 된다"고 역설했다. 이처럼 언론이 일제히 지속적으로 만들어 내는 의사환경은 시제의 진실을 허상으로 만들 수 있는 속성을 지니고 있다.

최근에 전개되고 있는 신한국당의 김대중비자금폭로사건도 'DJ선두'라는 의사환경을 깨뜨리기 위한 의도에서 기도된 정치공세이다. 'DJ선두'가 언론에 의해 고착화되면 대중들은 사표심리를 발동, 그를 집단적으로 지지하게 된다. 그러면 집권 여당으로서는 정권을 물려줄 수밖에 없다. 이 같은 위기감이 강삼재 사무총장의 '김대중 흠집 내기'를 통해 표출된 것이다. 갖가지 처방에도 불구하고 백약이 무효인 이회창 후보의 지지율 반전을 기도하려는 뜻에서 비롯된 '폭로전'은 신한국당이 기대했던 만큼 파괴력을 지니지 못한 것으로 나타났다. 비자금 정국을 몰고 온 신한국당의 불순한 정치적 동기와 태도 그리고 자료 확보 절차의 불법성 등이 멍에로 작용, 부메랑이 되어 돌아오고 있는 것이다. 진정으로 신한국당이 주장하는 부패청산을 통한 정치개혁이 명분을 지니려면 무엇보다 92년 대선자금과 당내 경선자금의 실체를 공개하는 등 자신의 부패를 허심탄회하게 먼저 고백하여야만 설득력을 지니게 되는 것이다.

김대중비자금폭로사건은 'DJ저격수'를 자임했던 강 총장이 10월 7일 "국민회의 김대중 총재가 365개의 가·차명, 도명 계좌를 통해 670억 원 이상 규모의 비자금을 조성, 관리하고 있다"고 폭로하면서 시작되었다. 이어 8일 노태우 전대통령 비자금 사건 당시 '20억+α' 주장과 관련해 증빙자료로 은행계좌와 수표번호 등을 공개하면

---

10) 최진우 外, 『신문방송학개론』, 대광출판사, 1984. 24쪽.

서 검찰의 수사를 촉구한 데 이어 10일에는 지난 92년 김 총재가 삼성 등 재벌로부터 134억 원의 비자금을 수수, 부정축재했다고 폭로했다. 신한국당은 또 14일 국회 법사위 대검찰청 국정감사에서 김 총재 친·인척 명의의 계좌에 입금된 378억 원의 내역 등을 추가로 공개한데 이어 16일에는 김 총재를 뇌물수수 및 조세포탈, 무고 등의 혐의로 검찰에 고발했다. 검찰은 21일 이 사건에 대한 수사를 15대 대선 이후로 유보하겠다고 밝힘으로써 일단락됐다.

대선 정국을 일거에 뒤집을 만한 폭발력을 지닌 이 사건을 언론은 연일 대대적으로 보도했다. 언론의 보도 형태는 대체적으로 1면에서는 부정축재로 몰아가는 신한국당의 '주장'과 정치공작으로 맞서는 국민회의의 '반론'을 스트레이트 기사로 게재하고 해설면에서는 관련기사를 싣는 식이었다. 이러한 언론보도는 '선거에서 언론이 여당 편'이라는 사실을 여실히 증명했다. 언론은 보도행위를 함에 있어 기사의 가치 판단을 유보했다. 사건이 지닌 본질을 구분하지도 않고 겉으로 드러나는 껍데기만 객관적이며 중립적인 사실보도라는 미명하에 양측의 주장과 반론을 아무런 검증도 없이 보도함으로써 결과적으로 여당이 의도한 것에 춤을 췄다. 일례로 언론은 기사의 주된 표제를 신한국당의 주장에서 따옴으로써 상대적으로 김대중 총재의 부정적 이데올로기를 확대재생산했다. 지면의 크기를 파격적으로 주장에 배려함으로써 부패를 공격하는 여당, 궁지에 몰린 야당으로 몰고 갔다. 뿐만 아니라 이 사건을 필요이상으로 과열 보도하여 이슈화함으로써 신한국당 키우기를 통한 이회창 후보의 부활과 국민회의 죽이기를 통한 김대중 후보의 몰락을 기도하는 보도전사의 임무를 성실히 수행했다. 대구언론의 보도 또한 한국언론의 이 같은 보도지침(?)에 순응했다.

10월 8일에서 21일까지 대구언론이 보도한 기사를 분석하면 <매일신문>은 9일자에서 1면 머리기사로, 10일자, 11일자, 15일자, 16일자, 17일자, 21일자 등에서는 1면 주요 기사로 보도하고 연일 3, 4, 5면을 통해 관련해설기사를 게재했다. <영남일보>도 9일자, 11일자, 13일자, 21일자 등에서 1면 머리기사로 보도하고 4, 5면 등에서 이 사건을 중요하게 취급했다.

사설을 통한 언론의 여당 편들기는 보다 노골적이었다. 여기에는 '반드시' 양비론이 동원된다. 한국언론이 일반 독자들에겐 '비판한다'는 그럴듯한 이미지를 풍기면서 교묘하게 권력의 편을 듦으로써 사실상 독자를 기만하고 있는 양비론은 언론기업의 상업성에서 비롯된 것임은 두말할 나위 없다. 이 사건을 통해서도 양비론은 유감없이 발휘되었다. 한국정치의 현실적인 문제는 도외시한 채 비자금은 부정적인 것이므로 마땅히 청산되어야 할 정치관행이며 따라서 이는 정치현상이 아니라 부정부패이므로 검찰이 수사에 착수, 사법적 심판을 가해야 한다는 것이다. 이 같은 양비론은 언론의 생명이라 할 '비판'은 원 없이 하되 그 비판의 초점은 흐르게 하는 것으로써 곧 신한국당이 '주장'하는 내용을 앵무새처럼 그대로 되뇌는 것이었다.

<매일신문>은 사건이 발생하자마자 「폭로 비자금 진상 밝혀야」(8일자)라는 사설을 통해 정국이 폭로전으로 흘러가는 것을 개탄하고 "필요하다면 사정기관의 조사를 통해서라도 조속한 시일 내에 진상을 명백하게 밝히고 시비곡직을 분명하게 가려야 한다"고 주장함으로써 신한국당의 검찰수사 촉구에 동조했다. <영남일보>도 「DJ비자금 검찰이 수사해야」(8일자)라는 제하의 사설에서 검찰이 하루속히 수사에 착수해 이 사건의 전모를 밝혀야 한다고 주장함으로써 '여당 편들기'에 나섰다.

여론을 등에 업은 대대적인 공세에도 불구하고 그 효과가 미미하자 정작 당사자인 신한국당이 머뭇거리는 가운데 언론이 오히려 '화끈한', '강경 대응'을 주문하고 나섰다. <매일신문>은 「대선, 폭로전으로 흘러서야」(10일자)에서 "이왕에 파사현정의 대의를 내세워 비리를 폭로했으면 끝까지 밝혀내야지 여론의 눈치를 살피겠다는 것은 정치공세를 스스로 인정하는 것밖에 안된다"며 사실의 규명을 독려했다. 이어 김대중 총재의 378억 원 친·인척 은닉폭로가 있은 3차 폭로 직후 「증거있는 주장엔 수사를」(18일자)에서 '경제가 어렵다는 등의 명분으로 명백한 비리를 덮어놓고 덮어버린다면 정치개혁과 정경유착 근절은 요원하다'고 지적하고 검찰은 증거가 분명하고 범죄구성혐의가 있는 폭로내용에 대해서만은 시비곡직을 엄정히 가려야 한다고 촉구했다. 그러면서도 매일신문은 이 사건과 결코 동떨어질 수 없는 YS의 92년 대선자금, 이회창 후보의 경선자금 등에는 한마디의 언급도 하지 않은 채 오로지 야당의 비자금에만 융단폭격을 퍼붓는 불공정 왜곡보도로 일관했다.

<영남일보>는 「폭로, 부인보다는 분명한 증거를」(16일자)에서 전형적인 양비론을 동원해 사태의 본말을 전도시킨 다음 "신한국당은 폭로로 일관할 것이 아니라 분명

한 증거자료가 있다면 검찰에 제시함으로써 검찰이 문제를 해결토록 하는 것이 법치국가에서의 마땅한 방법"이라고 지적하고 "국민회의도 날조다 조작이다 부인만 해서 문제가 해결될 수 있는 것이 아닌 만큼 신한국당이 있지도 않은 사실을 조작했다는 증거를 대야 한다"고 다그쳤다.

검찰의 수사유보방침이 발표된 직후 <매일신문>과 <영남일보>는 권력의 무게중심을 서로 달리 보고 있어 눈길을 끈다. <매일신문>은 <조선>·<중앙일보> 등 대부분의 기존언론처럼 신한국당의 이회창 총재에게 줄서기를 했으나 유독 <영남일보>는 <서울신문>과 함께 청와대의 김영삼 대통령의 뜻을 더 중시하는 사설을 게재했다. <매일신문>은 「수사유보 혼란 우려된다」(22일자)는 제하에서 "검찰의 결정은 법논리에도 크게 배치되는 자기모순에 빠진 결과"라고 질타하고 검찰의 결정 배경에 의혹이 증폭되고 있다며 '검찰과 지는 권력'을 비판했다. 이에 비해 <영남일보>는 「이제 정책 대결로 맞서라」(22일자)에서 검찰의 수사유보를 기정사실로 인정하고 과거 들추기에 급급한 상황은 청산해야 할 때이며 정치인들은 정책대결을 통해 미래를 다뤄 국민들의 심판을 받도록 해야 된다고 강조함으로써 '떠오르는 권력'의 뜻을 외면했다.

④ 맺음말

선거를 맞아 매스미디어의 기능과 역할은 더욱 증대되고 있다. 교통혼란, 직접 유세비용의 증가, 인원 동원, 시간 낭비 등 민주주의의 고전적인 선거운동방식은 점차 그 중심의 축을 미디어로 옮겨가고 있다. 신문·통신·방송 등 매스미디어의 발달로 인한 미디어 선거는 선거비용을 줄일 뿐 아니라 유권자를 손쉽게 만날 수 있게 하고 있어 매우 효율적인 선거 마케팅으로 인식되고 있다. 이에 따라 현대사회의 선거를 미디어 선거라 일컬으며, 유권자들은 미디어를 통해 전달되는 각종 정보에 의해 후보자를 평가하고 선택한다.

따라서 언론이 선거보도를 함에 있어 무엇보다도 공정하고 정직해야 함은 기본적인 윤리이다. 그러나 우리나라의 선거에서 검찰·경찰·언론·국세청이 4대 권력으로 작용하고 있음은 또 하나의 공공연한 사실이다. 검찰은 사전선거운동, 불법선거운동 단속이라는 공권력을 통해, 경찰은 정보수집 활동을 통해, 국세청은 세무사찰을 앞세운 기업통제를 통해 선거를 조정한다. 이 같은 기본조직이 본질적으로 중립화되지 않는 한 정권교체는 '영원한 구두선'에 그칠 전망이다.

특히 여당의 '언론 프리미엄'은 공정선거의 정착에 가장 큰 걸림돌이다. 선거에 있어서 집권여당과 도전 야당은 대등한 1대 1의 관계임에도 불구하고 언론은 여당에게 집권의 '프리미엄'을 부여하여 정권교체의 가능성을 어렵게 만드는 수구적 태도를 고수하고 있다. 그런 수구적 태도는 선거보도에 있어서 여당에게 보다 많은 지면과 시간을 허용하는 것과 더불어 대선을 앞둔 시점에서 나오는 정부 차원의 정치적 행위를 선거와는 무관한 것으로 간주하여 대서특필해 주는 데에서 가장 두드러지고 있다.[11]

언론이 진정 공정한 선거보도를 할 뜻이 있다면 여당과 야당에 대해서는 우선 똑같은 지면과 시간을 할애해야 함은 물론이고, 선거기간 중 또는 선거를 앞둔 일정 기간 중에 양산되는 정권홍보성 정책과 사건들을 선별해서 보도해야 한다. 또한 침묵의 카르텔을 청산하고 각 매체간, 각 언론사간의 상호 비판도 활성화시켜 서로 견제하고 감시하여야 한다. 이와 함께 유권자들의 언론에 대한 깨어 있는 의식이 절실하다. 언론이 불공정 보도를 자행하는 것을 조금도 용납해서는 안된다. 결국 언론의 주인은 언론기업주도 언론노동자도 아니라 언론수용자 자신이다. 그 첫걸음은 언론이 내세우는 객관주의·불편부당의 신화를 깨뜨리는 일부터 시작되어야 한다.

▆ 대구경북지역동향, 1997년 11월호.

---

11) 강준만(1993), 『앞의 책』, 111~112쪽.

후기

독자여러분께 이 책을 펴내게 된 저간의 사정을 한마디 덧붙이고자 한다. 이 책은 지난 2003년 12월 31일자로 편집완료되었다. 따라서 그 내용이 책을 펴내는 시점과 일치하지 않을 수도 있다. 그러나 그 저변에 흐르고 있는 나의 언론사상과 언론철학은 예나 지금이나 그대로다. 내가 때늦게 '옛글'을 '새글'처럼 펴내는 이유는 여기에 있다.

이 책이 지각출판을 하게 된 것은 전적으로 나의 천학비재한 탓도 있지만, 그에 못지않게 한국의 지적 생산 시스템이 철저하게 상업주의적이란 것도 한 원인이다. 나는 내가 생산해 내는 지적 재산물로도 현실적인 삶의 영위가 가능할 것으로 믿었다. 그러나 내가 생산해 내는 지적 저작물이 저작권료는 고사하고, 자비 출판을 해야 하는 실정이었다. 돈과 맞바꾼 시간을 내 연구하고, 거기다가 다시 자기 돈을 투자해 저작물을 생산해야 하는 한국의 지식산업계가 처한 현실에 분노하며, 절망하지 않을 수 없다.

내가 굳이 때늦게 이 책을 펴내는 이유는 서울언론이건 지방언론이건 한국언론이 이대론 안된다는 것을 말하기 위해서이다. 서울언론은 권재언 유착습성을 탈피하지 못해 '촛불민의'를 왜곡조작하기에 급급하고 있으며, 이를 보고 배우며 자란 지방언론은 온 국민이 반대하는 '한반도 대운하'를 살리기 위해 '낙동강 운하'라는 군불떼기에 광분하고 있다. 나는 이 책에서 한국언론의 이와 같은 반언론적인 언론행위를 실증적으로 고발하고, 그 대안을 제시했다. 나는 이 책이 민주언론운동에 관심이 있는 독자와 함께하는 매개가 되길 바란다.

이 책은 이러한 과정에서 내가 책임 맡고 있는 大邱新聞硏究院의 저널리즘신서 기획시리즈 계획에 의해 출판하기에 이르렀다. 언론산업의 민주화를 견인하기 위한 목적으로 설립된 大邱新聞硏究院은 이를 계기로 보다 많은 연구집적물을 생산, 지역언론의 민주화에 기여하고자 한다.

독자 여러분의 많은 성원을 기대한다.

2008년 6월

김영재 씀.

· 저자 ·

김영재   •약 력•
        (주)유통경제신문 편집국 기자
        한겨레신문 대구지사 자료조사실장
        우리신문 창간준비위원
        하나일보 문화부차장
        월간 대구예술 편집장
        한겨레신문전국독자주주모임 공동대표
        대구신문연구원 대표

        •주요저서•
        『현대사회와 민주언론』
        『조선시대의 언론문화』
        『대구경북언론사』
        『불교언론의 이해』
        『언론자유와 언론개혁』
        외 다수

해바라기 **언론**의
 용비어천가

• 초판 인쇄	2008년 7월 15일
• 초판 발행	2008년 7월 15일
• 지 은 이	김영재
• 펴 낸 이	채종준
• 펴 낸 곳	한국학술정보㈜
	경기도 파주시 교하읍 문발리 513-5
	파주출판문화정보산업단지
	전화 031) 908-3181(대표) · 팩스 031) 908-3189
	홈페이지 http://www.kstudy.com
	e-mail(출판사업부) publish@kstudy.com
• 등 록	제일산-115호(2000. 6. 19)
• 가 격	27,000원

ISBN   978-89-534-9641-5 93070 (Paper Book)
        978-89-534-9642-2 98070 (e-Book)